KB106049

죽음까지 알아야 진짜 인생이다

생(生)만 알면 반쪽 인생이고
사(死)도 알아야 진짜 인생이다.
인생의 7할은 삶을 위해 쓰고
3할은 죽음을 공부하는 데 써라.

죽음까지 알아야 진짜 인생이다

발행일	2019년 4월 19일		
지은이	주세규		
펴낸이	손형국		
펴낸곳	(주)북랩		
편집인	선일영	편집	오경진, 강대건, 최승헌, 최예은, 김경무
디자인	이현수, 김민하, 한수희, 김윤주, 허지혜	제작	박기성, 황동현, 구성우, 장홍석
마케팅	김회란, 박진관, 조하라		
출판등록	2004. 12. 1(제2012-000051호)		
주소	서울시 금천구 가산디지털 1로 168, 우림라이온스밸리 B동 B113, 114호		
홈페이지	www.book.co.kr		
전화번호	(02)2026-5777	팩스	(02)2026-5747

ISBN   979-11-6299-637-9 03110 (종이책)   979-11-6299-638-6 05110 (전자책)

이 도서의 국립중앙도서관 출판예정도서목록(CIP)은 서지정보유통지원시스템 홈페이지(http://seoji.nl.go.kr)와
국가자료공동목록시스템(http://www.nl.go.kr/kolisnet)에서 이용하실 수 있습니다.
(CIP제어번호: CIP2019013911)

(주)북랩 성공출판의 파트너

북랩 홈페이지와 패밀리 사이트에서 다양한 출판 솔루션을 만나 보세요!

홈페이지 book.co.kr   •   **블로그** blog.naver.com/essaybook   •   **원고모집** book@book.co.kr

죽음에 관한 천고의 진리

죽음까지 알아야 진짜 인생이다

인생은 생과 사가 결합한 것이다!

한 구도자가 기록한 죽음과 인생에 관한 이해

북랩 book Lab

전생의 일을 알고 싶은가.

현재 모습이 전생에 지은 거라네.

내생의 일을 알고 싶은가.

지금 짓는 일이 내생이라네.

欲 知 前 生 事　　今 生 受 者 是　　欲 知 來 生 事　　今 生 作 者 是

쌓이면 언젠가 모두 흩어져 사라지고

높아지면 아래로 떨어지기 마련이며

모이면 마침내 이별하는 날이 있고

목숨이 있으면 다 죽음으로 돌아간다.

積 聚 皆 消 散　　崇 高 必 墮　　合 會 終 別 離　　有 命 咸 歸 死

왜
이 책을 썼는가

당신의 총명과 지혜는 죽음이 닥치면 생사(生死)를 조금도 감당해내지 못합니다.

당신이 동서양의 철학에 완전히 통달했더라도 죽음이 닥치면 아무 소용이 없습니다.

당신이 오랜 기간 채식을 해 왔고 명상과 좌선(坐禪)을 깊이 해 왔더라도 죽음 앞에서는 쓸모가 없습니다.

보시(布施)나 음덕(陰德)을 많이 쌓았더라도 다음 생은 낮은 천상 세계 또는 이 세상의 부유한 집안이나 권세 있는 집안에 태어나는 과보를 받을 뿐입니다.

일생동안 계율을 잘 지키고 욕망을 절제하며 착실한 신앙생활을 했더라도 당신이 깨닫지 못했다면 낮은 등급의 천상 세계에 태어날 수 있을 뿐입니다.

지혜나 학문·신앙·음덕도 이러할진대, 하물며 당신이 가진 재물이나 권세·인맥·명예 등은 어떻겠습니까. 이것들은 마치 한여름의 도로 위에 보이는 신기루와 같고, 아침 이슬과 같으며, 난로 위에 떨어지는 눈송이와 같고, 번개와 같으며, 파도 위의 물거품과 같습니다.

위대한 사상가나 문인(文人) 또는 예술가들도 죽음 앞에서는 한없이 무력(無力)하기만 했으며, 한 세상을 지배한 군주나 독재자들도 죽음 앞에서는 초라하기 짝이 없는 범부(凡夫)에 불과했습니다. 그러하기에 수많은 일류 인재들이나 현자(賢者)들이 진리에 대한 갈증을 풀고자 학문에 깊이 몰입하거나 출가(出家)를 감행했던 것입니다.

이 세상은 범부들로서는 이해하기 힘든 일들로 가득합니다. 생명의 궁극은 무엇인지, 우리는 어디에서 왔는지, 죽으면 도대체 어디로 가는 것인지, 우주 저 너머에는 무엇이 존재하는지, 기독교의 교리처럼 이 우주는 한 조물주가 창조한 것인지…. 온통 의문들로 가득하지만 이를 풀어줄 만한 스승이나 가르침을 쉽게 찾지 못합니다.

태어났으니까 사는 것이고, 다들 죽으니까 나 역시 그 흐름에 입류(入流)하면 되는 것이며, 누구 말대로 죽으면 '완전한 무(無)'로 돌아가는 것이니 그냥 즐기면서 살아가면 되는 것일까요?

조물주가 이 우주를 창조했다는 기독교의 교리는 왠지 거짓말 같고, 불교의 가르침은 어딘가 모르게 미신(迷信) 같으며, 유교의 가르침은 고루(固陋)하고 진부(陳腐)한 가르침에 불과하여 참된 종교와는 거리가 먼 느낌이 듭니다.

'살아가기에도 벅차고 힘이 드는데, 어찌 죽음까지 생각하면서 살아가란 말인가?' 하고 자위(自慰)합니다. 그래서 세속에 깊이 침잠(沈潛)하여 부귀영화를 바라고 명리(名利)를 갈구(渴求)하며 복락(福樂)에 젖어 백발(白髮)이 지름길로 오는 것을 알지 못한 채 살다가 어느 날 덜컥 죽음을 맞이합니다.

사람들이 인생을 돈이나 술, 도박, 불륜(不倫), 마약 등 향락(享樂)에 빠져 지내는 것도 이상할 것이 없습니다. 인생은 풍요롭지만 다들 우울증을 앓고 있다는 것이 비극입니다. 유럽에 사는 사람들의 우울증은 심각한 수준인데, 우리나라도 그 길을 열심히 좇고 있습니다. 그러면서도 영적인 가르침 또는 진리에 대한 목마름이 많습니다. 자기를 일깨워 줄 스승이나 친구를 몹시도 그리워합니다.

티베트의 정신적 스승인 달라이 라마가 미국에서 강연을 하면 수만 명이 운집(雲集)하여 그의 가르침에 귀를 기울이는 것은 이를 방증합니다.

성직자들은 이들의 목마름에 답해 줄 책임이 있습니다. 그렇지 않고서야 어찌 '성직(聖職)'에 몸담고 있다고 할 수 있겠습니까.

'죽음'은 사람에게 최고의 시련이자 최대의 사건입니다. 사람들이 가장 두려워하는 것은 죽음이요, 인생에서 가장 중요한 것도 죽음이며, 그 누구도 절대 피해가지 못하는 것 또한 죽음입니다.

예로부터 인간은 영생(永生) 또는 장생(長生)에 대한 간절한 희구(希求)가 있었습니다. 이집트 왕들은 육신이 온전히 남아 있어야 완전한 부활이 가능하다고 믿었기 때문에 시신을 미라 상태로 보관했으며, 동양의 왕과 귀족들은 죽어서까지도 권세를 누리기 위해 산 사람을 같이 매장하는 순장(殉葬)이라는 제도를 두었고, 벽에는 벽화를 그렸으며, 수많은 토용(土俑)들을 부장(副葬)하기도 했습니다.

『사기(史記)』와 『후한서(後漢書)』 등에 따르면, 중국의 진시황은 불로초(不老草)를 구하기 위해 서복(徐福)이라는 방사(方士)를 우두머리로 하여 60척의 배와 5,000명의 일꾼, 3,000명의 동남동녀와 각기 다른 분야의 장인들을 한국의 세 개의 산(지리산, 금강산, 한라산)으로 파견했다고 합니다.

한(漢)나라 무제(武帝)는 죽지 않는다는 신선(神仙)의 강림(降臨)을 기원하기 위해 건장궁(建章宮)에 20여 길이나 되는 높은 누대(樓臺)를 세우기도 하였고, 봉선(封禪)이란 제사를 지내 본인이 신선이 되는 것을 기원했습니다. 불로장생을 꿈꾸던 무제가 불로초라고 믿었던 음식은 다름 아닌 영지버섯이었는데, 영지버섯의 신험(神驗)함을 믿어 영지버섯을 발견할 때마다 천하태평의 징조라 해서 축하연을 벌였다는 기록이 『무제기(武帝記)』에 실려 있습니다.

북한의 독재자인 김일성은 장수하기 위해 20대의 피를 정기적으로 수혈받았다고 알려져 있는데 결국 80세에 죽었고, 현대에는 죽음을 거부하는 사람들이 자신의 몸을 냉동인간으로 만들어 보관하고 있습니다.

우리나라에선 한 해에 약 28만 명이 죽습니다. 이들 중 정상적인 죽음을 맞이하는 경우는 많지 않습니다. '정상적인 죽음'이란 유교에서 말하는 '고종명(考終命)'을 말하는 것으로, '자기 집에서 존엄과 품위를 유지한 채 가족들이 지켜보는 가운데 고통 없이 죽어가는 것'을 말합니다. 하지만 대부분은 병원의 중환자실에서 고통 속에 허덕이면서 죽거나 또는 비명횡사합니다.

언론 보도에 따르면, 2017년 한 해 동안 전국에서 18,261명이 '돌연

죽음까지 알아야 진짜 인생이다 _____

사'했다고 합니다. 이 수치는 같은 해 폐암으로 인한 사망자 수(17,980명)보다 많고, 교통사고(5,028명)로 인한 사망자의 3.6배나 됩니다.

가장 참혹하고 무서운 죽음이 돌연사가 아닌가 합니다. 치매로 죽는 사망은 나을 가능성, 유가족의 기도와 보살핌이라도 기대할 수 있지만, 돌연사로 인한 죽음은 참회할 기회도 없고 용서할 시간이나 용서받을 가능성이 전혀 없기 때문입니다.

우리는 환영받으면서 태어났지만 죽을 때는 비참한 모습으로 떠나는 것입니다. 인간으로서의 존엄은커녕 주변을 정리할 시간이나 유언을 남길 시간조차도 갖지 못합니다.

기술과 문명의 발달로 많은 것을 성취했음에도 현대 사회는 죽음이라든가 죽어가는 과정 또는 죽음 이후 무엇이 일어나는지에 대해 실제로 이해하는 것은 아무것도 없습니다.

그리고 우리가 알거나 사랑하는 누군가가 죽어갈 때조차 대부분의 사람들은 그를 어떻게 도와야 하는지 아무런 준비가 되어 있지 못합니다.

더더욱 우리 사회는 '죽음'이라는 단어를 달가워하지 않습니다. 죽음이라는 단어는 불길하고 재수 없다는 인상을 줍니다. 화장실과 처가는 멀수록 좋다는 말이 있듯이 죽음 또한 그러합니다. 건물 4층을 F층으로 부르는가 하면, 전화번호나 차량 번호판에 숫자 '4'가 들어가는 걸 꺼림칙해 합니다. 그러하기에 우리는 죽음을 대비하지도 않고 죽음을 거론하는 것조차도 금기시합니다. 집안의 누군가가 죽음을 맞이하면 그제야 허둥대면서 요란하게 움직일 뿐입니다. 우리는 임종을 목전에 두고 있는 사람을 존엄하게 보내 드리지 못합니다. 우리에게는 그럴 만한 능력도 없고 그렇게 하려는 의지도 없습니다. 유가족들은 망자에게 무관심하고, 의료진은 죽음에 대해 알기는커녕 공부조차도 해 본 적이 없습니다. 죽음이라는 단어조차 입에 올리기를 꺼리는 천박한 사회풍토 속에서 환자는 숨을 거두고 맙니다. 그리고는 곧바로 차가운 영안실에 안치됩니다. 한국의 장례 문화는 야만적이고 저급하기 그지없습니다. 이런 인습(因襲)을 누군가는 끊어야 합니다. 저는 종교를 떠나 많은 사람들이 사후에 더 좋은 곳으로 태어나기를 염원하는 마음에서 이 책을 만들게 되었습니다.

비록 죄를 많이 짓고 살았어도 임종 시에 진심으로 참회를 하거나 선(善)한 마음을 품으면 반드시 좋은 곳에 갈 수 있습니다.

이 책은 불교의 가르침을 많이 인용하고 있습니다. 불교의 가르침이 옳기 때문입니다.

성인께서 말씀하셨습니다.

"불교는 대지혜이자 대과학입니다. 불교는 종교이자 철학이며 과학이라고 합니다. 종교를 떠나지 않으면서 종교가 아니며, 철학을 떠나지 않으면서 철학이 아니며, 과학을 떠나지 않으면서 과학이 아닌 것, 이것을 불교라고 이름합니다."

그렇다면 기독교는 그렇지 않다는 말일까요? 아닙니다. 다만 불경(佛經)이 다른 여느 경전보다 태어남과 죽음에 대해 훨씬 더 자세하고 분명하게 써 놓았기 때문입니다. 기독교의 경전인 성서(聖書)는 경전으로 만들어지는 과정에서 많은 내용이 삭제되고 왜곡되었습니다. 예수

죽음까지 알아야 진짜 인생이다 _____

께서 다시 이 땅에 내려오셔서 성서를 보신다면 대성통곡하실 겁니다. 당신의 가르침이 상당 부분 산실(散失)되고 왜곡되어 있으니 말입니다.

이 책은 다음을 전제로 합니다.

첫째, 윤회는 우주의 대질서이다.
둘째, 사후 세계는 분명히 존재한다.
셋째, 인과응보는 우주의 법칙이자 대(大)과학이다.

위 세 가지는 만고불변의 진리입니다. 그 어떠한 종교라도 위 세 가지 가르침에 어긋난다면 그 종교는 사교(邪教)이자 완벽한 이단(異端)임을 알아야 하겠습니다.

네 분의 성자(聖者), 곧 예수·석가모니·공자·노자는 인류에게 큰 위안과 거룩한 가르침을 주셨습니다. 이분들의 가르침은 결국 '인과(因果)'로 수렴됩니다. 이 책자는 이분들의 가르침에 절대 어긋나지 않습니다. 열린 마음으로 읽어주시길 바랍니다.

죽음을 떠올리면 한없이 무섭습니까. 한평생 많은 죄를 짓고 살아오셨습니까.

이 책은 이러한 분들을 위해 만들어졌습니다. 사람이 죽으면 모든 것이 '무(無)'로 돌아간다고 믿거나, 사람에게 영혼 같은 것은 없다고 믿거나, 천당이니 지옥이니 전생이니 하는 것들은 다 거짓이라고 믿는 사람들은 수십 명을 죽인 살인범보다 더 불쌍한 사람입니다. 또 특정 종교를 믿어야 천국에 갈 수 있고 다른 종교를 믿거나 종교를 아예 갖지 않은 사람은 무조건 지옥에 간다고 믿는 사람도 구제가 힘든 사람들입니다.

사람의 생명이나 이 우주, 더 나아가 우주를 움직이게 하는 그 어떤 존재나 시스템은 결코 편협하거나 혹은 자의적(恣意的)이거나 생명을 대상으로 주사위 놀음을 치는 일이 없다는 것을 알아야 합니다.

사마천은 『사기(史記)』에서 말했습니다.

"사람은 누구나 한 번 죽는다. 그 죽음이 태산보다 무거운 이도 있고, 기러기 깃털보다 가벼운 이도 있다."

그런가 하면 "어리석은 자는 항상 삶 다음에 죽음이 오지만, 현명한 사람은 죽음 다음에 삶이 온다."는 말이 있습니다.

죽음에 무관심한 사회는 이미 정상이 아닙니다. 죽음을 외면하는 사회는 건강한 사회가 아닙니다. 죽음을 안중에도 두지 않고 살아가는 사람은 인생을 잘 산다고 할 수 없습니다.

마지막으로 이 책을 펼치신 분께 여쭤보겠습니다.

"의심하지 않을 수 있겠습니까?"

의심만 거두신다면 당신이 이 책을 통해 얻는 이익은 이루 헤아릴 수 없이 크다는 것을 분명히 그리고 자신 있게 말씀드립니다.

그렇다면 이 책에 실린 말씀들은 정말 믿을 만할까요. 혹시라도 제가 거짓말이나 터무니없는 말을 써서 많은 사람들을 오도(誤導)할 수도 있지 않겠습니까. 이 의문에 대한 답은 성인의 다음 두 말씀으로 갈음하겠습니다.

"손으로 사람을 죽이면 그 죄는 죽음으로 갚을 뿐이지만, 만약 학문

죽음까지 알아야 진짜 인생이다

으로 사람들을 그릇되게 하면 그것은 사람의 지혜와 운명을 손상시키는 것이 되므로 만 번을 죽어도 그 허물을 용서받을 수 없다."

"많은 사람들이 부처님을 배우고 공부하지만 조그마한 진척도 없습니다. 갈수록 생로병사(生老病死)의 고통에서 벗어날 수 없습니다. 심지어는 부처님을 배웠기 때문에 생로병사에서 더욱 빠져나오지 못합니다. 왜 그럴까요? 그 이유는 자신들의 저술이나 발언, 설법이 잘못된 인과를 범함으로써 사람들의 혜명(慧命)을 끊어 놓았기 때문입니다."

사실이 이러하니, 이 책에 실린 내용들이 거짓이라면 그 잘못은 전적으로 저에게 있으며 그 벌도 제가 혼자 감당할 겁니다. 이것은 몹시 엄중한 일입니다.

한 편의 글이라도 세상에 도움이 되지 않는다면 절대 쓰지 않아야 진정한 학문입니다. 내 학문으로 천하를 안정시킬 수 있다면 이것이야말로 진정한 학문입니다. 내 가르침으로 세상에 기여하는 사람, 세상을 구제하는 사람, 세상을 위로하는 사람이 많아져야 진정한 선(善)입니다. 내 재산으로 천하에 굶주리는 사람이 없게 하는 것이 진정한 사업입니다. 내 행위로 천하에 착한 사람, 올바른 사람이 조금이라도 늘어나도록 하는 것이 진정한 덕행입니다. 약이나 병원이 없어 고통받는 사람이 없게 하는 것이 부자들의 의무입니다.

저는 비장한 각오로 이 책을 준비했고 마침내 세상에 내놓습니다. 부디 이 책을 통해 귀한 가르침을 많이 얻어 가시길 빕니다. 더 나아가 주변의 많은 사람들에게도 이 책을 소개해서 많은 공덕을 쌓으시길 바랍니다.

삶 이후에 대한 어떠한 준비도 없이 죽는다는 사실보다 우리에게 소름 끼치는 일이 또 있을까요? 오늘 밤 당신은 갑자기 죽을 수 있습니다. 며칠 후 당신은 말기 암 선고를 받을 수 있습니다. 1년 후 당신은 교통사고로 유명을 달리할 수 있습니다. 사실이 이러함에도 왜 미리 죽음을 준비하지 않습니까? 왜 평상시에 죽음을 생각하지 않으십니까?

성현께서 말씀하셨습니다.

"시간이 아직 많이 남았다고 믿는 사람들은 죽음이 임박해서야 비로소 준비를 시작한다. 죽음이 닥치면 그들은 회한으로 날뛰게 된다. 그러나 이미 때는 늦었다."

죽음이 닥치면 당신이 가진 그 다양한 지식과 학문은 전혀 도움이 되지 않는다는 것을 알게 됩니다. 죽음이 닥치면 당신이 가진 그 막대한 재산과 인맥은 하등의 쓸모도 없다는 것을 알게 됩니다. 죽음이 닥치면 당신의 자식들과 친족들이 무의미하다는 것을 처절하게 알게 됩니다. 심지어 당신이 깊게 이해한 불경에 대한 해박한 지식이나 견문(見聞)들이 전혀 소용이 없다는 것을 알고는 깊이 좌절하게 될 겁니다.

철학자 디오게네스는 말했습니다.

"항상 죽을 각오를 하고 있는 사람만이 참으로 자유로운 인간이다."

마지막으로 한마디 덧붙입니다.

죽음을 두려워하지 말고 착하게 살지 않은 자신을 두려워하십시오.

죽음을 두려워하지 말고 죄악으로 가득한 인생을 참회하십시오.

죽음을 두려워하지 말고 다른 이들의 죽음에 무감각했던 자신을 책망하십시오.

죽음을 두려워하지 말고 지금부터라도 죽음을 대비하십시오.

죽음에 대한 최고의 준비는 착하게 사는 것임을 기억하십시오.

목차

사람으로
태어나기 어렵다

  당신이 사람 몸으로 이 땅에 태어난 것은 기적에 가까운 일입니다. 지금도 허공 중에 있는 무수히 많은 영혼들이 여자의 태(胎)에 들어 사람으로 태어나기를 손꼽아 기다리고 있습니다. 하지만 그게 쉽지 않습니다. 성관계를 하는 남녀와 깊은 인연이 있어야 하고, 또 많은 경쟁자들을 물리쳐야만 비로소 태(胎)에 들 수 있습니다.

  설사 태(胎)에 들었다 해도 중도에 죽어버릴 가능성이 매우 높습니다. 질병으로 태중(胎中)에서 죽어 버리는 태아가 얼마나 많은지 모릅니다. 게다가 낙태와 사산(死産)은 또 얼마나 많습니까.

  사람으로 태어났다가 다시 사람으로 태어나는 일도 정말 어려운 일에 속합니다. 우리는 우연히 또는 손쉽게 이 땅에 온 것이 아님을 알아야 합니다. 우리는 정말로 복이 많아서 이 땅에 인간의 몸으로 왔습니다. 자살한 영혼들이 가장 부러워하는 존재는 다름 아닌 살아 있는 인간입니다. 이들은 장구한 시간을 고통에 허덕이면서 인간의 몸 받기를 기다려야 합니다.

  사람이 죽으면 육도(六道)를 윤회합니다. 육도(六道)란 천상·아수라·인간·아귀·축생·지옥을 말합니다. 그런데 이 육도 중에서 인간의 몸을

죽음까지 알아야 진짜 인생이다

얻기가 가장 어렵다고 합니다. 왜 그럴까요?

첫째, 육도 중에서 인간의 수가 가장 적습니다. 축생을 보면 이 지구상에 축생(짐승, 새, 곤충, 벌레, 물고기, 모기 등 꿈틀거리는 모든 생명들)의 수는 인간의 수보다 수천억 조(兆) 배나 많습니다. 이 지구상의 인간을 다 합친 것보다 개미를 다 합친 것이 2배 더 무겁다고 하니 개미라는 종(種) 하나가 얼마나 많은지 알 수 있습니다.

지옥에 태어나는 중생이나 아귀(餓鬼)로 태어나는 중생 역시 사람 숫자보다 훨씬 많습니다. 사람으로 태어나 악업을 짓거나 탐욕과 성냄 그리고 무명(無明)에 빠진 사람이 그렇지 않은 사람보다 훨씬 많은데, 이들은 다음 생에 다시 사람의 몸을 받지 못하고 지옥이나 축생 또는 아귀의 몸을 받을 가능성이 높습니다. 아귀는 몸이 사람보다 훨씬 크고 목구멍은 바늘처럼 가늘어 늘 배고픔에 시달리는 존재인데, 극도로 인색한 사람이 내생에 아귀로 태어납니다.

천인(天人)들이 사는 천상계는 모두 28개입니다. 그러니 천인들의 수가 얼마나 많겠습니까?

둘째, 인간의 수명은 축생 다음으로 짧은 데 비해 천상·아수라·아귀·지옥의 수명은 상상할 수 없을 정도로 깁니다.

아수라(阿修羅)나 천상에 태어나는 사람들은 생전에 많은 공덕을 쌓은 사람들입니다. 아수라는 이기기 좋아하는 마음과 질투하는 마음과 성내는 마음이 무거운데, 특히 성내는 마음이 가장 무겁습니다. 하지만 아수라는 인간보다 차원이 높은 존재이니 깔보아서는 안 됩니다. 아수라는 천인(天人)의 공(功)은 있지만, 천인의 덕(德)은 없는 존재입니다. 하늘에 있는 많은 선신(善神)들이 대부분 아수라입니다. 이들은 수명이 다하면 다시 인간이나 축생 등으로 태어납니다. 천상계는 즐거움이 많고 고통은 적기 때문에 천인(天人)들은 수행을 하고자 하지 않습니다. 부귀한 집안에서 자란 사람들이 도심(道心)을 내기 어려운 것과 같습니다.

불경(佛經)에서는 사람 몸을 얻는 어려움을 이렇게 비유합니다.

"큰 바다에 눈먼 거북이 한 마리가 살고 있다. 이 거북이는 100년에 한 번씩 물 위로 머리를 내미는데 그때 바다 한가운데에 떠다니는 구멍 뚫린 나무판자를 만나면 잠시 거기에 목을 넣고 쉰다. 그러나 판자를 만나지 못하면 그냥 물속으로 들어간다. 그런데 이때 눈먼 거북이가 과연 나무판자를 만날 수 있겠는가. 그래도 눈먼 거북이는 넓은 바다를 떠다니다 보면 서로 어긋나더라도 혹시 구멍 뚫린 나무판자를 만날 수 있을지도 모른다. 그러나 어리석고 미련한 중생이 육도윤회의 과정에서 사람으로 태어나기란 저 거북이가 나무판자를 만나는 것보다 더 어렵다."

불경에서는 사람의 몸을 얻으려면 거칠게나마 오계(五戒)를 지켜야 가능하다고 설합니다. 오계를 전부 지켜야 하는 것은 아니며, 다섯 개의 계(戒) 중 하나만이라도 제대로 지키면 사람의 몸을 얻을 수 있습니다.

사람이 죽은 다음 내생에 다시 사람의 몸을 얻을 수 있는 숫자는 마치 우리 손톱에 묻은 흙과 같고, 죽은 다음에 사람의 몸을 얻지 못할 숫자는 대지의 흙처럼 많다고 불경에서는 말합니다. 사람으로 태어나

죽음까지 알아야 진짜 인생이다

기 어렵고, 사람으로 태어나도 육근(六根: 눈, 귀, 코, 혀, 몸, 의식)을 제대로 갖추기가 어렵고, 육근을 제대로 갖추어도 생명을 제대로 유지해나가기 어렵고, 생명을 유지해도 사람 노릇을 제대로 하는 사람이 많지 않고, 사람 노릇을 제대로 해도 진리를 얻어듣기 어렵습니다.

순자(荀子)께서 말씀하셨습니다.

"물과 불에는 기(氣)는 있으나 생명은 없고, 초목에는 생명은 있으나 지각(知覺)은 없으며, 짐승에는 지각은 있어도 도의(道義)가 없다. 사람에게는 기(氣)가 있고 생명이 있고 지각이 있고 또 도의까지 있으니 천하에서 가장 존귀하다."

순자뿐만 아니라 공자, 소강절(邵康節), 주자(朱子) 등 역대로 많은 성현들께서도 인간이 만물 중에서 가장 귀하다고 하셨습니다. 사람은 가장 귀하면서 가장 얻기 어렵습니다. 사람의 몸을 얻기가 지극히 어렵다고 100명의 사람에게 말하면, 불과 5명 정도만 진실로 받아들이고, 2~30명은 반신반의(半信半疑)하며, 나머지 65~70명은 아예 믿지 않습니다.

우리는 여행자입니다. 다른 별, 다른 세계에 있다가 지구라는 별에서 다시 만난 겁니다. 지구라는 이 행성(行星)에 태어난 우리는 지독히도 인연이 깊은 경우에 속합니다. 도대체 우리는 얼마나 많은 세월 동안 다른 세계에 떨어져 있다가 이 지구에서 해후(邂逅)하게 된 것일까요? 당신은 이 지구에 태어나기 전에 어디에 계셨습니까?

어떤 이는 다른 나라에서 살다가 죽은 후 대한민국에 태어났을 것이고, 또 어떤 이는 다른 별에 있다가 인연이 있어 이곳에 태어났을 것입니다. 또 누구는 축생의 몸으로 수백 생(生)을 윤회하다가 비로소 인간의 몸을 얻었을 테고, 또 누구는 천인(天人)으로 천상에서 오랜 즐거움을 누리다가 수명이 다하여 인간계로 떨어진 사람도 있을 겁니다.

우리가 죽으면 우리는 다시 머나먼 여행길에 올라야 합니다. 서로 다른 곳에 태어나 각자 다른 인생을 살아가야 합니다. 하지만 누구는 인연의 끈이 깊어 다시 만나게 될 겁니다. 그때 다시 만나면 지금의 처지와 반대되는 상황에 처하게 될지도 모릅니다.

만남이란 놀라운 사건입니다. 나와 당신의 만남은 한 세계와 한 세계가 억겁의 세월 동안 떨어져 있다가 만난 것입니다. 지금 당신 옆에 누가 있습니까? 당신 옆에 있는 그 사람은 정말 어렵고도 험난한 과정을 거쳐 사람의 몸을 얻은 것입니다. 그러니 당신 옆에 있는 사람과 당신은 보통 인연이 아닙니다.

우리가 인간의 몸으로 이 세상에 왔다는 것은 두 가지를 의미합니다. 우리가 과거 생에서 무던히도 많은 공덕을 쌓았기에 인간의 몸을 받았다는 것이 하나고, 반대로 우리에겐 무수히 많은 업장과 허물이 커서 하필 고통이 가득한 이 사바세계에 태어났다는 것이 또 하나입니다.

우리가 사는 이 세상은 선(善)과 악(惡)이 공존하고 기쁨과 고통이 병존하며 성인(聖人)과 범부(凡夫)가 동거(同居)하는 곳입니다. 고통이 많은 세계이기 때문에 윤회를 벗어나고자 수행하는 사람도 많고, 죽은 후 더 나은 곳에 태어나고자 선행을 쌓는 사람도 많습니다.

예수, 석가모니 붓다, 공자, 노자(老子). 이 네 분의 성인들께서는 안 되는 줄 알면서도 이 세상 속으로 뛰어들었습니다. 당신들이 고통을 받을 줄 뻔히 아셨으면서도 세상을 교화하시고 중생을 구제하였습니

죽음까지 알아야 진짜 인생이다

다. 성인이신 예수께서 당신이 인간들로부터 핍박을 받아 십자가에 못 박혀 돌아가실 것을 설마 모르셨겠습니까. 부처님께서도 모든 중생을 다 구제할 수 없다는 것을 뻔히 아셨으면서도 수고롭게 49년간을 돌아다니시면서 팔만대장경을 설하시고 마지막에는 병을 얻어 죽는 모습을 일부러 보이시고 돌아가셨습니다. 공자의 생애는 가장 비극적입니다. 전쟁과 가난 그리고 사회 갈등으로 세상이 너무 어지러웠지만, 기꺼이 제자들을 데리고 전국을 주유(周遊)하면서 큰 가르침을 남기셨습니다. 공자는 지극한 성인이시지만 자발적으로 고난과 손가락질을 받아가며 세상을 이롭게 하고자 하였습니다. 노자(老子)는 극도의 혼란한 사회를 구하고자 『도덕경(道德經)』이라는 불후(不朽)의 가르침을 글로 남기셨으니, 그 은혜가 천지를 감동시키고도 남습니다. 이 네 분의 성인들 말고도 이 세상에는 많은 성인들이 지금도 세상에 오셔서 많은 비밀행(秘密行)을 펼치고 있습니다.

지옥이나 축생이나 아귀 세계는 고통이 너무나 심하여 수행을 할 마음이 생기지 않고, 천상 세계는 반대로 고통은 거의 없고 오직 즐거움만 가득한 세계여서 선행이나 수행을 할 마음이 생기지 않습니다.

고래(古來)로 지혜로운 사람들은 인간이 사는 이 세상은 즐거움보다는 고통이 훨씬 많고, 설사 즐거움이 많다 하더라도 그 즐거움은 오래가지 않는다는 것을 알았기에 이 세상의 명리(名利)에 담박(淡泊)하였습니다.

사람으로 태어났을 때 빨리 윤회를 벗어나야 합니다. 이것이 사람으로 태어난 가장 큰 이유입니다.

몸 그리고 마음

이번 장(章)은 이 책에서 가장 어려운 곳입니다. 이 책의 주제이자 본령(本領)인 '죽음'과 다소 거리가 있는 주제이기도 합니다. 고로 이 장(章)은 맨 나중에 읽으셔도 좋고 아예 읽지 않으셔도 좋습니다.

이 장(章)에 실린 내용들을 한 번 읽으시고 이해가 되지 않는다고 하여 낙담하지 마십시오. 한 번에 이해하기엔 아주 난해한 부분이니까요. 한 번은 대충 읽고 두 번째 읽을 때는 자세히 읽는 것도 좋은 방법입니다. 이 장(章)은 인간의 몸과 마음을 이해하는 데 있어 중요한 길잡이가 될 것입니다.

우주의 주재자(主宰者)는 하느님도 아니요, 부처님도 아니라 바로 '나(我)'라고 불교는 말합니다. 우리는 각자 '우주에 홀로 선 고독한 존재'입니다. 우리는 모두 위대한 존재의 화신(化身)입니다. 불쌍하고 못난 존재가 아닙니다. 그 누구도 나를 통제하거나 간섭할 수 없고, 그 누구도 나를 대신할 수 없으며, 나에게 일어나는 모든 일의 원인은 모두 나한테서 나온 것입니다.

우리 각자의 '나'는 이 우주에서 하나밖에 없는 존재입니다. '나'는 무수히 많은 험난하고 불가사의한 과정을 거쳐 이 지구라는 별에 왔

죽음까지 알아야 진짜 인생이다

습니다. 내가 이 지구에 오기 전에는 어느 별에서 어떤 모습으로 존재했는지, 수억 년 전에 나는 어디에 있었는지, 내 생명의 궁극은 도대체 무엇인지, 죽어서는 어디로 가는지, 잠이 들면 내 영혼은 어디로 가 있는지 모두 궁금해하지만, 지혜가 없고 공부를 안 했기 때문에 알지 못합니다.

맹자께서는 "만물은 나에게 다 구비되어 있다[萬物皆備於我矣]."라고 하였습니다. 성서는 "하나님의 나라는 너희 안에 있다."라고 선언합니다. 부처님은 태어나서 일곱 걸음을 걸은 후 "천상천하유아독존(天上天下唯我獨尊)."을 외치고는 곧바로 평범한 아기로 변했습니다. 부처님은 최후의 유언에서 "자신을 등불로 삼고[自燈明], 법을 등불로 삼아라[法燈明]."라고 설했습니다.

자, 여러분에게 질문 하나를 던져 봅니다. 위에서 말하는 '나'는 내 몸을 말하는 것일까요, 내 영혼을 말하는 것일까요? 아니면 내 마음을 말하는 것일까요? 뭘까요?

모두 아닙니다. 내 몸뚱이도, 내 영혼도, 내 마음도 진짜 '나'가 아닙니다. 내 육신도 '나'가 아니고 내 영혼이나 내 마음도 '나'가 아니라면 진짜 '나'는 도대체 어디에 있다는 것입니까? 그러면 지금 여기 있는 '나', 이렇게 숨 쉬고 있는 '나', 이렇게 시퍼렇게 살아 있으면서 오감(五感)을 갖고 있고 영혼이 있는 이 '나'는 도대체 누구란 말입니까? 결론부터 말하자면, 지금의 '나'는 생명 본래의 바로 그 생명이 아닙니다. 내 몸은 비상(非相)이요, 가상(假相)일 뿐입니다.

불경은 말합니다.

"이 몸은 사대(四大)가 화합한 것이기에 '몸'이라고 임시로 이름을 붙인 것일 뿐 이 사대에는 주재자가 없고 몸에도 진실한 '나'가 없다. 온갖 인연이 잠시 모여 이루어진 이 몸은 오직 인연이 모였으므로 생겨난 것이요, 소멸하는 것도 오직 인연이 흩어지므로 소멸하는 것이다."

위 말씀처럼 우리 몸은 어디까지나 인연이 잠시 모여 만들어진 것에 불과합니다. 내 몸은 나의 주인이 아니라는 겁니다. 내 영혼도 나의 주인이 아닙니다. 나의 본 모습은 지금의 몸으로 이 세상에 태어난 내가 아닙니다. 이 몸은 껍데기에 불과합니다. 인연에 따라 잠시 모인 것에 불과합니다.

불교는 이 세상 모든 것에는 고정불변하는 성질, 즉 자성(自性)이 없다고 말합니다. 오직 인연(因緣)에 따라 생겨나고 사라지는 것만 있을 뿐이라고 말합니다.

신라의 의상(義湘) 대사는 이것을 '불수자성수연성(不守自性隨緣成)'이라 하였는데, 모든 것은 고정된 자성은 없으되 인연을 따라 이루어진다는 뜻입니다. 모든 것은 때가 무르익으면 인연이 화합하여 생겨났다가 다시 사라질 뿐입니다.

물은 상황(인연)에 따라 얼음이 되기도 하고 빗물이 되기도 하며 파도가 되기도 하고 수증기가 되기도 합니다.

나무는 인연에 따라 관(棺)이 되기도 하고 소의 여물통이 되기도 하며 집의 기둥이 되는가 하면 바둑판이 되기도 합니다.

여기 흙이 있습니다. 이 흙으로 집을 만들면 우리는 그것을 '집'이라고 부릅니다. 하지만 이 흙으로 자기(磁器) 모양을 만들어 불에 오랜 시간 구우면 우리는 그것을 '도자기'라고 부릅니다. 또 이 흙으로 불상

(佛像)을 만들고 그 위에 도금을 하면 불상이라고 부르며 많은 사람들로부터 신앙과 공경의 대상이 됩니다. 이처럼 사물은 고정된 성질이 없습니다.

막사발은 우리나라에서는 천덕꾸러기 신세이지만 일본에서는 국보급 대우를 받습니다. 우리 집에 있는 재떨이는 담배꽁초를 담는 용기이지만, 다른 가정에서는 씨앗을 담아두는 용기로 쓰이고, 또 다른 가정에서는 강아지의 물그릇으로 쓰입니다. 이처럼 같은 사물이라도 장소에 시대에 따라 각기 다른 이름과 다른 용도를 갖습니다. 이것을 불교에서는 "자성(自性)이 없다." 또는 "자성이 공(空)하다."라고 말합니다. 자성이 없다는 것은 고정 불변하는 성질이 없다는 뜻입니다. 그리고 '공(空)'이라는 것은 '머물지 않는다'는 뜻입니다. '없다'라는 뜻이 아닙니다.

불경에서는 또 말합니다.

"몸은 고통이요, 번뇌요, 온갖 병이 모여 있는 곳입니다. 이 몸은 무상(無常)하고 강하지 못하고 무력하고 견고하지 못하고 빨리 썩어 가는 것이니, 믿어서는 안 됩니다. 이 몸은 그림자와 같으니 업(業)의 인연을 따라 나타난 것입니다. 이 몸은 뜬구름과 같으니 잠깐 사이에 변하고 사라집니다. 이 몸은 주인이 없으니 대지(大地)와 같습니다. 이 몸에는 진실한 내가 없으니 마치 불(火)과 같습니다. 이 몸은 영원한 수명이 없으니 바람과 같습니다. 이 몸은 깨끗하지 않으니 더러운 것들로 가득 차 있습니다. 이 몸은 거짓인 것이니 설사 씻고 옷을 갈아입고 밥을 먹는다고 해도 끝내는 반드시 닳아 없어질 것입니다. 이 몸은 함정과 같으니 그 안에 빠져 있으면서 늙음에 쫓기고 있습니다. 이 몸은 죽을 날이 정해져 있으니 언젠가는 반드시 죽어야 합니다. 지혜가 밝은 사람은 몸을 믿거나 의지하지 않습니다."

하지만, 이 몸을 싫어하여 몸을 일부러 해치는 것도 옳지 않고, 이 몸에 집착하는 것도 옳지 않습니다. 이것이 중도(中道)입니다. 진리를 얻기 위해서는 이 육신에 의지해야 합니다. 그러므로 이 육신은 소중한 것입니다.

동양 최고의 경전인 『역경(易經)』의 큰 도리 중에 '변역(變易)'이라는 개념이 있습니다. 세상의 어떤 것도 변하지 않는 게 없다는 뜻입니다. 머물지 않는다는 뜻입니다. 이것이 바로 불교에서 말하는 공(空)이요, 무상(無常)입니다. 『금강경』의 핵심인 '응무소주이생기심(應無所住而生其心: 머무는 바 없이 그 마음을 내라)'의 뜻이기도 합니다. 유(有)에도 집착하지 않고 공(空)에도 집착하지 않으며 불유(不有)와 불공(不空)에도 역시 집착하지 않아야 합니다.

그런가 하면 『역경(易經)』에서는 또 '불역(不易)'이라 하여 만물은 모두 시시각각 변하지만 그중에서도 영원히 불변하는 그 뭔가가 있다고 말합니다. 만사 만물을 변하게 하는 그것은 영원히 존재한다는 것입니다. 그것은 어떤 것일까요? 종교인들은 그것을 '하느님'이니 '신(神)'이니 '주재자'니 '부처'니 '열반'이니 '보리(菩提)'니 '진여(眞如)'니 하고 부릅니다. 철학에서는 그것을 '본체'라고 합니다. 생명의 '본체(本體)'는 본래 태어난 적도 죽은 적도 없다고 불교는 말합니다. 그것은 온 적도 없고 간 적도 없습니다. 명칭이야 어떻든 그것은 존재하며 또 불변합니다. 만사 만물을 능히 변화시킬 수 있는 그것 자체는 불변합니다.

이러한 이치에 비추어보면 '나(我)'라는 것도 역시 없습니다. 사대(四大)와 인연이 잠시 합쳐져 있는 가짜에 불과하니까요. 지금 이 글을 읽고 계시는 당신도 진짜 당신이 아닙니다. 잠시 인간의 모습을 하고 있는 가짜에 불과합니다. 수십 년이 지나면 완전히 없어집니다. 고로 진짜 '나(我)'를 찾아야 합니다. 불교의 안목에서 보자면, '나'는 완전한 깨달음을 얻은 비로자나불의 화신(化身)이기도 하고, 스스로의 부처이자 자신의 부처인 자성불(自性佛)이기도 하며 진여(眞如)이기도 합니다. 다만, 각자의 '나'는 이 땅에 와서 잠시 무명에 빠진 중생의 모습으로 시현(示現)합니다. 중생의 눈으로 보면 이 세계는 결함과 죄악이 가득한 세계이지만, 깨달은 성자(聖者)의 눈으로 보면 이 사바세계는 완전히 평등하며 더러움이 하나도 없는 정토(淨土)입니다.

성서 요한복음에 나오는 그 유명한 말씀인 "내가 곧 길이요 진리요 생명이니 나로 말미암지 않고는 아버지께로 올 자가 없느니라."에서 '나'는 예수님만을 가리키는 고유명사가 아니라 각자의 '나(我)'를 가리키는 보통 명사입니다. 이 말씀은 부처님의 최후 유언인 "스스로를 피난처로 삼아라. 다른 곳에서 피난처를 찾으려 하지 말라. 진리의 등불을 밝히고 진리를 너의 피난처로 삼아라." 또는 "스스로를 등불로 삼고 진리를 등불로 삼아라."라는 말씀과 정확히 통합니다.

불교 수행법 중에 '염불'이라는 것이 있습니다. 염불이란 정신을 집중한 채 부처님 이름을 간절히 부르거나 생각하는 것을 말합니다. 그런데 염불은 저 어딘가에 계시는 부처님을 부르는 것이 아니라 사실은 내 안에 있는 진여(眞如)를 부르는 것입니다. 왜냐하면 나 자신도 부처이기 때문입니다. 즉, '자성불(自性佛)'이기 때문입니다. 따라서 염불은 부처가 부처를 부르는 수행인 것입니다. 같은 이치로, 불상(佛像)에 정성스럽게 절을 올리면 그것은 곧 나 자신에게 올리는 것입니다. 이는 불가에서 전해 오는 "내가 부처에게 절하면 부처도 내게 절을 한다."라는 법언(法言)과 통하고, "자기가 자기를 구원하는 자는 영원히 구원을 받지만, 남에게서 구원을 얻고자 하는 자는 절대로 구원을 받지 못한다."라는 격언과도 통합니다.

최고의 불법(佛法)은 내가 나를 구제하는 것입니다. 부처님이나 하느님이 나를 구제해 주시는 것이 아닙니다. 부처는 온 적도 없고 간 적도 없으며 움직인 적도 없고 열반에 든 적도 없습니다.

불교에서는 나의 본래 모습을 '불성(佛性)' 또는 '진여자성(眞如自性)'이라 부릅니다. 신성(神性)이라 불러도 됩니다. 이 진여자성은 불생불멸(不生不滅: 생겨나지도 않고 소멸되지도 않음)·무시무종(無始無終: 시작도 없고 끝도 없음)·부증불감(不增不減: 늘어나지도 않고 줄어들지도 않음)·불구부정(不垢不淨: 더럽지도 않고 깨끗하지도 않음)합니다. 온 적도 없고 간 적도 없습니다.

그래서 선가(禪家)에서는 나의 '본래 면목' 또는 나의 '진여자성'을 보려 하는데, 이 진여자성을 보는 것을 '견성(見性)'이라고 부릅니다. '견성(見性)'은 선불교에 있어 알파요, 오메가입니다.

진여자성 속에는 모든 공덕과 반야지혜와 신통과 삼매(三昧)가 갖추어져 있습니다. 진여자성과 내 마음과 내 육신은 모두 하나입니다. 즉, 삼위일체(三位一體)입니다.

죽음까지 알아야 진짜 인생이다

나의 진정한 생명은 내 육신에 있지 않습니다. 진정으로 도(道)를 깨달으면 진여자성을 보게 되고 실상(實相)을 알게 됩니다. 그래서 예수는 "진리가 너희를 자유롭게 하리라."라고 하신 것이며, 공자는 "아침에 도(道)를 들으면 저녁에 죽어도 좋다."라고 하신 겁니다. 도를 깨달으면 윤회의 세계에서 벗어나 자재(自在)를 얻으니 비로소 생사(生死)에서 자유로워지고, 우주 법계 어느 곳에라도 몸을 나타낼 수 있으며, 반야지혜와 신통력을 증득하고 생명의 궁극을 알게 되는 등 무수히 많은 변화가 생겨납니다.

또 진여자성은 원래 공(空)입니다. 공(空)이기 때문에 그 속에서 모든 것들이 나올 수 있습니다. 그런데 공(空)의 본성은 연기(緣起)입니다. '연기(緣起)'란 인연생기(因緣生起)의 줄임말로, '일체 존재는 홀로 있는 것이 아니라 인(因)과 연(緣)이 화합(和合)하여 일어난다(生起)'는 뜻입니다.

그것들은 독립하여 따로 존재하는 것도 아니고, 저절로 발생하는 것도 아니며, 또 조물주에 의해 만들어진 것도 아닙니다. 인연에 의하여 성립한 현상은 인연이 없어지면 소멸합니다. 모든 것은 서로 의존하여 존재하는데, 『화엄경』에서는 우주 만유(萬有)가 중중무진(重重無盡)의 상태로 의존하여 존재한다고 말합니다. 홀로 존재하는 것은 어디에도 없습니다. 일체의 생명과 물리 세계는 인연으로 생기(生起)합니다. 그런데 그 자성은 본래 공(空)입니다. 그 자성이 공(空)이기 때문에 온갖 인연을 만들어 낼 수 있습니다. 게다가 공(空)하기 때문에 폭발하는 힘마저 있습니다.

"자성(自性)이 공(空)이기 때문에 온갖 인연을 만들어 낸다."라는 말씀이 이해되십니까?

연기(緣起)는 다음과 같이 말할 수 있습니다.

어둠이 있기 때문에 밝음이 있고, 밝음이 있기 때문에 어둠이 있다.

기쁨이 있기 때문에 슬픔이 있고, 슬픔이 있기 때문에 기쁨이 있다.

선(善)이 있기 때문에 악(惡)이 있고, 악(惡)이 있기 때문에 선(善)이 있다.

삶이 있기 때문에 죽음이 있고, 죽음이 있기 때문에 삶이 있다.

네가 있기 때문에 내가 있고, 내가 있기 때문에 네가 있다.

이것이 있기 때문에 저것이 있고, 저것이 있기 때문에 이것이 있다.

이것이 없기 때문에 저것이 없고, 저것이 없기 때문에 이것이 없다.

인간이 있기 때문에 예수가 있고, 인간이 없으면 예수도 없다.

중생이 아프기 때문에 부처도 아파하고, 중생의 병이 나으면 부처의 병도 낫는다.

과거가 있기 때문에 현재가 있고 현재가 있기 때문에 미래가 있다.

어느 날 아침, A라는 남자가 출근하다가 버스를 놓쳤습니다. 짜증이 난 A는 직장에 가서 B라는 직원한테 괜스레 화를 냈습니다. 상사 때문에 기분을 망친 B는 하청 업체에 전화를 걸어 오늘까지 반드시 일을 마무리하라고 채근합니다. 다급해진 하청 업체 직원 C는 다른 사람과의 점심 약속을 깨고 서둘러 일하다가 그날이 아내의 생일임을 까먹습니다. 결국 밤늦게 연락이 닿은 남편 때문에 잔뜩 토라진 아내는 집에서 기르는 강아지를 한 번 걷어찬 후, 저녁 식사를 위해 예약해 놓은 고급 식당에 취소 전화를 하고는 동네 치킨 가게에 전화를 걸

죽음까지 알아야 진짜 인생이다 _____

어 치킨 한 마리와 맥주를 주문합니다. 술기운이 올라오자 친정에 전화를 걸어 친정엄마에게 신세타령을 늘어놓은 후 한바탕 웁니다.

위 사례에서 보듯, A라는 남자 때문에 집에 있는 강아지가 난데없이 걷어차이고, 고급 식당은 예약 취소를 당하며, 동네 치킨 가게는 치킨 한 마리를 팔게 됩니다. 한 사람의 행위가 일파만파(一波萬波)로 퍼져 나가면서 영향을 줍니다. 이것이 연기(緣起)입니다. A가 버스를 놓친 것은 늦게 일어났기 때문인데, 늦게 일어난 이유는 어젯밤 성적이 자꾸 떨어지는 아들과 한참이나 얘기를 나누었기 때문이며, 아들의 성적이 자꾸 떨어진 이유는 새로 사귄 여자 친구와 노는 시간이 많아졌기 때문입니다. 이렇게 모든 일은 서로 의존 관계에 놓여 있습니다. 단독으로 일어나는 일은 존재하지 않는다는 뜻입니다. 지금까지 '몸'을 살펴보았으니 이제부터는 '마음'을 들여다보겠습니다. 다음의 표를 보시겠습니다.

구분	종류	기능
전오식 (前五識) =오관(五官) =오감(五感)	안식(眼識)	- 눈으로 사물을 보는 기능(시각)
	이식(耳識)	- 귀로 소리를 듣는 기능(청각)
	비식(鼻識)	- 코로 냄새를 맡는 기능(후각)
	설식(舌識)	- 혀로 맛을 보는 기능(미각)
	신식(身識)	- 몸으로 감촉을 느끼는 기능(촉각)
제6식(識)	의식(意識)	① 전오식(前五識)을 조종하고 통제하고 분별함. ② 우리가 흔히 '마음'이라고 할 때 이 마음은 바로 '의식'을 말함. ③ 생각, 분별, 망상, 상상, 기억, 사고(思考), 회상, 후회 등을 함. ④ 호오(好惡), 시비(是非), 선악(善惡), 미추(美醜) 등의 분별을 함. ⑤ 의식은 번뇌와 탐진치에 의해 많이 오염되어 있음. ⑥ 의식은 망상심(妄想心)이며 생멸심(生滅心)임. ⑦ 꿈, 무의식, 잠재의식, 육감(六感), 영감(靈感)도 의식의 한 부분이며, 현대 심리학은 의식을 연구 중임. ⑧ 의학에서는 '의식'이 정지하면 사망으로 판단함. ⑨ 선정(禪定)·기절·수면 상태는 의식이 정지한 상태임. ⑩ 참선·관상(觀想)·내려놓기·알아차리기 등은 의식을 비우는 것임.
제7식(識)	말나식 (末那識)	① '나'라는 생각을 갖게 하는 주체. ② '내'가 있다. '나'는 남보다 나은 존재다. 자존심, 자아에 집착. ③ 나를 집착하고 나만 아끼는 이기적인 에고(ego)가 중심인 마음. ④ 무명(無明)이나 아집(我執)·아상(我相)·아견(我見)의 뿌리가 됨. ⑤ 제6식(識)의 뿌리이자 번뇌를 일으키는 근본 종자. ⑥ 인간은 말나식에 근거하여 최종 판단을 내리고 결정하고 생각하며, 수행이란 말나식을 청정하게 하는 것임.

제8식(識)	아뢰야식 (阿賴耶識)	① 억겁 동안 윤회해 오면서 모든 생각과 말과 행위가 기록되고 저장된 저장고(貯藏庫). 앞의 일곱 식(識)의 뿌리가 됨.
		② 아뢰야식에 저장된 종자를 '업(業)'이라 하고, 이 업이 인연을 만나는 것을 업식(業識)이라 하며, 업의 힘을 업력(業力)이라 함.
		③ 일체 삼라만상은 모두 이 아뢰야식이 지어낸 것임(一切唯心造).
		④ 아뢰야식은 일체의 종자(種子)를 갖추고 있어서 일체의 생명을 생겨나게 할 수 있기에 아뢰야식을 윤회의 주체라고 함.
		⑤ 대다수의 사람들이 아뢰야식을 '나' 또는 '영혼'으로 착각함.
		⑥ 태아가 생겨날 때 가장 먼저 오고, 죽을 때 가장 늦게 떠남.
		⑦ 매우 깊고 미세하며 비밀스럽고 신령하며 급류(急流)와도 같음.
		⑧ 불교에서는 아뢰야식이 우리 몸에서 완전히 떠나간 것을 사망이라 함. 아뢰야식이 완전히 떠나가면 몸이 차가워짐.
		⑨ 사망했어도 아뢰야식이 몸에서 떠나가기 전에는 절대 시신에 손을 대거나 만지거나 이동시켜서는 안 됨(정말 중요함).
		⑩ 인간의 개성, 습관, 성격, 신체의 생김새 등은 모두 아뢰야식과 관련이 있음.
		⑪ 아뢰야식이 청정해져야 비로소 마음이 청정한 것임.
		⑫ 독서든 염불이든 아뢰야식에 저장이 될 정도로 깊이 해야 효과가 있음.
		⑬ 불교의 핵심인 '계정혜(戒定慧)'에서 계(戒)는 전오식과 의식(意識)을, 정(定)은 말나식을, 혜(慧)는 아뢰야식을 청정케 하는 것임.
		⑭ 아뢰야식에 저장되는 것을 훈습(薰習)이라고 하며, 종자를 습기(習氣)라고도 함.
		⑮ 선행이나 공덕을 쌓으면 아뢰야식이 약해지거나 청정해짐.
		⑯ 현대 심리학은 말나식과 아뢰야식은 아직 알지 못하고 있음.

　인간의 '마음'을 표로 간략하게 정리해 본 것입니다. 앞의 표에서 '의식'과 '아뢰야식'이 가장 중요합니다.

현대의 심리학은 오직 의식(意識)에 대해서만 알고 있으며, 제7식(識)에 대해 아직 이해하지 못하고 있고, 제8식(識)은 더더욱 알지 못합니다.

서양인들은 뇌를 쓸 것을 말하는데 의식(意識)을 쓰는 것은 '뇌' 속에 있습니다. 우리는 항상 생각이나 망상을 뇌에서 쓰고 있습니다. 그런데 마음은 심장의 관할입니다. 당신의 심장은 생각이 없습니다. 그러나 마음은 확실히 심장의 일부분입니다. 우리의 마음은 우리 몸에도 있고 몸 밖에도 있습니다.

우리가 기도나 명상 등을 하여 마음이 청정해지거나 번뇌가 가라앉았다고 하여도 그건 제6식이 청정해진 것에 불과합니다. 제7식과 제8식은 전혀 청정해지지 않았습니다.

우리는 자신의 의지로 자신을 통제할 수 있다고 믿고 있으며, 나 자신은 누구보다도 합리적이고 정확한 판단력을 갖고 있다고 생각합니다. 하지만 과연 그럴까요?

우리 몸에 있는 오감(五感)을 비롯한 뇌와 마음은 수시로 착각을 합니다. '플라세보 효과(Placebo effect)'로 불리는 위약(僞藥) 효과는 과학적으로 입증된 바 있으며, 경제학에서 나온 베블런 효과나 편승 효과는 인간의 판단력이 얼마나 비합리적인지를 잘 설명해 줍니다. 다음 사례를 보시면, 만물의 영장이라는 인간이 얼마나 엉뚱하고 우스꽝스러운 존재인지를 알게 됩니다.

한 패스트푸드 업체에서 2,000원짜리 커피를 선보였다. 그런데 이 커피는 종전의 4,000원짜리와 같은 커피로, 화학적으로 동일하고 당연히 맛도 같다. 하지만 많은 사람들이 2,000원짜리보다 4,000원 짜리 커피가 더 맛있다고 답했다. 심지어 일부 고객은 "4,000원짜리 커피는 설탕 없이도 단맛이 난다."거나 "부드럽고 마시기 편하다."라는 구체적인 평까지 내놓았다.

우리 인간의 뇌는 합리적이고 공정한 판단을 하지 않는다는 것이 수많은 실험을 통해 입증되었습니다. 인간은 자신의 기호(嗜好)와 습성(習性)·성격·가치관·고정관념·사회 통념·인습(因襲)·성별(性別) 등에 따라 한쪽으로 치우치고 왜곡된 판단을 내리는 데 익숙합니다.

어느 뇌 과학자가 말했습니다.

"우리의 뇌는 무언가 올바른 판단을 돕는 신체 기관이 아닙니다. 오히려 우리의 잘못된 선택을 '정당화'하는 기관이라는 게 더 맞는 표현일 겁니다."

이 세상 만물은 내가 본대로 존재하지 않습니다. 세상은 내가 본 것처럼 그렇게 있지 않습니다. 우리는 보고 싶은 대로만 세상을 봅니다.

우리는 색안경과 굴절된 렌즈 그리고 희뿌연 안경을 낀 채 세상을 바라보고 있습니다. 그러니 사물이 제대로 보일 리 없습니다. 게다가 우리는 태어날 때부터 가지고 온 선입견·편견·고정관념·무지(無知)·아집(我執)·관습·교만·질투 등으로 범벅이 되어 있기에, 우리의 안목이나 판단은 정확하지도 않고 공정하지도 않으며 객관적이지도 않고 합리적이지도 않습니다.

남자는 술에 취하면 여자가 예쁘게 보이고, 돈이 많으면 세상이 아름답게 보입니다. 예쁜 여자는 마음이 착할 것이라고 생각하고, 뚱뚱

한 사람은 게으를 것이라고 간주합니다. 노인들은 마음이 넉넉할 거라고 착각하고, 돈은 사람을 행복하게 해 줄 거라고 여깁니다. 비싼 약을 복용하면 더 빨리 나을 거라고 착각하고, 흑인들은 음흉하지만 백인들은 천사와 같은 마음을 가졌을 거라고 착각합니다.

재미있는 일을 하거나 이성(異性)과 사랑을 나누고 있을 때는 시간이 금방 가는 반면, 재미없는 일을 하거나 벌을 받고 있을 때는 시간이 천천히 가는 것처럼 느껴집니다.

십자가를 목에 걸고 다니는 기독교인들은 신(神)이 자기를 보호해 주고 있다고 믿으며, 차 안에 불화나 염주를 갖고 다니면 교통사고가 자기를 피해갈 거라고 여깁니다.

세상은 아는 만큼 보이고 아는 만큼 느끼며 아는 만큼만 들립니다. 모든 것들이 자기가 가진 지식과 틀 안에서만 놉니다. 그 이상을 벗어나기는 어렵습니다. 이것이 중생이 가진 한계입니다. 인간이 사는 이 세상은 3차원의 세계인데, 4차원·5차원의 세계는 어떠한 세계인지 가늠하기가 불가능합니다.

허공은 우리 눈으로 볼 때 텅 비어 있지만, 이 허공 속은 엄청난 비밀들로 가득합니다. 인간은 시간을 과거와 현재와 미래로 구분하지만, 사실 시간은 그렇게 셋으로 구분 짓지 못합니다. 인간은 천 년을 오랜 시간으로 인식하지만, 만 년이든 억만 년이든 사실 찰나에 불과합니다. 중생의 눈으로 보는 모든 것이 착각과 허상에 불과합니다. 그 어느 것 하나도 진실하지 않습니다. 꿈속의 일들에 불과합니다. 꿈속에서 서로 싸우고 경쟁하고 사랑하고 울고 웃고 집 짓고 오가는 것입니다.

인간의 마음은 탐진치(貪瞋痴)와 분별심에 의해 많이 오염되어 있기에 달리 망상심(妄想心), 생멸심(生滅心)이라고 불립니다. 오염되지 않은 마음은 진여심(眞如心) 또는 진심(眞心) 또는 자성(自性)이라고도 합니다. 탐진치나 분별심은 윤회의 근본이 되는 가장 중요한 원인입니다.

불교에서 말하는 마음은 의식·말나식·아뢰야식을 통틀어 말하기도 하고, 제8식(識)인 아뢰야식만을 가리켜서 말할 때도 있으며, 진여(眞如) 또는 자성을 가리킬 때도 있습니다. 진여(眞如)로 보면 이 우주 법계는 완전히 평등합니다. 그리고 조금도 오염되어 있지 않습니다. 모든 존재는 적멸(寂滅) 속에 안주하고 있습니다. 이를 제법실상(諸法實相)이라 합니다. 하지만 생멸심으로 보면 우주에는 천태만상(千態萬象)의 차별이 존재합니다.

『화엄경』의 핵심인 '일체유심조(一切唯心造)'라는 말은 '우주 삼라만상(森羅萬象)은 모두 마음이 지어낸 것이다'라는 뜻입니다. 『능엄경』에는 "이 우주의 모든 존재는 다 마음을 여의지 않는다[諸法皆不離心]."라는 말씀이 나옵니다. 두 경전에서 말하는 '마음'은 우리가 흔히 말하는 마음을 말하는 것이 아니라 '아뢰야식'을 가리킵니다.

예를 들어 보겠습니다.

당신은 어떤 사람을 처음 만났습니다. 그 사람에게 왠지 호감(好感)이 갑니다. 그런데 당신 친구는 그 사람한테 호감이 가질 않습니다. 당신은 왜 호감이 드는 걸까요? 그것은 당신의 아뢰야식 속에 저장된 씨앗 때문입니다. 즉, 처음 만난 그 사람과 전생에 선연(善緣), 다시 말해서 좋은 인연이 있었기 때문입니다. 그 씨앗이 발아(發芽)하여 당신에게 지금 작용하기 때문에 당신은 그 사람과 말 한마디 나누어 보지 않았음에도 호감이 가는 것이지요. 당신 친구는 당신과 달리 그 사람과 선연은 없고 아득히 먼 전생에 그 사람과 약간 다툼이 있었기 때문에 약간의 불쾌한 감정이 든 것입니다.

계곡에 흐르는 맑은 물을 보면 청량감(淸凉感) 또는 마시고 싶다는 느낌이 듭니다. 하지만 천상에 사는 천인(天人)들이 보면 계곡의 물은 아주 더러운 물로 보입니다. 마치 쓰레기장에서 보이는 검은 침출수(浸出水)처럼 말이지요. 이 물이 아귀(餓鬼)한테는 불(火)로 보입니다. 그래서 마실 수도 없거니와 만약 마시면 입을 데고 맙니다.

이렇듯 일체 만물은 '나'의 아뢰야식에서 투영된 것들입니다. 내가 지닌 아뢰야식으로 변형 또는 왜곡되어 나에게 보이고 해석되는 것입니다. 더럽기 짝이 없는 똥도 내 자식이 싼 똥은 예쁘게 보이는 이치와 같습니다.

마찬가지로 땅에서 나는 곡식이나 채소는 땅이 변하여 나온 것들입니다. 즉, 만법(萬法)은 모두 우리의 아뢰야식이 변하여 만들어진 것들에 불과합니다. 물질세계는 정신세계의 투영(投影)에 지나지 않습니다. 즉, 우리 눈에 보이는 경치나 사물은 진짜로 존재하는 것들이지만, 그것을 받아들이는 것은 마음이라 불리는 의식·말나식·아뢰야식에서 조작하고 왜곡한 것입니다. 인간의 생각이나 심리, 의식 등의 변화는 모두 진정한 마음에서 일어나는 일종의 변태(變態)일 뿐입니다. 진정한 마음이 아닙니다.

우리 눈에 보이는 모든 것들은 허상(虛像)이며 허구(虛構)입니다. 일체의 모든 것은 우리의 아뢰야식이 지어낸 것들에 불과합니다. 세상은

죽음까지 알아야 진짜 인생이다

내가 본 것처럼 그렇게 있지 않습니다.

사람은 배운 바가 서로 다르고, 자라온 환경이 다르기 때문에 같은 사물이나 같은 상황을 놓고도 서로 다르게 바라보고 다르게 해석합니다. 사람은 각자 아뢰야식이 다르고 업력(業力)이 다르기 때문에 같은 사물을 달리 보는 것입니다.

우리들의 이 몸은 아뢰야식의 종자의 업력(業力)이 변한 것입니다. 생각해 본 적도 없고 가 본 적도 없는 어떤 나라에 유독 가 보고 싶은 생각이 들거나, 처음 본 사람인데도 친근한 느낌이 들거나, 나한테 나쁜 짓을 했음에도 미운 생각이 들지 않거나, 나한테 잘해 주는 사람인데도 거부감이 들거나, 같은 꿈을 수년간 계속 꾸는 경우 등은 아뢰야식과 관련이 있습니다.

사람이 일생을 살면서 겪는 온갖 상황들은 모두 자기가 수없이 심어놓은 종자들이 아뢰야식에 저장되어 있다가 때가 되어 드러나는 것입니다.

천재는 수많은 생을 윤회하면서 한 가지 방면에만 집착하기 좋아하는 종자가 마침내 폭발한 것입니다.

귀신은 귀신이 있다고 믿는 사람에게만 나타나고, 귀신같은 건 절대 없다고 믿는 사람에게는 나타나지 않습니다.

이미 나쁜 짓을 하여 생긴 악업을 저장하여 보존하고 있다고 해도 선행을 많이 하면 그 선업이 기존의 악업에 영향을 주어 악업과는 다른 선과(善果)를 갖게 할 수 있습니다.

빙하(氷河)는 내린 눈이 녹지 않고 차곡차곡 쌓여 그 압력에 의해 만들어진 얼음 덩어리를 말하는데, 빙하 속에는 빙하가 만들어질 당시의 공기(산소, 이산화탄소, 메탄가스 등)가 포함되어 있다고 합니다. 드릴로 수백 미터 또는 수천 미터까지 수직으로 구멍을 뚫어 지름 10㎝ 정도의 빙하 원통을 고스란히 뽑아내면 과거의 기온은 물론 당시 대기 중에 있던 가스와 먼지, 지금까지의 기후 변화와 기상 이변과 지구 온난화 등을 정확히 알 수 있다고 합니다.

또, 나무의 나이테를 연구하면 나무가 자라날 당시의 공기 성분은 물론 당시의 기후 상태나 당시에 있었던 기후 변동 등을 정확히 알 수 있다고 합니다.

아뢰야식도 이와 같습니다. 한 사람의 아뢰야식에는 수천억 년 전의 일들이 고스란히 저장되어 있습니다. 본인이 과거의 생에서 했던 말과 행동과 생각 등이 전부 저장되어 있다는 뜻입니다. 아뢰야식에는 당신이 지은 선업과 악업이 하나도 빠짐없이 저장되어 있습니다. 당신이 인생을 살면서 만났던 사람, 그 사람과의 인연, 당신이 겪었던 일들, 앞으로 겪게 될 일들은 전부 아뢰야식에 저장된 종자로부터 연원합니다.

같은 부모가 낳은 자식이라도 각자 개성이 다른 이유는 무엇일까요? 부모로부터 받는 유전력(遺傳力)은 의외로 작고 각자가 지닌 아뢰야식이 서로 다르기 때문입니다.

태속에 있는 태아의 생명은 아뢰야식에서 시작됩니다. 아뢰야식은 우리의 생명을 주관합니다. 사람이 죽기 전에는 의식이 혼미해지는데, 전오식이 점차 사라지다가 최후에는 아뢰야식이 떠납니다. 다시 태어

죽음까지 알아야 진짜 인생이다 _____

날 때는 아뢰야식이 제일 먼저 옵니다.

아뢰야식은 과거와 현재 및 미래의 일체 종자를 능히 저장할 수 있으며 또 저장한 것을 단단히 붙들고 있기 때문에 그것이 일으키는 작용은 각종 인연에 따라, 혹은 각 시간이나 지역에 따라 다르게 무르익습니다. 이는 윤회의 과보를 가리키는 것으로, 이렇게 무르익은 장부는 컴퓨터로도 제대로 파악할 수 없도록 정말 복잡하게 뒤얽혀 있습니다.

우리들이 일상생활 가운데서 일거수일투족, 예를 들면 말을 하고, 길을 걷고, 일을 하고, 생각하는 것 등은 모두 제6식인 의식이 지휘하고 있습니다. 따라서 만약에 제6식이 착란을 일으키면 이 사람을 미치광이가 되었다고 하지요.

설사 밤에 깊은 잠이 들었을 때, 제6식이 작동하지 않고 몽중 의식마저 없지만 온몸의 혈액 순환과 신진대사는 여전히 운행을 멈추지 않는데, 이것이 바로 제7식과 제8식의 작용입니다.

갓난아기는 제6식인 의식과 제7식인 말나식이 없습니다. 하지만 시간이 흐르게 되면 점차 의식과 말나식이 형성되면서 오염되기 시작합니다.

평소에는 제6식인 의식(意識)이 왕 노릇을 하지만, 죽음이 임박하면 제7식과 제8식이 전면에 등장하여 권력을 행사하기 시작합니다.

제6식이 작용을 일으키지 않는 상황하에 제8식 속에서 서로 다투어 현행을 일으키려는 업 종자들은 마치 아직 복권을 추첨하기 전에 추첨기 속에서 제멋대로 굴러가는 추첨 공과 같아서 마지막 순간이 오기 전에는 누구도 그 누가 복권에 당첨이 될지를 모르는 것과 같습니다.

우리가 보통 '영혼'이라 부를 때 그 영혼이라는 것은 다음의 두 가지를 의미합니다. 하나는 중음신(中陰神)이요, 또 하나는 아뢰야식을 말합니다. 중음신이란 죽은 후 다음 몸을 받기까지의 몸을 말합니다. 중음신이든 아뢰야식이든 그 어느 것도 진짜 '나(我)'가 아닙니다.

아뢰야식은 하나의 큰 창고와 같아서 일체 만법의 종자(種子)를 저장하고 있습니다. 이 종자는 절대 아무런 이유 없이 사라지지 않을 뿐만 아니라 앞으로 조연(助緣)을 만났을 때 반드시 결과가 생겨납니다.

만약 제8식이 아직 남아 있다면 몸에는 반드시 체온이 있습니다. 어느 정도 시간이 지나서 온몸이 싸늘하게 식어야 비로소 진정한 사망이라고 할 수 있지요.

우리가 몸과 말과 생각으로 지은 일체의 행위는 모두 아뢰야식에 기록되고 저장되어 종자로 변해 있다가 인연이 무르익으면 본인에게 나타납니다. 생명체라면 누구나 갖고 있는 DNA와 같습니다.

흔히 빈손으로 와서 빈손으로 간다고들 하는데, 불교에서는 업을 가지고 이 세상에 와서 살다가 죽으면 아뢰야식을 가지고 떠난다고 말합니다.

아래는 어느 고승의 말씀입니다.

"무릇 사람이 생겨날 때는 아뢰야식이 가장 먼저 찾아오고 이어 말나식과 의식 그리고 전오식(前五識)이 차례대로 찾아옵니다. 그리고 죽을 때는 전오식(前五識)이 가장 먼저 떠나고 이어 의식이 떠난 다음 말나식이 떠나고 아뢰야식이 가장 뒤늦게 떠납니다. 아뢰야식은 몹시 신령스러워서 사람이 어머니 뱃속에 수태(受胎)될 때 맨 먼저 찾아옵니다. 그래서 어머니 뱃속에 자리 잡은 태아가 살아서 꿈틀거리는 것입

죽음까지 알아야 진짜 인생이다 _____

니다. 사람이 죽으면 아뢰야식은 곧장 떠나지 않고 반드시 온몸이 다 차갑게 식기를 기다려 따뜻한 기운이 조금도 남아 있지 않은 뒤에라야 비로소 떠나갑니다. 그래서 만약 몸의 어느 한 곳이라도 따뜻한 기운이 조금만 있다면 아뢰야식이 아직 떠나가지 않은 것입니다. 이때 죽은 자의 몸을 만지고 움직이면 그 고통을 알아차리기 때문에 옷을 갈아입히거나 손발을 펴고 굽히거나 몸을 옮기는 따위의 일을 결코 해서는 안 됩니다. 만약 조금이라도 만지고 손을 댄다면 그때의 고통은 가장 참기 어렵습니다. 단지 입으로 말할 수 없고 몸을 움직일 수 없기 때문에 표현하지 못하는 것뿐입니다."

아래는 어느 성인의 말씀입니다.

"자기가 지은 업은 당연히 갚아야 합니다. 아뢰야식에는 당신이 한 일의 종자(種子)가 모두 머물러 있다가 때가 되면 응보(應報)로 나타나기 때문입니다. 즉, 우리가 몸이나 입이나 생각으로 지은 일체의 모든 행위는 모두 아뢰야식에 기록되어 종자로 변하고, 그 인연이 무르익었을 때 작용합니다."

그렇다면 『화엄경』에 나오는 "마음과 부처와 중생, 이 셋은 차별이 없다[心佛及衆生 是三無差別]."라는 말씀이나, 선가(禪家)에서 가장 많이 인용되는 "마음이 곧 부처이다[心即是佛]."라는 말씀이나, "마음 밖에 부처가 따로 없다."라는 말씀에서 '마음'은 무엇을 가리키는 것일까요? 이때의 마음은 아뢰야식이 아니라 '진여자성(眞如自性)'을 가리킵니다. 진여자성을 달리 법신(法身) 또는 불성(佛性) 혹은 법성(法性)이라고도 합니다. 이 진여자성을 찾아내는 것이 선불교(禪佛教)의 핵심입니다.

불가(佛家)에 전해져 오는 "어리석은 사람은 부처를 구하지만, 지혜로운 사람은 마음을 구한다."라는 격언은 선불교의 특징을 여실히 보여 줍니다.

우리가 사는 이 세상은 오염되어 있고 불완전하며 고통으로 가득한 세계입니다. 하지만 깨달음을 얻은 성자(聖者)의 눈으로 보면 우리가 사는 이 사바세계는 지극히 아름답고 깨끗하며 완전한 불국토입니다. 실상(實相)을 제대로 보지 못하고 무명(無明)에 가린 중생의 눈으로 보면 마치 색안경을 끼고 사물을 보는 것과 같아서 만물이 왜곡(歪曲)되어 보이는 것입니다.

시골 생활에 진절머리가 나서 도시로 이사를 간 사람이 있습니다. 아무런 연고도 없고 기반도 없는 도시에서 20년간 고생이란 고생은 다 겪은 사람이 어느 날 짬을 내어 고향을 찾아옵니다. 고향에 오니 고향은 그대로입니다. 고향 사람들은 여전히 농사를 짓고 여름엔 멱을 감으며 삽니다. 이런 모습을 본 그 사람은 이곳이 바로 천국이구나 하고 깨닫습니다. 하지만 고향 사람들은 시골 생활을 지루해하며 하루라도 빨리 이곳을 떠나고 싶어 합니다.

우리는 우리 몸에 대해 평생 사용할 수 있는 사용권만 있을 뿐, 영원히 소유할 수 있는 소유권은 가지고 있지 않습니다. 80년이라는 세월을 산다고 가정하면, 우리는 잠시 소유한 몸을 위해 매일 쉬어 주어야 하고 먹여 주어야 하며 꾸며 주어야 합니다. 그나마 하루 24시간의 절반가량은 솔직히 수면 또는 혼침(昏沈: 몽롱한 상태, 흐리멍덩한 상태, 멍

죽음까지 알아야 진짜 인생이다

한 상태) 상태에 있습니다. 그러니 80년의 절반인 40년을 제외하고 나면 우리에겐 40년의 시간만 남는 셈입니다. 그 40년의 시간에서 보통 15살 때까지의 철없는 시간과 말년의 5년간의 투병 시간을 빼면 20년이 남습니다. 이 20년의 시간 중 소위 먹고, 마시고, 대소변을 보고, 꾸미고, 기다리고, 오가고, TV 보고, 의미 없이 떠들고, 쇼핑하는 등의 시간이 3분의 2 이상을 차지합니다. 그렇다면 우리가 자신을 위해 독서를 하거나 명상을 하거나 기도를 하거나 인생에 대해 깊이 사유(思惟)를 하거나 선행을 하는 등 오롯이 나를 위해 쓰는 알찬 시간은 80년의 세월 중에서 겨우 5년 정도밖에 안 된다는 결론이 나옵니다.

우리는 가짜를 진짜로 여기고, 눈과 귀·코·혀·몸에 속고, 매일 꿈속에 있으면서도 실제로 여기고, 물질과 신체에 부림을 당하고, 내 몸뚱이를 진정한 '나'로 착각하고, 가버린 과거에 매달리고, 오지 않은 미래를 한없이 걱정하고, 생각이나 마음·감정·정서 등에 늘 휘둘립니다. 그러니 우린 모두 장애인이자 노예일 뿐입니다.

또 우리의 몸은 늘 아프거나 아니면 근심 속에 있습니다. 몸이 아프지 않으면 마음이 우울하거나 슬프거나 외롭습니다. 게다가 세상을 살아가면서 남에게 양보하고 남을 먼저 생각하는 일에는 철저히 무관심합니다. 오히려 남에게 손해를 입히거나 폐를 끼치거나 미워합니다. 몹시 이기적인 데다 툭하면 화를 내고 잘나간다 싶으면 여지없이 교만합니다. 머릿속은 늘 나쁜 생각으로 가득하고, 어떻게 하면 남을 이기고 남을 앞서며 남보다 잘살고 남보다 먼저 출세할 것인지에만 신경을 씁니다.

당신의 알몸을 거울에 비추어 보십시오. 어디 한 곳이라도 볼만한데가 있습니까? 게다가 당신의 성격은 또 어떠합니까? 조금만 성에 차지 않으면 버럭 화를 내지는 않으십니까? 당신은 또 예의를 갖추었습니까? 어른으로서 어디를 가나 부끄럽지 않은 행동을 하고 계십니까? 당신의 식성은 또 어떠합니까? 밥을 먹을 때마다 고기반찬이 있어야 하고, 반찬 가짓수가 적으면 음식 투정을 하지는 않으십니까?

우리는 의사나 아나운서가 하는 말은 의심 없이 믿으면서도 성현께서 하신 말씀은 반드시 의심을 해대는 병통(病痛)이 있습니다. 그러면서 "세상 사람을 다 속여도 나는 못 속인다."라고 말합니다. 그렇게 말하는 당신은 성인(聖人)이십니까? 당신이 그렇게 훌륭하다면 당신은 죽음으로부터 자유자재(自由自在)하십니까? 즉, 지금이라도 죽고 싶다면 죽을 수 있고, 한 줌의 재도 남기지 않고 자신의 몸을 순식간에 불태우고 이 세계를 떠나실 수 있습니까? 게다가 당신이 언제 죽을지 알 수 있습니까? 죽고 나서 다시 이 세상에 아무 때나 오실 수 있습니까? 이 세상에 오시면 사람이나 동물 등 그 어떠한 몸으로도 자신을 변화시킬 수 있습니까?

우리 몸은 늘 욕심·성냄·어리석음·교만함·의심으로 가득 차 있습니다. 욕심에는 식욕·성욕·수면욕·재물욕·명예욕이 있는데, 남자는 명예욕이 유달리 강하고 여자는 재물욕이 상대적으로 강합니다. 남자는 허세(虛勢)로 세상을 살고, 여자는 허영(虛榮)으로 세상을 살아갑니다. 남자는 미인을 탐하고, 여자는 돈 많은 남자를 탐합니다. 자기가 못 이룬 꿈을 자식이 이루어 주기를 바라고, 자식이 출세하여 돈을 많이 벌거나 전문직에 종사하거나 높은 자리에 오르기만을 손꼽아 기다릴 뿐, 자식이 올바른 인간으로 자라 주기를 바라거나 이 사회에 꼭 필요한 인재가 되기를 바라거나 많은 사람으로부터 존경받는 삶을 살기를 바라거나 이 세상을 이롭게 하는 사람이 되기를 바라는 부모는 극소수에 불과합니다. 모두가 전도(顚倒)되어 있고 망상(妄想)에 빠져 있습니다.

우리 몸은 쉽게 망가지고 쉽게 병듭니다. 몸이야말로 괴로움의 근본입니다. 삶은 환영(幻影)에 불과합니다. 게다가 인간이 하는 일은 어느 것 하나도 진실하지 않습니다.

윤회의 세계에서는 바늘구멍만큼도 건질 게 없으며, 윤회의 세계에서 일어나는 일들은 결국 재앙으로 귀결된다고 성인께서 말씀하셨습니다.

다들 노후 걱정은 하면서도 사후(死後) 걱정은 하지 않습니다. 먼 길을 떠나기에 앞서 돈과 식량은 빠짐없이 챙기면서도 저승길을 떠나기 전엔 아무것도 챙기지 않습니다.

죄 있는 사람은 경멸하면서 자신의 잘못된 행동은 알아차리지 못합니다. 다른 사람의 조그마한 결점은 잘 보면서도 자신의 큰 결점은 모르고 있습니다. 지위가 높은 사람에게는 한없이 비굴하고 아래 사람들은 무조건 얕봅니다. 다들 매일 온통 나쁜 짓만 하면서 죽어서는 좋은 곳에 가기를 원합니다.

늘 자신을 살펴야 합니다.

인생이란

성인(聖人)께서 말씀하셨습니다.

"인간은 영문도 모른 채 태어나, 어쩔 수 없이 살아가고, 까닭도 모른 채 죽어간다."

어느 고승께서 말씀하셨습니다.

"인간이 태어나 하는 일이란 자기를 속이거나 남을 속이거나 아니면 남한테 속는 일뿐이다."

그런가 하면 "살아 있는 것은 눈 뜨고 꿈을 꾸고 있는 것이요, 죽음은 눈 감고 꿈을 꾸는 것이다."라는 말씀도 있고, "사는 것은 여관에 잠시 머무는 것이요, 죽음은 집에 돌아가 쉬는 것이다."라는 명구(名句)도 있습니다.

누가 말했습니다.

"우리는 죽음에 대한 걱정으로 제대로 살지 못하고, 삶에 대한 걱정으로 제대로 죽지 못한다."

티베트 격언은 말합니다.

"인간은 독화살을 맞고 신음하는 존재다."

인생은 인간의 의식 수준으로는 이해할 수 없는 일들과 의문들로

죽음까지 알아야 진짜 인생이다

가득합니다.

예컨대, 당신은 왜 북한에 태어나지 않고 남한에 태어났을까요?

여자인 당신이 만약 네팔에 태어났더라면 '차우파디(생리 중인 여성을 가족과 격리하는 관습)'라는 악습을 겪어야 했을 것이고, 여성인 당신이 만약 인도나 이집트, 인도네시아, 중동 지방 등에 태어났더라면 '여성 할례(여성 성기의 일부를 잘라내는 관습)'라는 끔찍한 악습에 시달렸을 겁니다.

하지만 당신은 한국이라는 나라에 태어났습니다. 과연 이것이 우연입니까?

당신이 시리아나 아프가니스탄, 팔레스타인 지역에 태어났다면 평생을 전쟁과 테러, 가난, 질병 등을 겪으며 보내야 합니다. 그렇지만 당신은 용케도 그 나라들을 피해 한국이라는 나라에 태어났습니다.

당신은 또 과거 조선 시대가 아닌 21세기에 태어났습니다. 그 결과 당신의 자유와 권리를 억압하는 신분 제도의 굴레에서 벗어나 능력만 있으면 얼마든지 출세할 수 있고 부(富)를 거머쥘 수 있습니다. 이 모든 것들을 볼 때, 당신은 지독하게도 운이 좋은 존재입니다. 이것은 당신이 과거의 생에서 많은 복을 지었다는 방증이기도 합니다.

이 세상의 모든 일은 우연히 일어나는 것처럼 보이지만 사실은 철저하게 계산된 '그 무엇'에 의해 계획된 것입니다. 기독교를 믿는 이들은 '그 무엇'을 창조주의 섭리라고 할 것이고, 불교를 믿는 이들은 '그 무엇'을 '인과(因果)'라고 부를 것입니다.

우리 인간은 늘 근심 아니면 병환(病患) 중에 있습니다. 지나간 과거는 늘 후회하고 오지 않은 미래를 늘 걱정합니다. 지식이 많을수록 고통이 크고, 학문이 훌륭할수록 번뇌가 깊습니다. 얼굴이 예쁘면 인생이 괴롭고 재주가 뛰어나면 시기와 질투를 당하게 되며 장수하면 욕(辱)을 많이 당합니다.

어렸을 적엔 빨리 어른이 되고 싶어 하고 막상 어른이 되면 어린 시절을 그리워합니다. 가난할 적에는 어서 부자가 되었으면 하고 막상 부자가 되면 가난했던 그 시절로 돌아가고 싶어 합니다.

몸이 건강할 때는 부유한 집에서 살기를 꿈꾸지만, 몸이 아프면 가난해도 좋으니 몸만 건강해졌으면 좋겠다고 합니다.

머리가 좋은 사람은 가난하고 부유한 사람은 머리가 좋지 않습니다. 가난한 집에 사는 신혼부부는 부잣집에 사는 부부를 부러워하고, 부잣집 부부는 젊은 신혼부부를 부러워합니다. 성인은 늘 불우하게 살고 어진 이는 대부분 소인(小人)에게 죽임을 당합니다.

이처럼 인생은 모순의 연속입니다. 그리고 인생은 고통의 바다입니다. 사랑하는 사람과는 헤어져야 하는 고통이 있고, 미운 사람과는 어쩔 수 없이 만나야 하는 고통이 있습니다. 어딜 가나 나를 싫어하는 사람은 꼭 있기 마련이고, 하고자 하는 일의 8~9할은 이루어지지 않습니다. 행복이나 기쁨은 잠깐뿐이고 고통이나 질병, 실패 등으로 인한 괴로움은 늘 나를 찾아옵니다. 인생을 잘 살았다 해도 늘 후회만 남습니다.

젊을 때는 사람이 병을 찾아가지만, 늙을 때는 병이 사람을 찾아온다는 말이 있습니다. 돈이 많으면 시간이 없고 시간이 많으면 돈이 없습니다. 돈이 많으면 학문이 부족하고 학문이 좋으면 집안이 가난합니

죽음까지 알아야 진짜 인생이다 _____

다. 돈도 많고 학문도 좋다면 자손이 없고, 돈도 많고 학문도 좋고 자손도 많다면 훌륭한 자손이 드뭅니다. 돈도 많고 학문도 좋고 자손도 많은 데다 자손들까지 부귀영화를 누린다면 다음 생은 아마 비참할 겁니다. 복을 한꺼번에 너무도 많이 소비해 버렸기 때문입니다.

인생이란 손님이 되어 이 세상에 잠시 의탁하는 것이요, 죽음이란 고향으로 돌아가는 것입니다. 또 인생이란 연극 무대 위로 올라가 연기를 하는 것이며, 죽음이란 무대 아래로 내려오는 것입니다. 죽음이란 이 방에서 나와 저 방으로 들어가는 것이기도 합니다.

중국의 시인 이백(李白)은 이런 시를 남겼습니다.

"무릇 천지(天地)란 만물이 머무는 여관이요, 세월은 영원히 지나가는 나그네인데, 덧없는 인생은 꿈과 같으니 즐거운 일이 얼마나 되겠는가."

해마다 같은 꽃은 다시 피어나지만 해마다 같은 사람은 없는 것이 인생입니다. 부모의 죽음은 잊어도 재산의 손실은 좀처럼 잊지 못하는 것이 인생입니다. 세상에는 남과 싸워 이기기를 좋아하는 사람만 있지, 불의(不義)를 보고 비분강개(悲憤慷慨)하는 사람은 없고, 남의 원망을 사는 사람만 있지, 은혜에 감사하는 사람은 없습니다. 자기 재주를 뽐내는 자는 있어도 남의 재능을 아끼는 사람은 없고, 일신(一身)의 복을 구하는 자는 있어도 남을 위해 덕을 쌓는 이는 적습니다. 단지 어떻게 하면 잘살까 하고 헤아리는 사람은 있지만, 어떻게 삶을 마칠지에 대해 계획하는 사람은 없습니다. 가까운 일에 대한 걱정은 하면서도 먼 장래의 일을 생각하지는 않으며 제 처자식 걱정만 할 뿐 부모를 걱정하는 이는 없습니다.

지혜로운 사람은 기쁜 일이 있다 하여 기뻐하지도 않고, 슬픈 일이 있다 하여 슬퍼하지도 않습니다. 기쁜 일도 곧 끝나 버릴 것이며, 슬픈 일도 곧 지나가 버리리라는 것을 잘 알기 때문입니다. 게다가 기쁜 일은 곧 나의 복을 깎아 먹는 일이고, 슬픈 일은 나의 업장을 줄여주는 일이라고 생각합니다.

지혜로운 사람은 명예를 얻거나 높은 자리에 오르거나 큰 재산을 모아도 이를 뜬구름처럼 여길 뿐입니다. 명예나 출세나 재산은 번뇌이자 멍에이기 때문입니다.

지혜로운 사람은 남으로부터 속임을 당해도 노여워하지 않고, 남으로부터 모욕을 당해도 불쾌해하지 않습니다. 속임을 당하는 것이나 모욕을 당하는 것은 모두 내 업장을 줄여주는 것이기도 하거니와, 이런 것들은 모두 허구(虛構)라는 것을 알기 때문입니다.

대부분의 사람들은 운명에 굴복하고 외물(外物)이나 환경에 조종당하며, 탐욕과 성냄 그리고 어리석음에 고뇌를 자초하고 결국은 죽음에 이끌려 갑니다.

많이 배운 사람들이 더 이기적이고 더 탐욕스러우며, 나이 먹은 자들이 더 교만하고 더 고집이 셉니다. 우리 사회의 정신 건강은 상당히 위험하고 심각합니다. 정신적인 성장을 멈춰버린 철부지 어른들이 들끓고, 배움을 완전히 중단한 어른들, 독서를 사갈시(蛇蝎視)하는 어른들, 불평만 일삼는 어른들, 오직 돈에만 관심이 있는 어른들, 법규와 예절에 철저히 둔감한 어른들, 책임지는 일에는 도무지 관심이 없는 어른들, 공공장소에서 추태를 부리는 어른들 등 어린이들이 어른한테서 배울 게 없는 암담한 현실 속에서 계속 살아가야 합니다.

30년 전에도 세상을 비관적으로 보았는데, 지금도 여전히 세상을 비관적으로 본다면 당신은 30년을 무의미하게 산 것이나 다름없습니다.

"죽을 때 어떤 사람으로 기억되기를 원하는가?"라는 질문에 30년 전이나 지금이나 대답을 못 한다면, 30년을 퇴행(退行)한 것입니다.

"죽음 이후의 삶에 대해 얼마나 생각해 보았는가?"라는 질문에 대답을 못 한다면 역시 인생을 제대로 살지 않았다는 증거입니다.

사람은 인생을 살면서 세 가지 번뇌에 끊임없이 시달립니다.

첫째는 '두려움'입니다.

남으로부터 인정받지 못하면 어떻게 하나 하는 두려움, 노후에 궁핍해지거나 병에 걸리지 않을까 하는 두려움, 일이 실패하지 않을까 하는 두려움, 꾸중 듣지 않을까 하는 두려움, 부탁했는데 거절당하지 않을까 하는 두려움, 자신이 잊히지 않을까 하는 두려움, 사랑받지 못할까 하는 두려움, 사랑을 빼앗길까 하는 두려움, 자신의 공(功)이 세상에 알려지지 않을까 하는 두려움 등을 갖고 있습니다.

둘째는 '외로움'입니다.

미성년일 때는 부모가 옆에 있어 주니 외로움을 못 느끼지만, 성년이 되어서는 험난한 인생길을 혼자 헤쳐나가야 한다는 막중한 책임감에서 오는 외로움, 이 세상의 누구도 내 편이 아니라는 것을 깨닫는 데서 오는 외로움, 내가 괴로울 때 나를 위로해 주고 지지해 주는 사람이 하나도 없다는 것을 알게 되는 데서 오는 외로움, 몸이 많이 아플 때 느끼는 외로움, 죽을 때 홀로 가야 하는 외로움 등이 그것입니다.

셋째는 '죄책감'입니다.

인생을 제대로 살지 못했다는 죄책감, 나 자신을 위해 살아 보지 못했다는 죄책감, 헛살았다는 죄책감, 죄를 너무나 많이 짓고 살았다는 죄책감, 부모 노릇을 잘하지 못했다는 죄책감, 자식 노릇을 똑바로 하지 못했다는 죄책감, 자식을 제대로 키우지 못했다는 죄책감, 가난하게 죽는 것에 대한 죄책감, 다른 사람에게 잘하지 못했다는 죄책감, 반듯한 모습을 보여주지 못했다는 죄책감, 유능한 직원이 되지 못했다는 죄책감 등이 그것입니다.

사람들은 복을 지으려 하지는 않고 매일 복을 소비만 하고 있습니다. 늘 남을 해하거나 이용할 생각만 하면서 출세할 그 날만을 손꼽아 기다리고 있습니다. 평생토록 먹고 살 만한 재산이 있음에도 끊임없이 재산을 증식하느라 불법을 저지르고 남의 눈에서 피눈물을 흘리게 하는가 하면, 극도로 인색하여 남을 조금도 도와주지 않습니다.

부정한 방법으로 재산을 쌓아 올린 것도 이미 큰 죄인데, 나라에 세금을 내지 않기 위해 온갖 편법을 동원하여 법망(法網)을 빠져나갑니다.

국고(國庫)를 빼돌리고 국가 보조금을 불법으로 받아내며 실업 급여나 보험 급여를 거리낌 없이 거짓으로 타냅니다.

모든 수단을 동원하여 아들의 병역을 면탈하고, 요로(要路)에 부정한 인사 청탁을 하여 자녀를 좋은 직장에 취업시킵니다.

자녀를 출세시켰으되 남을 배려할 줄도 모르고 공감할 줄도 모르는 바보로 키워놓습니다. 세상에 고마워할 줄도 모르고 어려움이 조금만 생겨도 증오 섞인 원망으로 세상을 저주하도록 자녀를 키워놓습니다. 부모는 죽도록 고생하여 막대한 재산을 일궜지만, 자식 농사에는 실패하여 자식들이 세상 사람들로부터 손가락질을 받는 존재로 키워놓았습니다.

하지만 다음과 같은 경우도 있습니다.

어떤 이는 타고난 운명이 초라하여 세월이 흐를수록 궁핍과 질병이 그를 괴롭힐 운명이었으나, 늘 겸손한 덕분에 나쁜 운명이 그를 비켜나갔습니다.

어떤 이는 타고난 운명이 볼품없어 하는 일마다 실패하고 노년에 큰 불행을 맞을 운명이었으나, 재물과 음식 등을 아끼는 등 복을 아끼는 습관 덕분에 가까스로 불행을 피해 갔습니다.

어떤 이는 타고난 복이 박(薄)하여 자식 복이 없고 수명도 짧아 나이 40을 넘기기 어려웠는데, 좋은 일은 늘 남에게 양보하고 궂은일은 먼저 나서서 하며 자랑은 떠벌리지 아니하고 힘든 일은 내색하지 않은 덕분에 재앙이 그를 용케 비켜나갔습니다.

어떤 이는 타고난 복이 거의 없어 어릴 적부터 죽을 고생을 여러 차례 하였고, 장성해서는 하는 일마다 실패하였으며, 암에 두 번이나 걸려 죽음의 문턱까지 갔다 왔고, 사기 범죄에 연루되어 3년간 억울한 수감 생활을 했습니다. 하지만 그때마다 참회하였고 돈이 생길 때마다 어려운 사람들을 도와주는 일에 인색하지 않았기에 노년에 들어서는 늘 마음이 평온하였고 죽음이 두렵지 않았으며 착한 여인을 만나 편안한 노후를 보내다가 고통 없이 죽었습니다.

어떤 이는 타고난 복이 적어 어렸을 때부터 병치레가 잦았으며, 스무 살 때 교통사고를 당하여 한쪽 팔을 잃었고, 그 후 장애인으로 살면서 갖은 모욕과 서러움을 당했습니다. 하지만 하늘을 원망하지 않았고 늘 자신을 되돌아보며 뉘우친 덕분에 편안히 숨을 거두었습니다.

어떤 이는 유복자로 태어났습니다. 어머니가 점쟁이한테 그의 사주(四柱)를 물어볼 때마다 불길하게 나왔습니다. 그의 나이 서른 살 때 어머니마저 돌아가셨습니다. 부모님이 돌아가시면 슬퍼하는 것은 도움이 되지 않고 좋은 책을 인쇄하여 많은 곳에 무료로 배포하면 돌아가신 부모님께 큰 효도가 될 거라는 어느 노인의 말씀을 듣고 가진 돈 220만 원으로 『명심보감』 1,000권을 주문·인쇄하여 주변의 여러 초등학교 도서관과 노인정, 군부대 등에 기증했습니다. 그 후로도 틈틈이 돈이 생길 때마다 『명심보감』, 『채근담』, 『요범사훈』, 『석시현문』 등을 인쇄하여 교도소나 요양원, 군부대, 병원 등지에 기부하였습니다.

그의 나이 60세가 되자 그의 인생에 변화가 생겨나기 시작했습니다. 작은 일이긴 하지만 하는 일마다 성공하였고 몸은 건강했습니다. 무슨 일을 해도 불안하지 않았으며 자식들이 그를 대하는 태도에도

죽음까지 알아야 진짜 인생이다

효성이 가득했습니다.

죽기 전날까지도 건강했으며 죽고 나서도 얼굴이 지극히 평온하여 마치 잠을 자는 사람 같았습니다.

당신은 이번 생에는 남자의 몸으로 태어났지만, 전생엔 여자의 몸으로 태어났습니다.

당신은 이번 생에는 한국에 태어났지만, 3생(生) 전엔 요르단에 태어났습니다.

당신은 이번 생에는 비교적 부유한 집안에 태어났지만, 전생엔 기후가 몹시도 척박한 땅에서 태어나 무던히도 고생만 하다가 일찍 죽었습니다.

당신은 이번 생에는 상당히 총명하지만, 5생(生) 전엔 무던히도 아둔한 바보였습니다.

당신은 이번 생에는 기독교를 믿고 있지만, 전생엔 독실한 불교 신자였습니다.

당신은 이번 생에는 지구에 태어났지만, 전생엔 다른 별에 있었습니다.

당신은 이번 생에는 사람의 몸을 받았지만, 5생(生) 전엔 개의 몸을 받아 비교적 호강하며 살았습니다.

당신은 이번 생에는 착실하게 살고 있지만, 전생엔 숱하게 범죄를 저질러 늘 쫓겨 다니고 남에게 손가락질받으면서 살았습니다.

당신은 이번 생에는 지금의 배우자와 부부 사이로 만났지만, 지금의 배우자가 전생엔 집안에서 부리던 남자 노비였습니다.

당신에게서 태어난 딸은 전생엔 당신의 어머니였습니다. 그래서 딸을 볼 때마다 기쁨보다는 이유 없이 눈에 눈물에 고이고 슬픈 것입니다. 당신의 어머니가 당신을 위해 고생만 잔뜩 하시다가 돌아가신 것을 당신이 뚜렷이 보았기 때문입니다. 당신의 어머니한테 해 드리지 못한 효도를 지금의 딸에게 쏟아붓고 있는 것입니다.

　이번 생에 당신을 속여 당신의 전 재산인 6억 원을 갖고 도망친 사람은 10생(生) 전에 당신과 같은 마을에 사는 친구였습니다. 그런데 당신이 그 친구한테서 많은 돈을 빌린 후 나라에 전쟁이 터졌습니다. 전쟁이 끝난 후 그 친구 집안은 풍비박산이 되었고, 친구의 비참한 사정을 알면서도 당신은 빌린 돈을 한 푼도 갚지 않았습니다. 나중에는 돈을 빌렸다는 증거가 있냐며 친구의 가슴에 대못을 박기까지 했습니다.

　인생이란 이런 것입니다. 전생을 알고 나면 허무하기도 하고 괴상하기도 하며 무섭기도 합니다. 우리는 이런 윤회의 삶을 수 억 겁 동안 해왔습니다. 다만 기억하지 못할 뿐입니다.

　세월은 아침 이슬과도 같고 난로 위로 떨어지는 눈송이와도 같아서 쏜살같이 지나가 버립니다. 그리고는 어느덧 죽음 앞에 마주 서게 됩니다.

　그런데 부귀영화를 누려온 사람일수록 또는 많이 배운 사람일수록 죽음을 두려워하고 죽음을 받아들이지 못합니다. 이들은 부와 명예 그리고 자식에 무서울 정도로 집착하고 죽음 너머에 있는 세계는 극도로 두려워합니다. 그 결과 이들 중 상당수는 수년간 식물인간 상태로 있다가 죽음을 맞이하거나, 극도의 고통 속에서 숨을 거두거나 또는 죽자마자 자식들이 망자 앞에서 재산을 두고 싸우는 모습을 지켜봐야 하는 신세가 됩니다. 이렇게 되면 망자에게는 정말 좋지 않은 과보(果報)가 뒤따르게 되는데, 이는 정말 슬프고 안타까운 일입니다.

우리나라는 2010년에 발간된 '임종의 질'에 관한 보고서에서 40개국 중 32위를 기록했습니다. 삶의 질은 물론 죽음의 질에 있어서도 후진국이라는 사실이 정말 가슴 아프고 안타깝습니다.

한국인은 살아서도, 죽어서도 행복하지 못합니다. 살아서는 남과 비교하며 앞만 보고 살기 때문에 불행한 것이고, 죽어서는 유가족들의 무지와 죽음에 대비하지 않는 척박한 사회 풍토 때문에 불행한 것입니다.

어느 조사에 의하면, 죽음을 앞둔 사람들이 후회하는 것에 다음과 같은 것들이 있다고 합니다.

1) 자신에게 진실하지 않았고 다른 사람들이 나에게 기대하는 모습으로 살았던 것
2) 일을 너무나 열심히 한 것
3) 감정을 용기 있게 표현하지 못한 것
4) 좀 더 느긋하게, 좀 더 행복하게 살지 못한 것
5) 쓸데없는 걱정에 너무나 많은 시간을 허비한 것
6) 사랑하는 사람이나 가족에게 "고마워."라는 말을 하지 않은 것
7) 화해하지 못한 것
8) 앞만 보고 살아온 것

다들 인생에 대해 무지합니다. 자신의 인생에 대해 다들 무책임합니다. 인생에 대해 진지하지도 않고 깊이 고민해 보지도 않습니다. 자기가 죽으면 어디로 가는지에 대해 다들 생각이 없습니다. 뚜렷한 인생관도 없고 바람직한 가치관도 세워 본 적이 없습니다.

시간이 있으면 책도 읽고 참회도 하면서 틈틈이 봉사활동도 하면 좋으련만, 대부분의 사람들은 술이나 TV에 빠져 시간을 보냅니다.

가난한 사람들은 먹고사는 일에만 바쁘고, 부유한 사람들은 남아도는 시간과 돈을 다루는 법을 몰라 어쩔 줄 몰라 합니다. 그러다가 어느 날 병에 걸려 투병 생활을 하다가 총총히 떠나갑니다.

이는 배운 사람이건 못 배운 사람이건, 부유한 사람이건 가난한 사람이건 똑같습니다. 어른들은 그들의 부모로부터 인생에 대한 귀한 가르침을 받아본 적이 없고, 그들 또한 자녀들에게 들려줄 만한 말이 없습니다. 그저 좋은 대학에 들어가 좋은 직장을 얻어서 남부럽지 않은 배우자를 만나 남보란 듯이 결혼하는 일만 안중에 있을 뿐입니다. 이것이 삶의 유일한 목적이 되어 버렸습니다.

당신이 어렵게 사람으로 태어났음에도 마음공부를 등한시하거나, 성현들의 가르침이 담긴 책들을 가까이하지 않거나, 당신의 못된 심리나 버릇·성격 등을 고치려 하지 않거나, 늘 게을리 살면서 세상과 남을 원망하거나, 끊임없이 탐욕·집착·분별을 고집하면 다음 생은 볼 만한 것이 없을 겁니다. 다음 생은 기대하지 않아도 뻔합니다.

우린 태어날 때는 폭풍처럼 왔지만 떠날 때는 티끌처럼 떠나야 합니다. 떠날 때 가볍게 떠나려면 평소에 자신의 주변을 가볍게 하는 습관을 들여야 합니다. 세상 또는 자식에 대한 집착을 덜 갖고 살아온 날들을 되돌아보며 나보다 못한 주변을 보면서 자신이 얼마나 행복한 사람인지를 깨달아야 합니다. 입지 않는 옷가지는 봉사 단체에 기증하고, 더 이상 읽지 않는 책들은 도서관 등에 기부합니다. 일주일에 하루는 단식을 해 본다든지 아니면 하루에 두 끼만 먹는다든지 아니면 식사량을 절반으로 줄인다든지 책을 하루에 2시간은 반드시 읽는다든지 아니면 주변의 초등학교 앞 횡단보도에서 통학하는 어린이들을 위해 교통 봉사를 한다든지 아니면 공원에 가서 쓰레기를 줍는다든지 해야 합니다.

누리는 것이 지나치게 많으면 위험합니다. 너무나 많은 복락은 훗날 재앙으로 변합니다. 많은 사람이 복을 소비만 할 뿐, 복을 짓는 일에는 무관심합니다.

이 세상의 모든 일은 철저한 '자기 탓'입니다. 내가 가난한 집안에 태어난 것도 내 탓이며, 내가 여자로 태어난 것도 내 탓입니다. 내 얼굴이 못생긴 것도 내 잘못이며, 일이 술술 잘 풀리는 것도 자신 덕분입니다. 여기서 말하는 '내 책임'이니 '내 탓'이니 '내 덕분'이니 하는 것들은 정확히 말하면 전생에 지은 '업(業)'을 가리킵니다. 이 업(業)이 우리를 평생 끌고 다닙니다. 그런데 타고난 이 업은 얼마든지 바꿀 수 있다는 데 희망이 있습니다. 선행(善行)이나 선정(禪定)은 이런 업을 바꿀 수 있는 불가사의한 힘이 있습니다. 이런 사실을 알지 못한 채로 모든 일들은 우연히 이루어진다고 믿거나 아니면 만사는 신(神)의 섭리 또는 부처님의 가피(加被)에 달려 있다고 믿는 것은 미신(迷信)에 지나지 않습니다.

죽은 후에 내가 갈 곳은 오직 '나'에게 달려 있다는 사실을 꼭 기억하셔야 합니다.

인생은 한바탕 연극일 뿐입니다. 그러니 만사에 여유를 가지고 좀 느긋하게 바라볼 줄 알아야 합니다. 한 걸음 늦추고 한 발짝 물러서서 생각하고 바라보아야 합니다.

인생을 살아가는 데에는 두 가지 태도가 있습니다. 만사를 당연한 것으로 여기는 태도가 하나이고, 만사가 기적인 것처럼 여기며 살아가는 태도가 하나입니다. 전자는 삼가야 할 태도이고, 후자는 적극적으로 권장해야 할 덕목입니다.

인생에는 세 가지가 없다고 합니다. 공짜가 없고 비밀이 없으며 정답이 없다고 합니다. 성공하는 인생을 바라지 말고 실패했더라도 여기서 빨리 헤쳐 나오는 법을 터득하기를 바라야 합니다. 걱정이 없는 인생을 꿈꾸지 말고 걱정에 물들지 않는 연습을 해야 합니다. 당신에게 스승이 없다면 당신이 부지런히 배우고 노력하여 훗날 다른 사람에게 스승이 되어 주면 됩니다. 당신 앞에 있는 것들을 보지 말고 당신 뒤에 있는 것들을 보십시오. 물질은 당신보다 못한 사람과 비교하고 마음가짐·정신·태도·배움·노력 등 비물질적인 것들은 당신보다 나은 사람과 비교하십시오.

당신이 잘되는 것은 어디선가 당신을 위해 누군가가 기도해 주고 있기 때문일지도 모릅니다. 당신이 행복한 것은 이 세상 어딘가에서 까닭 없이 울고 있는 사람의 눈물 때문인지도 모릅니다.

죽음까지 알아야 진짜 인생이다 _____

당신의 인생이 매사에 순조롭고 평탄하다면 당신은 그걸로 끝장입니다. 사람은 모름지기 고통과 실패, 질병, 우환 등을 겪어 보아야 영적으로 성숙해지고 철이 드는 법입니다.

대다수의 사람이 재능 부족보다는 노력 부족과 게으름으로 실패합니다. 그리고 벼락부자를 꿈꿉니다. 이 사회에 기여한 바도 없으면서 늘 세상을 원망하고 남을 탓합니다.

대다수의 사람들은 멍하니 죽음을 기다릴 뿐 죽음에 대비해 아무 일도 하지 않습니다. 이들은 자식 또는 배우자를 욕하는 데 능수능란합니다. 이는 정말 못난 태도입니다. 적이 쳐들어오는데 아무 준비도 하지 않은 채로 목숨을 하늘에 내맡기는 것과 같습니다. 죽음의 사자(使者) 앞에 무장해제(武裝解除)를 당한 채 저승으로 질질 끌려가는 꼴입니다. 그래서는 안 됩니다. 우리는 죽음을 기다리는 사람이 아니라 죽음을 치밀하게 준비하는 사람이 되어야 합니다. 그리하여 당당하게 죽음을 맞이해야 합니다. 그래야만 희망이 있습니다.

"잘 사는 것보다 잘 죽는 것이 더 어렵다."라는 말씀이 있습니다.

"죽는다는 것은 어려운 일이 아니다. 죽음에 맞서 살아가는 것이 어렵다."라는 말도 있습니다.

불경(佛經)에서는 말합니다.

"삶을 원하거든 죽음을 준비하라."

『티베트 사자(死者)의 서(書)』는 가르칩니다.

"죽음을 배워라. 그래야만 그대는 삶을 배울 것이다."

오늘부터라도 죽음에 대해 진지하게 공부해 보시기 바랍니다.

우리가 이 세상에
태어난 이유

　우리가 이 세상에 태어난 것은 '업(業)' 때문입니다. 사람뿐만 아니라 짐승·벌레·곤충·박테리아 등 모든 생명체는 업에 이끌려 이 세상에 태어납니다. 기독교에서는 사람에게 원죄(原罪)가 있다고 말하고, 불교에서는 모든 중생에게 업(業)이 있다고 말합니다. 이 업은 결함이 있는 것으로서 완전하지 못하고 원만하지 않습니다.

　불경에 실린 두 말씀을 보겠습니다.

　"무량한 세월이 지나더라도 내가 지은 업(業)은 없어지지 않아, 인연이 무르익으면 내가 반드시 과보를 받는다."

　"선에는 선한 과보가 따르고 악에는 악한 과보가 따르는데, 과보가 없는 것이 아니라 때가 도래하지 않아서이다[善有善報 惡有惡報 不是不報 時候未到]."

　사고를 당하거나 병에 걸리거나 누군가를 만나거나 시험에 합격하거나 하는 것들은 업이 무르익었기 때문에 나타나는 과보입니다. 마치 감이 다 익어서 땅으로 떨어지는 것과 같습니다. 감이 익지 않으면 땅에 떨어지는 일은 없습니다. 업(業)에는 선업(善業)·악업(惡業)·무기업(無記業)이 있습니다. 무기업이란 선업도 아니고 악업도 아닌 것을 말하는

죽음까지 알아야 진짜 인생이다 _____

데, 예를 들면 책만 읽는 행위, 잠을 자는 것, 잠을 자면서 한 행위나 무심코 한 행위, 멍한 상태에 있는 것, 정신이 흐리멍덩한 상태에 있는 것, 명상하는 것 등을 말합니다. 무기업이 많으면 사후 축생(畜生)으로 태어날 가능성이 높으니 조심해야 합니다.

선업(善業)이 많으면 부귀한 집안에 태어나거나, 출세하여 높은 자리에 오르거나, 하는 일마다 순조롭게 이루어지거나 또는 용모가 귀하고 단정하여 뭇사람들로부터 공경과 흠모를 받습니다.

악업(惡業)이 많으면 가난한 집안에 태어나거나, 늘 실패하여 좌절하거나, 악한 배우자나 자식을 만나 평생 고생하거나, 몸에 질병이 많거나, 사고를 당하거나, 기후가 몹시 나쁜 지역에 태어나거나, 머리가 나쁘거나, 용모가 몹시 추하여 사람들로부터 손가락질당하는 과보를 받습니다.

우리가 전생에 지은 성적표가 바로 업(業)이며, 이를 보통 명(命) 또는 팔자라 부릅니다. 사람이 태어날 때 받은 업은 어지간해서는 바꾸지 못합니다. 그래서 업을 달리 정업(定業)이라 부르기도 하고, 명(命)을 달리 숙명(宿命)이라 부르기도 합니다.

인생이란 결국 전생에 자기가 지은 업을 갚아 나가는 과정이라고 할 수 있습니다. 그렇습니다. 인생이란 빚을 갚는 것입니다. 빚을 갚기 위해 우리는 사람의 몸으로 이 지구에 온 것입니다. 그러니 부지런히 빚을 갚아 나가야 합니다. 전생에 남을 속여 재산상의 이득을 취한 사람은 금생에 이 이득을 토해내야 합니다. 전생에 남을 죽인 사람은 금생에 그 사람에 의해 반드시 죽임을 당합니다. 전생에 남을 욕하고 비난하는 것을 좋아했던 사람은 금생에 남으로부터 손가락질당하는 괴로움을 반드시 겪습니다. 전생에 학문에 매진했던 사람은 금생에 책 읽기를 좋아하고 똑똑하며 박식한 사람이 될 가능성이 매우 높습니다. 전생에 남을 칭찬하길 좋아했던 사람은 금생에 반드시 좋은 목소리를 갖고 태어납니다.

또한 우리는 전생의 '나'보다 더 나은 존재가 되기 위해 이 땅에 태어났습니다. 전생의 나보다 더 나은 존재가 되어야만 비로소 우리는 할 일을 한 것입니다. 만약 전생의 나보다 더 퇴보하거나 악행만 잔뜩 짓는다면 다음 생은 안 봐도 뻔합니다.

고대 인도의 철학 경전인 『우파니샤드』에서 말했습니다.

"우리가 사는 이유는 성공하기 위해서가 아니라 창조하기 위해서이다. 우리가 사는 이유는 성공하기 위해서가 아니라 변화하기 위해서이다."

여기서 말하는 '변화'는 바로 전생보다 더 나은 존재로 바뀌는 것을 뜻합니다. 사실 한 사람의 버릇이나 성격, 가치관 등은 수많은 생(生)을 윤회해 오면서 조금씩 누적된 것입니다. 고로 한 사람이 정직하고 선하다면 이 사람은 전생에도 정직하고 선한 사람이었을 것입니다. 아마 다음 생도 그러할 것입니다.

지금의 나는 비교적 건전한 생각과 남을 배려할 줄 아는 이타적인 사고방식을 지녔지만, 머나먼 전생에 나는 거짓을 일삼고 남을 괴롭히고 이기적이고 고집이 센 사람이었을 것입니다. 그러하기에 우리는 못난 사람, 죄 많은 사람, 나쁜 사람을 보면 그 사람을 욕할 것이 아니라 '나도 한때 저와 같은 사람이었다'고 생각해야 합니다. 그렇습니다. 우리는 한때 무식했고 무지했으며 죄를 지어도 죄책감이 없었고 나쁜

죽음까지 알아야 진짜 인생이다 _____

짓만 골라 했고 남을 속여 가며 생계를 유지한 적이 있고 남을 모함하여 목숨을 빼앗았고 극도로 인색하였고 의심이 많아 그 누구의 말도 믿지 않는 고집불통이었고 나쁜 직업을 가져 부당한 방법으로 돈을 벌었고 말로 남에게 수없이 상처를 입혔던 그런 사람이었습니다.

오래 사는 사람은 많지만, 훌륭한 삶을 살아가는 사람은 그리 많지 않습니다.

재산이나 명예를 일구는 사람은 많지만, 지혜나 덕을 일구는 사람은 적습니다.

열심히 일하는 사람은 많지만, 열심히 자신을 성찰하는 사람은 많지 않습니다.

내일을 위해 살아가는 사람은 많지만, 내생을 위해 살아가는 사람은 적습니다.

돈을 기부하는 사람은 많지만, 자신의 부모에게 효도하는 사람은 적습니다.

『기네스북』은 믿으면서도 성현의 말씀이 담긴 경전을 믿는 사람은 적습니다.

인간의 명(命)은 피눈물 나는 노력과 함께 많은 선행(善行)이 누적되어야 비로소 바꿀 수 있습니다. 그렇습니다. 운명은 바꿀 수 있습니다! 당신의 운명은 오직 당신만이 바꿀 수 있습니다. 하느님도, 부처님도 당신의 운명을 바꿔주지는 못합니다.

다음의 사례를 보면 운명을 바꾸는 일이 얼마든지 가능하다는 것을 알 수 있습니다.

화담(花潭) 서경덕(徐敬德) 선생이 어느 날 제자와 함께 길을 가고 있었습니다.

길을 가다 보니 어느 마을 입구에서 한 병졸(兵卒)이 길을 막아서며 이렇게 말했습니다.

"저 마을 아래에 전염병이 돌아 사람들이 죽어 나가고 있으니 다른 길로 가십시오."

선생이 물었습니다.

"지금까지 걸어오면서 누구도 그런 얘기를 한 사람이 없었는데 무슨 소린가."

"다른 사람들은 전염병이 옮을까 봐 두려워 모두 도망갔습니다."

"그럼 자네는 왜 여기 서서 이러고 있는가."

"저까지 도망쳐 버리면 아무것도 모르는 사람들이 저 마을로 들어가 전염병으로 죽을지도 모릅니다. 저라도 지키고 있어야 그런 일을 막을 수 있을 것 같아서 서 있는 것입니다."

그 병졸과 헤어진 후 제자가 스승에게 말했습니다.

"저 병졸의 사주를 풀어 보아도 되겠습니까."

"그럴 필요 없다. 저 병졸은 이미 운명이 비껴간 사람이다. 그러니 사주가 저 병졸에게는 무의미한 것이다."

위 사례는 나쁜 운명도 인간의 노력에 의해 얼마든지 비껴갈 수 있음을 말해 줍니다. 그러나 허다하게 많은 사람이 자신의 운명에 묶인 채 체념해 버립니다. 운명은 어쩔 수 없는 것이라고 하면서 그 어떤 노력도 하려 하지 않습니다. 그리고는 죽음이 오기만을 기다립니다.

죽음까지 알아야 진짜 인생이다 _____

이 세상에 사람의 몸으로 태어난 것은 그래도 우리가 많은 전생을 거쳐 오면서 악업보다는 선업(善業)을 더 많이 쌓았다는 증거입니다. 선업을 많이 짓고 게다가 계율을 잘 지켰다면 다음 생에 천상(天上)에 태어날 겁니다. 천상은 이 세상에 비해 즐거움이 훨씬 많고 수명도 무척 긴 세계이지만 영원토록 거주하지 못하는 세계입니다. 따라서 수명이 다하면 다시 윤회 속으로 떨어집니다.

악업을 많이 지었어도 좋은 죽음을 맞이한다면 망자는 반드시 분명 좋은 곳에서 태어날 수 있습니다. 선업을 많이 지었어도 나쁜 죽음을 맞이한다면 망자는 좋은 곳에 가지 못합니다. 모든 존재는 인연(因緣)과 인과(因果)로 엮여 있습니다. 따라서 이 몸은 가짜이며 껍데기이지, 진정한 '나'가 아닙니다.

이 몸이 가짜라 하더라도 이 몸이 짓는 행위에는 인과(因果)가 분명히 있습니다. 게다가 이 몸이 있기에 중생을 위해 좋은 일을 할 수도 있고 공덕도 지을 수 있습니다.

이 몸이 가짜라 하여도 이 몸에 의지하여 수행하면 도(道)를 얻을 수 있습니다. 이 몸이 없다면 도(道)를 닦을 수 없습니다.

땅에서 넘어지면 땅을 짚고 일어나야 하고, 사람에게 상처를 입었다면 사람을 통하여 상처를 치유받아야 합니다. 마찬가지로 이 몸으로 죄를 잔뜩 지었다면 이 몸으로 선행을 쌓으면 됩니다. 그러니 이 몸은 소중한 것입니다. 더 나아가 당신의 육신은 당신 것만이 아님을 알아야 합니다.

한편 '나'는 업(業)이 변한 것입니다. 그리고 업은 마음이 변한 것입니다. 마음은 한 생각 무명(無明)이 변한 것입니다. 무명은 어디서 왔을까요? 지혜에서 오는 겁니다. 마치 밝음이 어둠에서 나오는 것과 같은 이치입니다. 우주와 인생과 일체의 사물은 주재자(主宰者)가 없습니다. 염라대왕이 당신의 생명을 주재하는 것도 아니요, 하느님이나 부처님이 당신의 운명을 주재하는 것도 아닙니다. 스스로 오는 것입니다. 스스로 그러할 뿐, 누가 시키는 것이 아닙니다.

죽음까지 알아야 진짜 인생이다

윤회(輪廻)

우리는 흔히 전생(前生)이니, 윤회니 하는 말을 불교의 전유물로 알고 있지만, 힌두교나 자이나교·조로아스터교·브라만교·마니교 등 고대의 보편적인 종교들은 물론이고 고대 이집트인과 그리스인들도 윤회를 사실로 받아들였다면 믿으시겠습니까. 그리고 더 중요한 것은 초기 기독교에서도 전생이나 윤회를 분명히 인정했다는 사실입니다.

기독교인들은 윤회를 '선재(先在)'라고 표현했습니다. 다만 지금의 기독교인들은 선재(先在)라는 개념을 예수님한테만 써야 하며, 그 뜻은 세상이 창조되기 전에 예수 그리스도께서 영원 전부터 이미 존재하고 계셨다는 의미라고 해석합니다. 그리고 인간에게는 이 용어를 써서는 안 된다고 말합니다. 성서의 핵심 교리 중의 하나인 '원죄(原罪)'라는 말과 모순되기 때문입니다.

영혼이 몸을 옮겨 다시 태어난다는 가르침은 바빌론에서 시작해서 고대 세계의 다른 지역에서도 발전해 나갔습니다. 플라톤은 그의 저서 『파이돈』에서 스승인 소크라테스의 말씀을 다음과 같이 인용해 놓았습니다.

"사람이 죽으면 각자의 수호신이 그를 죽은 자들이 함께 모여 있는 어떤 곳으로 데려가 심판을 받게 한다. 판결이 나면 안내자를 따라 저승으로 가게 되고 거기서 마땅히 당해야 할 일을 당하고 정해진 시간이 지나면 다른 안내자가 그를 다시 이 세상으로 데리고 온다. 뛰어나게 거룩한 생활을 한 사람들은 이 지상의 감옥에서 풀려나 저세상에 있는 순수한 집으로 가 순수한 땅에서 영원히 살게 된다."

로마 시대의 저명한 신학자 오리게네스(Oregenes)는 고대 그리스인들이 가르쳤던 윤회 사상을 다음과 같이 역설했습니다.

"모든 영혼은 선업(善業)에 의해 더 강해져서 이 세상에 나오게 되거나 아니면 악업(惡業)에 의해 더 약해져서 이 세상에 나오게 된다. 이 개개의 영혼이 이 세상에서 명예롭거나 불명예스러운 사람으로 되는 것은 전생의 행위에 의해서 결정된다. 이 세상에서 영혼이 짓는 업은 다음에 오는 세상에서 그의 위치를 결정한다."

서양에서는 플라톤, 피타고라스, 아리스토텔레스, 플로티누스, 플루타르크 같은 고대 그리스의 철인들이 이 윤회 사상을 강력하게 설파했습니다.

이슬람교의 경전인 『코란』에는 다음과 같은 말씀이 있습니다.

"신이 생명을 창조했고 생명은 거듭거듭 태어난다. 신에게 돌아올 때까지."

하지만 기독교가 로마의 국교(國敎)로 받아들여진 후 윤회는 이단(異端)으로 규정되어 그 후 기독교에서는 윤회를 거론하는 것 자체가 금기시되었고, 성서에서도 전생이나 윤회에 관한 기록들이 전부 삭제되기에 이르렀습니다. 그리고 윤회를 인정하는 교파는 전부 추방하거나 탄압을 당했습니다.

죽음까지 알아야 진짜 인생이다 _____

성서에서 윤회를 지워버린 이유는, 만약 윤회를 인정하게 된다면 예수의 신성(神性)이나 로마 황제의 위엄이 크게 사라지기 때문이었습니다.

참고로, 불교의 상징으로 알려진 '만(卍)' 자는 비잔틴 건물, 불경, 켈트족 서적과 그리스 주화, 고대 피라미드의 벽에서도 발견되고 있습니다. 심지어 '卍' 자는 이스라엘의 초기 유대교의 상징이기도 했습니다. 고대 유대 교회의 잔해에서 이 같은 증거는 자주 발견됩니다.

'卍' 자는 우주의 고귀한 존재를 뜻하는 '부처(佛)'의 상징입니다. 중국에서도 '卍' 자는 영원, 무한과 우주의 개념을 구현하고 있으며 인도어에서도 '卍' 자는 '상서로움'을 의미합니다. 우리 은하계의 모양도 '卍' 자를 닮았습니다.

전생이나 윤회는 지금의 과학 수준으로 이미 증명이 가능한 단계에 와 있으며, 많은 사람들이 연구 및 추적 중입니다.

인생의 아주 많은 것들이 모두 윤회와 관련이 있다면 믿으시겠습니까? 선천적인 장애인으로 태어나는 사람들, 신체에 나타나는 여러 가지 특징들, 사람마다 각기 다른 재능들, 똑같은 시간을 공부해도 누구는 명문대에 쉽게 들어가는 데 비해 누구는 이름도 없는 대학에 가까스로 들어가는 경우 등 인생에는 쉽게 이해할 수 없는 비밀들이 많이 존재하는데, 이것들은 모두 윤회와 깊은 관련이 있습니다.

그렇다면 우리는 왜 전생을 기억하지 못하는 것일까요?

우리가 사는 지금의 문명은 지구상에 나타난 최초의 문명이 아닙니다. 지금의 인류 문명 이전에도 많은 문명들이 수차례 이 지구상에 존재했다가 사라졌습니다. 그 후 오랜 세월에 지나 이 천지가 뒤집어진 후 다른 행성에서 이 지구로 인류의 조상들이 이전해 온 것입니다. 이 것은 저의 터무니없는 상상이 아니라 『아함경』 등의 불경에 기록된 엄연한 사실입니다.

이 지구가 파괴되기 시작하면 우주의 3대 재앙, 즉 화재(火災)·수재(水災)·풍재(風災)가 차례로 닥칩니다. 옛 고서(古書)에는 하늘에 여러 개의 태양이 나타났다는 등의 기록이 존재하는데, 이것이 바로 지구 상에 화재(火災)가 있었다는 증거입니다.

아주 오랜 옛날 지구가 궤멸될 때 화산이 폭발하고 천지가 뒤집어졌는데, 높은 온도와 높은 압력에서 장시간의 화학적 변화를 거치면서도 타 버리지 않고 원래의 모습을 보존한 것이 바로 화석이고, 타서 잿더미가 된 것이 바로 석탄이니 철이니 하는 것들이며, 순도가 높고 냉동 농축을 거친 것이 다이아몬드이고, 녹아서 걸쭉한 액체가 된 것이 석유입니다. 이러한 사실은 세계의 지질(地質)학자들도 인정하는 바입니다.

바다 속에서 발견되는 고대 건축물들의 잔해나 인도네시아 등지에서 발견되는 몇만 년 전에 건축된 피라미드 등이 언론에 보도된 바 있는데, 이 잔해들은 현대 문명 이전에 지구상에 존재했던 이전 문명들의 흔적입니다.

지금의 문명보다 앞서 이 지구에 존재했다가 소멸한 문명들은 지금의 과학 기술보다 훨씬 더 발달한 문화를 소유하고 있었습니다. 그들은 자기 문화를 후손에게 남겼는데, 그것들 중의 하나가 『주역』의 팔괘(八卦)입니다.

동양 문화에서 가장 난해한 학문이자 고도의 지혜가 농축된 『주역

죽음까지 알아야 진짜 인생이다 _____

(周易)』은 『역경(易經)』이라고도 불리는데, 복희씨(伏羲氏)나 주공(周公)이 지은 것으로 알려져 있으나 사실은 그전에 살았던 인류가 남긴 걸작물입니다.

고대인들이 세운 천문학, 인체의 경락(經絡)과 경혈(經穴) 등은 전 문명에서 살았던 인류가 현 인류에게 남겨준 유산들입니다(식물에도 경락이 있다는 것이 과학적으로 확인되었습니다).

어떤 아기는 유난히 매운맛을 좋아하고, 또 어떤 아기는 목탁 소리에 민감한 반응을 보입니다. 어떤 아기는 물만 보면 공포심을 느끼며, 어떤 아기는 수학에만 관심이 있습니다. 어떤 아기는 고서(古書)를 유난히 좋아하고, 어떤 아기는 생선의 눈만 파먹습니다. 어떤 아기는 장난감 중에서 비행기만 갖고 놀고, 어떤 아기는 비린내를 유난히 싫어합니다. 아기들의 이러한 특이한 행동들은 사실 전생의 버릇이 나타난 것입니다.

아래의 이야기는 전생이 엄연히 존재하고 있음을 여실히 보여 주는 사례입니다.

미국의 5살 난 루크 루엘만이라고 하는 어린이는 자신이 전생에 1993년에 시카고에서 일어난 대형 화재로 사망한 여성이었다고 주장했다. 루크는 그 당시 30세였던 '파멜라'라는 흑인 여성이었다고 주장했다.

루크는 자신이 '파멜라'라는 흑인 여성이었으며 당시 나이는 30세였다고 했다. 자신이 파멜라였을 때 시카고에 살고 있었는데, 그 당시 자신이 거주하던 대형 빌딩에 엄청나게 큰 화재가 발생하였고,

불을 피하기 위해 빌딩에서 뛰어내리다가 그만 사망했다고 했다. 그러고 나서 다시 깨어나 보니 자신도 모르는 사이에 자신이 어린아이가 되어 있었다고 했다.

5살밖에 안 된 루크는 아직 글을 배우지 않아서 글도 읽을 줄도 모르고, 세상 물정을 모르는 철부지 어리광쟁이인데, 이런 철부지 아이의 입에서 자꾸 전생에 대한 이야기가 나오자 루크의 엄마는 1993년도에 시카고에서 일어난 대형 화재 사건을 조사해 보았다.

그런데 루크의 엄마는 깜짝 놀라고 말았다. 조사해 본 결과, 실제로 1993년도에 시카고에서 대형 화재 사건이 발생했었다고 한다.

1993년도에 시카고의 펙스턴 빌딩에서 큰 화재가 발생했으며 수많은 사람이 죽거나 다쳤다고 한다. 그리고 그 당시 사망했던 사람은 13명이나 되었다고 하는데, 그 사망자 명단을 조사한 결과, '파멜라'라는 흑인 여성이 사망했다는 것이 확인되었다.

전생을 기억하는 위와 같은 사례들은 부지기수입니다. 예컨대, 중국 당나라 때의 대시인이었던 백거이(白居易)는 태어나자마자 글자를 알았습니다. 비단 백거이뿐만이 아닙니다. 누구한테도 배운 적이 없음에도 일곱 살 때 4개 언어를 능수능란하게 구사하는 어린아이들이 있습니다. 열 살짜리 아이가 어려운 노래를 작곡하는가 하면, 이미 사라진 만주어나 거란족의 언어를 말하는 아이도 있고, 어려운 고대 한문을 혼자서 번역해내는 아이도 있습니다. 윤회라는 것이 없다면 이러한 현상을 어떻게 해석하시겠습니까. 사실이 이러함에도 여전히 많은 사람들이 윤회나 전생을 믿지 않고 있습니다. 윤회는 이 우주의 대질서이

죽음까지 알아야 진짜 인생이다

며 시스템입니다.

윤회를 말하면 사람들은 대체로 두 가지 반응을 보입니다.

하나는 놀라거나 의심하거나 더 나아가 비방하는 부류입니다. 이들은 이렇게 말합니다.

"사람이 윤회하는 그런 일은 없다."

"나는 윤회를 들어본 적이 없다."

"내 생각으로 윤회는 타당하지 않다."

"다 속여도 나는 못 속인다."

"윤회는 어디까지나 방편에 불과하다."

"나는 기독교를 믿는다. 기독교에서는 윤회를 인정하지 않는다."

"윤회는 어리석은 자들을 가르치기 위해 고안해 낸 그럴듯한 논리에 불과하다."

다른 하나는 윤회를 바로 믿고 받아들이는 부류입니다. 이 사람들은 윤회를 듣고 나서 인생의 온갖 의문이 비로소 풀리고 마침내 안심(安心)을 얻습니다. 이 사람들은 과거의 생에서도 윤회를 믿었던 사람들일 것이며, 또한 전생에 수행자였거나 수행을 했던 사람들일 가능성이 큽니다.

그런데 묘한 것은, 기독교나 타 종교를 믿는 사람들 중에는 계율을 잘 지키면서 청정한 마음으로 수행을 해 온 사람들 중 일부는 신통력이 생겨 앞을 내다보는 능력은 물론 전생을 볼 줄 아는 능력이 생긴 사람들이 있다는 사실입니다. 하지만 그들은 그것을 여간해서는 입 밖으로 꺼내지 않습니다. 남을 보자마자 그 사람의 전생이 보이는데,

그것을 누설하면 기독교의 교리에 어긋난다고 여기기 때문입니다. 이렇게 전생을 보는 능력은 비단 불교 신자에게만 국한되는 것이 아닙니다. 종교가 없는 보통 사람들 중에도 태어날 때부터 그런 능력을 갖고 태어나는 사람들이 간혹 있습니다. 그것은 그들이 전생에 수행자였다는 강력한 증거입니다.

내가 전혀 생각하지도 않았고 겪어 본 적도 없는 그 어떤 일이 우리 머릿속에 갑자기 떠오르거나 계속 떠오른다면, 그것을 우리는 환상이라고 부르지만 사실은 전생의 편린(片鱗)들입니다.

똑같은 꿈을 몇 년에 걸쳐 계속 꾸는 것, 낯선 곳을 갔는데 전에 여길 와 본 것 같은 느낌이 강하게 드는 것, 어떤 사람을 처음 보았음에도 낯익은 것 등은 모두 전생의 영향입니다.

유독 어떤 나라를 가 보고 싶은 마음이 늘 들거나, 어떤 나라의 물건에 강한 호감이 드는 것도 역시 전생의 영향입니다.

우리는 수천억 번도 넘게 태어났다가 죽었습니다. 다만 기억을 못할 뿐입니다. 도대체 왜 기억을 못 하는 것일까요?

당신은 1년 전의 일들을 기억할 수 있습니까? 20년 전의 일을 기억해 낼 수 있습니까? 며칠 전에 있었던 일을 정확히 기억하십니까? 하물며 전생의 일을 어떻게 기억한단 말입니까?

물론 예외는 있기 마련이어서 전생을 분명히 기억하는 아이들이 분명히 있습니다. 전생에 자신을 죽인 범인의 이름을 기억하는가 하면, 전생의 자기 남편의 이름이나 자기가 살았던 고향의 위치와 그때 자신의 이름 등을 훤히 기억해 내는 아이들도 있습니다.

게다가 특정 분야에서 놀라운 재능을 보여 주는 천재들의 경우도

죽음까지 알아야 진짜 인생이다

전생이 분명히 존재한다는 것을 보여 줍니다.

중국 역사상 가장 위대한 문인(文人)으로 평가받는 소동파(蘇東坡)는 이런 명언을 남겼습니다.

"금생에 와서 책을 읽으면 이미 늦다[書到今生讀已遲]."

두 사람이 똑같은 양의 책을 읽어도 누구는 대학자(大學者)가 되는 데 반하여, 누구는 평범한 사람에 머뭅니다. 또 누구는 책을 많이 읽지 않아도 많은 것을 알지만, 누구는 한평생 독서를 하여도 어리석고 용렬(庸劣)합니다.

책을 읽어 대학자가 되거나 우주와 세상에 대해 모르는 것이 없을 정도로 총명하고 지혜로운 사람들은 사실 전생에 읽은 책들을 기억해 내는 사람들입니다. 그러하기에 그들은 성취가 빠른 것이니, 금생에 와서 처음으로 책을 읽는 사람들과는 다를 수밖에 없다는 뜻입니다. 그러니 우리는 다음 생을 위해서라도 책을 읽어 두어야 합니다.

1990년, 열두 살의 정연득이라는 소년은 전생을 분명하게 기억하는 아이였습니다. 이 아이는 육류와 자극성 있는 음식을 먹으면 머리가 혼탁해지고 영성이 퇴화된다고 입에도 대지 않았습니다. 네 살 때 이미 5개 국어를 구사하여 세상을 놀라게 하였으며 특히 한문 실력이 뛰어났습니다. 이 아이가 말했습니다.

"나는 처음부터 알고 있었습니다. 책을 보기 전에는 아름아름했던 기억들이 책을 보면 분명히 되살아 날 뿐입니다. 내가 기억하는 나의 전생은 당나라 환관 이거비와 조선 시대의 선비 정수입니다."

이처럼 전생을 기억하는 사람들은 드물지 않게 보입니다. 전생에 대한 기억을 갖고 있는 사람들은 배우지도 않은 언어를 구사하고 배우지도 않은 재능을 나타냅니다. 이는 윤회가 절대로 거짓이 아님을 보여주는 강력한 증거입니다.

전생에 물에 빠져 죽은 사람은 수영장을 두려워하고, 동굴에 갇혀서 굶주림과 탈진 속에 죽은 사람은 어두운 곳을 유독 싫어합니다. 절벽이나 나무에서 떨어져 죽었던 사람은 고소공포증을 갖고 태어납니다.

전생에 생명을 살려주는 일을 많이 했거나 의약(醫藥)을 많이 보시했던 사람은 금생에 반드시 무병장수하고, 전생에 성인(聖人)을 찬탄하기를 즐겼거나 남을 많이 칭찬했던 사람들은 금생에 반드시 목소리가 좋습니다.

자기중심적인 사람일수록 내생(來生)에 병이 많고 재난도 많이 겪습니다. 교만한 사람은 내생에 다른 사람들한테서 모욕과 비난을 많이 받을 것입니다.

당신이 지금은 남자의 몸으로 태어났지만, 전생에는 여자였을 수도 있습니다. 그러니 여자들을 무시하거나 핍박해서는 안 됩니다.

우리가 지금은 한국에 태어났지만, 전생엔 다른 나라의 국민이었을 수도 있고 아니면 다른 별에서 살았던 사람이었을 수도 있습니다.

우리가 지금은 사람의 몸으로 태어났지만, 전생엔 축생이나 아귀였을 수도 있습니다. 그러니 축생을 죽이거나 육식을 즐기거나 때려서는 안 됩니다. 당신이 때리거나 괴롭히는 그 짐승이 전생에 당신의 어머니나 배우자였을 수도 있습니다.

생명을 죽이는 것을 싫어하거나 불쌍히 여기는 사람은 전생에서도 그러했을 것이며, 이런 사람은 영혼의 수준이 높고 상당히 정화되어 있습니다.

반면, 생명을 죽이는 것을 즐기거나 아무런 죄책감이 없는 사람은 전생에서도 그러했을 것이며, 이런 사람은 영혼이 상당히 저급하고 죽은 후 낮은 세계에 떨어질 가능성이 아주 높습니다.

많은 기독교인들은 전생을 믿지 않고 있으며, 전생이 존재한다는 사실을 받아들이면 기독교가 붕괴될 것이라는 잘못된 믿음을 갖고 있습니다.

윤회를 받아들인다고 하여 예수님의 가르침이 거짓이 되는 것도 아니고 기독교가 허물어지는 것도 아닙니다. 윤회와 기독교는 충분히 양립(兩立)할 수 있는데, 그 이유는 윤회도 진리이고 예수님의 가르침도 진리이기 때문입니다.

한번 진지하게 생각해 봅시다.

이 땅에 태어나기 전, 우리는 어디에 있었을까요?

인류 역사가 시작된 이래로 지금까지 수천억 명의 사람들이 죽었을 텐데, 그 사람들은 어디로 갔을까요?

고대 사람들이 남긴 건축물의 벽화나 큰 돌에 그려진 우주선과 우주인 그림, 해저에서 발견되는 고대 문명의 흔적들은 과연 무엇일까요?

윤회는 대과학이자 우주의 대질서입니다. 우주는 윤회라는 시스템이 작동하면서 움직이고 있습니다. 수많은 수행자들이 고된 수행을 하는 첫 번째 이유는 이 지긋지긋한 윤회의 사슬에서 벗어나기 위함입니다. 윤회의 사슬에서 벗어나는 것을 해탈(解脫) 또는 자재(自在)라고 부릅니다.

윤회를 부정하는 사람들은 손바닥으로 하늘을 가리는 격입니다. 윤회를 인정하지 않으면 인생의 수많은 근본적인 질문에 답할 수가 없습니다. 장애자로 태어나는 사람들, 태어나서 곧바로 죽는 아기들, 착한 사람이 고통을 당하는 이유, 사람마다 생김새나 환경이 다른 이유, 배우지도 않았는데 5개 언어를 구사하는 아이들, 전생을 뚜렷하게 기억하는 아이들, 문명이라고는 전혀 없는 오지에 태어나는 사람들, 누구는 한국에 태어나고 누구는 북한에 태어나는 이유, 누구는 남자로 태어나고 누구는 여자로 태어나는 이유, 누구는 아기를 여럿 낳는데 누구는 아무리 노력해도 아기를 갖지 못하는 이유, 아기 때부터 비린내를 유독 싫어하여 육식을 거부하는 아이….

불교에서는 육도(六道) 윤회를 말합니다. 육도란 천상·아수라·인간·축생·아귀·지옥을 말하며, 인간은 이 여섯 세계를 영겁에 이르도록 돌고 도는데 이를 윤회라 합니다. 천상(天上)에는 총 스물여덟 개의 천상이 있고, 천상 아래에는 다섯 개의 세계(곧 아수라·인간·축생·아귀·지옥)가 있으니, 이를 모두 합하면 33개의 세계가 있는 것입니다. 그리고 극락은 이 33개의 세계 밖에 존재합니다. 윤회는 이 33개의 세계에서만 일어나는 현상이며, 이 33개의 세계를 벗어나면 윤회도 없고 화겁(火劫)·수겁(水劫)·풍겁(風劫)이라는 우주의 재난도 겪지 않습니다(성서에 나오는 대홍수인 '노아의 방주'는 이전 문명의 사람들이 겪었던 수겁의 흔적입니다).

죽음까지 알아야 진짜 인생이다 _____

우리가 사는 이 지구도 영원히 존재하지는 않습니다. 지구든 태양계든 우주든 모든 생명체는 성주괴공(成住壞空)합니다. 새로 형성되고 유지 및 존속되다가 파괴된 후 몇십억 년 동안 공(空)의 상태로 있습니다. 그 후 알 수 없는 큰 힘에 의해 다시 우주가 형성되었다가 존속되고 파괴된 후 다시 텅 빈 상태가 됩니다. 이러한 순환을 영겁토록 반복합니다. 이 우주는 동그란 원(圓)과 같아서 영원토록 돌고 도니, 시작도 없고 끝도 없습니다. 동그란 원(圓)에서 어디가 시작이고 어디가 끝인지 여러분은 알 수 있습니까. 그래서 불교에서는 우주는 시작도 알 수 없고 끝도 알 수 없다고 말합니다. 텅 비었으니 아무것도 없다고 생각하실지 모르겠지만, 사실 그 텅 빈 공간 속에는 오묘한 것들이 있습니다. 그래서 불교에서는 이 빈 공간을 진공묘유(眞空妙有)라고 부릅니다. 이 진공묘유는 오묘하면서 불가사의한 어떤 기운으로 꽉 뭉쳐 있으며, 그 속에는 많은 유(有)가 들어 있습니다. 이 유(有)에서 온갖 것들이 만들어지게 되며, 이 유(有)는 다시 공(空)으로 돌아가고, 이 공(空)이 다시 유(有)를 만들어냅니다.

이와 비슷한 도리는 많습니다.

무명(無明)에서 지혜가 나오고, 음(陰)이 극에 다다르면 양(陽)이 생겨나며 양(陽)이 쇠하면 음(陰)이 생겨납니다. 지극히 고요하면 반드시 움직임이 생기고, 인(因)에서 과(果)가 나오고 그 과(果)가 다시 인(因)을 만들어 냅니다. 은혜는 원한에서 생기고 원한은 은혜에서 생깁니다. 깨끗함은 더러움에서 나오고 밝음은 어둠에서부터 생겨납니다.

불경인 『원각경(圓覺經)』에서는 이렇게 말합니다.

"일체중생의 무명은 모든 부처님의 원각심(圓覺心)에서 나타났다."

우리들의 생명은 최초에 무명(無明)에서 온 것인데, 이 무명은 바로 부처님의 원각심에서 나왔다는 것입니다. 원각심이란 부처님의 깨달음을 말합니다. 따라서 원각심은 지고지순하며 원만하고 청정하며 번뇌가 하나도 없습니다. 이러한 원각심에서 중생의 어리석음과 망상이 나온다는 겁니다. 이 도리는 범부들로서는 이해하기 어렵습니다.

태어남과 죽음

불경에서는 태어남의 고통을 이렇게 말합니다.

"어머니 배 속에서 나올 때, 태아는 십만 개의 바늘이 찌르는 듯한 고통을 느낀다."

"태어남은 산 거북이의 등껍질을 벗기는 것과 같고, 죽음은 산 게를 끓는 물에 집어넣는 것과 같다."

태아가 어머니 배 속의 양수 속에 있다가 밖의 공기 중의 산소와 접촉하면 엄청난 고통을 느끼며, 산파나 의사의 손이 갓난아기의 몸에 닿으면 역시 엄청나게 고통스러워하며, 옷을 입혀 주거나 이불을 덮어 주어도 태아는 엄청난 고통을 느낍니다.

우리들은 어머니의 자궁 속에 있을 때나 자궁에서 나올 때 실로 엄청난 고통을 겪었습니다. 어머니가 뜨거운 음식을 먹거나 차가운 음식을 먹거나 음식을 빨리 먹거나 어머니가 뛰거나 놀라거나 분노하거나 슬퍼하거나 할 때 태아는 엄청난 고통을 느낍니다. 그리고 마침내 어머니 자궁에서 나올 때는 극심한 고통을 느끼는데, 이 과정에서 전생의 기억들을 다 잊어버리게 됩니다.

고대 그리스 동부의 트라키아 지방에 살던 어느 부족은 아기가 태어나면 슬피 울고 사람이 죽으면 즐거워했다는 기록이 있습니다. 태어남을 슬퍼한 이유는 그 아이가 살면서 맞닥뜨리게 될 불행과 고난 때문이고, 죽음을 기뻐하는 이유는 그가 마침내 불행에서 벗어났다고 믿기 때문입니다.

원효 대사께서 말씀하셨습니다.

"태어나지 마라. 죽는 것이 괴로우니. 죽지 마라. 태어나는 것이 괴로우니."

태어나는 것도 고통이요, 죽는 것도 고통입니다. 태어나면 고통 속에서 살아야 하고 죄를 지어야 하며 불행이 쉼 없이 찾아오고 죽을 때 고통스럽게 죽어가니 고통인 것입니다. 죽어도 고통입니다. 죽으면 인간의 몸을 받지 못하고 삼악도(三惡道: 지옥·아귀·축생)로 떨어질 가능성이 높으니 고통이요, 설령 다시 인간의 몸을 받아도 문화와 문명이 있는 나라에 태어나지 못하고 저 변방의 오지에 태어나거나 북한과 같은 독재 국가에 태어나거나 가혹한 기후를 지닌 나라에 태어나거나 천민 계급으로 태어나거나 차별과 멸시가 가득한 나라에 태어날 수도 있기 때문에 고통인 것입니다.

그럼 죽어갈 때의 과정은 어떨까요?

첫째, 사람이 죽으려 할 때는 먼저 신체가 뜻대로 되지 않습니다. 무엇에 꽉 눌린 듯 움직일 수 없습니다. 뼈나 근육이 제일 먼저 말을 듣지 않기 때문입니다. 몸을 뒤집거나 손가락을 움직이는 것조차 거의

죽음까지 알아야 진짜 인생이다 _____

불가능해집니다. 자기가 어떤 곳으로 가려 하는데 몹시 깜깜하거나 약간의 빛이 있거나 하면서 무엇에 꼭 눌려 있다고 느낍니다. 그 고통은 꿈에서 가위에 눌리는 것보다 더 견디기 어렵습니다.

둘째, 그다음에는 시각 작용을 거의 상실합니다. 따라서 사람을 거의 알아보지 못합니다. 눈의 두 동공이 커지기 때문입니다. 이어 청각 작용도 거의 불가능해져서 다른 사람이 큰 소리로 말해도 그의 귀에는 모깃소리로 들릴 뿐입니다. 몸에서는 계속 땀을 흘리고 아홉 개의 구멍에서는 분비물이 흘러나옵니다. 이어 근육이 풀리면서 괄약근이 이완되기 때문에 항문이 열려 대변이 나오고, 남자의 경우에는 정액이 한 번 흘러나옵니다.

셋째, 목구멍에서는 "어… 어…" 소리가 나오면서 호흡이 몹시 곤란해집니다. 이때 임종이 임박한 어떤 사람들은 저승에서 온 사자(使者)나 원한이 맺힌 원수나 자기가 죽였던 동물들의 원혼(冤魂)을 볼 수도 있습니다. 기(氣)가 사라지기 때문입니다. 그런 상태에서 거센 바람이 불어와 자기를 날리는 데 추위를 느끼면서 최후에는 "어!" 소리를 한 번 하고는 기가 끊어져 비로소 사망합니다. 몸 전체가 얼음처럼 차가워지고 단단해지기 시작합니다.

넷째, 맥박이 정지하면 법적으로 사망 선고를 받게 됩니다. 법적인 상속(相續)이 개시되고 의사는 사망 시간을 기록한 후 사망 진단서나 검안서 등을 작성합니다. 망자가 자연사일 경우에는 경찰에 알릴 필요가 없지만, 자연사가 아닌 경우에는 경찰에 죽음을 알려야 합니다 (자살도 알려야 합니다). 법적인 사망 선고 후 24시간 안에는 매장을 하거나 화장해서는 안 됩니다. 경찰은 변사(變死: 죽은 원인이 분명하지 않은 경우)일 경우에 한해 검사의 동의를 얻어 부검을 시행할 수 있습니다.

다섯째, 망자는 숨이 끊어지면서 자기가 살아생전에 행했던 선한 일이나 악한 일들을 빠른 속도로 보게 됩니다. 악업을 많이 지은 사람들은 두려움에 떨게 되면서 누군가가 도와주기를 간절하게 바라지만, 유가족들은 전혀 알지 못하고 또 관심도 없습니다.

여섯째, 사람이 죽기 전이나 죽은 후에도 사람의 모든 감각 기관이 정지하는 것은 아닙니다. 오히려 더욱 예민해집니다. 고로 죽은 사람을 건드리거나 시신을 이동시키거나 차가운 영안실에 안치하거나 다른 사람이 망자 앞에서 슬피 우는 것을 망자는 다 압니다. 특히 청각(聽覺)은 가장 늦게 정지합니다. 그러므로 망자는 유가족들이 하는 소리를 다 듣습니다. 이 사실은 너무나 중요하므로 뒤에서 따로 설명해 드리겠습니다.

일곱째, 죽을 때는 마치 두 개의 산이 자신을 가운데 놓고서 합치는 듯한 고통 또는 살아있는 거북이의 등껍질을 벗기는 것 같은 고통이 뒤따른다고 불경은 말합니다.

이 몸은 사실 더럽기 짝이 없습니다. 아홉 구멍에서 더러운 분비물이 계속 흘러나오고 죽으면 3일 후부터 썩기 시작하는데, 그 시취(尸臭)는 참을 수 없을 정도로 역겹습니다. 우리 몸은 매 순간 사악한 생각·교만한 생각·추잡한 생각·분노에 젖어 있으며, 더러운 몸뚱이를 먹이고 씻기고 치장하고 재우는 데 인생의 대부분을 허비합니다.

우리는 늘 바쁘고 분주합니다. 한평생 성공과 출세에 목을 맵니다. 남보다 더 넓은 아파트에서 살아야 하고, 남들이 부러워하는 직장을

죽음까지 알아야 진짜 인생이다

다녀야 하며, 자녀들이 명문대에 입학하여 판검사가 되거나 의사가 되어 호의호식하면서 사는 것을 유일한 삶의 목적으로 삼습니다. 남자들은 특히 명예욕이 강하고 여자들은 유달리 재물욕이 강합니다.

게다가 인간이 하는 모든 행위에는 진실한 것이 하나도 없습니다. 선한 행위도 마찬가지입니다. 남을 돕는다고 하지만 마음속에서는 온갖 바람직하지 않은 생각들, 예를 들어 내가 남을 도와주었다는 우월감, 남들이 내 선행을 알아봐 주었으면 하는 마음, 선행을 한 후 후회하는 마음, 선행을 했으니 나한테 좋은 일이 생기겠지 하는 마음, 선행을 하고도 나쁜 일이 생기면 실망하거나 신(神)을 탓하는 마음 등이 생겨납니다.

무릇 태어남과 죽음은 그 누구도 피할 수 없는 인생의 중대한 일입니다. 그래서 이 순간만큼은 가장 조심하고 신중해야 합니다. 환자를 돌보는 사람은 마땅히 환자와 한 몸이라는 자비심을 내어, 죽는 이가 극락이나 천국에서 태어날 수 있도록 도와주어야 합니다. 목숨을 마친 사람이 중음(中陰) 상태에 있으면 몸은 어린아이와 같고 죄와 복이 아직 정해지지 못하였으니, 마땅히 유족들이 망자를 위해 복덕을 닦아 주어야 합니다.

내가 죽으면 오직 내가 생전에 지은 업(業)만 남습니다. 이 업은 그림자처럼 내 뒤를 따라다닙니다. 그러니 우리는 좋은 일을 하면서 살아가야 합니다. 특히 남의 가슴에 못을 박는 짓이나 남의 눈에서 피눈물이 날 만한 짓은 절대 해서는 안 됩니다. 남이 잘되도록 도와야 합니다. 왜 그럴까요? 훗날의 나를 위해서입니다. 그러나 무엇보다 중요한 것은 자신이 올바른 사람이 되는 일입니다. 자신의 나쁜 습성·단점·고약한 심리·이기적인 성격 등을 조금씩 고쳐 나가면서 늘 자신을 성찰하고 적극적으로 선(善)을 실천해야 합니다. 그래야 희망이 있습니다.

종교

종교는 어머니와 같습니다.

내 어머니만 소중하고 다른 사람의 어머니는 소중하지 않은 법은 없듯이, 종교도 이와 같아서 내가 믿는 종교도 소중하고 다른 종교도 소중합니다.

종교는 아버지와 같습니다.

누구에게나 아버지가 있는데, 어느 아버지가 가장 좋은 아버지인가를 놓고 서로 비교하고 논쟁하는 것이 아무 의미가 없는 것처럼, 종교 간에도 우열(優劣)이란 있을 수 없습니다.

지금은 기독교를 독실하게 믿는 사람도 전생에는 불교를 독실하게 믿었던 불자(佛子)였을 수도 있고, 2생(生) 전에는 무속 신앙에 심취한 사람이었을 수도 있으며, 3생(生) 전에는 유학(儒學)을 공부하는 고지식한 선비였을 수도 있습니다.

그러니 상대방의 종교를 깎아내리고 배척하는 것이 얼마나 우스운 것인지 알 수 있습니다. 게다가 다른 종교를 모독하는 행위는 결국 자기가 믿는 신(神)을 모독하는 행위입니다.

한국의 기독교인들은 다른 나라의 기독교인들과는 아주 다릅니다.

다른 나라의 기독교인들은 다른 종교를 믿어도 선하게 살면 능히 구원받을 수 있다고 생각합니다. 그리고 윤회를 믿는 비율이 믿지 않는 비율보다 훨씬 높습니다. 그런데 유독 한국의 기독교인들은 아직도 절반이 넘는 비율이 예수를 믿지 않으면 지옥에 간다고 믿고 있으며, 윤회는 진리가 아니어서 절대 받아들이지 못한다고 합니다. 그리고 다른 종교에는 구원이 없다고 잘라 말합니다.

예수께서 "나로 말미암지 않고는 아버지께로 올 자가 없느니라."라고 하신 것을 두고 예수를 믿지 않으면 무조건 지옥에 간다고 해석하는데, 예수님의 본뜻은 그게 아닙니다.

성서의 말씀을 보겠습니다.

"선생님이여 율법 중에 어느 계명이 큽니까 하니 예수께서 가라사대 네 마음을 다하고 목숨을 다하고 뜻을 다하여 주 너의 하나님을 사랑하라 하셨으니 이것이 크고 첫째 되는 계명이요 둘째도 그와 같으니 네 이웃을 네 자신 같이 사랑하라 하셨으니 이 두 계명이 온 율법과 선지자의 강령이니라(마태복음)."

"마음이 가난한 자는 천국이 저희 것이요(마태복음)."

"의(義)를 위하여 박해를 받은 자는 복이 있나니 천국이 그들의 것임이라(마태복음)."

"나더러 주여 주여 하는 자마다 다 천국에 들어갈 것이 아니요 다만 하늘에 계신 내 아버지의 뜻대로 행하는 자라야 들어가리라(마태복음)."

"진실로 너희에게 이르노니 너희가 돌이켜 어린아이들과 같이 되지 아니하면 결단코 천국에 들어가지 못하리라(마태복음)."

죽음까지 알아야 진짜 인생이다 _____

"하나님의 나라는 너희 안에 있느니라(누가복음)."

"하나님의 나라가 이미 너희에게 임하였느니라(마태복음)."

한 가지 예를 들어 설명하겠습니다.

북한 사람들 대부분은 기독교도 모르고 예수님은 더더욱 모릅니다. 그렇다면 이들은 예수님을 믿지 않았기 때문에 죽은 후 지옥에 가는 것일까요? 한국의 기독교인들은 지옥에 간다고 주장합니다. 그렇다면 이들이 북한에 태어나고 싶어서 태어났는지 묻고 싶습니다. 한국에서 태어나 기독교를 믿는 기독교인들은 무슨 복을 지었기에 한국에 태어났는지도 묻고 싶습니다.

현재 이 세계에는 기독교를 믿는 사람보다 기독교를 믿지 않는 사람들이 훨씬 많습니다. 과거에는 더더욱 많았습니다. 이들이 모두 예수님을 믿지 않는다는 이유로 지옥에 간다면, 그것이 과연 신(神)의 섭리입니까?

성인께서 말씀하셨습니다.

"진정으로 위대한 성인은 단 한 사람이라도 포기하지 않습니다. 착한 사람을 구제하고자 하는 것은 물론이고, 설사 나쁜 사람이라 할지라도 구제하고자 하는 것이 바로 성인의 마음입니다. 만약 자기를 믿는 사람은 구원을 얻고, 자기를 믿지 않는 사람은 구원해 주지 않는다고 한다면, 그것은 성인의 도(道)가 아닙니다."

예수님을 믿지 않았다 하여 무조건 지옥에 간다고 하는 신앙은 예수님의 진정한 가르침도 아니요, 또 예수님을 모독하는 망언(妄言)에 지나지 않음을 알 수 있습니다.

오늘날 한국의 대다수 목회자들은 오직 기독교만이 진리라고 설교합니다. 그네들은 예수를 믿지 않으면 무조건 지옥에 간다고 말합니다. 이른바 '예수 천국 불신 지옥'입니다. 이는 손으로 하늘을 가리는 격이요, 수많은 사람을 협박하고 오도(誤導)하여 혜명(慧命)을 끊어놓는 잘못된 행위입니다. 그들은 그들이 훗날 받게 될 과보(果報)를 조금도 알지 못합니다. 그러하기에 그런 망어(妄語)를 함부로 내뱉는 것입니다.

종교의 목적은 무엇일까요?

종교의 목적은 일차적으로 악한 자를 착하게 하고 어리석은 자를 지혜롭게 하며, 범부를 성현 되게 하고 고통이 있는 자로 하여금 즐거움을 얻게 하는 데에 있습니다.

하지만 학문은 다릅니다. 종교의 목적은 이고득락(離苦得樂)이지만 학문의 목적은 이성(理性)에 의한 진리 탐구입니다. 문(文)·사(史)·철(哲)을 아우르는 고금(古今)의 학문에 달통해도 생사(生死)의 해탈에는 아무런 도움이 안 됩니다. 학문의 견지에서 진리를 아무리 추구해도 진리의 입구에 이르기가 거의 불가능합니다. 또 동서양의 고차원적인 학문에 통달하고 문장력과 이해력 그리고 기억력이 아무리 출중해도 불경이나 노장(老莊)사상을 조금도 이해하지 못하는 사람이 수두룩합니다.

유교는 불교의 율종(律宗)에 해당하고, 노장사상은 불교의 선종(禪宗)에 해당한다고 성인께서 말씀하셨습니다. 그래서 유교는 사람 노릇이나 사람 됨됨이, 교육, 예절, 인륜(人倫), 존사(尊師), 경장(敬長), 효도, 수

죽음까지 알아야 진짜 인생이다 _____

신(修身), 학문 등을 강조하는 것입니다. 한편 노장사상은 해탈을 강조합니다. 분별심이나 집착 등을 내려놓으라는 겁니다. 그래야 해탈할 수 있다는 겁니다. 해탈을 얻은 후에 대종사(大宗師)가 되어 세상 속으로 들어가 중생을 교화하는 것입니다. 유교는 배우는 것을 강조하고 노장사상은 내려놓는 것을 강조합니다. 유교는 앞으로 나아가는 것을 강조하고, 노장사상은 뒤로 물러나는 것을 강조합니다. 이처럼 두 종교는 차이가 크지만, 그 가르침들은 모두 인과(因果)로 귀결됩니다.

다른 종교의 경전을 공부하면 자기가 믿는 종교를 더 잘 이해할 수 있게 됩니다. 기독교인들이 불경을 공부하면 예수님의 본심을 비로소 알 수 있습니다. 불경을 공부해 보면 이른바 '예수 천국 불신 지옥'이라는 망언이 얼마나 큰 죄가 되는지 알 수 있습니다. 불교 신자들이 성서를 공부하게 되면 진리는 하나인데 표현을 다르게 해 놓았다는 것을 알아차립니다. 다만, 그 깊이에 있어 차이가 있습니다. 불경이 성서보다 훨씬 더 자세하고 광범위합니다.

이 세상의 모든 학문은 외견상 대단해 보이고 훌륭해 보입니다. 학자들은 박사학위를 획득하고 세상을 놀라게 하는 책들을 출판하며 뛰어난 화술로 강연하고 학문에 정통하여 세상의 변화를 미리 내다보며 세상의 문제에 지혜롭게 대처할 수 있을 것으로 보입니다.

그러나 그들이 습득한 학문은 잡동사니에 불과합니다. 인생의 근본적인 물음에 전혀 답변하지 못할 뿐만 아니라, 죽음이 찾아왔을 때 그들의 학문이나 지식이 아무런 도움이 안 되기 때문입니다.

당신이 학문에 매진하여 금생에 대학자가 되면 잘해야 다음 생에서도 학자(學者)가 될 뿐입니다. 그렇지 않으면 타락하여 창녀나 도둑, 부패한 관리 등 볼품없는 사람으로 태어날 겁니다. 왜냐하면 학자(學者)라는 직업은 지독한 편견이나 고정관념 등을 수반하기 때문입니다. 편견이나 고정관념은 자아(自我)를 중심으로 삼습니다. 자아를 중심으로 삼게 되면 시비(是非)와 분별(分別)·집착을 하게 되는데, 이것은 결국 번뇌로 이어져 윤회를 이어가게 하는 업력(業力)이 됩니다. 시비와 분별은 불교에서 가장 경계하는 요소입니다.

어떠한 종교든 그 목적은 이고득락(離苦得樂)인데 기독교는 구원(救援)을, 불교는 성불(成佛)을 추구합니다. 그리고 종교는 믿음을 가장 중요한 바탕으로 삼습니다. 구원은 예수님을 구주(救主)로 믿음으로써 천국에 입성하는 것이고, 성불은 인간이 '본래 부처'임을 믿고 탐진치와 분별·집착을 여의고 무상정등정각(無上正等正覺)을 얻어 부처가 되는 것입니다.

사람이 정직하게 산다면 종교는 필요치 않습니다. 신(神)을 믿지 않았다는 이유로 지옥에 간다는 것은 어불성설입니다. 사람이 죽은 후에 그 영혼을 심판하거나 주재하는 신(神)은 없습니다. 그 사람이 지은 업에 따라 스스로 가는 것입니다.

기독교에서 흔히 말하는 '예수 천국 불신 지옥'이라는 말은 이 땅에 성자(聖者)로 오신 예수님을 모독하는 말입니다. 예수님의 가르침은 그런 하열(下劣)한 것이 아니었음에도 사람들은 이 말을 절대 진리인 양 받아들였습니다. 그 결과 예수님은 온갖 비난과 모욕을 한 몸으로 받아야 했으며, 또 이 때문에 얼마나 많은 전쟁과 참혹한 일들이 일어났

죽음까지 알아야 진짜 인생이다 _____

습니까. 예수님을 모독하는 일을 그만할 때도 되었습니다. 기독교를 믿지 않아도, 또 불교를 믿지 않아도 선하게 삶을 사신 분들은 사후에 반드시 좋은 곳에 태어난다는 것을 꼭 믿으셔야 합니다. 이것이 정도(正道)입니다.

예수, 석가모니 붓다, 공자, 노자(老子). 이 네 분의 성인은 인류에게 고귀한 가르침을 주신 지극한 성인입니다. 성인(聖人)들께서 이 세상에 오신 이유는 중생을 구제하기 위함입니다. 다만 공자의 가르침은 입세(入世: 이 세상에 들어감)에 치우치셨고, 예수님과 부처님의 가르침은 출세(出世: 이 세상을 벗어남)에 치우치셨으며, 노자의 가르침은 입세와 출세 사이에 걸쳐 있다는 점이 다를 뿐입니다.

그리고 이 4대 성인들 중에서 오직 부처님만이 우주와 생명에 대해 가장 깊이 그리고 가장 철저하게 말씀하셨습니다. 게다가 부처님이 설하신 경전이 가장 많습니다. 불경에는 인생과 우주를 이해하고 밝혀주는 고귀한 가르침들이 정말 많습니다. 다만 『아함경』과 같은 소승(小乘) 경전은 근기가 낮은 사람들을 대상으로 설하신 것이고, 『화엄경』이나 『금강경』과 같은 대승(大乘) 경전은 근기가 높은 사람들을 대상으로 설하신 경전이라는 차이가 있습니다.

네 분의 성인께서는 하나같이 중생을 사랑하고 죄를 짓지 말고 부지런히 선(善)을 행할 것을 강조하셨습니다. 그리고 이 세상은 전부 인과(因果)로 엮여 있음을 늘 강조하셨습니다.

예수의 최고 가르침은 "네 이웃을 네 몸과 같이 사랑하라."이고, 부처님의 가르침을 하나로 요약하면 "어떠한 악도 짓지 말고 많은 선을 행하라. 그리고 네 마음을 청정하게 하라."입니다.

예수께서 말씀하신 "나는 길이요 진리요 생명이다."라는 말씀에서 '나'라는 말과 석가모니 부처님의 "하늘 위, 하늘 아래에서 오직 나 홀로 귀하다[天上天下 唯我獨尊]."의 '나'는 같은 뜻입니다. 이 '나'는 우리 각자를 말하는 보통 명사이지, 예수님이나 부처님만을 뜻하는 고유명사가 아님을 알아야 합니다.

예수께서 말씀하신 "진리가 너희를 자유롭게 하리라."라는 말씀은 공자의 "아침에 도를 들으면 저녁에 죽어도 좋다."라는 말씀과 통합니다.

예수께서 하신 말씀인 "하느님의 나라는 너희 안에 있다.", "하느님은 바로 네 마음속에 계시다." 등은 불교의 "모든 중생이 부처다."라는 말씀과 통합니다.

기독교를 믿는다고 하여 부처님을 배척하고, 부처님을 믿는다고 하여 예수를 깎아내리는 일은 하지 말아야 합니다. 또 공자의 말씀은 옳고 노자의 말씀은 그르다고 하거나, 노자의 가르침이 더 높고 공자의 가르침은 배울 게 없다는 식으로 말해도 안 됩니다.

일찍이 선인(先人)께서는 이런 말씀을 남기셨습니다.

"동방에서도 성인(聖人)이 나오고 서방에서도 성인이 나오지만, 그 마음도 같고 그 이치도 같다."

이는 진리는 하나이나 다만 표현하는 방식이 다를 뿐이라는 얘깁니다.

"이 세상에서 어떤 종교가 가장 위대합니까?"라고 누가 묻는다면 "당신이 믿고 있는 종교가 가장 위대합니다. 당신이 믿고 있는 신(神)

죽음까지 알아야 진짜 인생이다

이 가장 거룩한 분입니다."라고 답하는 것이 정답입니다.

당신이 예수님을 믿으면 당신의 마음이 예수이고, 당신이 부처님을 믿으면 당신의 마음이 부처인 것입니다.

예수님은 교회를 다니는 신자의 수가 늘어나는 것을 절대 좋아하지 않으며, 부처님은 사찰 규모가 커지거나 부처님을 믿는 신자가 늘어나는 것을 하나도 기뻐하지 않습니다. 오직 인간의 도리를 다하고 선하게 사는 사람이 늘어나는 것을 좋아하실 따름입니다.

노자(老子)가 말했습니다.

"하늘의 도(道)는 사사로움이 없다. 늘 착한 사람 편이다[天道無親 常與善人]."

진정한 종교인은 반드시 자비롭습니다. 사람에 대해서든 동물에 대해서든 반드시 자비로운 마음을 갖게 됩니다.

진정한 종교인은 누구를 미워하거나 증오하는 일이 없습니다. 오히려 불쌍히 여깁니다. 만약 교회에 30년 이상 다닌 사람이 다른 종교를 믿는 사람들을 욕하거나 미워한다면 그는 사이비 신앙인입니다. 이 사람은 예수의 구원 밖에 있습니다. 절에 20년 이상 다니신 분이 북한 정권이나 진보 정치인들을 싸잡아 욕하고 비난하고 원망한다면 그는 분명 마구니(사탄)입니다.

진정한 종교인은 지극히 겸허합니다. 늘 자신을 낮추고 남을 높입니다. 모든 생명을 평등한 눈으로 바라보며 절대로 다른 존재를 깔보거나 업신여기지 않습니다.

진정한 종교인은 죽음을 두려워하지 않습니다. 수십 년간 독실하게 신앙생활을 해 왔어도 죽음을 두려워하고 삶에 집착한다면 그 사람의 신앙은 껍데기에 불과한 것입니다.

오늘 당장 죽어도 좋고 한 달 후에 죽어도 아무 여한이 없으며 앞으로 30년을 더 살다가 죽어도 좋다고 여겨야 진정한 신앙인입니다.

사람이 죽은 후에 그 영혼을 심판하거나 주재하는 신(神)은 없다는 것을 반드시 기억하십시오. 오직 그 사람이 지은 업에 따라 스스로 가는 것입니다. 즉, 그가 지옥의 업을 지었으면 지옥에 갈 것이고, 천상의 업을 지었으면 천상에 태어날 것이며, 극락에 갈 업을 지었으면 극락에 태어날 것입니다. 스스로 그렇게 되는 것일 뿐, 부처님이나 하느님이 그렇게 해 주는 것이 아닙니다.

내가 하느님께 기도하여 복을 받고 마음이 평안해지는 것은 하느님이 그렇게 해 주셔서 그런 것이 아니라 내가 그렇게 했기 때문에 우주의 기운이 감응한 것입니다.

내가 부처님께 절을 올리고 염불을 한 결과 내 죄업이 줄어들고 죽어 극락에 가는 이유는 부처님께서 가피를 주셔서 그런 것이 아니라 내가 그런 공덕을 쌓았기 때문에 그렇게 된 것뿐입니다. 천지간에는 오직 보응(報應)과 인과(因果)만 있을 뿐입니다. 요컨대, 일체만유(一切萬有) 삼라만상(森羅萬象)은 오직 스스로 그러할 뿐입니다. 누가 시킨 것도 아니고 누가 만든 것도 아닙니다.

많은 종교인들이 전도(傳道)나 포교(布敎)에 열을 올리고 있습니다. 하지만 온갖 중생을 이롭게 하는 것이야말로 하느님이나 부처님의 은혜에 진정으로 보답하는 길임을 알아야 합니다. 다른 종교를 믿는다 하여 그를 증오하거나 핍박하거나 저주하는 것은 종교인으로서 할 짓

죽음까지 알아야 진짜 인생이다 _____

이 아닙니다. 도덕적인 사람 한 명이 기독교인 한 명 또는 불자(佛子) 한 명보다 훨씬 더 낫습니다.

남을 위해 좋은 일을 하는 한 사람이 신앙을 가진 이기적인 사람보다 훨씬 더 중요합니다.

교회나 절에 가서 거액을 헌금하는 사람보다 가난한 사람을 불쌍히 여기면서 도와주는 사람이 훨씬 낫습니다.

교만한 신앙인보다 마음이 질박(質朴)하고 정직한 무종교인이 백배 천배 낫습니다.

마음이 청정하지 않으면서, 즉 마음이 늘 번뇌와 망상에 젖어 있으면서 신에게 기도하고 헌금하고 경전을 독송하는 것은 약간의 선근만 심는 행위일 뿐입니다.

마음은 늘 탐진치(貪瞋痴)에 빠져 있으면서 부처님께 절을 올리고 염불을 하고 독경을 하는 것은 작은 공덕에 지나지 않습니다.

정성과 공경이 부족하고 늘 교만한 마음을 가진 사람이 거액을 교회에 바치고 봉사활동을 많이 한다고 하여 사후에 좋은 곳에 가는 게 아닙니다.

다음의 성인의 말씀을 잘 읽어보시기 바랍니다.

"자기의 심리, 행위, 습성 등이 바뀌지 않는다면 설사 한평생 수련한다 해도 초급 단계의 하늘에 태어날 수 있을지 여전히 의문스러울 뿐 아니라 나중에 상당히 문제가 됩니다. 아무리 닦더라도 이 일생에 약간의 선근을 심고 내생에 조금 좋을 뿐입니다. 평생 수련을 하고 사후에 축생이나 지옥에 떨어지지 않는 것만으로도 대단하다고 할 수 있습니다."

종교와 관련하여 우리가 늘 고민하는 두 가지 이야기를 하고 싶습니다.

첫째는 오랫동안 착실한 신앙생활을 해 온 사람들에게 계속 불행이나 고통이 생기는 까닭은 무엇인지에 대해서입니다.

신앙생활을 오래 해 온 사람은 그렇지 않은 사람에 비해 더 도덕적이고 더 포용적이며 더 이타적입니까? 그런 사람도 있고 그렇지 않은 사람도 있겠지요. 저는 살아오면서 많은 신앙인을 만나 왔는데, 제가 얻은 결론은 둘 사이에 뚜렷한 차이점은 없다는 것입니다. 오히려 신앙인들이 종교가 없는 사람들보다 더 이기적이거나 더 독선적이고 더 교만한 경우를 훨씬 많이 보았습니다. 참 아이러니한 일입니다.

신앙생활을 오래 해 온 사람일수록 성깔이 더 날카롭고 더 까다로우며 더 교활합니다. 그리고 다른 사람들을 성현의 잣대로 바라봅니다. 그래서 이것도 못마땅해하고 저것도 못마땅해합니다.

자신의 못된 성격이나 심리, 버릇 등은 전혀 고치지도 않고 고칠 생각도 없으면서 늘 남의 단점만 지적하려 합니다. 자신이 믿는 종교를 믿지 않는 사람을 죄인 보듯이 보거나 아니면 몹시 안타까운 시선으로 바라보는데, 이것은 신앙인의 올바른 자세가 결코 아닙니다.

진실로 겸손해하고 자신을 한없이 낮추면서 늘 따뜻한 시선으로 남을 대하는 종교인을 저는 거의 보지 못했습니다.

성인께서 말씀하셨습니다.

"부처님을 배우는 사람이 불경을 깊이 연구하고 또 부처님 말씀을 이해했다면 이 사람은 무엇을 성취했을까요? 그는 '증상만(增上慢: 교만한 마음. 자신을 대단한 사람으로 여겨 남을 무시하는 마음. 깨달음을 얻지 못했으면서도 얻은 것처럼 착각하는 것)'이라고 하는 심각한 잘못을 성취했습니다."

당신이 30년 동안 『금강경』을 독송해 왔고 채식을 20년간 해 왔으며 많은 선원(禪院)에서 참선을 수년간 했고 불교의 이론에 대해 해박하다면, 당신이 얻은 죄는 증상만입니다! 당신은 내심으로 대단히 교만할 겁니다. 겉으로는 겸손한 척하지만, 실상은 몹시 거만합니다.

당신이 기독교인으로서 성서를 깊이 이해하고 기도를 통해 하느님을 만났으며 전도(傳道) 활동에도 적극적이어서 지금까지 100명 넘게 전도했고 늘 예수님을 찬송하는 사람이라면 당신은 증상만이라는 죄를 성취했습니다.

그러니 털끝만큼도 교만한 마음을 가져서는 안 됩니다. 자기가 대단한 존재라고 착각하면 모든 것이 수포로 돌아갑니다.

또 하나의 이유는 '공리심(功利心)'과 '계교심(計較心)' 때문입니다.

공리심이란 대가 또는 이익을 바라는 마음을 말하고, 계교심이란 이것저것 비교하고 따지는 계산된 마음을 말합니다.

다음과 같은 심리들은 바로 공리심 또는 계교심에서 나오는 것들입니다.

"예수님을 30년간이나 믿었는데 갈수록 장사가 안되네."

"부처님께 삼천배를 수십 번이나 했으니까, 이번 시험에 분명 합격할 거야."

"그간 헌금을 수도 없이 했는데, 왜 나한테 이런 불운이 닥치는 건지 모르겠어."

"모름지기 참선이 최고야. 다른 수행은 그게 그거야."

"부처님을 오래 믿어 왔고 채식도 수년간 해 왔으니 난 분명 복을 받을 거야."

"나는 20년간 새벽 기도를 다녔으니 천국은 예약해 놓은 것이나 다름없어."

"기도를 많이 하고 성서 말씀도 많이 읽고 했는데, 우리 집은 왜 부자가 안 되지?"

"아시아에서 가장 큰 절을 지었으니 부처님께서 우리 절에 크나큰 복을 내리실 겁니다."

또 다른 이유는 경전 말씀을 자기 멋대로 해석하거나 잘못 인용하거나 잘못 가르치거나 잘못된 책을 써서 세상에 내놓거나 하기 때문입니다. 이러한 행위는 혜명(慧命)을 해치는 것이기 때문에 그 허물이 무척 큽니다. 경전의 말씀을 잘못 이해하는 것도 이미 큰 죄인데, 더 나아가 남에게 잘못 가르치고 잘못된 해석을 주입시키고 널리 퍼뜨리는 것은 정말 해서는 안 되는 행위입니다. 또 자기는 『반야심경』이나 『금강경』 등을 다 이해하고 있다고 말하거나, 자신은 예수님의 본뜻을 완전히 알았다고 말하거나 믿는 것도 큰 죄가 됨을 알아야 합니다.

마지막 이유는 교회나 절에 가서 기도하고 절을 올리고 헌금을 내고 독경을 하고 참선을 했다고 하여 큰 공덕을 쌓은 것으로 여겨서는 안 된다는 것입니다. 한 가지 일이 더 남았습니다. 그것은 바로 착한 마음을 가지고 착한 일을 늘 해야 한다는 것입니다. 이것은 정말 중요합니다. 많은 신앙인들이 기도, 헌금, 절, 독경, 찬송, 참선, 염불 등만 중요시하고 공덕을 쌓는 일은 등한시하는데, 이렇게 하면 자신이 금생 또는 전생에 지은 수많은 악업(惡業)의 힘에 끌려가게 됩니다.

선심(善心)과 복덕(福德)이 부족하면, 마치 쇠를 제련할 때 화력(火力)이 부족한 것과 같아서 강력한 힘을 제대로 발휘하지 못합니다.

두 번째는 '진정한 신앙인'이란 어떤 사람인지에 대해서입니다.

진정한 신앙인은 일차적으로 늘 자신을 성찰하고 나쁜 심리나 성격, 버릇을 고쳐 나가는 사람입니다. 남을 도와주고 돈을 기부하고 책을 쓰고 강연을 하고 목회자가 되고 출가를 하고 큰 절의 신도회장이 되고 대한장로회 연합회장이 되고 자녀가 신학대학교에 들어가고 성서를 10번이나 통독하고 『금강경』을 전부 암송하는 등의 일들은 전부 부차적인 일에 불과합니다.

남을 도와도 보리심(菩提心: 부처님의 깨달음을 얻겠다는 마음. 또는 일체 중생을 위하는 마음)이나 회향심(廻向心: 자기가 지은 복을 다른 사람에게 돌리는 마음)없이 하게 되면 기껏해야 유루복(有漏福: 줄줄 새는 복)에 불과합니다. 유루복은 먼 훗날 원한 내지 타락의 계기가 되니 조심해야 합니다.

아래에 나오는 세 고사(故事)를 잘 음미하시길 바랍니다.

『명심보감』에서 말합니다

소강절 선생에게 어떤 사람이 물었습니다. "어떠한 것이 화와 복입니까?"

"내가 남을 해롭게 한 것이 화요, 남이 나에게 손해를 끼친 것이 복이오."

옛날 인도에 어떤 성자가 있었습니다. 그에게는 따르는 제자들이 많았는데 언젠가 그 제자들을 모두 불러 모아 놓고 이렇게 물었습니다.

"너희들은 새날이 온 것을 어떻게 아느냐."

이에 대해 한 제자는 "저 멀리서 먼동이 터서 동창이 밝아오는 것을 보고 새날이 온 것을 압니다."라고 답했고, 어떤 제자는 "사물이 그 형체를 드러내어 산천과 초목이 보이기 시작하면 새날이 밝아온 것을 압니다."라고 했으며, 또 어떤 제자는 "사람들이 지나가는 발소리와 두런두런 사람들의 말하는 소리가 들려오는 것으로 새날이 온 것을 알게 됩니다."라고 대답했다.

제자들의 답변을 모두 다 듣고 나서 스승은 고개를 좌우로 흔들면서 "아니다."라는 한 마디만 했습니다. 그러자 제자들이 "그렇다면 선생님께서는 밤이 가고 새날이 온 것을 어떻게 아신단 말입니까?" 하고 물었습니다. 스승은 오랫동안 눈을 감고 있다가 좌중을 둘러보며 이렇게 말했다.

"날이 밝아 너희들이 밖을 내다보았을 때, 지나다니는 사람들이 모두 너희 형제들로 보이면, 그때 비로소 새날이 온 것이니라."

티베트의 위대한 성자인 밀라레파의 제자가 스승과 헤어질 때 물었다.

"제가 언제부터 제자들을 이끌 수 있을까요?"

"지금 그대 앞에 있는 노인을 진정 부처님과 다르지 않은 사람으로 보게 될 때다. 그대가 헌신함으로써 그러한 깨달음의 순간이 도래하게 되면, 그때 비로소 제자들에게 가르침을 펼 때이니라."

죽음까지 알아야 진짜 인생이다

『요한의 첫째 편지』에는 이런 구절이 있습니다.

"하느님을 사랑한다고 하면서 자기 형제를 미워하는 사람은 거짓말쟁이입니다. 보이는 자기 형제를 사랑하지 않는 사람이 어떻게 보이지 않는 하느님을 사랑할 수 있겠습니까."

어느 스승이 제자에게 말했습니다.

"지나가다가 개가 날 보고 짖으면, '아! 나에게 아직 살생의 마음이 남아 있구나' 하고 참회를 한다. 개가 날 보고 공부가 덜 되었다고 나무라는 것으로 받아들이는 것이지."

성인께서 말씀하셨습니다.

"한 사람을 권하여 부처님을 믿게 하는 일보다 한 중생을 기쁘게 하거나 고통 속에서 구해 주는 일이 더 귀한 일이네. 한 중생을 해치면 시방세계(十方世界)의 모든 부처님이 슬퍼하시네."

임종 직전

인생에서 가장 중요한 순간은 바로 '죽는 순간'입니다. 왜 죽는 순간이 이토록 중요하다는 걸까요? 죽는 순간에 어떤 마음가짐을 갖느냐에 따라 내세(來世)가 결정되기 때문입니다. 다시 말하면, 임종할 때는 사람이 위로 올라가느냐 아니면 아래로 내려가느냐를 판가름하는 가장 중요한 시기이기 때문입니다. 따라서 사람의 일생 중에서 임종할 때가 가장 급박하고 가장 위급하며 가장 중요합니다. 이 점은 너무나 중요합니다.

임종 순간은 불가사의합니다. 적은 노력으로 엄청난 결실을 맺을 수 있는 순간이기도 하고, 잘못된 한 생각 또는 원한이나 분노에 찬 한 생각이 그 사람을 삼악도에 태어나게 할 수도 있기 때문입니다.

한평생 나쁜 짓만 하고 살았어도 임종 시에 지난날의 잘못을 진심으로 참회하면서 좋은 곳에 태어나기를 간절히 원하면 소원대로 이루어질 가능성이 매우 높습니다. 이 세상과 우주는 우리 인간의 생각으로 헤아릴 수 있는 곳이 아닙니다. 낮은 지혜와 못난 식견으로 감히 성인(聖人)의 지혜와 우주 만유(萬有)의 실상(實相)을 억측하거나 함부로 재단해서는 안 될 일입니다.

예수님을 구주(救主)로 믿고 받아들인 사람은 죽는 순간에 자신이 그동안 지은 죄를 진심으로 회개하고 예수님이 자신을 구원해 주실 거라는 믿음과 천국에 태어나고 싶다는 강렬한 소망이 있으면 천국에 태어날 수 있습니다. 이것이 예수님의 사랑입니다.

부처님을 믿는 사람들은 부처님 말씀에 대한 진실한 믿음과 극락에 태어나고 싶다는 간절한 마음을 품고 염불을 하거나 부처님을 마음속으로라도 떠올리면 반드시 극락에 태어납니다. 이것이 부처님의 대자대비(大慈大悲)입니다.

부처님을 믿었던 사람이 천국에 태어날 수도 있고, 예수님을 믿었던 사람이 극락에 태어날 수도 있습니다. 다만 천국과 극락은 분명히 다릅니다. 불교에서도 천국을 분명히 인정합니다. 기독교에서는 하나의 천국만을 말하지만, 불경에서는 천국은 모두 28개가 있다고 말합니다. 천국에도 등급이 있다는 뜻입니다.

임종은 한 사람의 채권(債權)·채무(債務)가 총결산되는 때입니다. 채권은 그 사람이 베푼 선행이나 음덕(陰德)을 말하고, 채무는 그 사람이 지은 죄악을 말합니다. 선행이나 죄악은 몸으로 지은 것은 물론이고 마음으로 지은 것들도 모두 포함됩니다. 게다가 현생에 지은 것들뿐만 아니라 머나먼 전생의 채권·채무까지 한꺼번에 몰려듭니다.

아뢰야식이 아직 당신의 몸을 완전히 떠나지 않아 따뜻한 감촉이 남아 있는 동안에 일생동안 당신이 지은 선악의 업들이 머릿속에서 한 장면씩 빠르게 지나갑니다.

아뢰야식 속에 저장된 그 엄청난 채권과 채무가 대차대조표에 빠짐

없이 기록되면 당신의 다음 생이 배정됩니다. 이 계산은 이 세상의 모든 슈퍼컴퓨터를 다 합친 것보다 훨씬 더 정확하고 빠릅니다. 세상을 살면서 죄를 많이 지었지만, 용케도 법망(法網)을 피하여 처벌을 받지 않은 사람도 임종 시가 되면 모든 죄가 여실히 드러납니다.

음란물을 제작하거나 유통한 죄는 악성(惡性) 채무에 속합니다. 음란한 소설이나 글을 인터넷에 올려 많은 사람에게 유포하는 것도 마찬가지입니다.

불륜을 행하거나 조장하는 죄도 역시 악성 채무입니다. 그릇된 가르침을 널리 전하는 것도 역시 마찬가지입니다. 부모에게 불효를 행한 자들, 시부모를 학대한 며느리들, 어린이들을 납치하거나 경전을 제멋대로 해석하고 가르친 사람들, 국고(國庫)를 횡령하거나 부정하게 타낸 사람들, 공직에 있으면서 부정부패를 저지른 사람들, 큰 죄를 지었음에도 참회하지 않은 사람들은 그 죄가 유난히 중대함을 알아야 합니다.

생명을 죽이는 것을 좋아했던 사람은 죽어갈 때 죽임당한 짐승이나 물고기들이 화난 얼굴로 노려보면서 달려들 겁니다.

요즘 장어(長魚) 열풍이 불고 있습니다. 갯장어니, 민물장어니, 풍천장어니, 바닷장어니 하면서 너나 할 것 없이 장어를 먹습니다. 장어를 죽이는 과정을 보니, 살아 있는 장어의 대가리를 못으로 뚫어 움직이지 못하게 박은 후 식칼로 장어를 반으로 갈라 버리는데, 그 참혹함은 차마 볼 수 없을 정도입니다. 거북이를 죽이는 것은 더 참혹합니다. 또 끓는 육수에 살아 있는 문어나 오징어를 넣는 것은 어떠합니까? 사람은 이토록 잔인합니다. 이렇게 살아 있는 생명을 아무 거리낌 없이 죽

죽음까지 알아야 진짜 인생이다

여 먹는 것을 즐기는 행위는 훗날 큰 보복이 되어 돌아올 겁니다.

사람을 죽인 사람은 죽어갈 때 죽임을 당한 사람이 나타나게 되는데, 이때 임종자는 엄청난 두려움과 공포에 시달립니다.

그렇다면 착하게만 살아온 사람 또는 진실하게 수행을 해 온 사람에게 임종 시에 고통이 오는 이유는 무엇일까요?

그것은 임종 때의 작은 고통이 사후에 받을 많은 고통을 대신하기 때문입니다. 즉, 많은 전생을 거쳐 오면서 지은 악업(惡業)이 많아 이 사람은 죽으면 악도에 떨어져 극심한 고통을 당할 운명을 지금의 그 작은 고통으로 압축해서 받는 것입니다.

살면서 많은 선(善)을 행했는데도 재앙이나 고통을 만나는 사람은 전생의 죄업이 깊은 까닭이며, 만약 이 사람이 선을 행하지 않았더라면 재앙은 더욱 커졌을 것입니다. 금생에 악행을 많이 행했어도 죽을 때까지 복을 누리는 사람은 전생에 선업을 지은 것이 깊은 까닭입니다. 만약 그 사람이 죄를 짓지 않았더라면 복은 더욱 커졌을 것입니다.

중국 당나라의 고승인 현장(玄奘) 법사는 불교 역사에서 위대한 역경승(譯經僧)으로 칭송받는 인물입니다. 이분도 임종 시에 약간의 병고(病苦)를 겪었는데, 마음속으로 자기가 번역한 경전에 혹시라도 잘못이 있지는 않나 의심했습니다. 그러자 한 성인이 나타나, "그대의 전생 죄악 과보가 이 자그만 병고로 모두 소멸되었으니, 의심하지 말라."고 그를 위로했다는 기록이 있습니다.

옛날 인도의 계현(戒賢) 법사는 덕과 학문이 높아 그 명성이 자자하였습니다. 그러나 전생에 지은 악업이 두터워 어렸을 때 나쁜 병으로 고통이 심하였습니다. 고통이 너무 심하여 수차례 자살을 시도하기까지 했습니다. 그때 성인께서 나타나 말씀하셨습니다. "너는 멀고도 먼 어느 전생에 여러 번 왕이 되었는데, 그때마다 중생을 해치고 괴롭혔기 때문에 너는 마땅히 지옥에 떨어져 고통을 받아야 할 운명이었다. 하지만 네가 부처님 법을 널리 펼친 공덕 덕분에 지금의 작은 고통이 훗날 지옥에 떨어져 받을 고통을 대신하는 것이다. 그러므로 너는 지금의 고통을 참아야 한다."

계현 법사는 그 말씀을 듣고 고통을 참으며 깊이 참회하였고 얼마 후 병이 나았습니다.

대한민국 장례 명장(名匠)인 유재철 선생이 말했습니다.

"말기 암 환자 두 분을 염(殮)한 적이 있습니다. 한 분은 부자였고 한 분은 그렇지 않았어요. 그런데 부자는 인상을 쓰고 돌아가셨고, 다른 한 분은 표정이 맑았습니다. 표정이 좋았던 분은 숨을 거두신 후에 유족이 좋은 말만 하고 염불도 들려 드렸다고 합니다."

그러면서 그는 이렇게 말합니다.

"마지막엔 얼굴을 보고 만져 드리며 아무 말도 하지 않는 게 낫습니다. 울음은 전염됩니다. 고인의 수의에 눈물을 떨어뜨리면 안 됩니다. 그럼 망자의 마음이 무거워서 (이승을) 못 떠납니다. 귀가 제일 나중에 닫히니까요."

그는 마지막으로 말합니다.

"죽음을 공부해야 삶이 깊어집니다."

죽음까지 알아야 진짜 인생이다 _____

몇십 년 전 어느 장례 지도사가 말했습니다.

"임종을 목전에 둔 어머니가 계셨습니다. 그 어머니는 막내아들에 대한 정이 유달리 깊었는데, 그 아들이 젊었을 적에 가출한 이후로 막내아들의 얼굴을 보지 못했습니다. 어머니는 그게 한이 되었을 겁니다. 그래서 죽는 순간까지 막내아들 얼굴을 몹시도 보고 싶어 하셨는데, 끝내는 이루지 못하셨습니다. 어머니는 결국 두 눈을 뜬 채로 돌아가셨습니다. 그러자 어머니를 이대로 가시게 할 수는 없다면서 자식들이 막냇동생을 찾는 것을 경찰서에 도움을 구하여 수소문하기 시작하였고, 3일 만에 막내아들이 어머니 시신 앞에 모습을 나타냈습니다. 두 눈을 뜬 채 죽어 계시는 어머니를 보고 막내아들이 통곡하면서 눈물을 흘렸습니다. 그리고는 두 손으로 어머니 눈을 감겨 드리자 어머니의 눈이 스르르 감겼습니다. 이것은 제가 두 눈으로 똑똑히 직접 본 일입니다."

임종 직전에 있는 사람은 생(生)과 사(死)의 경계에 서 있습니다. 마치 교도소의 높은 담장 위에 서 있는 것과도 같습니다. 발을 어떻게 내딛느냐에 따라 자유가 있는 이 세상과 평생 갇혀 있어야 하는 저 감옥으로 갈라지기 때문입니다.

임종 직전에 있는 사람이 스스로 또는 주변 사람의 격려로 하늘을 원망하지도 않고 남을 탓하지도 않으면서, 그 어떤 것에 집착하지 않고 참회하는 마음을 가지고 간절한 마음으로 염불한다면, 금생의 죄업은 물론 과거 생의 죄업이 깨끗이 소멸됩니다.

운명은 바꿀 수 없지만, 미래는 바꿀 수 있습니다. 임종 순간에 낸 착한 한 생각이 70년 인생의 과오를 말끔히 없애버릴 수 있습니다.

부처님은 『관정수원왕생경(灌頂隨願往生經)』에서 다음과 같이 말씀하십니다.

어느 성인께서 부처님께 물었습니다. "만약 사람이 살면서 계율을 지키지 않고 악행을 지었다면 이 사람은 죽어서 나쁜 곳에 태어나야 하는데, 그런 사람이 임종할 때 선(善)한 마음을 일으키면 해탈할 수 있습니까?"

부처님께서 말씀하셨습니다. "사람이 임종할 때 선한 마음을 내었다면 해탈할 수 있다. 왜 그러한가. 마치 빚을 지고 있는 사람이 왕에게 의탁한 것과 같기 때문이니, 빚쟁이는 감히 두려워서 빚을 받으러 오지 못한다. 이처럼 죄를 지은 죄인이라 하더라도 임종 시에 선한 마음을 내면 천제(天帝)도 사면(赦免)해 주고 염라대왕도 제거해 주며 아울러 오관(五官: 동서남북과 중앙)을 담당하는 모든 신(神)도 도리어 공경한다. 선한 마음을 낸 덕분에 나쁜 곳에 떨어지지 않고 모든 액난(厄難)에서 벗어나 천상 또는 극락에 태어날 수 있다."

어느 고승께서 말씀하셨습니다.

"우리가 죽을 때 남을 굉장히 미워한 채로 죽으면 그것은 틀림없이 싸움 잘하는 아수라 세계에 태어납니다. 또 죽는 순간에 독한 마음, 잔인한 마음을 품으면 지옥에서 태어납니다. 그러나 설사 금생에 좀 나쁜 일을 했다 하더라도 죽을 무렵에 좋은 스승을 만나서 '정말로 본래가 다 부처 아닌가.', '번뇌는 근본 자취가 없지 않은가.' 이렇게 우리가 마음을 돌이켜서 부처님만 오로지 믿고 밀고 나간다고 생각하면 평소에 별로 좋지 않은 사람도 그 임종 때의 좋은 마음 때문에 좋은

죽음까지 알아야 진짜 인생이다

데 가서 태어난다는 것입니다."

죽어가는 사람은 아무런 힘도 없을 거라고 우리는 여깁니다. 하지만 과학이 밝혀낸 바로는 죽어가는 사람에겐 우리가 모르는 놀라운 힘, 불가사의한 힘이 있다는 것이 드러나고 있습니다. 그 불가사의한 힘은 이렇습니다.

다소 엉뚱한 얘기일지도 모르지만, 국가에 전시(戰時)·사변(事變) 또는 이에 준하는 국가 비상사태가 발생하면 대통령은 '계엄(戒嚴)'을 선포합니다. 계엄이 선포되면 영장(令狀) 없이 사람을 구속하거나 체포할 수 있으며, 언론 출판의 자유와 집회 결사의 자유가 심각하게 제한받고, 계엄사령관이 관할 지역 내의 행정권과 사법권을 장악하게 됩니다. 이처럼 비상사태가 되면 비정상적이고 변칙적인 권력이 생겨납니다.

인간에게 있어 죽음은 비상사태입니다. 고로 '죽는 순간'에는 예외적이고 강력한 힘이 부여됩니다.

죽어가는 사람이 참회를 한다면 그 참회는 평상시의 참회보다 백만 배 더 큰 효과가 있습니다.

죽어가는 사람이 염불을 한다면 그 염불은 평상시의 염불보다 백만 배 더 큰 공덕이 있습니다.

임종 시에 기독교를 믿는 환자가 예수님의 성상(聖像)을 바라보면서 천국에 태어나고 싶다는 강렬한 소망을 품고 죽으면 천국에 태어날 수 있습니다.

죽어가는 사람이 다른 사람이 하는 염불 소리를 들으면, 그 사람은 적어도 지옥·아귀·축생에는 떨어지지 않습니다.

죽어가는 사람이 다른 사람이 하는 염불 소리를 들으면서 자기 마음속으로도 염불을 한다면, 이 사람은 반드시 극락에 왕생할 수 있습니다.

설령 종교를 갖고 있지 않은 사람도 임종 때에 이르러 자신의 죄를 진심으로 뉘우치고 마음의 응어리가 맺힌 사람과 마음으로 화해 내지 용서를 한 후, 이 세상에 대한 집착이나 미련 등 모든 것을 내려놓고 오직 자신이 했던 과거의 선한 일들을 떠올리면서 좋은 세상에서 태어나고 싶다는 간절한 마음을 내면 죽어 반드시 좋은 곳에 태어날 수 있습니다.

임종 직전에 우리에게는 해탈을 위한 최대의 가능성이 부여됩니다. 최대의 가능성이라는 말을 기억하십시오. 인생을 잘못 살았어도 임종 직전에 좋은 마음, 용서하는 마음, 용서를 비는 마음, 참회하는 마음, 집착하지 않고 내려놓는 마음 등을 품으면 좋은 곳에 태어날 수 있습니다.

기억하십시오. 임종 직전에 이른 자는 선한 마음과 좋은 곳에 태어나고 싶다는 간절한 발원(소망), 이 두 가지를 갖추면 반드시 좋은 곳에 태어난다는 사실을 말입니다.

만약 임종하려는 자가 부처님을 믿는 사람이라면 다음에 나오는 성인의 말씀을 꼭 기억하셔야 합니다.

"임종할 때 마음의 힘이 강하고 마음이 산란하지 않는다면, 설사 당신이 나쁜 사람이요, 대악인(大惡人)이며 죄업이 깊고 무겁더라도, 단지 '나무아미타불'을 한 번만 부르면 —그것도 입으로 부르는 것뿐만 아니라 마음속으로 생각만 하여도— 반드시 극락에 태어납니다."

죽음까지 알아야 진짜 인생이다 _____

사실이 이러하니, 임종 직전에 있는 자를 돌보시거나 보호하고 계시는 분들께서는 정말 조심하고 잘 살펴야 합니다. 임종 직전에 있는 자가 앞의 말씀처럼 하시도록 잘 도와주어야 합니다. 임종하려는 자를 유가족들이 정성을 다해 잘 보살피고 도운 결과, 임종하는 자가 마침내 좋은 곳에 가셨다면 유가족들에게도 큰 공덕이 된다는 것을 알아야 합니다.

죽어가는 분에게 침착하고 고요하게 죽음을 알려 드리십시오. 곧 떠나야 한다는 사실, 당신에겐 얼마간의 시간이 남아 있다는 사실을 말입니다.

죽어가는 사람의 손을 자주 만지고 잡아 주세요. 단지 손으로 어루만져 주고 눈을 들여다보고 부드럽게 메시지를 전하고 팔로 받쳐 주기만 해도 환자에겐 커다란 위안이 됩니다.

죽어가는 사람에게 당신이 지금 원하는 것이 무엇인지 자주 물어보아야 합니다. 그리고 그의 부탁이나 소망을 들어주어야 합니다. 환자가 진정으로 원하는 것을 솔직하게 토로할 수 있도록 해 줘야 합니다.

죽기 직전에 죽어가는 사람의 마음을 고요하게 유지시켜 주는 것은 절대적으로 중요합니다.

임종하는 사람의 먼 여행을 위해 남아 있는 가족이나 친지들은 침묵과 평온함으로 그를 대면해야 합니다.

내 앞에서 죽어가는 사람이 본래 착한 사람이라는 것, 내 앞에서 죽어가는 사람이 열심히 살아온 사람이라는 것, 내 앞에서 죽어가는 사람이 죽어 좋은 곳에 태어나리라는 것을 당사자에게 말해 줘야 합니다.

죽어가는 사람이 싫어하거나 미워했던 사람은 당사자 앞에 모습을 보이지 않도록 해야 합니다. 죽어가는 사람의 마음에 분노나 증오심이 일어날 수 있기 때문입니다. 다만, 죽어가는 사람이 그를 용서했거나 그에게 용서를 받았을 때는 당사자의 동의를 구한 후 만나도록 해도 될 것입니다.

숨이 끊어지면 3일간은 시신을 만지거나 이동하거나 수의를 입히거나 시신 옆에서 울거나 큰 소리로 대화하지 않습니다.

모든 사람은 평온하고 고요하게 죽을 권리가 있습니다. 하지만 이 권리는 그동안 철저하고 비참하게 무시당해 왔습니다.

죽음을 잘 맞이하도록 돕는 것보다 더 거룩한 선(善)은 존재하지 않습니다. 임종을 앞둔 환자는 가능한 한 집에 모셔야 합니다. 이것이 최선입니다. 만약 집에 모실 수 없다면, 조용하고 평온한 병실에 모셔야 합니다. 그리고 병실 벽이나 천장 등에 성화(聖畵)를 내걸어서 환자가 늘 바라볼 수 있도록 해야 합니다.

혼수상태에 빠져 있거나 죽어가는 환자는 우리가 아는 것보다 주변 상황에 대해 더 많이 의식하고 있다는 것을 알아야 합니다.

임종 직전에 있는 사람에게는 긍정적인 말, 희망에 찬 말, 걱정을 덜어주는 말, 칭찬해 주는 말 등을 해 줘야 합니다.

임종을 앞둔 사람을 씻기거나 속옷 등을 갈아입힐 때는 당사자가 부끄러움을 느끼지 않도록 최대한 배려해야 합니다. 당사자가 가장 편안하게 여기는 사람이 씻겨 주어야 하며 천장의 불빛도 가능한 한 어둡게 해 놓은 상태에서 씻기거나 속옷 등을 갈아입혀야 합니다.

죽음까지 알아야 진짜 인생이다 _____

죽어가는 사람의 마음을 위로하고 걱정을 덜어 주는 글을 써서 환자의 귀에 가까이 대고 조용히 읽어 드리거나 아니면 환자의 눈동자가 늘 머무는 곳에 큰 글씨로 써서 붙여놓는 것도 좋은 방법입니다.

환자가 갑자기 피를 흘리거나 숨을 급하게 쉬더라도 당황하거나 소리를 지르지 말고 침착하게 대해야 합니다. 피를 닦아 내려고 하지 마세요. 옷을 갈아입히려고도 하지 마세요. 그냥 그대로 두고 환자에게 집중하세요.

환자가 숨을 거두더라도 굳이 수의(壽衣)를 빨리 갈아입히려고 하지 마세요. 우리는 수의에 대한 고정관념이 있는데, 수의를 반드시 입혀야 한다는 것과 수의는 가능한 한 비싼 것으로 해야 한다는 것이 그것입니다. 그럴 필요 없습니다. 환자가 평소 좋아했던 옷을 준비하여 깨끗이 세탁한 후 환자에게 옷을 보여주면서 "돌아가시면 이 옷을 입혀 드릴게요."라고 여러 번 말하세요.

임종을 목전에 둔 사람이 여자분인 경우, 여자분들은 숨을 거둔 후 누군가가 자신의 알몸을 염(殮)하는 것에 대해 대단히 수치스럽게 생각합니다. 따라서 몸 상태가 비교적 깨끗하다면 목욕을 시키거나 염해 드릴 필요는 없다고 생각합니다. 이 점을 당사자에게 말씀해 두시면 좋을 듯합니다.

올바른 보살핌만 받는다면 환자 가운데 98%는 평온하게 죽음을 맞이할 수 있다고 합니다.

죽음

　당신이 마침내 죽었습니다. 여기 당신의 시신이 놓여 있습니다. 당신의 가족을 빼고는 그 누구도 당신의 시신을 보려 하지 않습니다. 흉하기 때문입니다.

　사람은 죽는 원인도 천차만별이고 죽을 때 겪는 고통도 사람마다 차이가 납니다.

　어떤 분은 차를 몰고 가다가 뒤차에 받혀 차가 전봇대를 들이받고는 찌그러졌습니다. 그런데 그 순간 차에 화마(火魔)가 일어 결국 차에 타고 있던 세 사람이 모두 불에 타 죽고 말았습니다. 차에 갇혀 빠져나갈 수 없는 상태에서 뜨거운 불에 타 죽을 때까지 겪어야 했을 그 고통은 얼마나 심했을까요? 그 사람들은 왜 그토록 잔인하게 죽임을 당해야 했던 것일까요?

　어떤 사람은 지상 10층에서 일하다가 추락하여 뼈와 내장이 다 부서지고 터진 채로 병원에 실려 와 심한 고통을 겪다가 숨을 거두는가 하면, 또 어떤 사람은 다른 사람의 칼에 서른 군데를 잔혹하게 찔린 채 죽습니다.

　또 누구는 돌보는 사람 하나 없이 고독사를 당해서 시체가 완전히 썩을 때까지 집안에 방치되는가 하면, 또 누구는 교통사고를 당해 머

죽음까지 알아야 진짜 인생이다

리가 잘리거나 허리가 잘리는 사고를 겪기도 합니다.

살아 있을 때 당신은 존엄한 존재였을지 모르지만, 죽고 나면 한낱 고깃덩어리에 불과합니다. 시신은 딱딱하게 굳고 차갑습니다. 게다가 몹시 무겁습니다. 얼굴은 일그러져 있습니다. 시간이 지나면 시신이 부패하기 시작하는데, 그 시취(尸臭)는 그 어떤 동물의 사체 냄새보다 역겹다고 합니다.

게다가 죽은 원인이 의심스럽거나 알 수 없는 경우, 즉 변사(變死)일 경우에는 유가족의 반대에도 불구하고 부검을 당해야 하는 비참한 처지가 되어 버립니다. 병원에서 투병 생활을 하다가 숨을 거두면 그 즉시 곧바로 냉동 영안실에 안치되거나 알몸인 채로 화학 약품이 담긴 욕조에 담깁니다. 이때 망자(亡者)는 참을 수 없는 고통을 당하면서 울부짖게 되는데, 유가족들은 이 사실을 전혀 알지 못합니다.

거의 모든 사람이 죽음을 두려워합니다. 죽음이 두려운 이유는 무엇일까요?

삶에 대해 강하게 집착하기 때문에 죽음이 두려운 것입니다.

죽은 다음에 어디로 가는지 모르기 때문에 죽음이 두려운 것입니다.

인생을 제대로 살아 보지 않았기 때문에 죽음이 두려운 것입니다.

선행보다는 악행을 훨씬 더 많이 지었기 때문에 죽음이 두려운 것입니다.

살면서 죽음에 대해 고민해 본 적이 없기 때문에 죽음이 두려운 것입니다.

학벌이 좋거나 권세가 높거나 재산이 많기 때문에 죽음이 두려운 것입니다.

정말 확실한 사실은, 지식이 많거나 재산이 많거나 권세가 높거나 명예가 드높은 사람은 죽음을 쉽게 받아들이지 못하거나 죽음을 극도로 두려워하거나 죽는 그 순간까지도 주변에 있는 가족이나 간호사들을 힘들게 한다는 점입니다. 고로, 살아생전에 온갖 부귀영화를 누렸던 사람들은 죽을 때 편안한 죽음, 고귀한 죽음을 맞이할 가능성이 적다고 하겠습니다.

죽음에는 몇 가지 특징이 있다고 하였습니다.

1) 누구나 반드시 죽는다.
2) 죽는 데에는 순서가 없다.
3) 저승에 아무것도 가져가지 못한다.
4) 누구도 내 죽음을 대신하지 못한다.
5) 죽음을 미리 경험해 볼 수 없다.
6) 숨을 거둘 때 자기가 살아생전에 했던 말과 행위가 영상으로 빠르게 지나간다.

법적으로 죽음이란 맥박이 멈춘 것을 말합니다. 즉, 심장이 영구적으로 정지한 것입니다. 따라서 호흡 정지나 뇌사(腦死), 식물인간 등은 죽은 것이 아닙니다.

불교에서는 죽음을 ① 수명, ② 체온, ③ 식(識)이 완전히 소멸한 것

죽음까지 알아야 진짜 인생이다

이라 정의합니다. 따라서 심장이 멎고 체온이 식어도 식(識)이 아직 떠나지 않았으면 죽음에 이르지 않은 것입니다. 이것은 대단히 중요한 것입니다. 여기서 말하는 식(識)은 인간의 제8식(識)인 '아뢰야식(阿賴耶識)'을 말합니다.

식(識)은 보통 심장이 멎은 후 8시간이 지나면 떠납니다. 그러므로 심장이 멎었어도 최소 8시간 전에는 시신을 이동시키거나 옷을 갈아입히거나 목욕을 시키거나 만지거나 망자 옆에서 슬피 울거나 나쁜 얘기 등을 말하면 망자가 참을 수 없는 고통을 느끼거나 슬픔을 느끼게 됩니다. 이 점은 몹시 중요합니다.

동양에서는 예로부터 오복(五福)을 중요하게 여겨 왔습니다. 오복을 표로 정리해 보았습니다.

오복	의미
수(壽)	- 오래 사는 것
부(富)	- 재산이 많은 것
강녕(康寧)	- 건강하여 마음 편히 사는 것
유호덕(攸好德)	- 음덕(陰德)을 쌓길 좋아하는 것
고종명(考終命)	- 비명횡사나 고통 없이 집에서 평안하게 죽는 것

이들 중 오복의 정점(頂點)은 고종명(考終命)입니다. 왜냐하면 사람이 일평생 고통스럽게 살았더라도 좋게 죽으면 좋은 곳에 태어날 수 있기 때문입니다.

수(壽)·부(富)·강녕(康寧). 이 셋은 사실 복을 까먹는 것입니다. 오직 유호덕(攸好德)만이 복을 쌓는 경우에 속합니다. 게다가 사람이 수(壽)·부(富)·강녕(康寧)을 많이 누리게 되면 반드시 교만해지고 이기적이며 어리석은 사람으로 변하게 됩니다.

어떻게 하면 고종명을 할 수 있을까요? 유호덕(攸好德)이 답입니다.

살아생전에 남에게 베풀기를 좋아하고 남을 이롭게 하기를 즐겨 하면 됩니다. 다만, 이러한 선행은 오직 하늘만 알도록 해야 그 공덕이 효과가 있습니다. 이것이 바로 음덕(陰德)입니다.

좋은 죽음과 나쁜 죽음을 알기 쉽게 표로 만들어 보았습니다.

좋은 죽음	나쁜 죽음
질병 없이 편안히 눈을 감는 것	고통 속에 허덕이다가 죽는 것
죽을 날짜를 알거나 어느 정도 예상한 죽음	전혀 예상치 못한 갑작스러운 죽음
가족들의 사랑과 위로를 받으며 죽는 것	가족들의 무관심·냉대·원망 속에 죽는 것
지은 죄를 참회하거나 화해한 후 죽는 것	죄를 참회하지도, 용서받지도 못하고 죽는 것
죽은 후 유가족이 망자를 위해 망자 이름으로 선행을 베푸는 것	사람들이 망자를 욕하거나 손가락질하는 것
사람들이 망자의 죽음을 가슴 아파하는 것	죽자마자 곧바로 냉동 영안실에 망자의 시신을 안치하는 것
죽은 후 망자의 몸을 절대 건드리지 않는 것	임종 시 또는 죽은 후 바로 망자의 시신을 만지거나 이동시키거나 수의를 입히는 것
유가족이 망자를 위해 기도나 염불을 해 주는 것	망자가 임종 시 화를 내거나 누군가를 원망하거나 무언가에 강하게 집착하는 것
유가족이 장례식 동안 살생하지 않는 것	유가족이 장례식 동안 조문객을 위한다고 고기를 대접하거나 산 짐승을 죽이는 것

죽음까지 알아야 진짜 인생이다

성서에서는 잔칫집에 가는 것보다 초상집에 가는 것이 더 낫다고 말합니다. 초상집에 가면 배우는 것이 많기 때문입니다.

요즘 명상(冥想) 바람이 불고 있습니다만, 가장 좋은 명상은 자기의 죽음을 조용히 떠올리는 것입니다. 임종 직전에 있는 자신의 모습을 상상하거나, 막 숨을 거둔 직후의 모습 또는 죽은 후 내 시신이 썩고 있는 모습 등을 상상하는 것입니다.

불교 수행법 중에 '염사(念死)'라는 수행법이 있습니다. 이는 늘 죽을 준비를 하는 것을 말합니다. 또 늘 자기가 죽었다고 여기는 것입니다. 자기가 죽었다고 느낀다면 욕심을 부릴 일도 없고 화를 낼 일도 없을 겁니다. 우리네 인생은 꿈과 같고 꼭두각시와 같고 물거품과 같고 물속의 달그림자와 같고 거울 속의 영상과 같아서 언제 어디에서 어느 때 죽음이 닥쳐올지 짐작할 수 없음을 마음으로 늘 생각하는 것입니다.

어리석은 사람은 벽에 '성공'이라는 글자를 써 놓지만, 지혜로운 사람은 벽에 '죽음'이라는 글자를 써 놓는다고 합니다. 우리는 늘 죽음을 떠올려야 합니다.

당신이 숨을 거두면 당신 자녀들은 하루 내지 이틀 정도만 슬퍼할 겁니다. 그리고 자녀들은 당신의 죽음보다 당신이 남길 재산에 관심이 더 큽니다. 당신이 빨리 죽어주기만을 기다리고 있을지도 모릅니다. 그리고 당신이 죽으면 당신은 일주일도 못 가서 잊혀져 버리고 맙니다. 자녀를 그렇게 키운 당신의 잘못입니다. 당신한테서 올바른 교육을 받아본 적이 없기 때문이니 자녀를 탓할 일이 아닙니다.

당신이 유언을 통해 대학교나 연구 기관, 사찰, 교회, 구호 단체 등에 거액을 기부하고 싶어도 당신의 자녀들은 따라주지 않을 겁니다.

당신이 남긴 유언장의 허점을 찾아내어 무효로 만들거나 아니면 유언장을 날조할 수도 있습니다. 그도 아니면 유언장을 없애 버리거나 아니면 유언을 남기기도 전에 당신을 위험한 상태에 빠뜨릴지도 모릅니다.

당신이 유언을 통해 시신을 염(殮)하지 말 것을 부탁해도 자식들은 세간의 눈을 의식하여 당신의 시신을 염할 겁니다.

당신이 유언을 통해 간소한 장례식을 부탁해도 당신의 자녀들은 상조 회사에 연락하고 조문객들을 대거 부르며 화환을 수십 개씩 도열해 놓는 등 호화로운 장례식을 치를 겁니다.

당신이 집에서 임종을 맞이하게 해 달라고 애원해도, 당신이 연명치료 대신 존엄사를 원해도, 당신이 매장이 아니라 화장(火葬)해 줄 것을 호소해도, 당신이 만약 식물인간이나 뇌사 상태에 빠지면 장기 이식을 하여 눈이나 간, 콩팥 등을 다른 사람에게 이식해 줄 것을 10년 전부터 자식들에게 알렸어도 당신의 자녀들은 아마 따라주지 않을 겁니다.

이처럼 당신이 유언을 통해 가족들에게 간곡히 당신의 뜻을 전해도 그 뜻대로 이루어질 가능성은 10%밖에 되지 않습니다.

사람이 죽은 후 망자가 좋은 곳에 갔는지를 어느 정도 알 수 있다고 불경은 말합니다.

죽기 전에 의식이 비교적 뚜렷하고 지난 일들을 뉘우치면서 정리를 하거나, 죽은 후의 얼굴 모습이 온화하고 자비스러우면 다시 인간으로 태어날 가능성이 매우 큽니다.

품행이 단정하고 정직하되 남에게 지는 것을 싫어하고 성깔이 대단한 사람은 죽어서 아수라가 될 가능성이 매우 높습니다.

죽어갈 때 뉘우치기는커녕 분노를 쏟아낸다면 축생으로 태어날 가능성이 높고, 살아생전에 악한 짓을 많이 한 탓에 벌벌 떨면서 두려워하는 모습을 보이고 죽은 후에 얼굴 모습이 흉하게 일그러진다면 지옥에 떨어질 가능성이 높습니다.

불경에 이런 말씀이 있습니다.

"정수리는 성인에, 눈은 천상에 생겨나고, 사람은 심장에, 아귀는 배에 모여드네. 축생은 무릎을 통해 떠나가고 지옥은 발바닥으로 빠져나가네."

이 말씀의 뜻은 이렇습니다.

사람이 죽은 후 좋은 곳에 나게 되면 시신의 열기가 아래로부터 위로 올라갑니다. 반대로, 나쁜 곳에 떨어지게 되면 열기가 위로부터 아래로 내려갑니다.

온몸이 다 식은 뒤 마지막 열기가 정수리에만 있으면 극락세계에 태어났다는 뜻이고, 눈(眼)에 열기가 모이면 천상에 생겨났다는 뜻입니다.

열기가 심장에 마지막으로 모이면 인간 세계(人道)에 환생했다는 증거이고, 배(腹)에 열기가 모이면 아귀가 된 것이며 열기가 무릎에만 있으면 축생(畜生)으로 태어난 것이고 열기가 발바닥에만 있으면 지옥에 떨어진 겁니다.

하지만 모든 사람이 이러한 현상을 보이는 것은 아닙니다. 어떤 사람은 숨이 끊어진 후 이러한 모습을 보이지 않습니다. 그러니 시신을 만지고 뒤집으면서 이런 징후를 확인해 보려고 하지는 마십시오.

환자가 사망한 지 8시간이 지난 후에 시신의 관절이 굳어져서 옷을 입히는 일 등이 곤란하다면, 시신을 따뜻한 물로 씻기고 천을 뜨거운 물에 담갔다가 짠 후 어깨나 팔꿈치, 무릎 등에 덮으면 오래지 않아 부드럽게 움직여집니다.

추락, 폭행, 화재 등의 사고로 죽은 사람들 그리고 교통사고로 인한 즉사와 같이 갑작스러운 죽음을 맞이한 사람들은 유가족의 도움을 특별히 더 필요로 합니다. 그러니 이런 경우에 유가족들은 죽은 사람을 위해 최소 1년간은 정성을 다해 기도하고 선행을 베풀어야 합니다.

사람은 죽어 보아야 어떤 사람인지 압니다. 죽은 후에 좋은 곳으로 가야 선종(善終)이라 할 수 있습니다.

사람이 숨이 끊어져 죽게 되면 다음과 같은 사실 중의 한둘을 어렴풋이나마 깨닫게 된다고 합니다.

1) 이 우주는 촘촘하게 연결되어 있다.
2) 착하게 사는 것이 최고의 인생이다.
3) 성인들이 하신 말씀은 터럭만큼도 틀리지 않다.
4) 영혼은 반드시 존재한다.
5) 임종 때의 힘은 평상시의 힘보다 수백 배 강하다.
6) 이 세상에는 집착할 만한 것이 하나도 없다.

또 죽음을 앞둔 사람들은 다음과 같은 것들이 떠올라 괴롭다고 말합니다.

죽음까지 알아야 진짜 인생이다

1) 살면서 일부러 또는 무심코 죽인 수많은 생명들

2) 남에게 깊은 상처를 준 잔인하고도 험악한 말들

3) 세상을 향해 쏟아낸 원망과 저주의 불평들

4) 이 지구를 더럽히고 오염시킨 소소한 행위들

5) 가족들에게 좀 더 따뜻하게 대해 주지 못했던 과거

중국의 문인 소동파(蘇東坡)는 이렇게 말했습니다.

"벼슬에 대한 마음이 강하면 제때 집으로 돌아갈 수 없으며, 생(生)에 대한 뜻이 강하면 죽을 때 죽지 못한다."

자살

우리나라는 하루에 평균 40명이 자살하는 자살 대국입니다. 2018년을 기준으로 13년째 세계 1위를 기록 중입니다. 특히 65세 이상 노인들의 자살 비율이 전체 자살자 수의 30%를 차지합니다.

우리나라는 자살과 음주에 유독 관대한 나라입니다. 유명인이 자살하면 언론에서 상세하게 자살 소식을 전하고, 더 나아가 자살을 미화(美化)하기까지 합니다. 하지만 자살은 몹시 나쁜 행위이며 죽음 뒤의 예후(豫後)도 몹시 안 좋습니다.

자살을 시도했다가 숨이 끊어지기 직전에 다행히 목숨을 건진 사람들은 하나같이 "자살만큼은 하지 말아야겠다."라고 말합니다. 그리고 자살을 시도하여 죽음에 이르는 사람들은 하나같이 '도대체 내가 지금 무슨 짓을 한 거야! 제발 누군가가 나를 살려만 주세요. 살려만 주시면 다시는 자살 같은 건 생각조차 하지 않을게요!'라고 생각하면서 후회한다고 합니다.

자살을 행하는 사람들은 극심한 우울증, 억울함, 분노, 외로움, 죄책감, 절망, 번민, 복수심, 수치심 등 부정적인 감정으로 자살을 합니다. 이러한 나쁜 감정들은 죽은 후 망자를 엄청난 고통과 돌이킬 수 없는 후회 속으로 밀어 넣습니다.

죽음까지 알아야 진짜 인생이다

자살한 영혼들은 오랜 기간 동안 윤회하지 못하고 저승을 고통스럽게 헤매고 다니면서 울부짖습니다. 그러면서 자살을 택한 자신을 원망하고 살아있는 사람들을 한없이 부러워하는데, 그 누구 하나 그들에게 도움의 손길을 주지 않습니다.

　그렇게 고통과 두려움 속에 많은 세월을 보내다가 인연이 무르익으면 다시 윤회 속으로 빠지는데, 다시 인간의 몸으로 태어나기가 어렵고 설사 인간의 몸을 받는다고 하더라도 비참한 곳에서 태어나 평생 극심한 고통을 당하면서 살아야 하는 운명이 됩니다.

　한 나라를 책임지는 대통령의 목숨은 그 한 사람의 것만이 아닙니다. 대통령의 목숨은 온 국민의 것입니다. 이 말은 이해하기 쉽습니다. 마찬가지로 내 목숨은 내 것이 아닙니다. 내 목숨은 나를 낳아주신 부모님과 조상님의 것이기도 합니다. 더 나아가 내 목숨은 곧 우주의 생명입니다. 그리고 내 생명은 불성(佛性) 또는 신성(神性)을 갖고 있기 때문에 자살해서는 안 됩니다.

　불교에서는 이 육신을 하찮은 것, 골치 아픈 것이라 하면서도 한편으로는 이 육신 안에 법신(法身)이 있다고 말합니다. 그래서 불교에서는 자살을 무거운 범죄로 취급합니다. 즉, 자살을 부처님이나 보살 또는 나한(羅漢)을 죽인 것과 동일시합니다.

　자살은 자기를 낳아준 부모를 가장 절망케 하는 행위이면서 가장 나쁜 불효이기도 합니다. 게다가 자살한 영혼은 저승에서 오랜 세월 떠돌아다니면서 온갖 고통을 당합니다. 컴컴한 어둠 속에서 고통을 호소하면서 울부짖어도 누구 하나 도움을 주지 않습니다. 오랫동안 고통을 당하다가 때가 무르익으면 다시 윤회합니다. 윤회를 하더라도 좋은 세상엔 나지 못합니다. 부모에게 큰 불효를 저질렀고 그의 유가족들에게도 역시 많은 고통을 남겼기에 자살자에게 좋은 일이 일어날 리 없습니다. 그러므로 어떤 이유에서라도 자살만은 하지 말아야 하며, 또 남이 자살하지 못하도록 막아야 합니다.

기독교가 지배했던 중세 유럽에서는 자살은 육체와 영혼을 모두 죽이는 '이중 살인'으로 여겨졌으며 신성 모독에 버금가는 무거운 죄악이었습니다. 영국은 자살자의 재산을 몰수했고 기독교식 매장도 금지했습니다. 유럽 곳곳에서 자살자의 시체를 거리에 끌고 다니거나 재판에 회부해 교수형에 처하고 다시 죽였습니다. 자살자에 대한 응징은 유족들에게 멸시와 굴욕감을 안겨 주었습니다.

이에 반하여 우리나라에서는 자살한 사람을 불쌍히 여기는 관습이 강하게 남아 있습니다.

성인의 말씀들을 보도록 하겠습니다.

"불경에서는 사람이 아무런 까닭 없이 자기 신체를 훼손하거나 자기 몸에 칼을 대면, 그것은 부처님 몸에 피를 내는 것과 마찬가지이므로 보살계를 범한 것이 된다고 말합니다. 모든 사람은 부처님의 몸입니다. 어느 날 도를 깨달으면 곧바로 육신불(肉身佛)이 되기 때문입니다. 따라서 함부로 자기 몸을 망가뜨려서는 안 됩니다."

"당신의 몸을 아끼는 것이 곧 부모에게 효순(孝順) 하는 것입니다. 왜냐하면 부모는 자녀에게 병통(病痛)이 있는 것을 보면 고통스럽기 때문입니다. 만약 함부로 자기의 육체에서 피를 내게 한다면, 부처님 몸에 피를 내게 하는 것과 같은 중죄를 범한 것이나 다름없습니다. 몸에 대해서 조그만 상처를 입히는 것은 대승의 살생계를 범한 것이나 마찬가지입니다."

"불경은 자살해서는 안 된다고 분명히 말합니다. 자살은 범죄입니다. 물론 어느 종교마다 자살을 반대합니다. 자살한 영혼은 염라대왕조차 받아들이지 않는다고 합니다. 왜냐하면 그의 장부상에 올라 있지 않기 때문입니다. 시간이 아직 이르지 않았는데 당신이 탈영병이 되어 버렸으니 안 되는 것입니다. 지하에서도 환영받지 못하고 천상에서도 거두어주지 않습니다. 게다가 인간 세계로도 돌아올 수 없습니다. 그러므로 가련하다고 합니다. 일반 귀신보다도 더 비참하고 떠돌아다니며 의지할 데가 없다고 말합니다."

"자살은 무거운 계율을 범하는 것입니다. 당신의 육체는 고귀한 것으로서 머지않아 성불(成佛)할지도 모르는데, 그런 몸에서 일부러 피가 나오게 하는 것은 무간지옥에 들어가는 죄입니다. 자신의 신체를 잔인하게 해치고 멋대로 자기를 파괴하며 자기 생명을 낭비하는 것은 모두 무거운 계율을 어기는 것입니다."

"사람의 몸을 얻기는 어렵습니다. 이 생명 존재는 쉽지 않은 것입니다. 그러기에 불교에서는 자살을 계율을 범하는 것으로 여기고 자살을 허락하지 않습니다. 자살은 도리어 당신 자신이 죄에다 죄를 더하는 것입니다. 형기(刑期)가 끝나지 않았는데 탈옥하는 것이나 마찬가지

여서 더욱 고통을 당해야 하고 형벌도 가중됩니다. 그러므로 자살은 해탈하는 방법이 아닙니다."

"가끔 생각을 잘못한 사람들이 자살하면서 그렇게 하면 모든 것이 다 끝난다고 여기는데 이렇게 죽었다가는 정말 큰일 납니다. 이 세상이 괴롭다고 자살한다면 49일 후에 다시 태어나면서 더 큰 고통을 받게 됩니다. 고통에 고통을 더하면서 영원히 끝나지 않지요. 정말 무서운 일입니다."

나의 생명은 이 육신에만 있지 않습니다. 나의 생명은 온 허공, 온 우주 법계에 있지 않은 곳이 없습니다. 그런데 범부들은 지견(知見)이 짧아서 이 생명 전체를 보지 못하고 오직 이 몸뚱이만 보고 있습니다.

그리스 철학자 데모크리토스(Democritos)는 이렇게 말했다고 합니다.
"목숨이 붙어 있어야 희망도 있다. 죽고 난 뒤엔 아무것도 바랄 수가 없다."
사람이 육체가 살아 있어야 참회도 하고 선행도 베풀고 남에게 용서도 구하고 신에게 빌 수도 있는 겁니다. 육체가 없으면 참회도 할 수 없고 선행도 쌓을 수 없으며 남에게 용서도 빌 수 없고 신에게 기도도 못합니다. 모든 것이 불가능해집니다.
자살로 현실에서 도피하려는 행위는 영계(靈界)에서 보면 지극히 오만한 범죄에 속한다고 합니다. 자살은 자신의 운명을 순순히 받아들이지 못하는 사람이 짓는 대단히 잘못된 행동입니다. 인생이란 여유

죽음까지 알아야 진짜 인생이다 _____

를 가지고 한 발짝 늦게 또는 저만치 서서 바라볼 줄 아는 법을 알지 못하는 사람들이 택하는 가장 어리석은 짓입니다.

자기 운명에 대한 조급증과 성급함을 버려야 합니다. 난관을 만나게 되면 '내가 전생에 지은 업장을 이 난관이 녹여주는구나' 하고 생각해야 합니다.

마지막으로 "다른 사람을 죽인 자는 이승과 저승에서 큰 벌을 받고, 자기 자신을 죽인 자는 저승에서 큰 벌을 받는다."라는 말씀을 꼭 기억하시기 바랍니다.

엉터리 장례 문화

우리나라의 장례식장에는 오직 천박함만 보입니다. 경건함이나 엄숙함은 찾아보기 어렵습니다. 상주(喪主)를 비롯한 유가족은 허둥대느라 바쁘고, 조문객들은 우왕좌왕하면서 상주에게 눈도장 찍기에 바쁩니다. 이 틈을 타고 상조 업체나 병원 관계자들은 온갖 상술을 부려가며 돈을 챙기기에 여념이 없습니다.

장례식장에 가면 가장 먼저 눈에 띄는 것이 일회용 용기입니다. 일회용 용기에 밥과 반찬을 담아 조문객들을 대접하는데, 이것은 어느 나라 예법입니까?

비싼 화환을 장례식장 앞에 도열해 놓고 체면을 세웁니다. 화환이 몇 개가 놓여 있느냐로 망자와 상주의 위세를 가늠합니다. 화환이 만약 1~2개밖에 없으면 상주나 유가족들은 자기 돈을 주고 가짜 화환을 세워놓습니다.

병원 관계자들은 수의(壽衣)나 납골함, 관(棺) 등을 터무니없이 비싸게 팔아 막대한 돈을 챙기고, 화장터에서 일하는 사람들 중 일부는 망자의 수의는 물론 망자의 금니까지 훔쳐 가는 만행을 저지릅니다. 화환 업자들은 한 번 사용한 화환을 재사용하고 상조 업체 직원들은 술에 취한 남자 손님들 옆에서 부지런히 상조 가입을 권합니다.

죽음까지 알아야 진짜 인생이다 _____

오직 편리함만 극대화된 채 누구도 여기에 대해 문제를 제기하지 않습니다.

다음은 우리나라의 장례 문화의 천박한 모습들입니다.

1) 장례식장이 경건하고 엄숙하지 않음
2) 임종 환자 앞에서 슬피 우는 풍토
3) 망자보다는 유가족들에 치중된 장례 문화
4) 망자가 이 세상에 대한 집착을 더 가지도록 조장하는 환경
5) 집이 아닌 병원에서 죽음을 맞이하는 풍토
6) 숨을 거두면 시신을 곧바로 냉동 영안실에 안치해 버리는 관습
7) 망자를 기억하거나 기리지 않는 문화
8) 망자 이름으로 선행(善行)을 하지 않는 유가족들
9) 장례식 때 조문객들을 위한다며 동물을 잡아 대접하는 행위
10) 상속 재산을 두고 싸우는 행위
11) 망자를 비난하거나 욕하는 행위
12) 사망하자마자 유가족들이 술이나 음악, 성관계, 육식 등을 즐기는 것
13) 사망하자마자 시신을 만지거나 이동시키거나 옷을 갈아입히는 행위
14) 망자 앞에서 험악한 말, 섭섭한 말, 걱정하는 말 등을 하는 것
15) 장례를 사치스럽게 지내는 것
16) 임종을 목전에 두고 있음에도 고가의 의료 장비를 동원하여 연명 치료를 하는 것

17) 죽어가는 사람 앞에서 시끄럽게 떠들어대는 것

18) 장례식을 어떤 종교 의식으로 치를 것인지를 놓고 싸우는 것

19) 과거에 섭섭하게 했던 일들을 꺼내는 것

20) 망자의 옷이나 책 등 유품들을 기증하지 않고 태우거나 버리는 것

"아! 얼마나 많은 부모가 자식들 때문에 악도(惡道)에 떨어졌는가. 천하에 이것보다 억울한 일이 어디에 더 있는가."

어느 선인(先人)께서 이 세상에서 행해지는 장례식을 보시고 홀로 탄식하시면서 하신 말씀입니다. 악도(惡道)란 지옥·아귀·축생을 말하니, 많은 부모가 천상 세계나 인간계에 다시 태어날 수 있었음에도 임종 시 또는 장례식 때 자식들의 무지 또는 불효 때문에 악도에 태어나 많은 고통을 당하게 되었다는 뜻입니다.

현재 우리나라의 장례식장의 모습은 어떠합니까?

빈소에서 조문객들에게 제공되는 음식이나 상차림을 보면 극도의 편리주의와 지독한 상업성에 찌들어 있습니다. 온통 일회용 플라스틱 용기들뿐이고 유가족이 집에서 만든 음식을 제공하고 싶어도 불가능합니다. 망자를 위한 수의(壽衣)나 관(棺) 등은 가짜가 많고 업자가 폭리를 취하는 것들이 부지기수입니다. 심지어 망자의 수의를 몰래 바꿔치기하는 경우도 있습니다.

재사용되는 조화(弔花)들, 유가족의 체면을 위해 빈소 입구에 도열해 있는 많은 수의 근조화환들, 상조 회사와 장례식장 간의 추한 싸움들, 자주 울려대는 핸드폰 벨소리들, 등산복 차림으로 빈소에 오는 사람

들, 빈소에서 과음한 후 주사를 일삼는 사람들, 상주(喪主)에게 돈을 요구하는 사람들, 잔칫집인 듯 웃고 떠드는 사람들, 조문객이 있는데도 부조금을 세는 유가족들, 핸드폰을 들여다보고 있는 상주(喪主)들, 돌아가신 분이 누군지는 관심 없고 유족에게 눈도장 찍기에만 집중하는 사람들, 빈소에서 음식 투정하는 사람들, 빈소에서 폭식하는 사람들….

일찍이 성인께서 말씀하셨습니다.

"임종의 순간이 인생에서 가장 중요한 관건이오. 세상의 어리석은 사람들은 부모나 친족들의 임종 때 정신없이 비통하게 울고 불며 우선 당장 시신을 씻기고 옷을 갈아입히는 일부터 하기 시작합니다. 단지 세상 사람들한테 좋게 보이고 싶은 체면만 생각했지, 돌아가신 분께 얼마나 큰 해악을 끼치는지는 전혀 고려하지 않는 것이오."

그렇다면 올바른 장례는 어떤 것일까요?

첫째, 임종이 가까워지면 환자를 집으로 모시는 것이 가장 좋습니다. 만약 병원을 떠날 수 없는 상황이라면 병실은 가급적 1인실로 하십시오. 단 며칠만이라도 말입니다. 그러나 사정이 여의치 않다면 가능한 한 조용하고 쾌적한 병실을 택하십시오.

둘째, 임종 직전에 있는 분의 시선이 늘 머무는 곳에 불화(佛畵)나 불상(佛像) 등을 걸어두십시오. 기독교를 믿는 분이시라면 예수님을 그린 성화(聖畵)를 걸어두십시오.

셋째, 조문객은 적을수록 좋고 빈소(殯所)는 조용할수록 좋습니다.

경건하고 엄숙한 분위기에서 망자가 편안하게 떠나실 수 있도록 해 드려야 합니다.

넷째, 행여 임종 직전에 있는 분이 화를 내거나 섭섭해하거나 두려움을 품지 않도록 유가족들이 세심하게 보살펴 드려야 합니다.

다섯째, 임종 직전에 있는 분에게 염불을 계속 들려드려야 합니다. 그리고 숨이 완전히 끊어진 후에도 최소 8시간 동안은 계속 염불을 해 드려야 합니다. 염불을 계속하기가 힘들면 염불 테이프를 틀어놓거나 아니면 조념염불단(助念念佛團)에 연락해서 와달라고 부탁해야 합니다. 망자가 기독교인이었다면 성서 말씀을 계속 읽어 드리십시오.

여섯째, 가족이나 친족들은 운명하실 분 앞에서 낮은 목소리로 말하고 느긋하면서도 침착하게 행동해야 합니다. 시끄럽게 떠들거나 슬피 울거나 슬픈 기색을 보이거나 몸을 만지거나 섭섭한 말을 늘어놓거나 지나간 과거의 얘기들을 절대 끄집어내지 말아야 합니다.

일곱째, 임종자의 의식이 완전히 떠나가기 전에 옷을 갈아입히거나 시신을 목욕시키거나 통곡하면 망자(亡者)에게 큰 장애가 됩니다. 이것이 가장 중요합니다.

여덟째, 마침내 환자의 숨이 멎었다면 이때 가장 중요한 것은 급히 시신을 옮겨서는 안 된다는 점입니다. 비록 시신이 대소변이나 피 등에 의해 더러워졌다 하더라도 곧바로 씻겨서는 안 됩니다. 최소한 8시간이 지난 다음에 목욕을 시키고 옷을 갈아입혀야 합니다. 사람들은 모두 이 점에 주의하지 않으나 이는 대단히 중요한 일입니다. 환자가 숨을 거둔 후 염불을 마쳤더라도 방문을 잠가두어서 다른 사람이 방에 들어와 망자의 신체를 만지는 것을 단단히 방지해야 하고, 반드시

죽음까지 알아야 진짜 인생이다

8시간이 지난 후에 목욕을 시키거나 옷을 갈아입혀야 합니다. 숨이 멎은 후 8시간 안에 환자의 신체를 옮기거나 만지면 망자는 비록 말은 못 하나 극심한 고통을 느낍니다.

아홉째, 장례를 치를 때는 육식을 삼가야 합니다. 동물이나 물고기를 잡아 조문객들에게 대접하는 행위는 망자를 나쁜 곳에서 태어나게 하는 악행(惡行)입니다. 그리고 장례 음식을 만들 때도 마늘·양파·파·달래 등 오신채(五辛菜)를 넣지 않는 것이 좋습니다.

열째, 장례를 사치스럽게 치르거나 많은 사람을 빈소에 초대하는 것은 올바른 행동이 아닙니다.

열하나째, 망자는 비록 숨이 끊어졌지만, 신통력이 있기 때문에 유가족들이나 조문객들이 하는 말이나 행동을 다 보고 듣습니다. 그러니 염불을 하거나 성서 말씀을 읽는 것 외에는 입을 열지 않는 것이 좋습니다.

열두째, 행(行)이 청정하고 계율을 잘 지키신 스님이나 목사님이 빈소에서 염불이나 성서 봉독을 하면 망자에게 큰 도움이 됩니다. 오직 청정하신 분만 모셔야 합니다.

열셋째, 장례식을 치른 후에도 가족들은 최소 한 달간은 음주·가무나 부부관계를 삼가는 것이 좋습니다. 그리고 살아있는 생명을 죽이거나 화를 내거나 남과 싸우거나 남을 괴롭히는 일, 사음(邪淫) 등과 같은 부정한 일 등은 하지 말아야 합니다. 대신 망자의 이름으로 음덕(陰德)을 많이 쌓으십시오. 망자가 소유했던 깨끗한 옷이나 책들을 불태우지 말고 자선 단체에 기부한다든지, 돈을 망자 이름으로 기부한다든지, 방생(放生)을 한다든지, 불경이나 성서·『명심보감』·『공과격

(功過格)』・『석시현문(昔時賢文)』 등의 양서(良書)를 해당 출판사에 연락하여 1,000권이나 5,000권 정도 출간해서 사람들에게 무료로 나누어준다든지 하십시오. 그리하면 그 공덕의 일부가 망자에게로 가게 됩니다.

특히 죽음의 위기에 처한 물고기나 새, 뱀, 개 등을 구해서 살려주는 방생은 그 공덕이 매우 크기 때문에 방생을 많이 하시는 것이 망자에겐 가장 큰 도움이 됩니다. 방생은 살려주는 동물의 수가 많을수록 좋고, 그 동물의 몸이 클수록 좋습니다. 따라서 물고기를 방생해 주는 것보다는 새나 개, 돼지 등을 살려주는 것이 더 낫습니다.

열넷째, 망자가 자살했거나, 비명횡사했거나, 객사하여 시신을 찾지 못했거나, 치매를 앓다가 돌아가셨거나, 식물인간 또는 뇌사 상태로 있다가 돌아가셨거나, 먼 외국 땅에서 돌아가셨거나 등 그 어떤 경우든 유가족들이 망자를 위해 염불을 해 드리거나 성서를 읽어 드리거나 음덕을 쌓게 되면 망자에게 큰 도움이 되는데, 망자가 살아생전에 악행을 많이 지었더라도 가족들의 음덕 덕분에 최소한 삼악도(지옥·아귀·축생을 말함)는 면할 수 있습니다.

열다섯째, 다만, 망자가 의심이 많거나 무척 교만한 성격이거나 고집이 세거나 악업을 많이 지은 사람인 경우에는 가족들이 망자를 위해 음덕을 지어 드려도 삼악도에 태어나는 것을 면하기 어렵습니다.

열여섯째, 유가족들이 망자를 위해 하는 염불이나 성서 봉독 또는 음덕은 오직 정성과 진실이 있어야만 망자에게 도움이 됩니다. 장례식 때만 해 드릴 것이 아니라 최소 1년간 지속해서 망자를 위해 기도하고 염불하고 음덕을 쌓아야 합니다. 이것이 바로 진정한 효(孝)입니다.

망자(亡者)

사람이 죽어갈 때 청각 기능은 최후에 상실됩니다. 고로 죽어가는 사람 앞에서 또는 숨을 거둔 후에도 유가족들은 말을 조심해서 해야 합니다.

임종 직전에 있는 사람 또는 망자 앞에서 유가족들은 다음의 사항을 조심해야 합니다.

1) 가족들이 서로 티격태격하는 것
2) 가족들이 화를 내는 것
3) 가족들이 슬피 우는 것
4) 환자나 망자를 걱정케 하는 말을 하는 것
5) 환자나 망자가 이 세상에 집착을 버리지 못하게끔 하는 것
6) 환자가 원하는 대로 해 주지 않는 것
7) 망자의 몸이 더럽다고 목욕을 자주 시키는 것

사람이 죽으면 불교에서는 '중음신(中陰神)'이라 부릅니다. 중음신이란 죽은 후 다음 몸을 받기 전까지의 몸을 말합니다. 중음신은 산 사람과 달리 다섯 가지 신통(神通)이 있습니다. 신족통(神足通: 멀리 갈 수

있는 신통력)·**천안통**(天眼通: 멀리 있는 것을 볼 수 있는 신통력)·**천이통**(天耳通: 다른 사람이 내는 소리를 들을 수 있는 신통력)·**타심통**(他心通: 다른 사람의 생각이나 마음을 알아내는 신통력)이 그것입니다. 따라서 중음신에게 산하(山河)와 장벽, 시간과 공간은 장애가 되지 않습니다. 이런 물리 세계는 중음신에게 조금도 장애가 되지 않습니다. 그 빠르기는 빛의 속도보다도 더 빠릅니다. 우리는 그것을 염속(念速)이라 부르는데, 정말 빠릅니다.

중음신은 몸뚱이는 없어도 모든 것을 볼 수 있고, 모든 소리를 들을 수 있으며, 어느 곳이든 갈 수 있습니다. 사람이 죽은 후 중음신으로 변하면 공간적인 장애가 없습니다. 자기의 친척이나 애인이 미국에 있더라도 생각만 하면 즉시 그들 곁으로 갈 수 있습니다. 그리고 미국 친구에게 자신이 이미 죽었으니 괴로워하지 말라고 말하지만, 상대방은 듣지 못합니다. 중음신은 살아있는 사람이 하는 말은 다 알아들을 수 있습니다. 중음신은 당신이 무슨 일을 하든지 수시로 와서 봅니다. 중음신은 마치 살아있는 것 같아 자신이 몸도 있고 볼 수도, 들을 수도 있다고 느낍니다. 외국에서 친구가 그를 위하여 울면 다 듣습니다. 그리고 중음신은 살아 있는 사람의 행위에 감응할 줄 아는 능력이 있습니다. 우리는 중음신이 말하는 것을 전혀 들을 수 없지만, 중음신은 우리의 말과 생각 등을 완전히 알아듣고 보고 느낄 수 있습니다.

완전한 사망(아뢰야식이 우리 몸에서 완전히 빠져나간 것을 완전한 사망이라 합니다)에서 중음신으로 깨어나기까지는 대개 10시간이 걸립니다. 중음신으로 깨어나는 것은 마치 우리가 잠에서 깨어나는 것과 비슷합니다. 중음신은 보통 7일마다 한 번씩 변화하면서 의식을 잃었다가 깨어

죽음까지 알아야 진짜 인생이다

나는데, 여기서 말하는 7일은 인간 세상에서 말하는 틀에 박힌 7일이 아닙니다. 사람마다 업력(業力)이 다르기에 누구는 아주 잠깐 중음신으로 머물다가 다음 몸을 받지만, 누구는 좀 더 오래 머물다가 윤회 속으로 들어갑니다.

중음(中陰)이 생겨나면 눈앞에서 영화를 상영하듯이 일생의 모든 행위가 좋은 것이든 나쁜 것이든 선한 것이든 악한 것이든 모두 기억나는데, 그 속도가 대단히 빠릅니다. TV 채널 화면이 바뀌는 것보다 훨씬 더 빠릅니다. 당신이 평생 무의식 속에 억눌러 놓았던 일, 남을 속인 일, 미안한 일, 떳떳한 일, 남을 억울하게 했던 일 등이 모두 나타나면서 선악의 과보가 모두 나타납니다. 그뿐만 아니라 전생 내지 수많은 전생의 일들도 모두 나타납니다.

중음신으로 있다가 다시 윤회 속으로 빠질 때의 상황은 이렇습니다.

태풍이 불고 번개가 치며 큰 비가 내려 몸이 젖고, 또 무서워 빨리 달아나려다가 가까이 있는 초가집 한 채를 보거나 산속의 동굴을 하나 보고는 중음신이 얼른 그 안으로 들어가 피한다면 여자의 태(胎: 자궁)에 든 것입니다. 이때 이 사람은 가난한 집에 태어납니다.

중음신이 어떤 곳에 들어갔는데, 바람이 따뜻하고 해는 빛나며 건축물들도 아주 좋습니다. 그래서 거기에 들어간다면 여자의 태(胎)에 들어간 것입니다. 이 경우는 부귀한 집에 태어날 운명입니다.

입태(入胎)할 때 어떤 중음신은 온통 운무(雲霧)가 출현하는 경우도 있고, 많은 사람이 시끄럽게 떠드는 소리를 듣기도 합니다.

어떤 여인의 배란기가 되면, 그녀의 신변에는 각지에서 몰려와서 태에 들어가기를 기다리는 중음신들이 있습니다.

중음신은 성적인 욕망이 있는데, 한 쌍의 남녀가 성관계를 맺는 것을 보고 이 남녀가 자기와 인연이 있으면 곧바로 빨려 들어가게 되어 그 결과로 그 여자는 임신을 하게 됩니다. 중음신이 다가가면 남녀는 보이지 않고 남녀의 성기가 움직이고 있는 것만 보입니다. 중음신이 만약 여자 쪽을 좋아하게 되면 남아(男兒)로 변하며, 남자 쪽을 좋아하게 되면 여아(女兒)로 변하게 됩니다. 이러한 도리를 심리학자였던 프로이트(Sigmund Freud)는 알았습니다.

어떤 태아들은 엄마의 태 속에서 죽습니다. 그의 업보가 태중(胎中)에서 죽기로 되어 있기 때문입니다. 어떤 태아는 태중에서 죽어버림으로써 다시는 인간계에 오지 않습니다. 이런 경우 태아는 앞으로 계속 천상계에 태어나게 되는데, 그중 일부는 천상계에도 태어나지 않고 아예 삼계(三界: 욕계·색계·무색계의 33천을 뜻함)를 완전히 벗어나는 경우도 있습니다. 삼계를 벗어나면 다시는 윤회하지 않습니다. 이는 아라한(阿羅漢)의 경지로서 아라한의 경지에 오르면 오백생(生)까지 자기와 남의 전생을 볼 수 있게 되는 등 수많은 신통력이 생깁니다. 하지만 아라한은 소승(小乘)의 성자(聖者)로서 한계가 많습니다. 대승(大乘)으로 마음을 전환하여야 비로소 부처가 될 수 있는 희망이 생깁니다. 공성(空性)을 보거나 견혹(見惑)과 사혹(思惑)을 완전히 끊으면 윤회에서 벗어나게 되는데, 삼계를 벗어나면 자기의 뜻대로 여러 세계에 자재(自在)하게 몸을 나타낼 수 있는 능력이 있습니다.

어떤 태아는 태어나자마자 죽어버립니다. 그로써 부모와의 인연이 완전히 끝나 버리기도 합니다. 아무튼 불경은 수없이 사람 몸을 받기가 정말 어렵다고 설합니다. 우리는 사람으로 태어나는 것이 뭐가 어려울까 하지만 완전한 깨달음을 얻은 존재이자 완벽한 대지혜를 갖춘 성인께서는 그렇게 말씀하시니 마음에 새겨듣고 늘 감사한 마음으로 살아야 합니다.

유가족들은 임종 직전에 있는 사람에게 낮고 명료(明瞭)한 목소리로 다음과 같이 말씀하십시오.

"아빠, 이젠 편히 쉬셔도 돼요. 지금까지 잘해 오셨어요. 아빠를 영원히 사랑해요. 그리고 한없이 감사드려요."

"○○○ 님(또는 여보, 또는 아빠, 또는 엄마 등), 죽은 뒤에 윤회하는 것은 매우 괴로운 일입니다. 그러니 극락에 왕생하기를 발원하시면서 저와 함께 아미타불을 부르세요. 그리하면 반드시 부처님의 영접을 받아 극락에 왕생하실 것입니다."

"○○○ 님, 부처님을 떠올려 보세요. 저 벽에 걸려 있는 불화 속의 부처님을 계속 떠올리세요. 그게 힘들다면 속으로 부처님 이름을 불러보세요. 이때 만약 어떤 것이 보이더라도 철저히 무시하세요. 좋은 집이 나타나든 황홀한 대궐이 나타나든 무서운 귀신이 나타나든 돌아가신 어머니가 나타나든 절대 상대하지 마세요. 만약 상대하면 곧바로 속아 넘어가 다른 생명의 몸을 받게 되니까요. 오직 부처님 모습이나 부처님 이름만 생각하세요."

"○○○ 님, 이 세상에 미련을 갖지 마세요. 얼른 떠나세요. 그리고 부처님 이름을 부르세요. '나무아미타불…. 나무아미타불…. 나무아미타불….' 이렇게요. 들으셨지요? 우리랑 같이 염불해요. 부처님의 광명이 보이거든 따라가세요. 다른 것들은 절대 상대하지 마세요."

"○○○ 님, ○○○ 님은 지난 30대 시절에 집안을 일으켜보겠다고 남들이 기피하는 직업을 택하셔서 많은 고생을 하신 것을 저희는 기억합니다. 자식들만큼은 나중에 고생을 안 시키겠다고 하시면서 무던히도 힘든 일을 이겨내셨습니다. 어려운 사람들을 보면 불쌍히 여기셨고, 늘 국가를 챙기셨으며 가난하고 소외된 사람들을 많이 도와주지 못하는 것을 안타까워하셨습니다. ○○○ 님은 많은 덕을 쌓으셨으니 목숨을 마치면 반드시 천국(극락)에 태어나실 겁니다."

"○○○ 님, ○○○ 님은 고귀하게 태어나신 분입니다. 살아생전에 남에게 베풀기를 좋아하셨고, 또 착하게 살아오신 분이라는 것을 저희는 잘 압니다. 누구나 한 번은 죽음을 맞이하게 됩니다. 죽음은 이 방에서 나가 저 방으로 들어가는 것과 같습니다. 또 죽음은 이 옷을 벗고 다른 옷을 입는 것과도 같습니다. 죽음은 끝이 아니고 새로운 시작입니다. 그러니 불안해하지 마세요. ○○○ 님께서는 누구보다도 선하게 사셨으니 분명 좋은 천국(극락)에 태어나실 것입니다. 그러니 아무 걱정하지 마시고 일체를 편안히 받아들이십시오. 저희들도 죽으면

죽음까지 알아야 진짜 인생이다

○○○ 님 계신 곳으로 가겠습니다."

"○○○ 님, 그동안 얼마나 많은 고생을 하셨습니까. 자식들을 위해
온갖 수고를 마다하지 않으셨고, 열심히 앞만 보고 살아오시느라 정
작 당신의 몸은 돌보지 않으셨습니다. ○○○ 님께서 겪으신 고통과
수고는 저희가 잘 알고 있습니다. 돌아가신 후에도 저희가 ○○○ 님
을 위해 좋은 일, 복이 되는 일을 많이 할 것입니다. 늘 잊지 않고 기도
하겠습니다. 그러니 아무 염려 마시고 편안한 마음으로 가시길 빕니
다. 저희를 잘 키워 주시고 잘 돌봐주셔서 깊이 감사드립니다. 저희는
○○○ 님께서 베풀어 주신 사랑과 은혜를 영원히 잊지 않겠습니다.
사랑합니다. ○○○ 님."

"○○○ 님, 마음속으로 부처님을 떠올리세요. 눈앞에 무서운 것이
보이든 황홀한 것이 보이든 슬픈 것이 보이든 절대 상대하지 마세요.
무서운 귀신이든 염라대왕이든 천신(天神)이든 신경 쓰지 마세요. 만
약 상대하게 되면 새로운 몸을 받아 태어나게 됩니다. 오직 마음속으
로 부처님 이름을 부르세요. 그것이 안 되시면 부처님 모습을 떠올려
보세요. 그러면 반드시 극락에 왕생하실 수 있습니다."

"○○○ 님, 남은 문제들은 저희가 잘 해결할 테니 안심하시고 떠나
십시오. 자녀들은 저희들이 잘 부양하고 도울 테니 아무 걱정 마시고
극락에 왕생하십시오."

"○○○ 님, 그 사람도 지금 많은 후회를 하고 있을 것입니다. ○○○ 님께서는 곧 극락에 왕생할 분이시니, 그 사람을 너그러이 용서하여 주십시오."

"내가 여기에 당신과 함께 있습니다. 나는 당신을 사랑합니다. 당신은 죽어가고 있지만, 그것은 아주 자연스러운 일입니다. 누구에게나 죽음이 찾아옵니다. 당신이 나와 함께 이 세상에 계속 머물기를 바라지만 이제 더 이상 당신을 괴롭히지 않겠습니다. 우리가 함께 보냈던 시간은 충분합니다. 나는 그 시간을 언제까지나 소중히 마음에 담아두렵니다. 이제 삶에 더 이상 애착을 두지 마십시오. 이제 떠날 시간이 다가옵니다. 내 마음 깊은 곳에서 당신이 떠나도 된다고 허락하겠습니다. 지금 그리고 언제까지나 당신은 혼자가 아닙니다. 당신은 내 사랑의 전부입니다."

"당신이 없으면 나는 무척 힘이 들 겁니다. 하지만 당신이 고통 속에서 신음하는 것을 더 이상 볼 수가 없습니다. 그러기에 당신을 떠나보내는 편이 옳다는 생각이 듭니다. 편안한 마음으로 가세요. 당신은 분명 좋은 곳으로 가실 겁니다. 제가 계속 당신을 위해 기도하겠습니다. 저를 믿으세요."

위의 글들은 제가 심혈을 기울여 작성한 것이니 마음에 드시는 글을 골라 임종이 임박한 분에게 낮고 차분한 어조로 자주 들려드리십시오.

망자를 위해 유가족이 해야 할 일을 다시 정리해 보겠습니다.

1) 임종을 앞에 둔 사람 앞에서 말과 행동을 극도로 조심합니다.

2) 임종을 앞에 둔 사람의 시선이 늘 머무는 곳에 성화(聖畵)나 불화
(佛畵)를 걸어둡니다.

3) 임종을 앞에 둔 사람의 손이나 발 등을 부드럽고 조심스럽게 만
져주고 좋은 이야기를 자주 들려줍니다.

4) 임종을 앞에 둔 사람이 기독교인이라면 찬송가를 불러주거나 성
서의 한 구절을 읽어주거나 가족들이 모여 기도를 하는 모습을
보여 줍니다. 임종을 앞에 둔 사람이 부처님을 믿는 사람이라면
오직 염불 소리를 들려줍니다. 이 외에 독경이나 진언 등 다른 수
행은 절대 하지 않습니다.

5) 가족들은 파·양파·부추·달래 등의 오신채(五辛菜)나 강한 냄새를
풍기는 자극적인 음식, 고기 등을 먹고 환자와 이야기를 나누거
나 환자 근처에 가는 일이 없도록 합니다.

6) 임종을 앞에 둔 사람의 몸을 만지거나 이동시키지 않습니다.

7) 숨이 끊어지면 최소 8시간 내에는 망자의 몸을 절대 만져서는 안
됩니다. 3일간 만지지 않는다면 가장 좋습니다.

8) 임종은 가장 민감하고 가장 급박하고 가장 위험한 순간입니다.
사소한 실수나 작은 분노가 파괴적인 결과를 초래할 수 있습니
다. 임종 순간을 어떻게 보내느냐에 따라 망자의 영혼이 승화하
느냐 아니면 타락하느냐로 갈리고, 임종 때 가졌던 마음 상태에
따라 망자의 영혼이 삼악도(三惡道)로 가느냐 아니면 삼선도(三善

道)로 가느냐 아니면 이들을 뛰어넘어 극락의 세계로 가느냐로 갈리게 되니 말입니다.

9) 유가족은 망자의 이름으로 끊임없이 음덕을 쌓거나 선행을 해야 합니다.

10) 장례식이 끝난 후 유가족은 최소 한 달 동안 음주·가무나 성행위, 육식을 하지 않습니다.

11) 망자를 위해 산 사람이 지극한 정성과 공경을 담아 기도를 하거나 망자를 위해 음덕을 베푼다면 그 기도나 음덕은 강력하고도 뛰어난 힘을 발휘하여, 그 즉시 망자에게 그 효과가 전달됩니다.

12) 사고사(事故死) 또는 갑자기 죽은 사람들은 절박하게 도움을 필요로 합니다. 유가족이 지극한 마음으로 망자를 위해 좋은 일을 많이 해야 합니다.

13) 망자가 자살한 사람이더라도 유가족이 그를 위해 염불을 해 주면 망자는 극락에 왕생할 수 있습니다.

14) 망자와 아주 멀리 떨어진 곳에서 망자를 위해 염불을 해 주면 역시 망자는 극락에 왕생할 수 있습니다.

15) 치매를 앓고 있다가 돌아가신 분, 식물인간이나 뇌사 상태로 있다가 돌아가신 분이라 할지라도 유가족이 염불을 해 주면 망자는 극락에 왕생할 수 있습니다.

16) 죽어가는 사람이 입으로나 마음속으로 염불을 할 수 있도록 해 주세요. 아니면 염불 소리를 듣도록 해 주세요. 이것이야말로 죽어가는 사람에게 해 줄 수 있는 최고의 유일한 방편입니다. 명심하십시오.

죽음까지 알아야 진짜 인생이다 _____

효도

효(孝)는 동양에서 가장 중요시된 가치이자 덕목이었습니다. 한 나라의 군주라 할지라도 부모 앞에서는 무릎을 꿇고 머리를 숙여야 했으며, 아무리 충성스럽고 능력 있는 신하라 하더라도 부모에게 불효하는 신하에게는 벼슬을 주지 않았습니다.

그렇다면 진정한 효란 무엇일까요? 물질로써 부모를 두텁게 봉양하거나 출세하여 부모의 이름을 널리 알리는 것은 효도에 들어갈까요? 이러한 것들은 작은 효도에 불과합니다. 우선, 유교 경전에 나오는 효에 관한 말씀들을 인용해 보겠습니다.

"오늘날의 효는 부모에게 의식주를 해결해 드리는 것을 말한다. 그런데 집에서 기르는 개와 말에게도 의식주는 해 줄 수 있다. 공경하는 마음이 없다면 (짐승을 먹여 살리는 것과) 무엇이 다르겠는가(『논어』)."

"효도는 바른 태도가 어렵다. 일이 있을 때 자제들이 그 수고를 맡고, 술이나 음식이 있을 때 어른들이 먼저 드시도록 한다고 해서, 이런 것만으로 효라 할 수 있겠는가(『논어』)."

"사람의 몸은 부모에게서 받은 것이니 감히 이것을 손상하지 않는 것이 효도의 시작이다(『효경』)."

"효자가 부모를 살아 계실 때는 공경을 다하고, 봉양할 때는 즐거움을 다하고, 병환 중일 때는 근심을 다하고, 상(喪)을 당했을 때는 슬픔을 다하고, 제사 때는 엄숙함을 다한다. 이 다섯 가지를 다 갖춘 후에야 비로소 부모를 잘 섬겼다고 한다(『효경』)."

"효라고 하는 것은 선조(先祖)의 뜻을 잘 계승하고, 선조의 사업을 잘 잇는 것이다(『중용』)."

맹자께서 말씀하셨습니다.

"세상에서 말하는 불효에 다섯 가지가 있다. 몸을 게을리하여 부모를 봉양하지 않는 것이 첫 번째 불효요, 장기나 바둑을 두고 술 마시는 것을 좋아하여 부모를 봉양하지 않는 것이 두 번째 불효요, 재물을 좋아하고 처자식한테는 은밀히 잘해 주면서 부모는 봉양하지 않는 것이 세 번째 불효요, 눈과 귀의 욕망을 따르느라 부모를 욕되게 하는 것이 네 번째 불효요, 만용(蠻勇: 함부로 날뛰는 용기)을 부려 남과 싸우기를 좋아하여 부모를 위험에 빠뜨리는 것이 다섯 번째 불효다."

부처님께서 말씀하셨습니다.

"가령 어떤 사람이 왼쪽 어깨에는 아버지를 모시고 오른쪽 어깨에는 어머니를 모시고, 피부가 닳아 뼈가 드러나고 뼈가 닳아 골수에까지 이른 몸으로 수미산을 백천 겁(劫) 동안 돌아도 부모님의 깊은 은혜는 오히려 갚지 못한다."

조선 시대의 고승인 진묵(震默) 대사께서 말씀하셨습니다.

"뱃속에서 열 달 동안 품어주신 그 은혜를 어떻게 갚사오며, 슬하에서 삼 년 동안 길러주신 그 은혜는 결코 잊을 수 없나이다. 만 년(萬年)

에 만 년을 더 사신다고 하셔도 자식의 마음에는 오히려 부족하거늘, 인생 백 년이라고들 하는데 백 년도 다 채우지 못하셨으니 어머니의 수명은 어찌 그리 짧으십니까.”

이율곡 선생이 말했습니다.

“천하의 모든 물(物) 중에서 나의 몸보다 귀한 것이 없다. 그런데 이 몸을 부모님이 주셨다. 천하에 있는 모든 물(物)을 다 준다고 해도 나의 몸과는 바꿀 수 없는 것이다[天下之物 莫貴於吾身 而吾身乃父母之所遺也 而擧天下之物 無以易此身矣].”

성서에서 말합니다.

“네 부모를 공경하라. 그리하면 너희 하나님 나 여호와가 네게 준 땅에서 네가 오래 살리라.”

예로부터 “충신은 효자 가문에서 구하라[求忠臣於孝子之門].”라고 하였습니다.

공자께서 말씀하셨습니다.

“제 부모를 사랑하는 자는 감히 남을 미워하지 못하고 제 부모를 공경하는 자는 감히 남을 업신여기지 못한다.”

어느 고승께서 말씀하셨습니다.

“효를 천하에까지 확대하여 천하 사람을 사랑하는 것이 대효(大孝)다.”

소효(小孝)는 부모에게 하는 효도이지만, 대효(大孝)는 중생에게 효도하는 것입니다.

성현께서 말씀하셨습니다.

"무릇 효가 덕의 근본이다. 모든 가르침이 여기에서 시작된다[夫孝德之本也 敎之所由生]."

어릴 때는 행동으로써 효도하고, 젊을 때는 말로써 부모를 기쁘게 하며, 장년이 되면 태도와 표정으로 부모를 편안케 합니다.

성현의 말씀들을 계속 보도록 하겠습니다.

"세간(世間)의 효도에는 세 가지가 있고, 출세간(出世間)의 효도는 오직 한 가지뿐입니다. 세간의 효도는, 첫째는 뜻을 맞추고 좋은 의복과 맛있는 음식으로 부모님을 봉양하는 것입니다. 둘째는 과거 시험에 합격해 벼슬에 나아가며, 아울러 국가에서 주는 녹봉(祿俸)으로 부모님을 영화롭게 해 드리는 것입니다.

셋째는 덕을 닦고 힘써 행하여 성현이 되는 것으로 부모님의 명성까지도 널리 드러나게 해 드리는 것입니다. 따라서 이 세 가지가 곧 소위 세간의 효도라고 하는 것입니다.

반면 출세간의 효도는 부모님께 권하여 계율을 지키고 일심으로 염불하여 극락에 태어나도록 해 드리는 것이니, 자식이 부모님의 은혜에 보답하는 길로 이보다 더 큰 효도는 없는 것입니다."

"부모님이 살아 계실 때는 지성으로 봉양하고, 혹시 세상을 떠난 후에는 부모의 영혼을 잘 봉안하여 왕생극락을 발원할 것이며, 설령 네 부모가 아니더라도 병약한 노인을 자기 부모같이 보호하고 봉양하여라. 너희가 너의 부모를 봉양하면 삼보천룡이 항상 보호하여 줄 것이고, 너희가 만일 부모에게 불효한다면 선신(善神)이 너에게 재앙을 내

죽음까지 알아야 진짜 인생이다

릴 것이며, 네가 늙어 병약할 때 너도 반드시 버림을 받을 것이다."

"효자가 어버이를 섬기는 길이 셋이 있는데, 살아계실 때 봉양하고, 죽으면 상을 치르고, 상이 끝나면 제사를 모시는 것이다. 봉양할 때는 그 뜻을 얼마나 잘 받드느냐가 문제이고, 상을 당해서는 얼마나 슬퍼하느냐가 문제이며, 제사 때는 얼마나 경건하고 또 때맞춰 모시느냐가 문제인데, 이 세 가지를 다 극진히 하는 것이 효자의 행실이다."

"자식이 되어 부지런히 일해서 부모를 봉양하여 안심(安心)하게 하는 것, 이것을 곧 효도라 하고, 입신출세하여 조상님들의 이름을 드날리는 것, 이것을 곧 대효(大孝)라 한다면, 염불을 권하여 정토에 나게 하는 것, 이것은 곧 대효 중의 대효라 할 것이다."

"처자식과 화합하지 못하고, 친족과 화목하지 못하며, 동네 사람들과 어울리지 못하니 효가 아니다. 가난하고 천한 사람이나 홀아비와 과부를 멸시하고 모욕하는 것도 효가 아니다. 옳지 않은 재물을 함부로 가지는 것도 효가 아니다. 아무 이유 없이 초목을 함부로 베는 일, 아무 이유 없이 닭이나 개를 함부로 죽이는 것도 효가 아니다. 술과 음식을 탐내며 즐기는 것도 효가 아니고, 경솔하게 남을 때리는 것도 효가 아니다. 몹시 화가 나서 함부로 욕을 하는 것도 효가 아니다."

다음의 표로 효도와 불효의 등급을 제 나름대로 정리해 보았습니다.

효	내용
상 (上)	- 부모님을 극락(또는 천당)에 태어나시도록 해 드리는 것 - 나라에 기여하는 큰 인물이 되는 것 - 부모님을 올바른 길로 인도하는 것 - 부모님이 돌아가신 후 부모님의 이름으로 선을 쌓는 것
중 (中)	- 부모님을 공경하는 것 - 부모님의 마음을 편안하게 해 드리는 것 - 형제들끼리 화목하게 지내는 것 - 정성과 공경을 다해 부모님 장례를 치르는 것 - 병환이 든 부모님을 잘 간호해 드리는 것 - 부모님의 뜻을 잘 받드는 것
하 (下)	- 의식주를 풍족하게 마련해 드리는 것 - 입신양명하는 것 - 자주 찾아뵙거나 자주 연락을 드리는 것

불효	내용
상 (上)	- 살아있는 동물을 죽여 부모님 생신·장례·제사를 지내는 것 - 악행을 지어 부모를 욕되게 하는 것 - 많은 사람으로부터 손가락질받는 사람이 되는 것 - 천추만대에 더러운 이름을 남기는 것 - 부모님을 학대·유기하는 것 - 부모님을 죽음으로 내모는 것 - 임종을 앞둔 부모 앞에서 싸우거나 모진 말을 하거나 우는 것 - 자신의 신체를 일부러 손상시키는 것(자살 포함)
중 (中)	- 부모님의 장례식을 화려하게 치르는 것 - 부모님의 마음을 상하게 하는 말을 하는 것 - 형제들과 원수처럼 지내는 것 - 부모님을 공경하지 않는 것 - 부모님 장례 기간 동안 음주·가무·부부관계·오입질·악행을 범하는 것 - 도박, 교도소(경찰서) 등과 친한 것 - 직업을 갖지 않고 노는 것
하 (下)	- 부모님의 가르침이나 유지(遺志)를 거역하는 것 - 부모님의 마음을 불안하게 만드는 것 - 부모님에게 육식을 대접하거나 권하는 것 - 부모님의 선행을 막거나 방해하는 것

죽음까지 알아야 진짜 인생이다

부모와 자식의 인연

불경에서는 부모와 자식 사이에 네 가지 인연이 있다고 말합니다.

첫째는 '은혜를 갚는(報恩)' 인연입니다. 전생에 부모에게 입은 은혜를 갚고자 자식으로 태어나는 경우입니다. 이런 경우 자식은 부모가 기뻐하도록 극진히 봉양하고, 사후엔 장례와 제사를 정성껏 모십니다. 늘 부모의 마음을 편안케 해 드리고 부모의 뜻을 거역하지 않습니다. 나아가 국가와 사회에 이바지하고 많은 사람들에게 덕을 베풀어 본인은 물론 부모의 이름까지 빛냅니다. 역사 속의 수많은 명신(名臣), 대신(大臣), 충신(忠臣), 대학자(大學者), 청백리(淸白吏), 효자·효부 그리고 왕으로부터 시호(諡號)를 받거나 문묘(文廟) 또는 종묘(宗廟)에 배향된 인물들, 한 집안을 일으켜 세우는 중흥조(重興祖), 덕(德)으로 집안의 이름을 빛내는 사람, 널리 존경받는 사람, 사람들로부터 칭송을 듣는 사람 등이 이런 예에 속합니다.

둘째는 '원한을 갚는(報怨)' 인연입니다. 전생에 부모에 의해 원한을 입은 사람이 그 원한을 갚기 위해 자식으로 태어나는 경우입니다.
부모에게 패륜을 거리낌 없이 저지르는 자식, 부모를 잔인하게 토막

내어 죽이는 자식, 부모를 감금·학대하고 끝내는 굶어 죽게 하는 자식, 어렸을 적에는 말을 잘 듣던 아이가 성년이 된 후 돌변하여 부모에게 욕설을 퍼붓고 때리면서 학대하는 자식, 부모에게 화를 잘 내는 자식, 부모를 늘 불안하게 하는 자식, 자식이 패악을 저질러 부모가 대신 손가락질을 얻어먹게 하는 자식, 멸문지화(滅門之禍)를 일으키는 자식, 자식이 간신(奸臣)·흉신(凶臣)·적신(賊臣)·매국노(賣國奴) 등의 이름을 얻는 경우 등이 이에 해당합니다.

이들은 작게는 부모 뜻을 거스르고 크게는 화(禍)가 부모에게까지 미치게 하며, 살아생전에는 따뜻한 봉양을 올리지 않고 죽은 뒤에는 황천에서도 모욕을 당하게 합니다. 더 심한 경우에는 권세나 요직에 앉은 신분으로 부정부패와 반역의 죄악을 저질러 가문과 친족을 파멸시키고 조상의 무덤까지 파헤쳐지도록 하며, 천하 후세 사람들로 하여금 그 부모에게까지 침을 뱉게 만듭니다. 역사상 반역을 꾀하다 잡힌 사람들, 임금께 불충하여 패가망신한 사람들, 무모한 전쟁을 일으켜 대대손손 손가락질을 받는 사람들, 당쟁을 일으키거나 깨끗한 선비를 모함하여 죽게 만드는 사람들, 부정부패나 패악(悖惡)을 저질러 만대에 이르도록 탐관오리나 매국노(賣國奴)라는 오명을 받는 사람들, 부모를 독약으로 죽이거나 굶겨 죽이는 사람들은 모두 원한을 갚기 위하여 이 세상에 태어나는 사람들입니다.

셋째는 '빚을 갚는(償債)' 인연입니다. 전생에 부모에게 빚을 진 사람이 그 빚을 갚기 위해 자식으로 태어나는 경우입니다. 진 빚이 많으면 평생토록 뼈 빠지게 일해 부모를 받들어 모시지만, 빚이 적으면 잘 봉

죽음까지 알아야 진짜 인생이다 _____

양하다가 더러 중간에 그만두기도 합니다.

TV를 보면 예쁘고 귀여운 아기가 나와 시청자들의 사랑을 독차지하는 경우가 있습니다. 그 부모는 아기 덕분에 TV에도 나오고 돈도 제법 벌어들입니다. 더구나 그 아기가 광고에까지 나오게 되면 큰돈을 거머쥐게 되는데, 이런 경우가 바로 자식이 부모에게 빚을 갚는 경우입니다. 자식이 태어나자마자 집안이 일어나는 경우를 주변에서 드물지 않게 볼 수 있는데, 이 경우도 역시 자식이 부모에게 전생에 진 빚을 갚는 경우입니다.

부모를 극진히 모시지는 않지만, 열심히 노력하여 번 많은 재산으로 부모에게 집을 사 드리거나 진귀한 음식을 대접하거나 해외여행을 시켜 드리거나 비싼 옷을 입혀 드리는 것도 역시 마찬가지입니다.

부모는 자식을 잘 둔 덕분에 평생 호의호식하면서 남부럽지 않은 인생을 살아갑니다. 하지만 부모의 마음까지는 돌보지 않습니다. 따라서 부모를 공경하거나 기쁘게 하거나 평생토록 부모를 잘 모시거나 부모가 돌아가신 후 제사를 정성스럽게 모시는 일 등은 하지 않습니다.

자식이 전생에 진 빚을 지금의 부모에게 다 갚으면, 자식이 갑자기 세상을 떠나거나 집을 떠나기도 합니다.

또, 자식이 부모에게 은혜를 베풀기 위해 왔는데 만약에 부모가 낙태를 하게 되면 은혜를 원한으로 갚는 셈이 되어 다음 생에는 원수 사이로 만나게 됩니다.

넷째는 '빚을 되찾는(討債)' 인연입니다. 전생에 부모가 어떤 사람에게 빚을 졌는데 그 빚을 갚지 않은 경우에 빚쟁이가 그 빚을 받아내기 위해 자식으로 태어나는 경우입니다.

어려서 큰 병에 걸려 부모의 재산을 탕진하거나, 자식의 사업 실패로 부모 재산을 거덜 내거나, 많은 돈을 들여 공부시키고 결혼 비용까지 다 대주는 경우가 이에 해당합니다. 자식이 노름에 빠져 막대한 노름빚을 부모로 하여금 갚게 하거나, 자식이 외상으로 술을 마시거나 신용카드를 남용하여 부모로 하여금 상환하게 하거나, 오입질을 하여 몸이 축난 자식의 몸을 부모가 고쳐주느라 돈을 날리는 것 등이 이에 해당합니다.

자식이 장성해서도 계속 부모 집에 얹혀살면서 손을 벌립니다. 이는 전생의 빚을 갚으라는 뜻입니다.

부모가 상속 재산을 죽기 전에 미리 자식에게 주었는데, 자식이 이 돈을 받고는 잠적해 버리거나, 해외로 이민을 가 버리거나, 부모가 자식에게 10억 원을 주는 대가로 자식이 부모를 죽을 때까지 부양할 것을 약속했지만, 자식이 10억 원을 받자마자 돌변하여 그 의무를 다하지 않은 경우 등도 이에 해당합니다.

이런 경우에 부모는 자식을 원망하거나 저주하거나 버려서는 안 됩니다. 그렇게 하게 되면 악업(惡業)을 가중시키는 결과가 되어, 다음 생에 더 비참한 과보를 받게 됩니다.

자식이 속을 썩이면 대부분의 부모는 하늘을 원망하거나 자식을 탓합니다. 자신들의 허물은 여간해서는 생각조차 못 합니다. 자식이 내게 불효를 행하는 것은 내가 지금의 자식을 전생에 괴롭혔기 때문입니다. 또 자식이 내게 불효를 행하는 것은 내가 내 부모에게 불효를 행했기 때문입니다. 그러니 자식을 탓할 이유가 전혀 없습니다.

늙어서 자식으로부터 버림을 받거나 냉대를 당하는 것은 자신의 잘못이지, 자식의 잘못이 아닙니다. 자식은 전생의 빚을 그렇게 해서 받아 내려고 하는 것입니다.

자식이 두려워 결혼하고서도 일부러 자식을 낳지 않는다고 해도 다음 생에 반드시 만나게 됩니다.

성현께서 말씀하셨습니다.

"자식이 과거에 급제하거나 높은 관직에 오르는 것은, 모두 그 조상들이 큰 음덕을 쌓았기 때문이다. 위대한 성현이 태어나는 것도 모두 조상의 음덕에서 비롯된다."

당신은 자식을 위해 음덕을 얼마나 쌓으셨습니까? 자식이 잘되길 바라는 마음으로 남에게 베풀고 남의 허물을 덮어 주고 남의 눈물을 닦아 주셨습니까?

허다한 부모들이 남을 속여서 재산을 늘리고 부정한 편법을 써서 국고(國庫)를 훔쳐 가며 약자들을 무던히도 괴롭히고 남의 가슴에 못질하며 탐욕심과 호승심(好勝心)으로 이익을 취하고 교만함과 인색함으로 남을 대합니다. 그렇게 살면서 자기 자식은 잘되기를 간절히 원합니다. 그리고 본인은 무병장수를 꿈꿉니다. 게다가 부정한 방법 또는 남을 쥐어짜서 번 돈을 가지고 교회나 절에 가서 헌금이나 시주를 합니다.

중국의 어느 고승께서 말씀하셨습니다.

"중국 소설 『수호지(水滸誌)』는 범죄를 사실처럼 생생하게 묘사한 소설로 유명한데, 이 소설을 지은 중국의 시내암(施耐庵)은 벌을 받아 그 후손이 3대에 걸쳐 벙어리가 나왔다."

홍석주(洪奭周)의 『학강산필(鶴岡散筆)』에 나오는 이야기를 소개합니다.

"조선 영조 때의 이조판서 이문원(李文源)의 세 아들이 가평에서 아버지를 뵈러 상경했다. 아버지는 아들들이 말을 타고 온 것을 알고 크게 화를 냈다. '아직 젊은데 고작 100여 리 걷는 것이 싫어 말을 타다니. 힘쓰는 것을 이렇듯 싫어해서야 무슨 일을 하겠느냐?' 아버지는 세 아들에게 즉시 걸어 가평으로 돌아갔다가 이튿날 다시 걸어서 오라고 했다. 그 세 아들 중 한 사람이 이존수(李存秀)다. 조부는 영의정을 지낸 이천보(李天輔)였다. 영의정의 손자요, 현임 이조판서의 아들들이 말을 타고 왔다가 불호령을 받고 걸어갔다가 걸어왔다. 이처럼 엄한 교육을 받고 자란 이존수 또한 후에 벼슬이 좌의정에 이르렀다."

예전의 훌륭한 가문의 법도는 이와 같았습니다.

어느 명문가(名門家)는 남자는 나이 오십이 넘어야 비단옷을 입을 수 있었고, 여자는 밖에 나갈 때만 비단옷을 입을 수 있었습니다.

또 다른 명문가의 어른은 자손들에게 이렇게 훈계했습니다.

"후손들이 벼슬을 하면서 부정부패를 저지르면 고향에 돌아오지 못하게 하고, 이들이 죽더라도 선산에는 묻히지 못하게 하라."

저 같으면 자식들한테 이렇게 가르칠 겁니다.

"이 세상엔 나쁜 짓거리가 허다하다만, 절대로 해서는 안 되는 일이 두 가지 있다. 성현이나 성현의 말씀을 비방하는 일이 하나요, 다른 하나는 음란물(음란 사이트)을 만들거나 유통하는 일이다."

죽음까지 알아야 진짜 인생이다

많은 부모가 술을 많이 마신 후 부부관계를 한 결과로 임신이 되거나, 화를 많이 낸 후 또는 불안이나 슬픔 속에서 성관계를 한 결과로 임신이 되거나, 또는 부모님이나 조상님의 제삿날·부모님의 생신날에 성관계를 하여 임신이 되거나, 부모님이 돌아가신 지 얼마 되지 않아 성관계를 하여 임신이 되거나, 성스러운 날(부처님 오신 날·성탄절·현충일 등)에 성관계를 하여 부실한 아이들이 양산되고 있습니다. 이렇게 태어난 아이는 훗날 몸이 부실하거나 머리가 총명하지 못하여 사리 분별이 어둡거나, 정신적으로 건강하지 못한 사람이 될 가능성이 매우 높습니다. 부모들은 마땅히 참회해야 합니다.

　　오늘날 부유한 집안에서는 자녀들을 '오직 공부밖에 모르는 아이'로 사육(飼育)하고 있습니다. 욕망에 철저히 복종하는 아이들, 우울증·공황장애·불안장애 등을 앓는 초등학교 학생들, 부모의 나쁜 점을 빼다박은 아이들, 가난한 사람과 사회적 약자들을 혐오하는 아이들, 자기 의지대로 친구를 사귀어 본 적이 거의 없는 아이들, 지독한 경쟁과 배타 의식에 숨 막혀 하는 아이들, 스트레스를 풀 길이 없는 아이들, 밖에 나가 몸을 움직이지 않고 실내에 앉아서 공부만 하는 아이들, 육체는 멀쩡하지만 정신은 망가져 버린 아이들, 권력의 속성을 간파해 버린 아이들, 돈의 위력을 알아 버린 아이들, 타인의 아픔에 공감할 줄 모르는 아이들…. 이런 아이들이 훗날 높은 자리에 오르거나 중요한 정책을 결정하는 사람이 되거나 수많은 사람을 거느리는 리더가 된다면 어떨까요? 생각만 해도 끔찍합니다.

옛말에 "남자는 가르치지 않으면 내 집을 망치고, 여자는 가르치지 않으면 남의 집을 망친다."라고 했습니다.

자식이 가난하고 나쁜 운명을 갖고 태어났더라도 부모가 절제하면 자식의 운명이 더 이상 나빠지지 않습니다. 또한 초년에 부모가 하는 바에 따라 악상(惡相)도 좋게 바뀌는 일이 많습니다. 자식에게 있어 부모는 근본입니다. 근본이 바로 서면 자연스럽게 모든 것이 바르게 됩니다. 혹시 아기에게 태어나기 전에 악연이 있다 해도 이것을 푸는 것은 부모의 행동에 달려 있습니다. 나쁜 인연을 푸는 가장 좋은 방법은 부모가 음덕을 쌓는 것입니다. 몰래 다른 사람을 돕는 일을 계속하시길 바랍니다. 또한 스스로 매일 먹는 음식에서 절제하는 것도 중요합니다. 내 입으로 들어가는 얼마 안 되는 음식이지만 매일 절제하면 자손의 나쁜 인연을 풀어 아기의 가난함과 병약함을 극복할 수 있습니다.

마지막으로 대만에서 일어난 사례 하나를 책에 싣습니다. 잘 읽어보시면 인생의 많은 가르침들을 배울 수 있습니다.

대만에 부모님과 아들 내외가 화목하게 사는 집안이 있었다. 이 가정은 대대로 부처님을 독실하게 믿었으며 오랜 기간 육식을 하지 않았다.

가족들은 모두 건강하였고 재산도 넉넉하였으며 집안에는 웃음소리가 끊이질 않았다. 아들 내외가 혼인한 지 2년이 채 안 되어 손자가 태어났는데, 손자가 얼마나 예쁘고 건강한지 주변 사람들이 다 부러워하였다.

아들은 대만 최고 대학인 국립 타이완대학교를 우수한 성적으로 졸업하여 대만에 있던 외국계 회사에 특채로 취업했고, 아내 역시 대만의 명문대학교인 국립 성공대학교(成功大學校)를 졸업한 후 대만 은행에 발탁되어 은행원으로 일하는 재원(才媛)이었다.

그런데 호사다마(好事多魔)라고 했던가. 영원히 행복할 줄만 알았던 그 집안에 불행이 들이닥쳤다. 무탈했던 손자가 갑자기 죽은 것이었다. 병명은 급성 패혈증!

손도 써 보지도 못하고 병원에 입원한 지 3일 만에 갑자기 죽은 손자…. 그 집안은 이제 정상이 아니었다. 식음을 전폐하고 사흘 내내 곡소리가 떠나지 않았으며 다들 실성한 사람들처럼 보였다. 집안 분위기는 사형장처럼 무겁게 가라앉았으며 곧 귀신이라도 나올 듯 황량하고 을씨년스러웠다.

도대체 이 일을 어떻게 이해해야 할 것인가. 부처님을 독실하게 믿어 온 집안에 이런 횡액이 왜 생기는 것인가. 집안사람들은 도저히 이해가 되질 않았다. 그뿐만 아니라 주변 사람들까지도 그들을 이상한 눈초리로 바라보았으며, 일부는 부처님을 비방하면서 불교는 미신이라는 말까지 하곤 했다.

그러던 차에 그 집안의 먼 친척 되시는 분께서 신통한 능력을 갖춘 스님이 계시는데 그 스님에게 한 번 찾아가 보자는 말을 꺼냈다. 그래서 아이의 부모 되는 부부가 날을 잡아 그 스님을 방문하였다.

그 스님은 청정한 비구승으로서 오랫동안 수행을 해 온 탓에 오신통(五神通)을 얻으신 분이었다. 그 스님은 부부 내외가 오리라는 것을 이미 알고 계신 듯하였다.

부부가 스님 앞에서 삼배를 정성스럽게 올리는 동안 그 스님은 얼굴에 미소를 띠고 계셨다. 부부는 앉자마자 그동안의 자초지종을 말씀드리고는 스님의 답변을 기다렸다.

스님은 웃기만 하시더니, "참 잘된 일입니다." 하였다.

"잘 되다니요?"

"당신네 아이가 죽지 않았습니까?"

"스님, 우리 아이가 죽은 것이 잘된 일이란 말씀입니까?"

"그렇습니다."

"어째서입니까?" 남편은 얼굴에 노기를 띠며 스님을 쳐다보았다.

"당신의 아버님은 젊으셨을 때 무슨 일을 하셨습니까?"

"우리 아버지는 장사를 하셨습니다. 처음엔 일이 잘 안 풀려 고생을 좀 하셨지만, 곧 잘 풀려 돈을 많이 버셨습니다. 그게 이 일과 연관이 있습니까?"

"그렇습니다. 아버님으로부터 다른 말씀은 못 들으셨습니까?"

"예. 들은 것이 없습니다. 우리 아버지는 성격이 너그럽고 온순하신 데다 남을 돕는 일에 적극적이셨습니다. 주변 사람들도 다 아버지를 존경하셨고요."

"당신 아버지께서는 젊었을 적에 친구분과 동업을 하셨습니다. 수익이 나면 무조건 절반씩 나누기로 약속하고 말입니다. 사업이 초기에는 잘 안 됐지만, 곧 술술 풀리기 시작했지요. 그러자 버는 돈도 빠르게 늘어만 갔습니다. 웬만한 사람은 만져볼 수도 없는 돈을 단기간 내에 벌었으니까요. 그런데 이때 당신 아버님에게 흑심이 생겼

죽음까지 알아야 진짜 인생이다 _____

습니다. '친구가 없으면 이 많은 돈을 내가 독차지했을 텐데…' 하는 욕심 말입니다. 그래서 결국 친구분을 죽이기로 결심합니다. 아무도 모르게 말이지요. 친구분은 그야말로 철저히 믿었던 친구한테 배신을 당한 셈이지요. 친구분이 죽어갈 때 당신 아버님을 많이 증오하였습니다. 그리고는 '내가 네 손자로 태어나 너한테 복수를 할 것이다.'라는 저주를 가슴에 묻고 절명했습니다. 그 친구분이 바로 당신의 아들로 태어난 것입니다."

"도저히 믿기가 어렵군요. 저희 아버지가 그런 분이라니…"

"집에 돌아가시면 아버님께 물어보시기 바랍니다. 다만, 아버님한테 화를 내시거나 해를 가하거나 증오하시는 일 등은 삼가시기 바랍니다. 이것이 다 인연소생이자 인과응보입니다. 머나먼 전생에까지 눈을 돌려보면 인과(因果)가 아닌 것이 없습니다. 이렇게만 말씀드리지요."

"그런데 궁금합니다. 하필 제 아들이 왜 죽은 것입니까? 잘못은 아버지가 하셨는데 왜 제 아들이 죽은 것입니까?"

"아버님의 친구분은 당신 아들로 태어나 줄곧 복수하기만을 기다리고 있었습니다. 하지만 당신 집안이 부처님을 독실하게 믿고 있었고, 게다가 채식을 하였으며 틈나는 대로 염불을 하였기 때문에 복수할 틈을 얻지 못했던 것이지요. 만약 당신 집안이 부처님을 믿지도 않고 육식을 즐기며 염불도 하지 않았더라면, 당신 아이는 무럭무럭 자라서 나이 열여섯 살이 되었을 때 집안에 큰 풍파를 몰고 왔을 것입니다. 집안에 피바람이 일고 재산을 전부 탕진하며 형제들끼리 서로 죽이고 저주하는 등 큰 사단이 일어났을 겁니다. 다행히 당신 집안의 사람들이 심성이 착하고 남을 도와주는 일에 발 벗고 나섰으며 염불을 많이 했기 때문에 아이가 복수를 포기하고는 죽어버린 것입니다. 이제 그 아이와는 다시는 만날 일이 없을뿐더러 당신들이 그 아이를 위해 진실하게 기도하면 그 아이는 곧 해탈하여 천상에 태어날 것입니다."

"불법이 이토록 불가사의하군요. 정말 믿기 힘든 일이지만, 저는 스님의 말씀을 다 믿겠습니다. 감사합니다."

아들은 집으로 돌아가 아버지께 조용히 지난 과거의 일을 물었으며, 아버지는 스님의 말씀이 한 치도 틀리지 않는다고 말씀하시면서 통한의 눈물을 쏟아내셨다. 아버지도 친구를 죽인 일을 늘 후회하고 있었으며, 늘 죽은 친구를 위해 염불을 해 왔다고 고백하였다.

아들은 아버지의 허물을 덮고는 더 이상 꺼내지 않았다.

옛 현자께서 말씀하셨습니다.

"한 집안에 있어 당장의 성쇠(盛衰)는 그 집에 오는 손님을 보고 알 수 있고, 먼 훗날의 성쇠는 자손을 보면 알 수 있다."

자식을 잘 길러 훌륭한 사람으로 자라나게 한 부모의 공덕은 하늘을 가득 채우고도 오히려 부족합니다. 부모에게 있어 자식을 잘 기르는 것보다 더 중요한 일은 없음을 명심하십시오.

인과(因果)

　'인과(因果)'란 인과응보(因果應報)를 줄인 말로, 선인선과(善因善果)·악인악과(惡因惡果)를 의미합니다. 즉, 착한 원인을 심으면 좋은 열매를 거두고, 악한 원인을 심으면 훗날 나쁜 열매를 맺는다는 뜻입니다. 인(因)은 인연(因緣)을 말하는데, 인(因)은 직접적·일차적(一次的)인 원인을 말하고, 연(緣)은 간접적·보조적·이차적(二次的)인 원인을 말합니다.

　예컨대 씨앗은 인(因)이고, 공기·흙·물·비료 등은 연(緣)입니다. 인(因)이 있어도 연(緣)을 만나지 못하면 아무 일도 발생하지 않습니다. 씨앗을 유리병에 담아두면 싹이 나지 않는 것과 같습니다. 인연(因緣)을 줄여 보통 인(因)이라 합니다. 인(因)이 있으면 반드시 과(果)가 있는데, 그 과(果)를 달리 과보(果報), 업보(業報)라고도 부릅니다. 과보는 당대(當代)에 받기도 하고 후대(後代)에 받기도 하는 등 사람마다 다릅니다.

　세상 모든 일은 자업자득(自業自得)이요, 자작자수(自作自受)입니다. 이것이 인과(因果)입니다. 자기가 짓고 자기가 받습니다. 자기가 만들어낸 인(因)은 오직 본인만 과(果)를 받습니다. 우주의 그 누구도 이 인과(因果)의 그물에서 벗어나지 못합니다. 성인(聖人) 역시 마찬가지입니다.

　조그만 잘못이라도 반드시 인과가 있는 법입니다. 무의식적으로 내뱉은 말에도 반드시 인과가 있습니다. 그러므로 알지도 못하면서 함부로 또는 단정적으로 말해서는 안 됩니다.

  누군가는 말합니다.

  "착한 사람이 고통 속에서 사는 걸 보면, 정의(正義)니, 인과응보(因果應報)니 하는 말들도 다 거짓이다."

  저는 이 질문에 이렇게 답합니다.

  "그 사람의 마음까지 꿰뚫어 보셨습니까?"

  "그 사람의 전생(前生)까지 보셨습니까?"

  어떤 사람의 드러난 행실이 착하다고 하여 그의 마음까지 착한 것은 아닙니다. 게다가 그의 전생까지 들여다보게 되면 그가 왜 지금 불우하게 사는지를 알게 됩니다.

  선(善)을 쌓으면 훗날 반드시 복(福)을 받고, 악(惡)을 지으면 훗날 반드시 벌을 받습니다. 형체가 곧으면 그림자도 곧고 형체가 굽으면 그림자도 반드시 굽게 됩니다. 오이를 심으면 반드시 오이를 얻고, 콩을 심으면 반드시 콩을 수확합니다.

  불경에서는 말합니다.

  "가령 백겁, 천겁이 지나더라도 지은 업은 없어지지 아니하여 인연이 만나는 날 과보를 반드시 받는다."

  또 불교에서는 이런 말씀이 전해 내려옵니다.

  "마시고 먹는 일 하나도 태어나기 전에 정해지지 않은 것이 없다[一飮一啄 莫非前定]."

  우리가 이 세상에 태어나는 일, 태어나는 집안과 부모, 성별, 버릇, 성격, 직업, 수명, 만나는 사람, 배우자, 자식, 겪게 될 불행과 고통, 누

죽음까지 알아야 진짜 인생이다 _____

리게 될 행복과 기쁨 등은 모두 정해져 있다는 겁니다. 그렇다면 불교는 숙명론일까요? 그렇지 않습니다. 불교는 철저하게 운명개척론을 취합니다. 즉, 운명은 얼마든지 개척할 수 있고 바꿀 수 있습니다.

끈질긴 노력과 많은 공덕을 쌓음으로써 얼마든지 운명을 바꿀 수 있는 것입니다. 운명은 '전생의 성적표'를 말하는데, 이 운명은 다음과 같이 이루어져 있습니다.

> ## 운명=상수(常數)+변수(變數)

상수(常數)란 바꿀 수 없는 것을 말하고, 변수(變數)란 바꿀 수 있는 것을 말합니다. 사과 씨앗은 100% 사과나무로 성장하여 사과라는 열매를 맺지만, 사람이라는 존재는 대성인(완전한 깨달음을 얻은 자, 부처)·성인(보살)·현인(연각·성문)·천인(天人: 수명과 복덕이 많음)·아수라[천인의 공(功)은 있으나 천인의 덕(德)은 없는 존재. 싸우기를 좋아함]·사람·축생·아귀·지옥이라는 십법계(十法界)의 씨앗을 모두 갖고 있습니다.

부처나 보살 등의 지위에 도달한 자는 십법계에 자유로이 몸을 나타낼 수 있습니다. 이것을 분신(分身) 또는 응신(應身) 혹은 화신(化身)이라 하는데, 자재(自在)를 얻었다고 말하기도 합니다. 『장자(莊子)』에 나오는 '소요(逍遙)'는 바로 자재를 뜻합니다. 우리가 사는 인간 세계에는 무수히 많은 화신(化身)이 존재하는데, 이 화신들은 큰 깨달음을 얻은 성인들입니다. 우리는 몰라보지만 마음이 청정하거나 수행을 많이 한 수행자들은 이 화신들을 볼 수 있습니다. 성인으로 추앙받는 공자·노자·예수, 살신성인(殺身成仁)하여 존경을 받는 사람들, 청정하고 거룩한 수행자들, 경전을 제대로 정확히 번역하거나 설법하여 많은 사람을 올바른 길로 인도하는 사람들 중에는 성인(聖人)의 화신들이 많습니다. 또한 화신은 병자(病者)나·거지·악인(惡人)·동물 등 갖가지 모습으로 인간세계에 와서 '비밀행(秘密行)'을 하기도 합니다.

자신이 남자(여자)로 태어난 것, 피부색, 자기를 낳아준 부모와 자기 형제들, 신체 모양(키가 작다든지 눈이 크다든지 코가 들창코라든지 목에 주름이 많다든지 등), 선천성 장애자로 태어난 것, 자기가 태어난 나라와 지역, 1960년에 태어난 것 등은 모두 바꿀 수 없는 상수에 해당합니다. 이러한 것들 외에는 모두 변수에 속합니다.

예를 들면, 머리가 둔하게 태어난 것, 가난하고 비참한 운명, 자식을 낳지 못하는 운명, 단명하게 태어난 운명, 하천한 직업을 가질 운명, 몸에 병이 많은 운명, 직업, 식성, 성격 등은 모두 변수에 해당합니다. 선천적으로 말을 빠르게 하는 사람일지라도 말을 천천히 하는 훈련을 부단히 하면 얼마든지 고칠 수 있습니다.

자식을 낳지 못할 운명을 갖고 태어난 사람도 많은 선행을 쌓아 그 정성이 하늘을 감동하게 하면 자식을 가질 수 있고, 단명할 운명인 사람도 음덕을 많이 쌓으면 오래 살 수 있으며, 타고난 못된 성격도 피나는 노력을 하면 얼마든지 고칠 수 있습니다.

『장자(莊子)』에는 이런 말씀이 나옵니다.

"삶과 죽음, 얻음과 잃음, 불우함과 출세, 가난과 빈곤, 지혜와 우매함, 비난과 칭찬, 배고픔과 목마름, 추위와 더위 등은 세상의 현상 변

죽음까지 알아야 진짜 인생이다

화인데, 이것들은 모두 자신이 지은 운명의 작용이다[死生存亡 窮達貧富 賢與不肖毁譽 飢渴寒暑 是事之變 命之行也]."

　내가 누군가를 죽였다면 다음 생에 내가 그 사람에 의해 반드시 죽임을 당합니다. 내가 누군가를 속여 돈을 편취(騙取)했다면 다음 생에 그 사람한테 반드시 사기를 당합니다. 개를 잡아먹으면 이르면 다음 생에, 늦으면 먼 미래 생에 개로 태어나 그 사람에게 반드시 잡아먹힙니다.

　내가 부잣집에 태어난 것도 내가 만든 것이고, 내 얼굴이 추한 것도 내가 만든 것입니다. 내 일이 다 잘되는 것도 내가 전생에 그럴만한 인(因)을 심었기 때문이고, 내가 젊은 나이에 암에 걸린 것은 전생에 그럴만한 인(因)을 심어 놓았기 때문입니다. 이렇듯 인간이 하는 모든 일은 인과(因果)로 엮여 있으며, 범부에서부터 성인(聖人)에 이르기까지 인과(因果)의 법칙에서 한 치도 벗어나지 못합니다. 인과(因果)는 누가 만든 것도 아니며, 본래 스스로 그러할 뿐입니다. 우주가 존재하는 한 인과(因果)는 영원히 작용합니다.

　몇십 년 전의 일입니다.
　산에 있는 폭포에서 어떤 여자가 물놀이를 하다가 깊은 곳에 빠졌습니다. "사람 살려!"라는 여자의 다급한 외침 소리를 듣고 어느 남자가 뛰어들었는데 남자는 힘이 빠져 그만 죽고 말았습니다. 이어 두 명의 남자가 차례로 뛰어들었지만 끝내 숨졌고 여자만 결국 살아났습니다. 한 여자를 구하기 위해 무려 세 명의 남자가 희생된 것입니다. 이 사건을 두고 많은 말이 오갔습니다.

나중에 어떤 눈 밝으신 분께서 이 사건을 두고 이런 말씀을 하셨습니다.

"네 명의 전생을 보니 참으로 기가 막힙니다. 전생에 세 남자는 군인이었고 여자는 마을의 평범한 여자였습니다. 그런데 어느 날 나라에 전쟁이 발생하여 총으로 무장한 군인들이 한 마을에 들이닥쳤습니다. 그 세 군인들은 서로 친한 동료들이었는데, 마을 사람들을 함부로 죽이고 불태우는 일에 적극적으로 가담하였습니다. 이 와중에 얼굴이 반반한 이 여인을 보게 되었고 이것이 강간으로 이어졌습니다. 그렇게 욕심을 채운 후 그들은 그 여인에게 수십 발의 총질을 해 댄 후 떠나버렸습니다. 그 여인은 원한을 품으면서 죽게 되었지요. 그것이 악연이 되어 금생에 다시 만나게 되었고, 이번엔 세 남자가 희생당하게 된 것입니다."

남편을 잘못 만나는 바람에 고생을 죽도록 했다면서 억울해하는 여자분들이 많습니다. 하지만 그 이유는 본인에게 있음을 알아야 합니다.

결혼을 아무리 하려고 해도 끝내 하지 못하는 사람이 있고, 결혼했지만 자식을 하나도 낳지 못하는 사람이 있으며, 결혼하고 나서 얼마 안 있어 남편이 사고로 죽어 버리는 경우도 있습니다. 결혼해서 시부모의 사랑을 듬뿍 받고 사는 며느리가 있는가 하면, 반대로 시어머니의 구박을 받으며 평생을 살아가는 며느리도 있습니다.

부귀한 집안에 태어나 남부러울 것 없이 살지만 음위(陰痿: 발기 불능)

죽음까지 알아야 진짜 인생이다

인 남자들이 의외로 많고, 반대로 잘나가는 아버지를 둔 집안에서 자란 여자들 중에서 결혼 후 석녀(石女: 자식을 낳지 못하는 여자)인 것으로 드러난 여자들도 꽤 있습니다.

넥타이 등을 목에 매면 숨이 막힐 것처럼 답답해하는 남자들이 있는가 하면, 태어날 때부터 유독 축농증이 심해 평생 고생하는 사람도 있습니다.

어떤 사람은 시장에서 평생 장사를 했는데, 저울을 속여 장사를 하는 못된 버릇이 있었습니다. 다행인지 몰라도 경찰에 걸린 적은 단 한 번도 없었습니다. 이 사람은 평생 호의호식하면서 잘살았을까요? 아닙니다. 훗날 그의 자식들은 다 아둔했고, 결혼을 했지만 다 이혼했습니다. 또한, 본인마저 반신불수에 치매까지 찾아와 오랜 세월 투병을 하다가 죽었습니다.

이런 일들이 모두 우연일까요? 아닙니다! 모두 인과(因果)입니다. 따라서 인과(因果)를 제대로 믿고 안다면 죄를 함부로 짓지 못합니다. 훗날 받게 될 과보(果報)가 몹시 엄중하다는 것을 알기 때문입니다.

모든 고통은 오직 자신이 스스로 초래한 것입니다. 모든 불행은 오직 자신이 스스로 만든 것입니다.

"성인(聖人)은 인(因)을 두려워하고, 범부(凡夫)는 과(果)를 두려워한다 [菩薩畏因 衆生畏果]."라는 천고(千古)의 명언이 있습니다.

성인은 나쁜 인(因)의 과보를 잘 알기 때문에 나쁜 인(因)을 두려워합니다. 하지만 범부는 인(因)에는 관심이 없고 오직 과(果)에만 관심이 있습니다. 그러하기에 범부는 훗날 악한 과(果)가 오면 두려움에 떱니다. 괴로움을 받지 않으려면 나쁜 원인을 먼저 끊어야 합니다.

인과(因果)는 삼세(三世: 과거, 현재, 미래)에 걸쳐 있습니다. 삼세를 훤히 볼 줄 알아야 인과(因果)를 안다고 할 수 있습니다.

공자께서 나이 50세를 가리켜 '지천명(知天命)'이라 하셨는데, 지천명이란 '천명(天命)'을 알았다는 뜻으로 바로 삼세(三世)의 인과(因果)를 훤히 알았다는 뜻입니다.

무릇 『주역(周易)』을 비롯한 유가(儒家)의 경전들과 『노자(老子)』·『장자(莊子)』와 같은 도가(道家)의 경전들은 표현이 다르고 말씀의 전개 방식은 달라도 하나 같이 인과(因果)를 말하고 있음을 알아야 합니다.

다만 유교의 가르침은 현세(現世)와 선·후대(先後代), 부자(父子)간, 조손(祖孫)간의 인과에 치중된 반면, 불가(佛家)나 도가(道家)의 말씀들은 아득한 전생·현생·무량한 미래의 삼세를 모두 논하고 있다는 점이 다를 뿐입니다.

이 우주에는 보이지 않는 큰 힘이 있습니다. 알 수도 없고 말할 수도 없는 크나큰 힘이 있어 이 우주를 쉬지 않고 굴러가게 하는데, 이 불가사의한 힘을 명(命) 또는 운명(運命) 또는 정업(定業)이라 부릅니다.

이것은 하느님이 만든 것도 아니고 부처님이 만든 것도 아니며 오직 스스로 그러할 뿐입니다. 불교를 믿지 않아도 되고 기독교를 믿지 않아도 됩니다. 하지만 인과(因果)만큼은 반드시 믿어야 합니다.

무릇 자손이 과거에 급제하거나 높은 관직에 발탁되는 것은, 모두 그 조상님들이 큰 음덕을 쌓았기 때문입니다. 위대한 성현이 태어나는

죽음까지 알아야 진짜 인생이다

것도 모두 그 조상님의 음덕에서 비롯되는 것입니다.

"조상님이 음덕을 쌓으면 자손들 중에 반드시 흥하는 자가 있다[祖宗積德子孫必有興者]."라는 말씀이 있습니다.

노자(老子)는 "하늘의 그물은 넓고 넓어서 엉성한 듯해도 놓치는 일이 없다[天網恢恢 疏而不失]."라는 불후의 명언을 남기셨습니다.

귀신도 당신을 마음대로 할 수 없고, 하느님이나 부처님도 당신을 함부로 하지 못합니다. 모든 것은 오직 당신이 부른 것입니다. 당신이 겪는 고통이나 행복은 당신이 전생에 또는 젊은 시절에 지어 놓은 것들입니다. 때가 무르익어 지금 온 것뿐입니다.

『태상감응편(太上感應篇)』에 "화(禍)와 복(福)은 문(門)이 없으니, 오직 사람이 스스로 부른 것뿐이다[禍福無門 惟人自召]."라는 말씀이 있습니다.

사악한 사람이 한평생 부귀영화를 누리고, 착한 사람은 요절하거나 질병을 달고 살거나 하는 일마다 실패를 겪습니다. 사람들은 이를 보고 인과응보 같은 것은 다 거짓이라고 말하면서 하늘을 원망하고 세상을 탓합니다. 그런데 과연 그럴까요? 나쁜 사람이 벌을 받지 않은 것은 그가 전생에 쌓아놓은 복(福)이 너무 커서 아직 그 복을 다 쓰지 못했기 때문입니다. 착한 사람이 흉(凶)한 일을 당하는 것은 그가 전생에 쌓아놓은 죄가 아직 남아 있기 때문입니다.

노자(老子)는 말했습니다.

"장차 거두고자 하면 반드시 잠시 그것을 펼쳐야 한다. 장차 약하게 하고자 하면 반드시 잠시 그것을 강하게 한다. 장차 없애고자 하면 반드시 잠시 그것을 흥(興)하게 한다. 장차 빼앗고자 하면 반드시 잠시 그것을 준다."

어떤 나라나 그 무엇이 장차 없어지려고 하면 하늘은 그것을 잠시 흥(興)하게 합니다. 사업이나 전쟁이 잘되고 있는 것은 하늘이 마지막으로 잠시 흥하게 하는 것일 수도 있습니다. 그러므로 잘나가고 있을 때 조심하지 않으면 곧 패망(敗亡)이 닥치게 됩니다.

나쁜 사람이 하는 일마다 잘 되는 것은 아마도 하늘이 마지막으로 그를 흥하게 하는 것입니다. 악(惡)이 하늘에 가득 차기를 기다리는 것입니다. 일단 악이 가득 차면 하늘은 가혹한 응징을 내립니다.

신라 말 고운(孤雲) 최치원(崔致遠)은 이런 말씀을 남겼습니다.

"하늘이 잠깐 나쁜 자를 도와주는 것은 복이 되게 하려는 것이 아니라, 그의 흉악함이 쌓이게 하여 벌을 내리려는 것이다."

자식이 태어나 사리를 분별할 줄 아는 나이가 되면 무엇보다 인과(因果)를 가르쳐야 합니다. 이 세상의 모든 혼란과 갈등은 인과(因果)를 제대로 가르치지 않은 데서 비롯되는 것입니다.

성인께서 말씀하셨습니다.

"인생을 세 단계로 나누어 본다면, 20세 이전이 전생의 과보에 해당하고, 20세부터 40세까지가 현생에 지은 인(因)의 과보이며, 40세부터 60세까지가 후생(後生)에 해당한다."

이 말씀을 풀어 보면 이렇습니다. 사람이 태어나서 20세까지 받는 복이나 고통은 전생에 자신이 지은 행위의 대가이고, 20세부터 40세까지 받는 복이나 고통은 자신이 태어나서 40세까지 살아오면서 지은

죽음까지 알아야 진짜 인생이다

행위의 대가이며, 40세부터 60세까지 살면서 지은 행위의 대가는 다음 생에서 받는다는 뜻입니다.

그렇다면 인과(因果)는 누가 주관(主管)하는 걸까요? 누가 사건을 판단하고 당신으로 하여금 응보(應報)를 받게 하는 것일까요? 불교에서는 당신의 죄를 심판하는 어떤 존재가 있다고 인정하지 않습니다. 주재자(主宰者)가 없다는 뜻입니다. 누구는 부처님이라고 생각하실지 모르지만, 부처님은 그런 존재가 아닙니다. 부처님은 우리보다 먼저 정각(正覺)을 얻은 존재일 뿐, 만사를 주관하거나 심판하는 존재는 아닙니다. 불교에서는 당신을 지옥에 떨어지게 하고 천당에 오르게 하는 존재가 있다는 것을 인정하지 않습니다. 왜 인정하지 않을까요? 왜냐하면 그것은 당연한 인과(因果)의 도리로서 대과학(大科學)이요, 대질서이기 때문입니다. 천상에 오르고 지옥에 떨어지는 등 육도를 윤회하는 것과 삼세(三世)의 육도 윤회와 삼세의 과보(果報)는 모두 누가 그렇게 시켜서 그런 것이 아니라 우리 스스로가 만든 것입니다.

성현의 말씀을 보도록 하겠습니다.

"보통 사람들은 하느님, 부처님, 보살, 염라대왕 등 알 수 없는 어떤 힘이 있어서 모든 것을 결정한다고 생각하면서 운명은 귀신이 주관한다고 여깁니다. 하지만 상고(上古) 문화에서 조상들이 우리에게 말해 준 것은 '주재하는 이는 없다'는 사실입니다. 오로지 마음이 만들어 냅니다. 따라서 자기의 운명을 진정으로 바꾸고자 한다면 다른 힘에 기댈 것이 아니라, 하느님이나 부처님 혹은 보살에게 기댈 것이 아니라, '스스로 많은 복을 구해야' 합니다. 사람은 스스로 노력하기만 하면 수고한 만큼 수확할 수 있습니다. 만약 이 사회가 당신에게 맞지 않는다거나 어떤 친구가 당신에게 잘 대해 주지 않는다고 생각한다면, 그것은 모두 자기에게 원인이 있습니다. 그렇기 때문에 먼저 돌이켜 생각해 보고 자기 자신에게서 원인을 구하고 스스로를 반성해야지, 사회를 원망하고 친구를 원망해서는 안 됩니다. 자기 자신을 엄격하게 살펴서 원인을 찾아내는 것이 바로 '스스로 많은 복을 구하는' 길입니다. 만약 스스로를 먼저 반성하지 않고서 사회를 원망하고 친구를 원망한다면 그것이 무슨 소용이 있습니까. 도리어 스스로 화를 구하게 될 것입니다."

『서경(書經)』에서 말했습니다.

"하늘이 내린 재앙은 오히려 피할 수 있으나, 자기가 지은 재앙은 피할 길이 없다."

가령 태풍, 지진, 수재, 가뭄, 화재 등의 자연재해는 때때로 피할 수가 있습니다. 하지만 자신이 만든 재앙인 죄악, 방종, 이간질, 간사함, 사치, 교만, 인색함과 같은 죄과들은 마치 그림자가 형체를 따르는 것 같아서 그것으로부터 달아날 수가 없습니다.

인과(因果)는 대단히 묘합니다. 때로는 자기가 안고 있는 손녀가 바로 전생의 부모일 수도 있습니다. 할머니가 손자에게 큰 애착이 있어서 죽은 후 그 손자와 배우자 관계로 다시 만나는 경우도 많습니다. 서로 너무나 사랑한 나머지 쌍둥이로 태어나는 사람도 많습니다. 지금의 딸이 전생에 남동생인 경우도 많습니다. 전생에 원한 관계였던 사람이 금생에 부부가 되어 날마다 함께 지내면서 일생동안 삐걱거리기도 합니다.

죽음까지 알아야 진짜 인생이다

반드시 인과(因果)를 깊이 믿고 악을 그치고 선을 행하는 것에서부터 시작해야 합니다. 조그만 잘못이라도 반드시 인과(因果)가 있는 법입니다.

일체의 성현께서 성현이 되신 까닭도 바로 인과(因果)를 철저하게 꿰뚫어 보았기 때문입니다. 인과의 도리는 먼저 익은 과일이 먼저 땅에 떨어지는 것과 같습니다. 가령 내가 비록 금생에 선업을 짓더라도 도리어 악한 과보를 불러오는 것은 모두 과거의 악업이 먼저 익었기 때문입니다. 금생에 비록 착하더라도 과거의 악업이 이미 성숙되었으면 먼저 악한 과보를 받지 않을 수 없습니다. 금생의 선업이 아직 익지 않은 까닭으로 현재 선한 과보를 아직은 받을 수 없는 것입니다.

인과(因果)를 부정적으로 보면, 내가 아무리 노력해 보아도 내 과거 생의 인(因)이 온통 굽어 있기 때문에 앞으로 내가 받을 과보가 좋을 리가 없다고 여깁니다.

인과(因果)를 긍정적으로 보면, 내가 지금부터 좋은 인(因)을 심으면 훗날의 과보는 분명 좋을 것이라고 여겨 틈나는 대로 덕(德)을 쌓고 부지런히 생업(生業)에 종사하면서 열심히 살아갑니다.

하늘의 도움을 받으려면 반드시 내가 먼저 남을 도와야 합니다. 그리고 하늘의 도움을 받고자 한다면 반드시 자기가 먼저 옳은 사람이 되어야 합니다.

하늘은 스스로 노력하는 자를 돕습니다. 이 이치를 알아야 합니다. 스스로 남을 도와주어야 나도 남의 도움을 받을 수 있습니다. 어진 사람을 존경할 줄 알아야 하늘의 가호(加護)를 받을 수 있습니다.

궁하다고 하여 자기 인격을 헐값으로 만들어서는 안 됩니다. 자신을 가벼이 여겨서는 안 됩니다.

　마지막으로 다음 두 말씀을 기억합시다.

　"자신에게 죄를 돌리면 허물이 없다[罪己則無尤]."

　"배움은 남을 탓하지 않음에 이르는 것이 학문의 지극함이다[學至於 不尤人 學之至也]."

죽음까지 알아야 진짜 인생이다 _____

점(占), 사주, 관상, 풍수

　무당의 신점(神占)이나 사주(四柱), 관상, 수상(手相), 풍수 등은 과연 영험한 것일까요? 그리고 이런 것들을 자주 보러 다니는 행위는 올바른 일일까요? 결론부터 말씀드리면, 이것들은 옳지 않은 것으로서 절대 가까이해서는 안 됩니다.

　사주나 관상 등이 영험한 측면은 분명 있습니다. 역사적으로 조선 명종 때의 홍계관(洪繼寬)과 같은 사주쟁이나 흥선대원군 때의 박유붕(朴有鵬) 등과 같은 관상쟁이는 과거는 물론 미래까지 정확히 내다보는 눈을 가졌습니다. 하지만 정작 그들 자신은 불행하게 죽었습니다.

　무당들은 자신이 믿는 신(神)의 말을 대신 전합니다. 그런데 그들이 믿는 신은 하급신(下級神) 또는 잡신(雜神)에 불과합니다. 나라를 위해 목숨을 바치거나 살신성인(殺身成仁)한 사람, 정직한 사람, 마음이 청정한 사람 등이 죽으면 중급신(中級神)이 되는 경우가 있습니다. 산신(山神), 마을신, 토지신(土地神), 곡식신(穀食神), 민족신(民族神) 등은 중급신(中級神)에 속하는데, 이들은 인간의 미래를 점치는 일은 하지 않습니다. 중급신은 그래도 믿을 만하지만, 하급신은 믿을 바가 못됩니다. 하급신들은 변덕이 심하고 감정에 충실해서 그들의 말을 전하는 무당이 자신들을 잘 떠받들면 점괘를 잘 맞춰 주고, 자신들에게 소홀히 하면

틀린 점괘를 내려줍니다. 이처럼 하급신들은 미래를 내다보는 약간의 신통력을 갖고 있지만 윤회를 벗어나지 못하고 삼계에 갇혀 있는 존재에 불과합니다. 그런 존재를 믿고 받드는 존재가 무당들인 것입니다. 중급신이든 하급신이든 때가 되면 다시 윤회의 길로 빠지게 되는데, 하급신이나 무당들의 다음 생은 좋지 않을 겁니다.

"깊은 못의 물고기를 보는 자는 상서롭지 못하고, 감추어진 것을 지혜로 헤아리는 자는 재앙을 당한다."라는 성현의 말씀이 있고, 『논어』에도 "공자께서는 괴이한 일, 힘으로 하는 일, 어지러운 일, 귀신에 관한 일은 말씀하지 않으셨다[子不語 怪力亂神]."라는 말씀이 나옵니다. 하늘의 기밀을 엿보거나 남의 길흉을 미리 내다보는 행위는 지극히 불길한 행위로서 훗날 받게 될 과보가 아주 흉하다는 것을 알아야 합니다.

불경은 말합니다.

"사람이 점쟁이가 되어서 많은 사람을 그릇되게 꾀어 재물을 구한다면, 이 죄로 말미암아 지옥 속에서 한없는 고통을 받아야 하고, 지옥 생활이 끝난 다음에는 그 죄로 인해 악업의 몸을 얻고 태어나 계속 고통을 받게 될 것이다."

성인께서 말씀하셨습니다.

"세상 사람들은 질병이 있거나 재난이 닥치면 수신(修身)이나 참회·선행을 할 생각은 하지 않고 망령되이 귀신에게 제사부터 지내려 들기 일쑤요. 그래서 산목숨을 죽이니 본디 재난을 초래한 업장에 살생의 죄업마저 덧붙이는 셈이라오. 정말 불쌍하기 짝이 없소. 사람이 살

죽음까지 알아야 진짜 인생이다

아가면서 만나는 외부의 인연이나 환경은 대부분 전생의 업장에서 말미암는 것이오. 그래서 질병이나 재난이 생기면 만사를 제쳐놓고 선행을 닦으면서 자신의 악업을 참회하는 것이 최상의 해결책이라오. 그렇게 하면 업장도 줄어들며 질병도 낫고 재난도 점차 사라지는 것이오. 귀신들은 자기들도 업장의 바다 가운데에 잠겨 있는 형편인데, 어떻게 사람들의 업장을 소멸하여 줄 수 있겠소? 설사 대단한 위력을 가진 귀신이라 하더라도 성인에 비하면 마치 반딧불을 태양에 견주는 것과 같다오."

성서에서도 "복술자(卜術者)나 길흉(吉凶)을 말하는 자나 요술을 하는 자나 무당을 너희 중에 용납하지 말라."라는 말씀이 신명기에 나옵니다.

점이나 사주 등을 자주 보는 집안치고 잘되는 집안이 없다는 사실을 알아야 하겠습니다. 툭하면 사주를 보러 다니고 일이 조금만 풀리지 않으면 곧바로 무당한테 달려가는 행위는 무지몽매한 짓입니다. 당장 멈추어야 합니다.

역사적으로 무당을 가까이하여 국고(國庫)를 축내고 결국 비참한 과보를 받은 대표적인 사람이 조선 말기의 명성황후(明成皇后)입니다.

황현(黃玹)이 지은 『매천야록(梅泉野錄)』에는 다음과 같이 기록되어 있습니다.

"명성황후는 자신이 낳은 두 살짜리 왕자의 세자 책봉을 청나라에 승인받기 위해 100만 금을 청나라의 서태후와 이홍장(李鴻章)에게 바쳤다. 병약한 세자의 건강을 빌기 위하여 금강산 1만 2천 봉우리마다 쌀 한 가마니, 돈 1백 냥, 베 한 필씩을 공양했다. 전국의 유명한 사찰과 서울의 치성터는 명성황후가 독점하다시피 했다. 거의 매일 밤을 새워가며 연회를 베풀었고, 왕실의 물품을 다른 나라의 진귀한 물건으로 채우는 등 끝없이 사치를 부렸다. 이러한 미신(迷信) 행각과 사치 끝에 국고가 바닥났다. 1882년에 임오군란이 일어났을 당시 문무백관은 5년 이상 녹봉을 받지 못했고, 군인들은 13개월 동안 월급을 받지 못하고 있었다."

명성황후는 결국 1895년(45세)에 일본 낭인(浪人)들에 의해 칼로 죽임을 당한 후 윤간(輪姦)을 당했고 옥문(玉門)을 검사한다는 이유로 음부(陰部)가 까발려졌으며 시신이 불태워진 후 우물에 던져졌습니다. 역사는 이 잔혹한 사건을 '을미사변(乙未事變)'이라 부릅니다.

풍수가 좋은 곳에 조상의 시신을 묻으면 후대의 자손들에게 좋은 일이 일어난다는 풍수의 논리는 타당한 것일까요? 그렇지 않습니다. 명당에 부모의 시신을 안치해도 후손들에게 끼치는 영향은 전혀 없습니다.

임금을 속이고 나랏돈을 빼돌리며 백성에게는 큰 고통과 원한을 안겨다 준 사람이 죽었는데, 그 자녀들이 아버지를 천하의 명당에 묻었다면 과연 세월이 흘러 후손들에게 발복(發福)을 할까요? 답은 뻔합니다. 발복은커녕 집안이 몰락하겠지요! 모든 것은 인과응보의 원리에 따릅니다. 큰 공덕을 쌓은 사람이 죽었는데 자녀들이 그만 흉지(凶地)에 아버지 시신을 안치했다고 하여 그 집안에 우환(憂患)이 일어나겠습니까? 그런 일은 없습니다.

부적을 몸에 지니고 다니면 액운이 비껴간다고 믿는다든지, 귀신을 섬기면 집안에 복이 생긴다고 믿는다든지 하는 일들은 전부 미신입니다. 그러니 그런 미신에 현혹되어 재산을 허비하는 일이 없도록 하시길 바랍니다.

정직하고 착하게 사는 것이 종교입니다. 올바른 직업으로 생계를 유지하면서 사람 노릇부터 먼저 잘하고 늘 자신을 살피고 반성하면서 자신의 단점이나 나쁜 버릇 등을 고쳐 나갑니다. 그러고 나서 남을 돕거나 사회를 이롭게 합니다. 그래야 희망이 있습니다. 사람 노릇도 제대로 못 하면서 교회나 절에 가서 거액을 헌금하는 사람이 많은데, 이는 앞뒤가 바뀐 겁니다. 집안에 복이 오기를 바라는 마음, 자녀들이 출세하기를 바라는 마음, 무병장수하기를 바라는 마음, 일이 뜻대로 되기를 바라는 마음에서 헌금을 하고 기도를 하고 절을 올리고 독경을 한다 한들 무슨 의미가 있고 무슨 소용이 있겠습니까.

남보다 먼저 궂은일을 도맡아 하고, 좋은 일을 하고도 욕을 얻어먹고, 공(功)은 남에게 다 돌리고, 화를 낼 상황인데도 참고, 남이 나를 칭찬하든 욕하든 개의치 아니하고, 남이 잘되기를 늘 빌고, 죽어가는 생명을 살려주고, 고통이 닥쳐도 하늘을 원망하지 않고, 주어진 운명을 기꺼이 받아들이고, 자신을 남 앞에서 자랑하지 않고, 다른 사람의 흠은 입 밖에 꺼내지 않으며, 홀로 있을 때도 늘 자신을 삼가고 살피며, 모든 생명을 아낄 줄 알고 존중하면 되는 것입니다. 이것이 선(善)입니다. 꼭 재물로 남을 도와주는 것만이 능사가 아닙니다.

시대가 발전할수록 발전하는 산업이 몇 개 있습니다. 성(性) 산업이 가장 대표적이고 그다음이 바로 운세(運勢) 산업입니다. 고학력일수록 그리고 고소득자일수록 신점이나 관상 등을 자주 보러 가고 또 잘 믿는다는 통계가 있습니다.

최근 강남 일대에 '역리학(易理學)' 및 '사주팔자(四柱八字)'를 통해 자녀의 진로를 상담해 주는 곳이 증가하고 있다고 합니다. 과거에는 '점집'으로 통했던 곳이 이제는 어엿한 자녀 상담 전문 '멘토링' 업체로 거듭나고 있는 것입니다. '멘토링'이란 해당 분야에 경험과 지식을 가진 전문가가 상담자의 진로를 지도해 주는 과정을 뜻하는데, 무당이나 사주쟁이들이 멘토 역할을 하는 것입니다.

수도권의 평생대학원 등에서 사주 명리학이나 관상 등을 배우는 학생들이 증가하고 있다고 합니다. 모두 불행한 일입니다. 설익은 지식으로 남의 미래를 내다보고, 거기다가 거짓말과 쇼맨십으로 고객의 지갑을 터는 것은 자신의 복을 크게 까먹는 짓이기도 하고 하늘에 큰 죄를 짓는 짓이기도 합니다. 당장 그만두어야 합니다.

사주를 보는 데 들어가는 복비가 대략 5만 원인데 그 돈으로 죽을 위기에 처한 동물들을 사서 방생하거나 가난한 사람들을 위해 기부하는 것이 백 배, 천 배 더 큰 공덕이 됨을 알아야 합니다.

우리가 흔히 말하는 귀신을 불교에서는 '중음신(中陰神)'이라 부릅니다. 중음신이란 사람이 죽은 후 다음 생을 받을 때까지의 몸을 말하는데, 살아생전에 착한 일을 많이 한 사람은 죽자마자 바로 승천(昇天)하고, 반대로 악한 짓을 많이 한 사람은 숨을 거두자마자 바로 지옥이나 축생계에 떨어지기 때문에 중음신을 갖지 않습니다.

죽음까지 알아야 진짜 인생이다

죽어 갈 때 원망·집착·분노·분별 등의 마음을 품으면 죽은 후 바로 다음 몸을 받지 못하고 오랜 세월 동안 중음신의 상태로 있게 됩니다. 이 중음신들 중 일부가 후손들이나 남에게 달라붙기도 하고 해코지하기도 하는데, 이들을 통상 귀신이라 부르는 겁니다.

이들 귀신 중에는 착한 신도 더러 있지만 악한 귀신들도 많습니다. 하지만 아무리 악한 귀신이라 할지라도 심성이 착하고 정직하며 선을 행하는 사람은 몹시 두려워합니다. 귀신은 신통력이 있어서 아무 데나 갈 수 있지만, 청정한 곳이나 정직한 사람들이 있는 곳에는 가지 못합니다. 고로 당신의 마음이 올바르고 선하다면 그 어떤 삿된 귀신도 범접하지 못한다는 것을 꼭 기억하십시오.

부끄러움 그리고 참회

거울이 우리의 겉모습만 비추어 주는 것을 우리는 고맙게 여겨야 합니다. 만약 거울이 우리의 속마음까지 비춘다면 어떻겠습니까.

어느 현자가 말했습니다.

"사람들은 결점을 들춰내면 화를 낸다. 그러나 거울을 통해 자신의 추한 모습을 자각하면 스스로 고친다."

누가 말했습니다.

"나를 욕하는 사람들이 나의 다른 결점들까지 알았더라면, 지금보다 훨씬 더 심하게 나를 욕할 것이다."

한 사람이 나를 헐뜯는다면 이를 초연(超然)하게 대처하면 그만이지만, 세 사람이 나를 헐뜯는다면 반드시 자신을 되돌아보아야 합니다.

불경에서는 말합니다.

"부끄러움과 창피함을 아는 것이 우주를 지탱하는 두 기둥이다."

어떤 수행이든지 그리고 무슨 신앙이든지 그 첫 출발점은 참회입니다. 참회는 자신이 과거에 행한 잘못된 행위를 진심으로 뉘우치고 앞으로는 다시 짓지 않는 것을 말합니다.

성현께서는 이렇게 가르치셨습니다.

죽음까지 알아야 진짜 인생이다 _____

"가난이 부끄러운 것이 아니라 가난하되 아무런 의지도 없는 것이 부끄러운 것이다. 천함이 미운 것이 아니라 천하면서도 무능한 것이 미운 것이다. 늙음이 한탄스러운 것이 아니라 늙어서도 아무런 성취가 없는 것이 한탄스러운 것이다. 죽음이 슬픈 것이 아니라 죽으면서도 사회에 아무런 보탬이 되지 못한 것이 슬픈 것이다."

공자께서 말씀하셨습니다.

"나라에 도(道)가 있을 때도 곡(穀: 봉급)을 받고, 나라에 도가 없을 때도 곡을 받는 것을 부끄러움이라 한다."

"나라에 도가 있을 때 빈천(貧賤)한 것이 부끄러움이며, 나라에 도가 없을 때 부귀를 누리는 것이 부끄러움이다."

『탈무드』에는 "다른 사람 앞에서 부끄러움을 느끼는 사람과 자기 앞에서 부끄러움을 느끼는 사람 사이에는 커다란 차이가 있다."라는 말이 있습니다.

어느 현자께서 말씀하셨습니다.

"부끄러움은 사람에게 중대하다. 군자는 성인과 같지 못한 것을 부끄러워하고, 성인은 하늘과 같지 못한 것을 부끄러워한다. 보통 사람은 그렇지 않다. 도둑질을 잘하지 못하는 것을 부끄러워하고, 우스갯소리를 잘하지 못하는 것을 부끄러워하며, 씨름 같은 겨루기를 잘하지 못하는 것을 부끄러워하고, 바둑이나 장기를 잘하지 못하는 것을 부끄러워하며, 음행(淫行)을 잘하지 못하는 것을 부끄러워하고, 음식이나 의복이 좋지 못한 것을 부끄러워하니 비루(鄙陋: 행동이나 말이 더럽고 천박함)하도다!"

무식해도 잘살고 무식해도 부끄럽지 않은 사회가 바로 지금의 대한

민국입니다. 지금은 소위 배운 사람들, 상류층에 속한 사람들의 천박한 식견과 언행이 그 어느 때보다 집중적으로 조명되고 까발려지는 시대입니다. 국회에서 행해지는 인사청문회를 보면 우리나라의 상류층 인사들이 어떻게 살아왔고, 어떤 방법으로 부(富)를 축적해 왔으며, 어떤 사고방식을 지니고 있는지 여실히 드러납니다.

조선 시대의 성현(成俔)은 그의 저서 『용재총화』에서 말했습니다.

"조선 사람은 간사하고 교묘하게 남을 속이며 의심이 많아 사람을 믿지 않는다. 조그마한 일에도 경솔하게 떠들어 사람이 많아도 성취하는 일이 별로 없다. 많이 마시고 먹으며 한순간이라도 굶으면 배가 고파 어쩔 줄 몰라 하며, 군사가 출정(出征)하면 군량미(軍糧米)가 운송의 절반 이상을 차지한다. 노비가 인구의 절반을 차지해 이름 있는 고을이나 큰 읍(邑)일지라도 군졸이 적다."

네덜란드인 하멜 등이 조선 효종 때 14년간 조선에 억류되어 있다가 마침내 탈출하여 본국에 돌아가 쓴 『하멜 표류기』에는 다음과 같은 기록이 보입니다.

"조선인은 훔치고 거짓말하며 남을 속이는 버릇이 아주 강하다. 믿을 만한 사람들이 못 된다. 남을 속여 먹으면 그걸 부끄럽게 생각하는 게 아니라 매우 잘한 일로 여긴다. 그들은 여자같이 나약한 백성이다. 청나라가 얼음을 건너와 조선을 점령했을 때 적과 싸워 죽는 것보다 산으로 도망가서 목매달아 죽은 병사가 더 많았다. 그들은 피를 싫어한다. 전투에서 누군가가 쓰러지면 곧바로 달아나고 만다."

어느 검사가 말했습니다.

죽음까지 알아야 진짜 인생이다 _____

"한국은 거대한 사기 공화국이다. 사회 전체에 세속적인 욕망이 창세기의 바다처럼 들끓고 있다."

"'부끄럽다.'라는 말은 군자를 다스리고, '아프다.'라는 말은 소인을 다스린다[恥之一字 所以治君子, 痛之一字 所以治小人]."

이 말씀은 청나라 문인 장조(張潮)의 잠언집인 『유몽영(幽夢影)』에 나오는 말로, 군자는 부끄러움을 가장 큰 수치로 삼지만, 어리석은 소인은 몸이 아픈 것을 가장 무서워하고 싫어한다는 말입니다. 군자는 부끄러움 당하는 것을 죽음보다 더한 수치로 생각하지만, 어리석은 소인은 몸이 아픈 것을 가장 큰 고통으로 여깁니다.

이 세상엔 세 종류의 사람이 있습니다.

1) 처음부터 죄를 짓지 않은 사람
2) 죄를 지었지만 뉘우치고 다시는 짓지 않으려고 애쓰는 사람
3) 죄를 지었으되 후회할 줄 모르는 사람

위 셋 중에서 두 번째 사람이 가장 훌륭한 사람입니다. 처음부터 죄를 짓지 않은 사람은 성인(聖人) 외에는 없습니다. 이 세상엔 진정한 의인(義人)은 하나도 없습니다. 예나 지금이나 세상은 늘 혼탁했고 항상 어지러웠습니다. 전쟁과 가난 그리고 질병이 늘 인류를 괴롭혔고 악독한 사람들은 모기나 파리처럼 많기만 했습니다. 성인(聖人)은 늘 고난 속에서 살았고, 현자(賢者)는 늘 소인(小人)들에게 핍박을 받았으며, 충신은 항상 간신(奸臣)에게 죽임을 당했고, 어진 선비는 뜻을 펼치지 못한 채 우환 속에서 죽어갔습니다. 착한 사람은 늘 질병이나 실패 속에

서 살았고, 재능 있는 사람은 대부분 요절(夭折)했습니다. 오직 소인(小人)들과 악인(惡人)들만이 부귀영화를 누릴 뿐이었습니다.

하늘은 착하고 의로운 사람만 허락하신 게 아니라 악한 사람도 내셨습니다. 약초(藥草)는 물론 독초(毒草)도 생기게 하였으며, 홍수나 가뭄·지진·해일·화산 폭발과 같은 천재지변도 일어나게 하였습니다.

인간에게 이로운 짐승·곤충·새·벌레만 있는 것이 아니라, 독사·독버섯·모기·나쁜 세균이나 바이러스도 생겨나게 했습니다.

세상은 이처럼 결함이 많습니다. 부정과 거짓 그리고 분쟁이 그칠 날이 없습니다. 죄를 짓도록 유혹하는 요소들이 주변에 즐비합니다. 특히 인터넷의 발달로 포르노를 비롯한 음란물과 잔인한 폭력물이 범람하면서 인간의 심성이 갈수록 피폐해지고 있습니다. 게다가 마약을 은밀하게 즐기는 사람들이 증가일로에 있고, 도박이나 불륜, 불법 게임 등도 성행하고 있습니다.

이러한 환경에서 죄를 짓지 않고 살아가기란 여간 어려운 일이 아닙니다. 업장이 두터워 사람의 몸을 받았지만, 사람으로 태어나게 되면 수없이 많은 죄를 지어야만 합니다. 이것이 인간의 한계이자 번뇌입니다.

악을 행한 자는 두 번 후회합니다. 이승에서 후회하고 저승에서 후회합니다. 악을 행한 자는 두 번 괴로워합니다. 악을 행했다는 생각에 괴로워하고 벌 받을 생각에 괴로워합니다. 악을 행한 자는 두 번 고통받습니다. 이승에서 고통받고 저승에서 고통받습니다. 그러므로 가능한 한 악을 행해서는 안 되며, 악을 행했을 경우에는 하루라도 빨리

　　　　　죽음까지 알아야 진짜 인생이다

뉘우치고 다시는 같은 잘못을 범해서는 안 됩니다.

장자(莊子)가 말했습니다.

"만일 사람이 악을 행하여 세상에 이름을 내는 자는 비록 사람이 그를 해치지 않는다고 해도 하늘이 반드시 그를 죽일 것이다[若人作不善 得顯名者 人雖不害 天必戮之]."

공자께서 말씀하셨습니다.

"선(善)도 쌓이지 않으면 성공할 수 없고, 악(惡)도 쌓이지 않으면 몸을 망치지 않는다. 소인(小人)은 작은 선을 무익하다고 생각해 행하지 않으며, 작은 악을 해가 적다고 생각해 그만두지 않는다. 이 때문에 악이 쌓여 가릴 수 없게 되면 죄는 커져 해소할 방법이 없다."

그러나 죄를 많이 지었더라도 진정으로 참회하고 다시 짓지 아니하면 그 죄를 용서받을 수 있습니다. 즉흥적인 참회나 일시적인 참회로는 죄악을 극복할 수 없습니다. 참회는 소극적인 선(善)이며 선행을 베푸는 일이 적극적인 선입니다. 따라서 우리는 참회만 해서는 부족합니다. 여건이 되는 한 적극적으로 선(善)을 행해야 합니다.

하루에 선(善)을 한 개씩 행하는 것이 힘들다면, 하루에 고통을 한 개씩 묵묵히 감내하는 훈련을 쌓아나가는 건 어떻습니까. 나에게 닥쳐오는 고통을 원망이나 불평 없이 기꺼이 받아들이는 것입니다. 더 나아가 감사한 마음으로 감당해내면 더 좋겠지요.

예를 들어, 어느 날 일하다가 허리를 다쳤다면 '그래! 이 고통은 전생에 내가 지은 악업(惡業)을 상쇄시켜 주는 것이니 내가 기꺼이 감당하겠다'라고 생각하는 것입니다.

어느 날 암 진단을 받았다면, '묵은 빚을 갚을 기회가 드디어 왔구나! 순순히 감내하마'라고 생각하고 묵묵히 받아들입니다.

누구한테 사기를 당해 5천만 원을 날렸다면, '사기를 당해 보니 사기를 당한 사람들의 고통을 알겠다! 나도 분명 전생에 거짓말로 남을 속여 남의 눈에서 피눈물이 나오게끔 했을 것이다. 나는 앞으로 살아가면서 남을 속여 재산을 가로채는 짓은 절대 하지 말아야지!'라고 생각하면서 기꺼이 받아들입니다.

자식이 대학 입학이나 회사 입사, 공무원 시험 등에 자꾸 떨어진 후 방황하는 모습을 볼라치면, '자식이 저렇게 자꾸 실패하는 것은 자식이 못나서가 아니라 부모인 내가 덕을 쌓지 않아서일 거야. 참회하면서 음덕을 많이 쌓아야겠다'라고 생각합니다.

남편이 바람을 피우거나 아내를 괴롭히거나 도박 등을 하여 가산(家産)을 탕진한다면, '아마 내가 전생에 남편을 무던히 힘들게 한 일이 있었나 보다. 그러니 금생에 몸을 바꿔 내가 고통을 당하는 것이리라'라고 여기며 순순히 고통을 수용합니다.

이렇게 고통이 찾아올 때마다 이것을 운명으로 여겨 기꺼이 감당하려고 하는 마음을 갖게 되면 두터운 업장(業障)이 점점 줄어들면서 순탄한 인생길이 펼쳐질 것입니다.

참회와 후회는 어떻게 다를까요?

참회는 긍정적인 생각이고 후회는 부정적인 생각입니다. 참회는 잘못을 있는 그대로 받아들이고 반성만 할 뿐 집착하지 않기 때문에 같은 잘못을 두 번 다시 하지 않습니다. 고로 과거의 잘못이 오히려 좋은 경험이 되어 더 나은 미래를 맞이합니다. 그러나 후회는 잘못을 비

죽음까지 알아야 진짜 인생이다

관하고 집착하기 때문에 절망과 좌절하게 됨으로써 미래를 더욱더 나쁘게 합니다. 우리에게 필요한 것은 부끄러움을 바탕으로 한 참회이지, 과거에 집착하면서 자책하고 우울해하는 후회가 아닙니다.

참회에 관한 성인들의 말씀들을 보겠습니다.

"사람이 무거운 죄업을 지어 놓고도 그 뒤에 깊이 자책하면서 참회하여 다시 그 업을 짓지 않으면 큰 죄마저 없앨 수 있다."

"만일 사람이 허물을 지었더라도 스스로 깨닫고 잘못을 알아 고치고 선(善)을 행한다면 그 죄는 저절로 사라진다."

"사람이 하늘 가득 큰 죄를 지었어도 한 번 참회하면 바로 사라진다."

"허물을 뉘우치는 것은 병을 낫게 하는 좋은 처방이요, 사람을 대하는 묘한 법이고 운명을 개척하는 중요한 비결이며 하늘의 마음을 돌리는 큰길이다."

기독교에는 '대속(代贖)'이라는 말이 있습니다. 예수가 인류를 대신하여 십자가에 못 박혀 죽음으로써 인류의 죄를 대신 속죄(贖罪: 지은 죄에 대하여 대가를 치르고 벗어나는 일)했다고 합니다. 예수를 믿음으로써 비로소 인간은 원죄(原罪)에서 벗어나게 된 것입니다. 기독교에서는 예수가 아닌 다른 사람은 인류의 죄를 대신 속죄할 권능이 없다고 말합니다. 인류의 죄를 대속하신 예수를 구주(救主)로 믿고 영접하면 천국에 갈 수 있습니다.

불교에서는 '아미타불'이라는 부처님께서 부처가 되기 전에 '내가 부처가 되면 중생이 내 이름을 생각하거나 부르면 모두 극락에 태어나게 하겠다'라는 원(願)을 세우셨고, 억겁의 세월 동안 무량한 공덕과 선정과 지혜를 닦아 마침내 그 원(願)을 이루고 부처가 되셨습니다. 그 래서 중생은 아미타불이라는 부처님의 이름을 일념으로 부르면 모두 극락에 태어날 수 있습니다. 이것은 절대 거짓이 아닙니다!

죄인이더라도 예수를 진실로 믿으면 죽어서 천국에 갈 수 있다는 기독교의 신앙과 죄를 많이 지었더라도 '나무아미타불'을 일심으로 부르면 죽어서 극락에 왕생한다는 불교의 정토 신앙은 묘하게 닮았습니다. 이 둘은 '자력(自力) 수행'이 아닌 '타력(他力) 수행'이라는 공통점을 지닙니다. 즉, 인간 혼자의 힘으로 해탈하지 못하니 완전한 깨달음을 얻은 존재에게 의지하는 것입니다.

완전한 깨달음을 얻은 존재에게 전적으로 의지하고 매달리는 것이 저급하고 어리석은 짓일까요? 절대 그렇지 않습니다. 완전한 깨달음의 안목으로 보면, 자력(自力)이 곧 타력(他力)이고 타력이 곧 자력입니다. 그러니 자력은 뛰어나고 타력은 하열(下劣)하다는 편견을 속히 지우셔야 합니다.

우리가 무슨 사업을 한다고 가정합시다. 돈이 넉넉하면 좋겠지만 그렇지 못하다면 어떻게 해야 합니까? 은행이나 친지한테서 빌려야 합니다. 즉, 남에게서 도움을 구하는 겁니다. 그런 다음 인맥을 동원하여 아는 사람을 찾아냅니다. 찾아내서 정보나 노하우를 얻습니다. 이것도 남의 도움을 받는 것입니다. 사업에 착수하면 직원을 구하고 광고를 내고 사업용 차량을 빌리거나 구매합니다. 이러한 것들도 남에게서 도움을 받는 것입니다. 사업 규모가 커지면 일부 업무를 외주(外注)로 처리합니다. 하청 업체나 별도의 기관에 일을 맡긴다는 뜻입니다. 대기업들은 자사(自社) 콜센터나 수리 서비스 센터들을 100% 외주(外注) 업체에 맡깁니다.

우리는 이렇게 작은 일마저도 다른 사람이나 기관의 도움을 받아 처리합니다. 하물며 인생의 마지막 길인 죽음이나 죽음 너머의 세상을 논하는 데 있어 남의 도움은 받으려 하지 않습니다. 왜 그럴까요? 의심하기 때문입니다. 불교 경전에 실린 말씀들에 의심이 가기 때문입니다. 그토록 많은 고승들께서 누누이 간절하게 말씀하셨어도 도무지 마음이 움직이지 않기 때문입니다. 그러면서 아나운서나 의사가 말하는 정보는 의심하는 일이 거의 없습니다. 성현들의 말씀이 아나운서나 의사의 말보다 더 못한 대우를 받는 겁니다.

몸이 건강할 때는 부지런히 덕을 쌓고, 임종이 가까워져 오면 참회하면서 완전한 깨달음을 얻은 존재에게 무조건 의지해야 합니다. 이것은 대단히 중요합니다.

죽음이 목전에 닥쳐왔는데 자력(自力)으로 어찌해 보려고 하거나, 자포자기(自暴自棄)의 심정으로 죽음을 마냥 기다리거나, 생명을 한 달이라도 연장해 보려고 발버둥 치면서 고가의 수술이나 비싼 약재에 의지하는 것은 정말로 어리석은 짓입니다.

당신이 아무리 총명하고 지식이 많아도 죽음이 닥쳐오면 그것들은 단 1%도 소용이 없습니다. 당신의 권세와 부 그리고 막강한 인맥도 죽음 앞에서는 전혀 쓸모가 없습니다. 그러니 우리는 위대한 가르침을 따라야 합니다. 역대 성인들께서 하신 말씀에 귀를 기울여야 합니다. 그렇지 않으면 희망이 없습니다.

　예수님께서 십자가형을 받아 십자가에 매달려 계실 때 좌우에 두 명의 강도가 같이 매달려 있었지요. 그중의 한 명은 예수님을 비웃고 조롱했지만, 다른 한 명은 예수님을 진실로 믿고 자기를 구원해 줄 것을 예수님께 부탁했습니다. 그러자 예수님은 그 강도에게 천국이라는 선물을 주셨습니다. 이것이 바로 믿음이 가진 불가사의한 힘입니다. 그러니 성현의 말씀을 대하실 때는 의심일랑 거두시고 믿음을 가져 보시기 바랍니다.

　참고로 『화엄경』에 믿음의 중요성을 설한 말씀이 있어 소개합니다.

　　　믿음은 불도(佛道)의 근원이며 모든 공덕의 어머니이다.
　　　일체의 선한 법을 다 길러내나니,
　　　의심의 그물을 끊어버리고 애착의 물결을 벗어나
　　　무상(無上)의 열반을 열어 보이네.
　　　믿음은 혼탁함이 없어 마음을 청정케 하고 교만을 없애니 공경의 근본이 된다.
　　　믿음은 또한 진리의 곳집에서 제일가는 재물이요,
　　　청정한 손이 되어 온갖 일을 행하네.
　　　믿음은 은혜를 베풀어 인색함이 없게 하고
　　　믿음은 기쁨으로 불법(佛法)에 들어가게 하며
　　　믿음은 지혜와 공덕을 늘리고

죽음까지 알아야 진짜 인생이다

믿음은 반드시 부처의 지위에 오르게 한다.

믿음은 모든 근(根: 眼根·耳根·鼻根·舌根·身根·意根)을 깨끗하고 밝고 예리하게 하며

믿음의 힘은 견고하여 모든 것을 부수며

믿음은 영원히 번뇌의 뿌리를 소멸케 하고

믿음은 오직 부처의 공덕을 향해 나아가게 한다.

믿음은 경계에 대한 집착을 없게 하고

믿음은 모든 고난을 멀리 여의게 하며

믿음은 온갖 마(魔)의 길에서 벗어나게 하고

믿음은 무상(無上)의 해탈을 나타내 보인다.

믿음은 무너지지 않는 공덕의 씨앗이요,

믿음은 궁극의 깨달음을 자라나게 하며

믿음은 가장 뛰어난 지혜를 더욱 늘어나게 하고

믿음은 모든 부처님을 앞에 나타내 보인다.

믿음은 비유하자면 이 우주 가운데에서 묘보주(妙寶珠: 무엇이든 내 마음대로 이루어 주는 구슬)를 가진 것과 같다.

여러분이 읽고 계시는 이 책도 '믿음(信)'이라는 한 단어를 절대 벗어나지 못합니다. 믿음이야말로 가장 쉽지만, 또한 가장 어려우며 또한 가장 중요합니다.

노년의 자세

  하루 중에서는 저녁이 여유로워야 하고, 일 년 가운데에서는 겨울이 여유로워야 하며, 일생에서는 노년(老年)이 여유로워야 한다고 하는데, 이를 '삼여(三餘)'라 합니다.

  인생의 초년(初年)은 편안한 노후를 준비하기 위한 것이고, 인생의 노년은 다음 생을 준비하는 시기입니다. 그러나 우리나라에서 노인들은 다음 생을 준비하지 않습니다. 70세 이상 되신 노인분들은 사실 이 나라를 지금의 발전된 모습으로 바꾸어놓은 주역입니다. 이분들은 가난과 일제 강점기 그리고 6.25 전쟁을 몸소 겪으신 세대이며, 좌우익의 처절한 갈등과 반목 그리고 독재 시대와 산업화 시대를 온몸으로 겪은 세대이기도 합니다.

  젊은 세대들은 이 사실을 인정하고 노인분들을 공경해야 마땅합니다. 하지만 지금은 노인 세대와 젊은 세대가 서로를 헐뜯고 공격하는 지경까지 이르렀습니다. 젊은 세대와 노년 세대 간의 소통은 거의 단절되어 버렸고, 한국의 노인 자살률은 수년째 세계 1위를 기록하고 있으며, 한국 노인들의 빈곤율도 OECD 회원국 중 1위입니다. 게다가 한국인의 고령화 속도는 세계 1위이고 직장에서 은퇴하는 실질 은퇴 연령도 세계 1위입니다.

죽음까지 알아야 진짜 인생이다 _____

저는 늘 말합니다.

"우리나라의 노인분들은 공(功)은 있지만, 덕(德)은 없다."

예로부터 소년등과(少年登科)·중년상처(中年喪妻)·노년빈곤(老年貧困)을 '인생의 3대 불행'이라고 했습니다. 그리고 가난·질병·우울(무기력)을 '노년의 3대 불행'이라 합니다. 노년에 찾아오는 궁핍과 질병과 우울은 사실 본인이 초래한 것입니다. 젊은 시절에 성욕(性慾)을 자제하지 못하고 성관계를 함부로 한 사람들, 흡연과 음주와 육식을 즐기며 몸을 함부로 굴린 사람들, 그리고 죄를 많이 지은 사람들에게 말년에 불행이 찾아오는 것입니다.

젊은 사람은 성격이 급해도 허물이 작지만, 노인의 급한 성격은 큰 독(毒)입니다. 젊은 사람은 정치를 비판하고 현실에 불만을 쏟아내도 되지만, 노인은 그러면 안 됩니다. 젊은 사람이 운명을 거부하고 운명에 도전하는 것은 가상한 일이지만, 노인이 운명을 받아들이지 못하는 것은 슬픈 일입니다.

젊은 사람이 주색(酒色)에 빠지는 것은 허물이 작으나, 노인이 주색에 빠지면 그 허물이 엄청나게 큽니다.

누가 말했습니다.

"노년은 용서의 시기이다. 과거를 용서하고 자신에게 상처를 준 사건이나 사람을 용서한다. 자신이 남에게 상처를 준 일이 있으면 직접 얼굴을 보면서 용서를 빈다. 얼굴을 볼 수 없을 때는 글로 용서를 빈다. 글조차 쓸 수 없을 때는 마음속 깊이 용서를 구한다."

우리나라 사람들은 65세쯤 되면 스스로 노인으로 자처하여 일을 더 이상 안 하려 하고 놀면서 여생을 보내려 합니다. 어딜 가든 노인 대접을 받으려 하고, 툭하면 젊은 사람들을 훈계하려고 하는 고질(痼疾)이 나타납니다. 게다가 매사에 아무 의욕이 없고 멍하니 죽음만 기다립니다.

대체로 노인이 되면 다음과 같은 모습이 나타납니다.

1) 얼굴이 무표정해집니다.
2) 불만이 많아지고 잔소리가 심해집니다.
3) 사소한 일에도 화를 잘 냅니다.
4) "감사하다."라는 말에 인색합니다.
5) 몸에서 냄새가 납니다.
6) 행동이 거칠고 품위가 없습니다.

어떤 노인은 하는 말마다 불평이요, 원망입니다. 자기의 생각과 판단만 옳고 남의 판단이나 주장은 옳지 않다고 여깁니다. 지독히 자기중심적이고 지극히 편협합니다. 도대체 고칠 방법이 없고 귀신도 어쩌지 못하며 신(神)도 두 손을 들 지경입니다. 이런 중증(重症)은 다음 생에도 고스란히 이어질 것입니다. 다음 생에도 여전히 남을 탓하고 세상을 원망할 겁니다. 이런 사람들이 세상에 정말 많습니다. 아집(我執)과 독선(獨善) 그리고 교만, 이 세 가지는 사람을 지독한 불행으로 몰고 가는 치명적인 독약입니다.

큰 공덕을 쌓았어도 '내가 대단하다!', '남은 나보다 못하다', '나는

죽음까지 알아야 진짜 인생이다

그 누구보다 잘났다!'라고 생각하면 그걸로 끝장입니다. 애써 지은 모든 공덕이 다 사라집니다.

노인이 되면 무엇보다도 늘 죽음에 대해 배우고 생각하고 대비해야 합니다. 그리고 지나온 삶을 늘 반성하고 주변 정리를 서서히 해나가야 합니다. 그리고 좋은 일을 하려고 애써야 합니다. 인생의 노년이 되면 다음과 같은 일들은 삼가야 합니다.

1) 정치에 대해 분노하거나 욕설을 퍼붓는 것
2) 여자만 보면 좋아서 어쩔 줄 몰라 하는 것
3) 운명을 받아들이지 못하고 불평불만을 쏟아내는 것
4) 돈을 탐하거나 사치와 낭비를 일삼는 것
5) 여행이나 다니면서 그나마 남은 복을 다 소비하는 것

노인이 되면 욕심이 더 많아집니다. 그리고 툭하면 작은 일에도 서운해하거나 섭섭해합니다. 노인이 되면 입은 닫고 귀는 열어야 합니다. 노인들은 젊은 사람들을 보면 훈계하고 싶어 합니다. 그리고 일장 연설을 늘어놓고 싶어 합니다. 그리고 젊은이들이 자기를 존경해 주고 떠받들어 주기를 원하는데, 절대로 그래서는 안 됩니다. 자기가 젊었을 적에 자신은 노인들에게 공경심을 품었는지 생각해 봐야 합니다.

노인이 되면 자신의 운명을 받아들일 줄 알아야 합니다. 노인이 되어서도 자신의 세속적인 운명을 바꿔 보려고 돈을 투자한다거나 큰일을 도모해서는 안 됩니다. 더 나아가 그 어떠한 일이 있어도 세상을

원망해서는 안 됩니다.

　사람들이 나를 싫어하거나 기피한다면, 그것은 내가 복을 짓지 않아서입니다. 사람들이 나를 귀찮아하고 불편해한다면, 그것은 내가 선업(善業)을 짓지 않아서입니다.

　내가 나이 들어 병이 잦거나 가난이 찾아온다면, 그것은 내가 젊은 시절에 방탕하게 살았거나 죄악을 많이 지었기 때문입니다.

　모든 것은 오직 자신 탓입니다. 부모 탓도 아니고 자식 탓도 아닙니다. 자신의 덕행(德行)이 부족하고 선업(善業)을 쌓지 않아서 말년에 불행이 찾아오는 것입니다. 지혜로운 노인은 그래도 자신을 뉘우치지만, 어리석은 노인은 자식을 탓하거나 세상을 원망하는 일에 시간을 허비합니다.

　노년이 되면 늘 선(善)을 베풀려고 노력해야 합니다. 이는 자신이 죽은 후 유일하게 의지할 밑천이기 때문입니다. 대부분의 사람들이 나이가 많아져서 거동이 불편해지면 누워만 있거나 TV 시청만 하면서 시간을 보냅니다. 아니면 사람들과 어울려 자주 술잔을 기울이거나 정치 얘기로 열을 올리면서 정치인들에게 욕설을 퍼붓거나 그도 아니면 자식들 흉을 봅니다. 이러한 것들은 백해무익한 일들입니다. 자신이 머지않아 죽게 되었을 때 도움이 될 만한 일들을 해야 합니다.

　공자께서 말씀하셨습니다.

　"나이 40이나 50이 되어도 성취한 바가 없어 이름이 알려지지 않는다면, 그도 두려워할 게 못 되는 사람이다[四十五十而無聞焉 斯亦不足畏也已]."

　　　　　　　　죽음까지 알아야 진짜 인생이다 _____

"나이 마흔이 되어서도 남의 미움을 받으면 그는 끝난 것이다[年四十而見惡焉 其終也已]."

노인이 되어서도 세상일에 각박하고 다른 사람에 대해 엄격하다면 문제가 있는 겁니다. 노인이 되어서도 자신의 운명을 받아들이지 못한다면 정말 불쌍한 사람입니다.

노인이 되어서도 늘 불평불만을 일삼는다면 희망이 없습니다. 노인이 되어서도 남으로부터 손가락질받는다면 다음 생은 몹시도 불행할 겁니다.

다생(多生)에 걸쳐 많은 복을 쌓은 분들은 초년이 됐건 말년이 됐건 마음이 평안하고 물질도 풍요로우며 주변에 자기를 도와주는 사람들이 많습니다. 이들은 남을 돕는 일에 발 벗고 나서는가 하면, 남이 당하는 고통에 마음 아파합니다. 남은 어찌 됐건 오직 나 하나만 잘 먹고 잘살면 된다는 이기주의는 정말 나쁜 행위입니다. 이러한 못된 심리들은 훗날 나에게 고통을 안겨다 주는 원인이 됩니다.

저는 늘 이렇게 생각해 왔습니다.

젊어선 소설을 읽고 늙어선 시(詩)를 읽습니다.
젊어선 공연장에 가고 늙어선 박물관에 갑니다.
젊어선 유교를 공부하고 늙어선 불교를 공부합니다.
젊어선 동해에 가고 늙어선 서해에 갑니다.
젊어선 당시(唐詩)를 배우고 늙어선 송시(宋詩)를 배웁니다.
젊어선 경서(經書)를 익히고 늙어선 사서(史書)를 익힙니다.

옛 선인께서 쓴 시를 소개합니다.

"내게는 풍족하지는 않지만 하루 세끼 먹을 양식이 있고 아직은 사지(四肢)가 원만하여 앉고 눕고 움직이고 걷는 데 불편함이 없으며 자식이 있어 말벗도 되어 주고 때론 꽃구경도 시켜 주며 용돈도 준다. 도대체 못난 내가 무슨 복을 쌓았기에 이런 복을 누린단 말인가. 날마다 향을 사르며 고불(古佛)께 참회할 뿐이다."

이것이 정도(正道)입니다. 이것이 종교입니다. 교회나 절에 가서 한바탕 실컷 울면서 신(神)에게 매달리는 것이 종교가 아닙니다. 교회나 절에 가서 열심히 기도하고 예배를 드리고 헌금하는 일은 사실 작은 선행에 불과합니다.

자신의 못된 성격, 이기적인 심리, 못된 행동, 나쁜 마음, 악한 버릇 등을 고치는 일이 더 중요합니다. 이러한 일들을 제쳐둔 채 남을 위해 봉사하고 헌금하고 기도하고 절하는 행위는 기껏해야 다시 인간의 몸을 받거나 천상의 맨 아래에 태어나는 과보를 받을 뿐입니다.

자신의 나쁜 점들을 고쳐 나가고 늘 참회하면서 사람 노릇을 잘해야 합니다. 부모에게 효도하고 어른을 공경하며 다른 사람들을 이롭게 해야 합니다.

선(善)을 베풀 만한 작은 여력(餘力)이 있거들랑 주저하지 말고 행해야 합니다.

공원에 가서 쓰레기를 줍는 것도 선(善)을 행하는 일이요,

죽음까지 알아야 진짜 인생이다 _____

집에 남아도는 책들을 도서관에 기증하는 것도 선(善)을 행하는 일이요,

다른 이의 선(善)을 보고 진심으로 기뻐해 주는 것도 선(善)을 행하는 일이요,

버스를 탈 때 다른 사람이 먼저 타도록 양보하는 것도 선(善)을 행하는 일이요,

택배나 경비 일을 하시는 분들에게 먼저 인사하거나 음료수를 드리는 것도 선(善)을 행하는 일이요,

어린아이들이 악행(惡行)을 하지 않도록 좋은 말로 타이르는 것도 선(善)을 행하는 일이요,

가난하거나 병든 사람들을 위해 기도해 주는 것도 선(善)을 행하는 일이요,

식당 직원들이나 택시 기사분들에게 팁을 드리는 것도 선(善)을 행하는 일이요,

동료나 부하 직원들에게 친절하게 대하는 것도 선(善)을 행하는 일이요,

마땅히 화를 낼 만한 상황이지만 화를 내지 않는 것도 선(善)을 행하는 일이요,

자신의 억울함을 변명하려다가 꾹 참는 것도 선(善)을 행하는 것이요,

자신의 권리를 내세우려다가 자제하는 것도 선(善)을 행하는 것이요,

남의 말을 경청하는 것도 선(善)을 행하는 것이요,

남이 나를 칭찬하거나 욕할 때 동요하지 않는 것도 선(善)을 행하는 것이요,

나쁜 말을 남에게 전하지 않는 것도 선(善)을 행하는 것이요,

어른을 공경하고 법이나 질서를 잘 지키는 것도 선(善)을 행하는 일이요,

남의 잘못을 너그럽게 용서해 주는 것도 선(善)을 행하는 일이요,

공공장소의 물품들을 절약하고 아끼는 것도 선(善)을 행하는 일이요,

죽을 위기에 처한 생명을 살려주는 것도 선(善)을 행하는 일이요,

모든 사람을 내 부모, 내 자식처럼 여기는 것도 선(善)을 행하는 일입니다.

숨을 거두기 전이라면 희망이 있습니다. 좋은 생각만 품어도 선(善)을 행하는 것입니다. 노인이 되면 목욕을 자주 하고 옷은 될 수 있는 한 단정하고 깨끗하게 입어야 합니다. 그리고 매사에 천천히 조심스럽게 행동해야 합니다.

노인이 되면 여태까지 잘 살게 해 준 이 세상과 사람들에 대해 고마워하는 마음을 품어야 합니다. 그리고 자신이 지금까지 큰 탈 없이 살아온 것에 대해 감사한 마음을 가져야 합니다.

노인이 되면 표정을 밝게 하고 미소를 지어야 합니다. 온화한 표정을 짓는 것도 공덕을 쌓는 일입니다. 우리나라 노인분들은 하나같이 표정이 어둡고 딱딱합니다. 그리고 얼굴에 불만이 가득합니다. 이 세상에 '우연'이란 없습니다. 모든 것이 '필연(必然)'이요, 인연입니다. 그리

고 일체만유는 인과(因果)로 엮여 있습니다. 세상 이치가 이러하니 세상을 원망하지도 말아야 하고 남 탓을 해서도 안 됩니다. 모든 불행과 고통은 오직 자기 자신이 초래한 것입니다. 그래서 노년이 되면 무엇보다 참회하면서 자신을 부끄럽게 여겨야 합니다. 그리고 늘 힘닿는 대로 덕(德)을 베풀어야 합니다.

노인이 되면 음식을 삼가고 줄여야 합니다. 즉, 소식(小食)을 해야 하고 게다가 소식(素食)도 해야 합니다. 음식을 적게 먹으면서 거친 음식을 주로 먹어야 합니다. 노인이 되어서 기름진 음식이나 영양가가 풍부한 음식을 먹으면 정말 곤란합니다. 이것은 대단히 중요합니다. 노인이 되어서도 식탐이 많다면 그건 불행의 전조(前兆)입니다.

무엇보다도 화를 내지 말아야 합니다. 특히 임종할 때 억울한 마음을 품거나 화를 내면 축생으로 태어나고 심하면 지옥에 태어날 수 있으니 정말 조심해야 합니다.

마지막으로 죽음에 둔감한 노인분들께 외칩니다.

몸은 이미 늙어 죽음이 닥쳐오고 있는데 기껏 한다는 것이 재산을 늘리는 일입니까?

몸은 이미 늙어 죽음이 닥쳐오고 있는데 기껏 한다는 것이 여행을 다니는 일입니까?

몸은 이미 늙어 죽음이 닥쳐오고 있는데 기껏 한다는 것이 정치를 욕하는 일입니까?

몸은 이미 늙어 죽음이 닥쳐오고 있는데 기껏 한다는 것이 감투를 탐내는 일입니까?

몸은 이미 늙어 죽음이 닥쳐오고 있는데 기껏 한다는 것이 산해진미를 먹는 겁니까?

몸은 이미 늙어 죽음이 닥쳐오고 있는데 기껏 한다는 것이 불평·분노하는 일입니까?

몸은 이미 늙어 죽음이 닥쳐오고 있는데 기껏 한다는 것이 명성을 구하는 일입니까?

죽음까지 알아야 진짜 인생이다 _____

죄가 아닌 것 같지만
큰 죄가 되는 것들

1) 경전의 말씀을 의심하거나 헐뜯는 것

2) 경전을 던지거나 태우거나 버리는 것

3) 나보다 덕이 높은 사람을 욕하는 것

4) 인과응보는 거짓이라고 말하거나 가르치는 것

5) 게으른 것

6) 화를 내는 것

7) 남을 무시하고 자기를 칭찬하는 것

8) 삐뚤어진 가르침·사상을 믿거나 가르치는 것

9) 참회할 줄 모르는 것

10) 머릿속이 늘 나쁜 생각으로 가득한 것

11) 선한 행위를 하지 못하게 하는 것

12) 남의 나쁜 짓을 보고 기뻐하는 것

13) 남의 고통을 보고 웃는 것

14) 관상, 사주, 손금 등을 보거나 봐주는 것

15) 농담으로라도 저주, 험담, 성희롱, 모욕, 이간질하는 것

16) 잠을 많이 자는 것

17) 질투가 많은 것

18) 인색한 것

19) 음식이나 물건을 낭비하는 것

20) 음란물을 즐겨 보는 것

21) 가진 것에 감사할 줄 모르는 것

22) 자식을 잘못 기르는 것

23) 부정한 돈을 헌금하거나 시주하는 것

24) 성직자들을 욕하거나 비난하는 것

25) 남의 충고를 받아들이지 않는 것

큰 복인 줄 모르는 것들

1) 먹고 살만큼의 의식주(衣食住)는 갖추고 사는 것

2) 유유자적(悠悠自適)하게 보내는 시간이 많은 것

3) 내가 미워하는 사람이 주변에 없는 것

4) 나를 미워하는 사람이 주변에 없는 것

5) 경전에 나오는 구절의 뜻을 어느 정도 이해하는 것

6) 경전을 읽고도 두려워하거나 놀라지 않는 것

7) 산수(山水)를 즐기고 마음이 늘 한가로운 것

8) 성현들의 말씀을 읽기를 즐겨하는 것

9) 경전을 읽거나 명상을 하거나 기도를 하는 시간이 많은 것

10) '나는 누구인가'를 자주 떠올리며 생각에 잠기는 것

11) 자신의 처지에 만족하며 사는 것

12) 경전의 말씀을 의심 없이 믿는 것

13) 바쁘게 살아도 마음속에는 일이 없는 것

14) 젊었을 적에 질병, 실패, 상실 등의 고통을 많이 겪은 것

15) 욕심이 적고 화를 내는 일이 별로 없는 것

16) 주변에 나를 도와주는 사람이 많은 것

17) 인간관계에서 가능한 한 손해를 보려고 하는 것

18) 자주 여행을 다니고 비싼 음식을 먹으며 집안에 큰 풍파가 없
   는 것
19) 일상이 평온한 것
20) 아프면 언제든지 병원이나 약국에 갈 수 있는 것

한 나라의 국회의원이 되는 일은 사실 엄청난 복입니다. 대학교 총장·장관(長官)·군 장성(將星)·도지사(道知事)·판검사·대기업의 임원 등도 마찬가지입니다. 이러한 자리에 오르면 권세는 물론이고 많은 급여와 화려한 명예를 한꺼번에 거머쥐게 됩니다. 이들 자리는 선대(先代)의 조상이나 자신의 전생에 큰 공덕을 쌓지 않으면 실력이 아무리 출중해도 얻지 못하는 자리입니다.

하지만 다른 측면에서 보면, 이들 자리는 급속도로 복을 까먹는 자리이기도 합니다. 따라서 이런 자리에 오른 사람은 늘 겸손해야 합니다. 그리고 세상을 위해 기여해야 합니다. 그래야 훗날 화가 닥치지 않습니다.

죽음까지 알아야 진짜 인생이다 _____

큰 복을 짓는 행위들

1) 이 세상이 베푼 은혜에 늘 고마워하는 것

2) 남들이 다 잘되었으면 하는 마음을 늘 갖는 것

3) 인과응보를 진실로 믿고 남에게도 그리 가르치는 것

4) 화를 낼 상황인데도 화를 안 내는 것

5) 어떤 일이 생겼을 때 안색이 돌변하지 않는 것

6) 늘 자신을 낮추고 남을 높이는 것

7) 남을 귀하게 대하는 것

8) 죄를 짓고 나서 바로 참회하는 것

9) 늘 부끄러워하는 마음을 갖고 사는 것

10) 젊어서 고생을 많이 겪는 것

11) 착하게 살았음에도 고통을 당하는 것

12) 음덕(陰德)을 많이 쌓았음에도 말년에 고통이 찾아오는 것

13) 인생이 내 뜻대로 움직여주지 않은 것

14) 자식이 내 뜻대로 살아주지 않은 것

15) 나에게 고통을 준 사람을 용서해 주는 것

16) 선한 일을 한 사람을 칭찬하거나 격려하는 것

17) 선한 일을 한 사람을 널리 알리는 것

18) 생명을 해치지 않는 것

19) 아이들에게 생명을 해치지 말라고 가르치는 것

20) 사람들에게 인과응보, 사필귀정(事必歸正)의 도리를 알려주는 것

21) 죽을 위기에 처한 생명을 살려 주는 것

22) '나는 누구인가'를 늘 깊이 생각하고 묻는 것

23) 성현(聖賢)의 가르침을 늘 떠올리는 것

24) 온화한 표정과 따뜻한 말로 사람을 대하는 것

25) 부부간의 이혼, 별거, 싸움 등을 화해시켜 다시 살게 하는 것

26) 사음(邪淫), 음란물(淫亂物)의 죄악(罪惡)을 널리 알리는 것

27) 나쁜 사람을 교화하여 착한 사람이 되게 하는 것

28) 아끼고 절약하며 삼가고 절제하는 것

29) 스승을 공경하는 것

죽음까지 알아야 진짜 인생이다

복을 깎아 먹는 행위들

1) 물건이나 음식을 낭비하는 것

2) 지은 공덕도 없으면서 높은 자리에 오르는 것

3) 음덕을 지은 일이 없는데 부자가 되는 것

4) 사람들의 칭송을 받는 것

5) 가진 권한을 전부 행사하는 것

6) 겸손하지 않고 교만한 것

7) 이름이 널리 알려지는 것

8) 부귀한 데다 높은 벼슬에 오르는 것

9) 덕이 높은 사람을 비방하는 것

10) 부정한 성관계를 즐기는 것

11) 만족을 모르는 것

12) 일을 일찍 그만두고 노는 것

13) 남들이 부러워하는 학교나 직장에 들어간 것

14) 역경이나 고통 없이 순조롭게 인생을 살아가는 것

15) 부모님의 후광으로 자식이 출세하는 것

16) 무당의 신점, 관상, 사주 등을 보러 다니는 것

17) 동물을 죽여 귀신에게 제사 지내는 것

18) 낚시, 사냥을 즐기거나 남에게 권유하는 것

19) 부모님 상례(喪禮) 때 동물을 도살하여 조문객들에게 대접하는 것

20) 남의 선행(善行)을 평가절하하거나 얕잡아보는 것

21) 시험관인 아버지가 응시생인 자녀를 시험에 합격시키는 것

22) 면접관인 아버지가 응시생인 자녀를 회사 시험에 합격시키는 것

23) 아들의 병역을 부정한 방법으로 면탈시켜 주는 것

24) 나랏돈을 빼돌리거나 부정한 수단으로 타 먹는 것

25) 보험 사기에 가담하거나 모의하거나 권유하는 것

26) 성현의 말씀을 의심하는 것

27) 현충원, 박물관, 고사(高士)들의 묘지, 서원(書院), 향교(鄕校) 등지에서 떠들거나 무례한 짓을 하는 것

나라가 누란(累卵)의 위기에 처해 있음에도 당쟁을 일삼으면서 국사(國事)를 내팽개치고 사리사욕만 챙겼던 선비들은 누대(累代)에 걸쳐 그 벌을 받을 것입니다.

국가 권력을 농단(壟斷)하고 사유화(私有化)하며 예산을 낭비하고 국고를 횡령하며 국무(國務)를 배임한 관리들은 죽어서 가혹한 천벌을 받을 것입니다.

식견(識見)이나 원대한 포부도 없으면서 높은 자리에 올라 백성을 도탄에 빠뜨리고 관직을 사고팔며 유능한 관리를 모함하여 내쫓고 이권(利權)에 개입하여 특정인에게 관급공사를 몰아 주는 관리들은 하늘

죽음까지 알아야 진짜 인생이다

이 절대 용서하지 않을 것입니다.

관리가 된 자는 위로는 나라에 충성하고 국민을 사랑하며 예산을 힘써 절약하고 인재를 등용하는 일에 앞장서야 하며, 부하 직원들에게 너그럽게 대하고 억울하게 희생을 당하는 사람들이 없는지 늘 살펴야 하며 권세를 함부로 부리는 일이 없어야 복이 후대에까지 오래 전해질 수 있습니다.

『안자춘추』에서 말합니다.

"현명한 군주는 자기가 배불리 먹었을 때는 마땅히 이 사회에 굶주리고 먹지 못한 사람이 있지나 않은지 생각해야 한다. 자기가 따뜻하게 지낼 때는 더더욱 마땅히 이 세상에 옷이 없어 추위에 얼어 죽는 사람이 있지나 않은지 생각해야 한다."

이 말씀은 중국 제(齊)나라의 뛰어난 재상이었던 안영(晏嬰)이 당시 군주에게 한 말이었지만, 지금도 여전히 유효합니다. 또한, 이 말씀은 비단 나라를 책임지는 군주뿐만 아니라 지방관·고위 관리·기업 총수나 부유한 자들에게도 해당됩니다.

훌륭한 사람을 시기하고 질투하여 뒤에서 헐뜯고 공직을 이용하여 치부(致富)하며 부정한 청탁을 받고 자녀나 친척들을 채용하고 탈법을 하여 세금을 탈루하는 사람들은 그 화가 자손 대대로 미칠 것입니다.

천지의 조화를 깨뜨리고 성현과 진리를 비방하며 모든 생명을 위협하는 극악한 말들은 절대로 해서는 안 됩니다.

예컨대, "전쟁이 나서 다 죽어버렸으면 좋겠어.", "일본 종군 위안부에 동원된 여자들은 자발적으로 몸을 판 것이다.", "여자들은 강간당하는 걸 오히려 좋아하지.", "기독교를 믿지 않는 사람들은 다 지옥에 보내야 해.", "쓰나미를 당해 죽은 사람들은 하나님을 믿지 않아서 그런 것이다."와 같은 말들을 한 번 내뱉으면 평생 누릴 복을 단 한 번에 소진(消盡)하는 결과가 되고 죽은 후의 예후(豫後)도 몹시 나쁘니, 정말 삼가고 경계해야 합니다.

오직 말을 조심하고 또 조심해야 합니다.

죽음까지 알아야 진짜 인생이다

복을 아껴야

TV 프로그램 중에 소위 '먹는 방송'이 인기입니다. 연예인 몇 명이 맛집을 탐방하면서 음식을 먹는 모습을 내보내는 프로그램이 특히 인기를 얻고 있습니다.

그 연예인들은 맛있는 음식을 실컷 먹고 달마다 월급을 받습니다. 일반인들이 감히 누리지 못하는 큰 복을 누리는 셈입니다. 게다가 운이 좋으면 TV 광고에까지 등장하여 목돈까지 거머쥘 수 있습니다.

이것은 얼핏 보면 상당히 부러운 일이지만 사실 복을 빠른 속도로 까먹고 있는 행위입니다. 웬만한 사람들은 누리지 못하는 복을 누리고 있으니, 복을 소비하는 속도도 그만큼 빠릅니다. 현대인들은 복을 소비만 할 뿐 복을 짓는 일은 소홀히 합니다. 부유한 집에 태어나 부족함 없이 자라 40~50대의 나이까지 풍족한 삶을 누리는 사람들은 그 후의 삶이 불행해지거나 비참해지는 경우가 많습니다. 가장 큰 이유는 누릴 복이 바닥났기 때문입니다.

특히, 남들이 몹시 부러워하는 시험에 합격하거나 일류대학교나 최고의 직장에 들어가거나 높은 자리에 오르는 경우들은 복을 급속도로 까먹는 대표적인 경우입니다.

사람은 저마다 분복(分福: 각자 타고난 복)을 갖고 태어납니다. 분복(分

福)이 다 떨어지면 불행과 고난이 오게 됩니다. 또 사람은 태어날 때 천량(天糧)을 갖고 태어납니다. 천량(天糧)이란 하늘이 준 식량을 말하는데, 이 식량이 다 떨어지면 사망에 이르게 됩니다. 식사 때마다 진귀한 음식을 가득 차려놓고 풍족하게 먹는 사람은 천량을 빠르게 소비하는 꼴이니, 이 또한 경계해야 합니다.

고로, 우리는 분복(分福)과 천량(天糧)을 누리되 바닥나지 않도록 수시로 복을 지어야 합니다. 어리석은 사람들은 평생 하늘이 주신 복을 소모하고 덜어내고 깎아 먹는 일에만 골몰하다가 죽음을 맞이하게 되는데, 이렇게 되면 저승에 가서 받을 복인 명복(冥福)이 하나도 없게 되어 다음 생이 비참해지는 결과를 초래합니다.

우리는 좋은 시대에 태어나 온갖 풍요로움을 누리고 있습니다. 의식주(衣食住)가 넉넉하며 배우고 싶으면 얼마든지 아무것이나 배울 수 있고 몸이 아프면 아무 때나 병원에 갈 수 있으며 삶을 편리하게 해 주는 기구들이 도처에 널려 있으니 이 얼마나 큰 복입니까. 근래 들어 천재지변이 잦고 전쟁과 테러가 끊이질 않고 있는데, 우리는 이러한 재앙으로부터 완전히 벗어나 있으니 이 얼마나 큰 복입니까. 이 세상엔 문화가 발달하지 못한 곳에 태어나 야만에 가까운 삶을 사는 사람이 부지기수이고, 여성 할례·차도르 착용·명예 살인 등의 악습(惡習)이 판치는 나라에 사는 여성들은 이루 헤아릴 수 없고, 교육이나 학문·독서·연극·영화·음악·지식의 창조 등 문화의 혜택을 전혀 누리지 못하는 사람 역시 엄청나게 많은데, 당신은 이 모든 혜택을 풍족하게 누리고 있으니 얼마나 복이 많은 것입니까. 이러한 복을 누리는 것은 전생

죽음까지 알아야 진짜 인생이다 _____

에 닦은 복이 많아서입니다. 그러하니 늘 감사한 마음을 갖고 살아야 합니다. 그리고 늘 복을 쌓아야 합니다.

저승에서 벌어 이승에서 쓴다는 말이 있습니다. 우리가 복을 받은 만큼 우리는 옳은 일을 해야 합니다. 복을 열심히 짓고 또 복을 가능한 한 아껴야 합니다. 특히 젊었을 때 부지런히 복을 저축해 놓아야 합니다. 그래야 말년에 가서 비참해지지 않습니다.

젊은 시절에 과거에 합격하거나 큰 성공을 거둔 사람, 가난하거나 불우한 처지에 있는 사람들을 무시하는 사람, 실패나 좌절 없이 하는 일마다 다 잘되는 사람, 특출한 재능을 지녀 많은 사람들한테서 부러움을 받는 사람은 정말 조심하고 삼가야 합니다. 그들이 누리는 복이 하루아침에 재앙으로 변할 가능성이 매우 크기 때문입니다. 그래서 성현들은 늘 겸손할 것을 주장하셨고, 만족을 알면 위태롭지 않다고 하셨으며, 하늘 높이 올라간 용(龍)은 후회할 일만 남았다고 하셨는가 하면, 공(功)을 이루면 물러나는 것이 하늘의 도(道)라고 하신 것입니다.

시내 중심지에 건물을 지어 올린 후 많은 월세(月貰)를 받아 편하고 풍족하게 인생을 사는 사람들, 일을 일찍 그만두고 여행이나 취미생활을 하면서 여생을 살아가는 사람들, 힘들지 않게 일하면서 거액의 돈을 버는 사람들, 식사 때마다 비싸고 진귀한 음식을 잔뜩 차려놓고 먹는 사람들, 음식이나 물자를 낭비하는 사람들, 화려한 명성이나 인기를 누리는 사람들은 훗날 큰 고통이나 불행을 당할 가능성이 매우 높습니다.

　서울 이태원의 경리단길에 있는 어느 피자집은 평수가 5평도 채 안 되는데, 월세가 200만 원이었습니다. 그런데 용산의 땅값이 오르고 특히 경리단길이 사람들의 주목을 받게 되면서 땅과 건물 임대료 가격이 치솟기 시작했습니다. 1년 뒤 그 피자 가게 건물주는 월세를 650만 원으로 두 배 이상 올려달라고 세입자에게 통보했습니다. 세입자는 울며 겨자 먹기로 올려 주었습니다. 이러한 지나친 탐욕은 재앙의 단초(端礎)가 됩니다.

　『명심보감』에서 말했습니다.

　"복이 있다고 해서 다 누리려 하지 마라. 복이 다하고 나면 빈궁해진다. 권세가 있다고 해서 다 부리지 마라. 권세가 다하고 나면 원한을 가진 사람과 만나게 된다. 복이 있거든 항상 스스로 아끼고, 권세가 있거든 늘 스스로 공손하게 대하라. 인생에서 교만과 사치는 시작은 있어도 대개 끝은 없기 때문이다."

　맹지반(孟之反)은 중국 노(魯)나라 시기의 대부(大夫)였는데, 제(齊)나라와의 전쟁에서 패하여 퇴각하게 되자 후퇴하면서 부대의 맨 뒤에서 적을 막았으며, 성문에 들어올 무렵에는 자기 말에 채찍질하면서 1등으로 내달렸습니다. 그리고는 "제가 감히 뒤에서 적을 가로막고자 한 것이 아니라, 말이 달리지 않았기 때문입니다."라고 왕에게 말했습니다. 공(功)은 다른 사람에게 미루고 욕은 혼자 먹으면서 복을 아꼈습니다.

　임진왜란 때 이순신 장군도 명나라 장수가 이렇다 할 전공(戰功)을 세우지 못하고 전공을 탐내자 선뜻 자신의 전공을 명나라 장수에게 주었습니다. 그러자 오만불손했던 명나라 장수는 이순신 장군의 덕에 감복하여 굴복했습니다.

노자(老子)께서 말씀하셨습니다.

"재앙은 복이 의지하는 곳이고 복은 재앙이 엎드려 있는 곳이다[禍兮福之所倚 福兮禍之所伏]."

어느 집에 큰 잔치가 열렸습니다. 초대받은 손님이 백 명을 넘는 큰 연회입니다. 진귀하고 화려한 음식이 상에 가득하고 무녀(舞女)와 악단(樂團)이 흥을 돋웁니다. 저마다 값비싼 의상을 몸에 걸쳤는데, 옷에는 화려한 무늬가 새겨져 있습니다. 이런 자리에서 지혜로운 사람은 행동을 극도로 자제하고 조심합니다. 진귀한 음식이 나왔다고 하여 배 터지게 음식을 먹지도 않고, 늦게 도착했다 하여 음식을 다시 차려달라고 요구하지도 않습니다. 술을 많이 마시거나 불필요한 말을 내뱉지 않습니다. 일을 거드는 직원들을 공손하게 대합니다. 그저 적당히 먹고 조용히 나올 뿐입니다.

이런 자리에서 토할 정도로 음식을 많이 먹거나 융숭한 대접을 받는 것은 자기의 복을 크게 덜어내는 행위입니다. 게다가 만약 잔치를 여는 집안이 부덕(不德)한 집안이거나 나쁜 짓을 하여 재산을 일군 집안이라면 피하는 것이 좋고, 자기 부모님이나 조부모님이 돌아가신 지 얼마 되지 않은 사람인 경우에는 연회에 아예 가지 않아야 합니다.

"수양대군이 영의정에 임명되니 여러 신하들이 들어와서 축하하였다. 허후(許詡)를 불러들여서 자리에 앉게 하고 술을 돌리고 풍악이 시작되었다. 이때 정인지·한확 등은 손뼉을 치면서 떠들고 웃었으나, 허후는 홀로 슬픈 기색을 띠고 즐거워하지 않으며 고기를 먹지 않았다. 세조가 그 이유를 물으니, 허후는 조부의 기일(忌日) 때문이라고 핑계를 댔다. 조금 후에 김종서·황보인 등의 머리를 베어 시가(市街)에 달게 하고 그 자손들을 베어 죽이니, 허후는 '이 사람들이 무슨 큰 죄가 있기에 머리를 베어 달고 그 처자까지 베어 죽입니까. 김종서는 나와 친하게 교제하지 않았으므로 그 마음을 능히 알 수 없지만, 황보인은 그 사람의 기품을 자세히 아는데 절대로 반역을 도모할 이치가 없습니다.' 하였다. 세조는 '네가 고기를 먹지 않은 뜻이 진실로 여기 있었구나.' 하니, '그렇습니다. 조정의 원로들이 같은 날에 모두 죽었으니 허후가 산 것만도 다행이온데, 어찌 차마 고기를 먹을 수 있겠습니까.' 하며 곧 눈에 눈물이 고였다. 세조는 매우 노했으나 그의 재주와 덕을 아껴서 죽이고 싶지는 아니하였다. 그러나 이계전(李季甸)이 극력 주장하니 지방으로 귀양 보냈다가 마침내 교형(絞刑)에 처했다."라는 말씀이 『추강집(秋江集)』에 전하는데, 허후가 비록 비명(非命)에 갔지만, 이것이 올바른 길입니다.

말을 적게 하는 것이 귀(貴)요, 부끄럽지 않게 살아가는 것이 정(正)이며, 자신을 늘 살피는 것이 선(善)입니다. 베풀고도 이를 숨기는 것이 덕(德)이며, 남을 선(善)으로 이끄는 것이 교(敎)입니다. 마음이 평온한 것이 복(福)이요, 착한 자식을 둔 것이 부(富)이며, 남을 높이 여기는 것이 예(禮)이고, 남을 부처님처럼 보는 것이 선(禪)이며, 자기 자신의 위대함을 믿는 것이 신(信)입니다.

　죽음까지 알아야 진짜 인생이다

수행자가 남을 구제의 대상으로 여기고 자기를 대단한 사람으로 여긴다면 그는 이미 끝난 것입니다. 성직자가 대접받기를 좋아하는 그 순간에 그는 이미 끝난 것입니다.

높은 자리에 오른 사람들이 사리사욕(私利私慾)만 챙긴다면 그는 이미 끝난 것입니다.

사람이 많은 사람으로부터 손가락질을 받게 되면 그는 이미 끝난 것입니다.

노인이 되어서도 살생(殺生: 낚시, 사냥 포함)을 즐긴다면 다음 생은 불행할 겁니다.

자신의 운명을 극복하려고 노력하는 것이 수행(修行)이며, 남을 이롭게 하는 것이 곧 나를 이롭게 하는 것입니다. 자기 자신을 구원하려고 하는 자는 구원을 받지만, 남에게서 구원을 받으려 하는 자는 구원을 받지 못합니다.

행복이란 물질이 풍족하거나 기쁨이 넘치는 것을 의미하지 않습니다. 행복은 자기 분수를 알고 만족하는 것에 있습니다. 자기 그릇을 알고 절제할 줄 알아야 합니다. 그리고 행복은 남을 이롭게 하는 것입니다.

사지(四肢)가 괜찮고 빚이 없으며 의식주가 갖추어졌다면 정말 행복한 겁니다. 가장 중요한 마음가짐은 감사하는 마음입니다. 이보다 더 중요한 마음가짐은 '빚을 기꺼이 갚겠다'는 마음입니다.

고통을 당해 괴로우십니까. 만나는 사람마다 마음에 안 드십니까. 세상사가 당신 뜻대로 풀리지 않아 힘드십니까. 이 모든 것은 당신이 초래한 것들입니다. 당신이 다른 사람들한테 괜히 미움을 받거나 오해를 받거나 누명을 쓰거나 하는 것도 오직 당신이 만든 것입니다. 과거의 머나먼 전생을 들여다보면 당신한테 원인이 있음을 명징(明澄)하게 알 수 있습니다. 그러니 지금의 고통들을 묵묵히 감내하십시오. 묵은 빚들을 착실하게 갚아 나가십시오. 행여나 하늘이나 세상을 원망하거나 당신의 조상님을 탓하지 마십시오.

죽음까지 알아야 진짜 인생이다 _____

복에도 등급이 있다

예로부터 많은 사람이 무병장수(無病長壽)를 복의 표본으로 여겨 왔습니다. 이외에도 재산이 많거나 잘난 자식을 두거나 고위 관직에 오르거나 하는 것을 복이 많은 것으로 간주해 왔습니다. 더 나아가 머리가 똑똑하거나 학벌이 뛰어나거나 인맥(人脈)이 많거나 문장력이 출중(出衆)하거나 재능이 많은 것도 복이 많은 축에 들어갔습니다.

복에도 등급이 있습니다.

먼저 하복(下福)입니다. 가장 못난 복입니다. 우리가 흔히 말하는 세상의 복을 말합니다. 위에서 말한 무병장수, 재산, 출세, 성공, 좋은 학벌, 똑똑한 머리, 명문가(名門家) 등이 이에 해당합니다. 세상의 많은 사람이 이러한 세간의 복을 얻기 위해 노력하고 남과 경쟁하며 때로는 남을 질투하고 무고(誣告)하고 속이고 죽이기까지 합니다. 이러한 복을 많이 누리게 되면 죽을 때 편안히 가지 못하고 고통을 겪게 되며 다음 생은 아마 상당히 불행할 겁니다.

그다음엔 중복(中福)입니다. 좋은 복입니다. 마음이 한가하거나 집착이나 분별심이 그다지 없거나 욕심이 없고 고요하고 담박한 경지를 좋아하는 것이 이에 속합니다. 좋은 일을 하여 세상 사람들로부터 존경을 받거나 성현의 말씀을 공부하는 것을 좋아하거나 늘 자신을 성찰하기를 좋아하거나 세속의 시끄러움과 번잡함을 피해 한적한 곳에서 유유히 독서나 서예, 글짓기, 그림 그리기 등을 즐기는 것도 중복(中福)입니다. 병이 적고 번뇌가 적은 것, 몸은 수고로워도 마음이 한가하고 자족(自足)할 줄 아는 것도 이에 속합니다.

마지막으로 상복(上福)입니다. 뛰어난 복이라는 뜻입니다. 성현의 말씀을 읽고 성현처럼 되고자 하는 것, 성현의 말씀이나 경전에 나오는 말씀을 전혀 의심하지 않는 것, 지혜가 뛰어난 것, 세상의 비난이나 칭찬 등에 마음이 흔들리지 않는 것, 생명에 대한 외경심(畏敬心)을 갖는 것, 모든 사람을 자비의 눈으로 바라보는 것, 다른 사람을 진심으로 공경하고 섬기는 것, 불쌍한 사람을 보면 저절로 돕고자 하는 마음이 솟는 것, 선(善)을 행했음에도 오히려 비방이나 욕을 얻어먹는 것, 늘 세상을 위해 기도하는 것, 사람들에게 진리나 교육을 가르쳐 훌륭한 사람이 되게 하는 것, 세상의 시비선악(是非善惡)과 희로애락(喜怒哀樂)에 상관하지 않는 것 등이 이에 속합니다.

하지만 상복(上福)을 뛰어 넘는 복이 있으니 바로 무상복(無上福)이 그것입니다. 이는 최고의 복, 출세간(出世間)의 복, 복중(福中)의 복입니다.

이 세상의 모든 것이 무상(無常)임을 깨닫는 것, 숙명통(宿命通)·천안통(天眼通)·타심통(他心通)은 물론 번뇌와 집착을 완전히 없앤 경지, 대지혜를 얻은 것, 일체 모든 것은 마음이 만들어 낸 허상임을 깨달은 것, 내 안에 모든 것이 갖춰져 있음을 철저히 아는 것, 우주의 주재자는 하느님도 아니고 부처님도 아닌 바로 나 자신임을 깨닫는 것, 더 이상 윤회하지 않는 경지에 오른 것, 공(空) 속에서 묘유(妙有)를 볼 수 있는 것 등이 이에 해당합니다.

다음의 사례를 보시겠습니다.

　　명나라 때 어떤 사람이 있었는데, 그는 매일 밤 무릎을 꿇고 향을 피우며 하늘을 섬겼습니다. 이렇게 30여 년을 빠짐없이 계속했는데, 어느 날 밤 그 정성에 감동한 천신(天神) 한 분이 그 앞에 모습을 드러냈습니다. 천신은 전신에서 빛이 뿜어져 나왔습니다. 그가 별로 놀란 기색이 없자 천신은 이렇게 말했습니다.

　　"네가 밤마다 그렇게 간절히 하늘을 섬겼는데 원하는 것이 무언지 빨리 말해 보아라. 난 시간이 없어 얼른 가야 한다."

　　그는 잠시 생각하다 이렇게 말했습니다.

　　"저는 별로 요구하는 것이 없습니다. 단지 한평생 헐벗고 굶주리지 않으며, 그렇게 궁색하지 않아 산수(山水)를 즐길 수 있고 병 없이 죽을 수 있다면 좋겠습니다."

　　이 말을 들은 천신이 말했습니다.

　　"네가 요구하는 그것은 바로 상계(上界) 신선의 복이니라! 네가 만약 인간 세계의 부귀공명을 바란다면 아무리 높은 지위라도, 아무리 많은 재산이라도 내가 들어줄 수 있다. 하지만 상계 신선의 청복만큼은 너에게 줄 방법이 없다!"

현자께서 말씀하셨습니다.

"복에는 다섯 가지 등급이 있는데 어느 쪽을 선택하는가는 사람에게 달려 있다. 선을 많이 행하고서 부귀를 누리지 못하는 경우가 최상이고, 부귀가 좀 부족한 경우가 그 다음이며, 선도 많이 행하고 부귀도 많이 누리는 경우가 또 다음이고, 선은 별로 행하지 않고서 부귀만 많이 누리는 경우가 그 다음이며, 선을 전혀 행하지 않았는데 부귀만 많이 누리는 경우가 최하이다."

정말 좋은 복은 아직 오지 않은 복, 아직 쓰지 않은 복입니다. 이런 복을 잘 아껴 두었다가 임종 때 써먹어야 합니다. 고로 세상에서 흔히 말하는 그런 복은 가능한 한 쓰지 않는 것이 좋습니다.

누명을 쓰고도 억울해하지 않는 것, 남들로부터 모욕을 당하고도 참는 것, 고통을 당해도 하늘이나 세상을 원망하지 않는 것, 자기 분수에 만족하면서 사는 것, 화를 낼만한 상황임에도 화를 내지 않는 것, 다른 사람들을 자기 부모처럼 여기는 것 등은 일반 사람으로서는 정말 하기 힘든 일입니다. 하지만 이런 일들이야말로 자기의 복을 크게 쌓는 일임을 알아야 합니다.

죽음까지 알아야 진짜 인생이다

오히려 좋은 일

1) 자식이 없는 사람은 홀몸이니 죽을 때 마음 편히 갈 수 있습니다.

2) 가난한 사람은 신경 쓸 일이 적으니 죽을 때 마음 편히 갈 수 있습니다.

3) 자식이 불효막심하면 자식에 대한 집착을 버릴 수 있으니 오히려 좋은 일입니다.

4) 자식에게 온갖 공을 들였는데 나를 학대하고 돌보지 않는다면, 전생에 자식한테 진 빚을 비로소 갚은 것입니다.

5) 큰 병을 앓고 있는 사람은 죽음이 가까이 온 줄 알기에 죽음 준비를 미리 할 수 있으니 상서로운 일입니다.

6) 실패와 좌절을 무수히 맛본 사람은 그것으로 전생의 죄업을 갚은 셈이니 이보다 좋은 일이 어디에 있겠습니까.

7) 많던 재산을 다 날린 사람은 재산 때문에 이 세상에 대한 집착과 미련을 떨쳐 버릴 수 있으니 죽을 때 마음 편히 갈 수 있습니다.

8) 나를 돌봐줄 가족이나 친척 또는 지인(知人)이 없는 사람은 내가 죽을 때 슬피 울거나 나를 욕하거나 내 시신을 차가운 냉장고에 바로 집어넣어 나를 고통스럽게 할 사람이 없으니 얼마나 좋은 일입니까.

9) 재산이 없는 사람은 자녀들이 상속 재산을 두고 싸우는 꼴불견이 없을 것이므로 죽을 때 마음 편히 갈 수 있습니다.

10) 배움이 짧은 사람은 남을 무시하거나 갑질을 하는 일들이 적었을 것이므로 죄를 덜 지었을 것입니다.

11) 남이 부러워하는 직업을 가져 보지 못한 사람은 남들로부터 손가락질받는 짓을 덜 했을 것입니다.

12) 별 볼 일 없는 집안에서 태어난 사람은 파렴치한 범죄를 짓거나 국가를 속여 나랏돈을 빼내거나 지위를 이용하여 법망을 빠져 나가거나 직위를 이용하여 얻어낸 정보로 부동산 투기를 하는 등의 큰 죄를 짓지 않았을 것이니 얼마나 좋은 일입니까.

13) 많이 배우지 못한 사람들은 성현의 말씀을 비웃거나 비방하는 일이 적었을 것입니다.

14) 지금 말기 암 또는 치료가 힘든 병으로 투병 중이십니까? 아니면 사지가 마비되어 혼자 힘으로는 거동이 불가능하십니까? 그래도 정신은 멀쩡하니 치매에 걸린 사람보다는 훨씬 나은 겁니다.

15) 말재주가 없거나 지식이 없는 사람들은 잘못된 말이나 강의, 사견(邪見)으로 가득한 책 출판, 왜곡된 경전 해석 등의 엄청난 죄를 짓지 않게 되니 얼마나 좋은 일입니까.

16) 여자로 태어난 것을 불행하다고 여기셨습니까. 많이 억울하셨습니까. 여자로 태어나 세상의 수많은 편견과 부당한 차별, 게다가 출산의 고통까지 겪었으니 이것만으로도 전생에 진 어마어마한 빚들을 갚으신 겁니다.

죽음까지 알아야 진짜 인생이다 _____

17) 당신이 부잣집에 태어났으면 온갖 악한 행위와 부정한 짓 그리고 추잡한 행동들을 많이 했을 텐데, 다행히 부잣집이나 권세가에 태어나지 않아 천만다행입니다.

18) 글깨나 쓸 줄 아는 사람은 글로써 남을 비판하고 잘난 척하고 우쭐대곤 했을 텐데, 다행히도 당신은 글솜씨가 없어서 이런 행위를 하지 못했으니 정말 다행입니다.

19) 당신이 일류 대학을 나와 최고의 직장을 다녔다면 잘난 척, 아는 척, 있는 척을 해대며 남들을 우습게 여기고 세상을 하찮게 보았을 터인데, 당신은 다행히 그러질 못했습니다. 천만다행입니다.

20) 당신은 실패와 좌절을 많이 겪어 보았고 빚더미에도 앉아 보았으며 아는 사람한테 사기도 당해 보았고 모르는 사람들로부터는 업신여김을 당했으며 자식들한테서는 냉대도 받았습니다. 이러했기에 당신은 철이 들었고 정신은 성숙해졌으며 자신을 되돌아보게 되었지요. 축하드립니다.

성냄과 색욕(色欲)

공자께서 말씀하셨습니다.

"작은 일을 참지 못하면 큰일을 그르친다[小不忍則亂大謨]."

사람의 심리에 중대한 변화가 있으면 혈액과 세포가 즉시 변합니다. 특히 크게 화를 냈을 때, 그 즉시 피를 뽑아서 검사를 해보면 피의 색이 모두 변해 있습니다. 독소를 갖추고 있기 때문입니다. 화를 습관적으로 내는 사람은 체질이 산성화되어 각종 성인병을 유발할 수 있는 나쁜 체질로 변하게 됩니다.

어른이 화를 내며 뿜어내는 탄산가스를 액화시키면 밤색의 침전물이 생기는데, 이것을 쥐에게 주사하자 몇 분 내에 죽었으며, 한 사람이 한 시간 동안 계속 화를 낼 때 생긴 독소는 80명을 죽일 수 있을 정도의 심한 독소가 배출된다고 합니다. 또 화를 자주 내면 간이 손상됩니다.

화를 습관적으로 잘 내는 사람은 심장병, 고혈압, 치매, 동맥경화, 소화 장애와 같은 질병에 걸릴 확률이 매우 높고, 비만 가능성과 흡연 확률도 높아지며, 수명도 짧아진다는 것을 알아야 합니다.

특히 높은 자리에 있는 사람은 말을 적게 하고 버럭 화를 내는 일을 경계해야 합니다.

죽음까지 알아야 진짜 인생이다

불경에서 말합니다.

"모든 번뇌 가운데서 성냄이 가장 무거우며, 착하지 못한 과보 가운데 성냄의 과보(果報)가 가장 크다."

티베트 사람들에게 제일 어리석은 사람은 나쁜 짓을 하는 사람을 보고 화를 내는 사람이라고 합니다. 나쁜 짓을 하는 사람은 인과(因果)를 모르고 지혜가 부족한 사람이기 때문에 연민을 가져야지, 화를 내서는 안 된다는 것입니다.

말은 신중하게 해야 하고, 화는 더디게 내야 합니다. 신앙생활을 오래 해 온 사람일수록 성깔이 대단해지는 것 같습니다. 모두 성현의 잣대로 남들을 바라봅니다. 그래서 이것도 못마땅하고 저것도 못마땅해합니다. 하지만 자신은 반성하지 않습니다.

성인께서 이르셨습니다.

"성내는 마음이나 생각이 다들 자신에게는 없다고 생각합니다. 화를 크게 냄은 당연히 성내는 생각입니다. 남을 미워하고, 사람을 속이고 하늘을 원망하고 남을 탓하는 것, 이 모두가 성냄입니다. 시비(是非)를 분명히 하는 것도 성을 내는 것입니다. 혹은 어떤 일에도 성내지 않을 거라고 말하는 것도 깔끔함을 좋아하는 것으로, 지저분한 것을 보면 참지 못하는 것도 성냄입니다. 한 생각 성냄이 바로 싫어서 미워함입니다."

현대인들이 화를 잘 내는 가장 큰 이유는 육식을 많이 하기 때문입니다. 그리고 매운 채소(마늘, 양파, 파, 부추 등)를 많이 먹기 때문입니다. 육식을 많이 하게 되면 동물이 죽어갈 때 내뿜은 독소와 원한과 증오의 기운이 같이 들어오게 되면서 성미가 급해지고 거칠어지게 되는 것입니다.

성인께서 또 말씀하셨습니다.

"세상 사람들 중 4할(割)은 색욕으로 죽고, 또 다른 4할은 색욕을 직접 원인으로 죽지는 않지만, 색을 탐하여 쇠약해진 몸이 다른 감염을 통해 간접적으로 죽는다. 결국 아득히 넓은 이 세상의 수많은 사람들 중에서 8~90%가 색욕으로 죽는다."

시대가 천박하고 인심(人心)이 위험하기 그지없는 요즘, 성(性) 풍조가 날이 갈수록 문란해지고 있습니다. 첫 성(性) 경험을 하는 시기가 초등학교에까지 내려가 있고, 포르노물 등과 같은 성(性) 산업은 갈수록 번창하고 있습니다.

이미 결혼한 사람이 배우자 외에 다른 여자나 남자를 애인으로 두고 틈날 때마다 바람을 핍니다. 우리나라처럼 성(性)이 문란한 나라를 찾기 힘듭니다.

포르노물의 범람과 독버섯처럼 번지고 있는 매춘(賣春) 산업은 국가도 이미 손을 더 이상 쓸 수 없는 지경에 와 있습니다.

현자께서 말씀하셨습니다.

"늙어서 오는 병의 대부분은 젊었을 때 성(性)을 절제하지 않은 데서 온다."

사람의 몸을 해치는 일이 한둘이 아니지만, 가장 심한 것은 바로 부도덕한 성(性)관계입니다. 이를 '사음(邪淫)'이라 부릅니다.

남자들은 여자들의 예쁜 얼굴에 혹합니다. 세상의 남자들은 여자의 아름다움을 찬미하며 예쁜 여자와 동침하기를 원하거나 예쁜 여자를 아내로 거느리고자 갖은 방법으로 유혹합니다. 하지만 생각이 깊은 남자는 여색의 해독(害毒)을 알기 때문에 늘 경계하고 조심합니다.

남자는 드러내놓고 성(性)을 탐하지만, 여자는 은밀하게 성(性)을 탐합니다. 세상에서는 남자들이 여자보다 성욕이 강하다고 말하는데 이는 사실이 아닙니다. 남자의 성미가 여자보다 급한 것뿐입니다. 성미가 급한 남자는 예쁜 여자나 마음에 드는 여자를 보면 참지 못하여 먼저 말을 걸거나 물질로 유혹합니다. 이것이 통하지 않으면 중간에 다른 사람을 통해 접근하거나 우연히 만나는 것처럼 위장하거나 납치하거나 아니면 끝내는 겁탈합니다.

"이 세상에 여자가 없다면 남자들이 죄를 얼마나 덜 짓겠는가."라고 성현께서 말씀하셨습니다.

"만 가지 죄악 가운데 사음이 첫 번째이고, 온갖 덕행 가운데 효도가 으뜸이다."라는 말씀도 있습니다.

옛 선인(先人)께서 말씀하셨습니다.

"기생과 창녀의 조상들은 죄다 화류계에 탐닉했던 건달들이었고, 사음을 좋아하는 자들은 틀림없이 자손이 요절하고 집안이 번창하지 못한다. 남이 음욕을 저지르는 걸 보거나 듣고 기뻐하며 찬성하는 짓도 스스로 범하는 것과 똑같은 죄악이다."

"남의 딸을 간음한 자는 자손이 끊기는 과보를 얻고, 남의 아내를 간음한 자는 자손이 음란한 대가를 얻는다."

마음에 품고 있는 여자를 강간하려고 하거나, 남의 여자를 꾀어내어 애인으로 삼으려고 하거나, 이웃집 유부녀를 호시탐탐 노리거나, 어린 여자아이를 유혹하여 성추행하려 하거나, 장애 여성을 건드려 보려고 하는 남자들은 다음과 같이 생각해야 합니다.

'내가 저 여자를 간음하면 내 어머니, 내 아내, 내 딸, 내 여동생도 다른 남자한테 간음을 당하는 날이 곧 들이닥친다.'

'내가 저 여자를 간음하면 내가 지금까지 적게나마 쌓아온 선행이나 음덕이 모조리 없어진다.'

'내가 저 여자를 간음하면 하늘은 그 즉시 나를 죄인의 명부(名簿)에 기록하고 잔혹한 천벌을 내릴 준비에 착수한다.'

남이 간음을 저지르는 걸 보거나 듣고는 기뻐하면서 찬성하는 짓도 본인이 스스로 범하는 것과 똑같은 죄악임을 알아야 합니다. 마지막으로 도교 경전에 나오는 말씀을 보시겠습니다.

"보통 사람이 남의 아내나 딸을 간음하면, 지옥에서 500겁(劫) 동안 고통을 받은 뒤 비로소 벗어나 말이나 당나귀로 태어난다. 그리고 다시 500겁이 지나야 사람 몸을 되찾게 되는데, 그것도 창녀나 기생으로 태어난다.

만약 음모를 꾸며 홀어미나 비구니(여자 스님) 같은 여자를 간음하여 절개와 정조를 빼앗으면, 지옥에서 800겁 동안 고통을 받은 뒤 벗어난다. 그것도 양(羊)이나 돼지로 태어나 사람들에게 도살당한다. 다시 800겁이 지나야 사람 몸을 되찾는데, 장님이나 벙어리로 태어난다. 그리고 집안 친인척 사이에서 윗사람을 간음하거나 아랫사람을 능욕하여 윤리강상(倫理綱常)을 파괴하면 지옥에서 1,500겁 동안 고통을 받

죽음까지 알아야 진짜 인생이다

은 뒤 비로소 뱀이나 쥐로 태어난다. 다시 1,500겁이 지나야 바야흐로 사람 몸을 되찾는데, 어머니 뱃속에서 죽거나 포대기 안에서 요절하여 끝내 천수(天壽)를 다 누리지 못한다. 그런데 만약 음란 서적을 만들어 사람들의 마음을 파괴하는 자는 죽어서 무간(無間)지옥에 들어간다. 자기가 만든 책이 세상에서 완전히 사라져 그 책으로 인한 죄악도 모두 소멸되어야만 고통의 과보를 끝마치고 그 지옥에서 벗어나게 된다."

이 말씀은 도교 경전에 나오는 말씀이지만, 불가(佛家)에서도 크게 존숭하는 말씀이기도 합니다. 성범죄의 엄중함이 이러하니 부디 조심하고 또 조심해야 합니다.

아래의 고사는 색욕을 경계한 어느 재상의 미담(美談)입니다.

송나라 한기(韓琦)가 재상으로 있을 때 첩을 하나 사들였는데 성은 장 씨(張氏)이고 용모가 아름다웠습니다. 계약을 하자 그 여인은 갑자기 눈물을 흘렸습니다. 한기는 무슨 일이냐고 물었습니다.

"저는 본래 공직랑(供職郎) 곽수의(郭守義)의 아내입니다. 재작년에 저의 남편이 부사자(部使者)의 모함으로 탄핵당해 오늘 같은 처지로 떨어지게 되었습니다."

한기는 괴로워하며, 그녀에게 돈을 가지고 집으로 돌아가서 남편의 억울한 사정이 다 씻기면 다시 오라고 했습니다.

장씨는 나중에 약속대로 한기의 집으로 돌아왔습니다. 한기는 그녀를 보지 않고 사람을 시켜 말을 전했습니다.

"재상으로서 내가 어찌 선비의 부인을 첩으로 삼겠는가. 예전에 그대에게 준 돈은 갚을 필요가 없소."

그다음에는 계약서를 돌려주고 또 은자 20냥을 노잣돈으로 삼으라고 주어 그들 부부가 다시 만날 수 있게 했습니다.

장씨는 감격하여 눈물을 흘리며 멀리서 한기에게 인사하고 떠나갔습니다. 후에 한기는 위군왕(魏郡王)으로 임명되었고 시호는 충헌(忠獻)이었으며 자손이 창성했습니다.

죽음까지 알아야 진짜 인생이다 _____

인생의 좌우명으로
삼을 만한 말씀들

"하늘이 내게 복을 박(薄)하게 준다면 나는 덕(德)을 두터이 쌓아 이에 맞설 것이고, 하늘이 내 몸을 괴롭힌다면 나는 내 마음을 한가롭게 하여 내 몸을 도울 것이며, 하늘이 내 처지를 곤궁하게 한다면 나는 도(道)를 깨우쳐 마침내 통(通)할 것이니, 하늘인들 더 이상 나를 어찌하겠는가."

"남의 잘못은 마땅히 용서해 주어야 하나 자신의 잘못은 용서하지 않는다. 자신의 곤경은 마땅히 참아야 하나 남의 곤란은 참아서는 안 된다[人之過誤宜恕 而在己則不可恕 己之困辱當忍 而在人則不可忍]."

"군자는 밝은 곳에서 죄를 짓지 않으려면, 먼저 어두운 곳에서 죄를 짓지 말아야 한다[君子欲無得罪於昭昭 先無得罪於冥冥]."

"군자는 먼저 자신의 몸을 편안하게 한 뒤에 움직이고, 마음을 편안하게 한 뒤에 말하며, 친분이 두터워진 뒤에 남에게 요구한다[君子安其身而後動 易其心而後語 定其交而後求]."

"나무는 무성한 잎이 떨어지고 뿌리만 남은 뒤에야 꽃과 가지와 잎이 헛된 영화임을 알게 되고, 사람은 관 뚜껑을 덮을 때가 이른 뒤에야 자손과 재물이 쓸모없는 것임을 알게 된다[樹木至歸根 而後知花 萼枝葉之徒榮 人事至蓋棺 而後知子女玉帛之無益]."

"궁지에 처하면 초심(初心)을 되돌아보고, 성공을 거두면 말로(末路)를 살펴야 한다."

"내가 하는 일이 잘 풀리지 않으면 처음에 가졌던 마음가짐이 어떠했는지를 살펴야 하고, 지금 하는 일이 잘 풀리고 만족스럽다면 그 일의 말로(末路)가 어떻게 될지를 내다보아야 한다."

"남의 조그만 허물을 꾸짖지 말고, 남의 비밀을 들추어내지 말며, 남의 지나간 잘못을 마음속에 담아두지 않는다. 이 세 가지는 덕을 기르며 또한 해(害)를 멀리할 수 있는 것들이다[不責人小過 不發人陰私 不 念人舊惡 三者可以養德 亦可以遠害]."

"백 번 싸워 이기는 것이 한 번 참는 것만 못하고, 만 번 옳은 말을 하는 것이 한 번 침묵하는 것만 못하다[百戰百勝不如一忍 萬言萬當不 似一黙]."

"산이 높고 험한 곳에는 나무가 없으나 계곡이 굽이굽이 감도는 곳에는 초목이 무성하다. 물살이 세고 급한 곳에는 물고기가 없으

죽음까지 알아야 진짜 인생이다 _____

나, 물이 잔잔히 고인 곳에는 물고기와 자라가 모여든다[山之高峻處無木 而谿谷廻環 則草木叢生 水之湍急處無魚 而淵潭停蓄 則魚鼈聚集]."

"그대가 부(富)를 내세우면 나는 인(仁)으로 맞서고, 그대가 벼슬을 내세우면 나는 의(義)로 맞선다.

군자는 본디 임금이나 재상이 내린 부(富)나 벼슬에 얽매이지 않는다. 사람의 마음이 안정되면 하늘을 이길 수 있고, 뜻을 하나로 모으면 하늘의 기(氣)를 움직일 수 있다. 군자는 또한 조물주(造物主)가 만든 운명에 갇히지 않는다[彼富我仁 彼爵我義 君子固不爲君相所牢籠 人定勝天 志一動氣 君子亦不受造物之陶鑄]."

"조금 베풀고서 두터운 보답을 바라는 사람은 끝내 보답을 받지 못하고, 지위가 높아졌다고 하여 천했던 때를 잊어버리는 사람은 그 지위에 오래 있지 못한다[薄施厚望者不報 貴而忘賤者不久]."

"남의 말이 내 뜻에 거슬리면 시비를 가리지 않고 그 말을 버리기 쉽고, 남의 말이 내 뜻에 알맞으면 시비를 가리지 않고 그 말을 취하기 쉽다."

"하늘은 한 사람을 사사로이 부유하게 하려는 것이 아니라 대개 뭇 가난한 자들을 그에게 부탁하려는 것이요, 하늘은 한 사람을 사사로이 귀하게 하려는 것이 아니라 대개 뭇 천한 자들을 그에게 부탁하려는 것이다."

"선을 행하면 당장은 복을 받지 못하더라도 결국엔 반드시 복을 받고, 악을 행하면 당장은 화를 당하지 않더라도 결국엔 반드시 화를 당한다."

"많은 사람들한테 손가락질을 받으면 병이 없어도 죽는다[千人所指無病而死]."

"남에게 은혜를 베푸는 사람이 안으로 자기 스스로에게 나타내지 않고 밖으로 다른 사람에게 드러내지 않는다면 한 말의 곡식이라도 만 섬의 은혜가 된다.

남을 이롭게 하는 사람이 자기가 베푼 은혜를 계산하고 그에 대한 보답을 바란다면 비록 아무리 많은 돈일지라도 한 푼의 공도 이룰 수가 없다[施恩者 內不見己 外不見人 則斗粟可當萬鍾之惠 利物者 計己之施 責人之報 則百鎰難成一文之功]."

"자신에게는 관대하고 남에게 엄한 사람은 하등(下等) 인간이고, 자신과 남에게 모두 엄한 사람은 중등(中等) 인간이며, 자신에게는 엄하되 남에게 관대한 사람은 상등(上等) 인간이다."

"말이 도리에 어긋나게 나가면 도리에 어긋나게 들어오고, 재물이 도리에 어긋나게 들어오면 도리에 어긋나게 나간다[言悖而出者 亦悖而入 貨悖而入者 亦悖而出]."

죽음까지 알아야 진짜 인생이다

"세상일은 모두 헛된 속임수이니 속지 마라. 세상일은 모두 꿈이니 집착하지 마라."

"한 나라를 다스릴 능력과 재주를 가진 자에게 구멍가게를 맡기면 반드시 말아먹고, 구멍가게를 잘 경영하는 사람에게 나라를 맡기면 나라를 반드시 거덜 낸다."

"하늘은 현명한 한 사람을 내어 모든 사람의 어리석음을 깨우치려 하나, 세상에서는 오히려 자기의 장점을 내세워 남의 단점을 들춰낸다. 또 하늘은 한 사람에게 부유함을 몰아주어 이 세상의 곤궁을 구제하려 하나, 세상에서는 오히려 가진 것에 의지하여 가난을 업신여긴다. 참으로 천벌을 받아 마땅한 사람들이다.

부귀한 자는 너그러움을 배워야 하고, 학문이 깊은 자는 겸손함을 배워야 한다."

"오랫동안 신앙생활을 착실하게 해 온 사람들에게 복이 없는 가장 큰 이유는 성현(聖賢)의 잣대를 가지고 남을 함부로 재단(裁斷)하기 때문이다."

"아기가 말하는 법을 배우는 데는 2년이 걸리지만, 말을 경청하는 법을 배우는 데는 60년의 세월도 모자란다."

"인생의 7할은 삶을 도모하는 데 쓰고, 3할은 죽음을 대비하는 데 쓰라."

"사람은 근심과 환난 속에서는 살아나지만, 안일과 쾌락 속에서는 죽게 된다[生於憂患而死於安樂也]."

"하는 일마다 잘 풀리고 인생이 순조롭다면 당신은 불행한 것이다. 하는 일마다 실패하고 인생이 늘 꼬인다면 당신은 운이 좋은 것이다. 단, 어떠한 경우에도 원망하면 안 된다."

"재앙을 받을 사람이 복을 누리는 것은 악의 열매가 아직 무르익지 않아서이다. 악의 열매가 무르익으면 저절로 그 벌을 받는다. 복을 받을 사람이 재앙을 받는 것은 선의 열매가 아직 무르익지 않아서이다. 선의 열매가 무르익으면 반드시 복을 받는다[妖孽見福 其惡未熟 至其惡熟 自受罪虐 貞祥見禍 其善未熟 至其善熟 必受其福]."

"쌓은 덕도 없이 부귀해지는 것을 불행이라 말한다[無德而富貴 謂之不幸]."

"남을 사랑해도 나와 친해지지 않으면 자신의 인(仁)을 반성하고, 남을 다스리는데도 다스려지지 않으면 자신의 지혜를 반성하며, 남에게 예(禮)를 베풀어도 답례하지 않으면 자신의 공경을 반성한다. 무슨 일을 했는데 만족스러운 결과를 얻지 못하면 돌이켜 자신에

죽음까지 알아야 진짜 인생이다

게서 그 원인을 찾아야 하니, 자기 자신을 올바르게 하면 천하가 나에게 귀의할 것이다[愛人不親 反其仁 治人不治 反其智 禮人不答 反其敬 行有不得者 皆反求諸己 其身正而天下歸之]."

"나보다 나이가 많은 사람을 보면 나보다 좋은 일을 더 많이 했을 것이라 여기고, 나보다 나이가 적은 사람을 보면 나보다 죄를 덜 지었을 것으로 생각한다. 나보다 부유한 사람을 보면 나보다 덕을 더 많이 쌓아서 부자가 된 것이라 여기고, 나보다 가난한 사람을 보면 나보다 더 많은 고통을 겪었을 것이니 나는 다행이라고 생각한다. 나보다 지혜로운 사람을 보면 경의를 표하면서 따르고 나보다 어리석은 사람을 보면 가엾게 여기되 업신여기지 않는다."

"누군가를 만났을 때 자신의 학식이나 능력이나 지혜를 드러내어 자신을 대단한 사람인 양 보이게끔 하는 사람보다, 오히려 상대의 장점을 드러내 주고 상대의 얘기에 귀를 기울여 상대가 자기보다 더 나은 사람임을 느끼게 해 주는 사람이 더 훌륭한 사람이다."

"늙어 가매 나 또한 한낱 티끌만도 못한 존재임을 깨닫게 되고, 늙어 가매 온갖 인연이 부질없음을 알게 된다. 늙어 가매 이 세상에 내가 기여한 바가 하나도 없음을 알게 되고, 늙어 가매 죄를 무던히도 많이 짓고 살아왔음을 알았다. 아! 부끄럽다."

"다른 사람보다 뛰어난 사람은 그다지 훌륭한 사람이 아닙니다.

이전의 나보다 더 나은 사람이 되었을 때 비로소 훌륭한 사람인 것입니다."

"무릇 어떤 일을 행하든 간에 만물에 이롭고 사람에게 편리하도록 도모해야 마땅하니, 자기만을 위해서 복을 구하는 것은 하찮은 일이라고 할 것이다[凡爲事 當利於物而便於人 爲己而求福者末也]."

"사소한 일에도 버럭 화를 내고, 작은 이익에도 눈을 부라리며 흥분하고, 남의 작은 실수를 보면 그냥 넘어가는 법이 없고, 한없이 게으르고, 오로지 남 탓만 하면서 인생을 살았구나!"

"자신의 처지가 불우하다고 하여 도의(道義)에 어긋나는 짓을 거리낌 없이 행하거나, 자신의 인격을 헐값으로 만드는 짓을 해서는 안 된다."

"사람이 악하면 사람들은 그를 두려워하지만, 하늘은 두려워하지 않는다. 사람이 착하면 사람들은 그를 속이려 하지만, 하늘은 속이지 않는다[人惡人怕天不怕 人善人欺天不欺]."

"천하를 이롭게 하면 천하가 그 길을 열어주고 천하를 해치는 자는 천하가 그를 막는다[利天下者 天下啓之 害天下者 天下閉之]."

"선에는 선보(善報)가 있고 악에는 악보(惡報)가 있으니, 보응하지 않

죽음까지 알아야 진짜 인생이다

는 것이 아니라 시기가 아직 도래하지 않았을 뿐이다."

"은혜와 이익에는 남 앞에 서지 말고 덕행을 쌓는 일에는 남보다 뒤처지지 마라[寵利毋居人前 德業毋落人後]."

"이름을 좋게 알리고 착한 일을 할 때는 혼자서 다 하려고 하지 마라. 조금은 남에게 나누어주어야 해를 멀리하여 몸을 온전히 보전할 수 있다.
　욕된 행실과 이름을 더럽히는 일은 모두 남의 탓으로만 돌리지 마라. 조금은 끌어다 나의 책임으로 돌려야 지혜를 안으로 간직하고 덕을 기를 수 있다[完名美節 不宜獨任 分些與人 可以遠害全身 辱行汚名 不宜全推 引些歸己 可以韜光養德]."

"사흘 동안 책을 읽지 않으면 거울에 비친 자신의 얼굴을 바라보기가 가증스럽다."

"사람들은 명성과 높은 지위만을 즐거운 것으로 생각하고 명예도 없고 지위도 없는 것이 더 참된 즐거움인 줄은 모른다.
　사람들은 굶주리고 추운 것만이 근심인 것으로 생각하지만 굶주리지 않고 춥지도 않은 근심이 더 큰 근심인 줄은 모른다[人知名位爲樂 不知無名無位之樂爲最眞 人知饑寒爲憂 不知不饑不寒之憂爲更甚]."

"군자는 부끄러움을 가장 큰 수치로 삼지만, 소인은 몸이 아픈 것을 가장 큰 고통으로 여긴다[恥之一字 所以治君子 痛之一字 所以治小人]."

"부귀한 집안은 너그럽고 후덕해야 하건만 오히려 시기하고 각박하다면 그것은 곧 부귀하면서도 행실은 가난하고 천한 것이니 어찌 복을 누릴 수 있을 것인가."

"총명한 사람은 그 재주를 거두고 감추어야 하건만 오히려 드러내 자랑한다면 총명하면서도 어둡고 어리석음에 병든 것이니 어찌 실패하지 않겠는가[富貴家 宜寬厚而反忌刻 是富貴而貧賤其行矣 如何能享 聰明人 宜斂藏而反炫耀 是聰明而愚朦其病矣 如何不敗]."

"권력과 명예, 이익과 사치를 가까이하지 않는 사람은 깨끗하다. 하지만 그것을 가까이하더라도 물들지 않는 사람은 더 깨끗하다.
권모술수를 모르는 사람은 마음이 높은 사람이다. 하지만 그것을 알더라도 사용하지 않는 사람은 마음이 더 높은 사람이다[勢利紛華 不近者爲潔 近之而不染者爲尤潔 智械機巧 不知者爲高 知之而不用者爲尤高]."

"음식을 먹을 때 시끄럽게 먹지 않고, 화장실에 가서 흔적을 남기지 않고, 세수할 때 소리를 내지 않고, 남의 집에 가서는 부러운 마음으로 자꾸 두리번거리지 마라."

"가난을 이겨내는 사람은 많으나 돈을 이겨내는 사람은 극소수다."

죽음까지 알아야 진짜 인생이다

"지위가 높아질수록 화살을 많이 맞고 많이 가질수록 비난을 많이 들으며 자주 말할수록 실수를 많이 한다."

"덕을 부지런히 닦으면 하늘이 반드시 복으로서 보답하고, 노고를 아끼지 않으면 상대가 반드시 은혜로서 보답한다."

"지금 누리는 복이 크면 나중에 돌아오는 그 화(禍)도 클 것이 틀림없다."

"말을 잘하는 법을 배우기 전에 침묵하는 법을 먼저 배워라."

"온 마음을 다해 마음을 비우고 고요함을 깊게 지켜라[致虛極 守靜篤]."

"사람이 짐승만 못한 점이 많다. 짐승은 교미하는 데 때를 가리지만 사람은 때를 가리지 않는다. 짐승은 같은 무리가 죽은 걸 보면 슬퍼하지만, 사람은 남을 죽이고도 통쾌히 여기는 자가 있고, 간혹 남의 화(禍)를 요행으로 여겨 그 지위를 빼앗기도 하니 짐승이라면 이런 짓을 하겠는가. 화가 되돌아오는 것은 당연하다."

"소변을 볼 때는 해와 달을 향하지 말고, 걸음을 걸을 때는 반드시 벌레를 피해 발을 디뎌라. 이는 사소하지만 종신토록 실천할 만한 일이다."

“덕(德)을 사람에게 나누어 주는 것을 성(聖)이라 하고, 재물을 사람에게 나누어 주는 것을 현(賢)이라 한다[以德分人謂之聖 以財分人 謂之賢].”

“범부(凡夫)는 범부를 뛰어넘어 성인으로 들어가려 하나, 성인(聖人) 은 성인을 뛰어넘어 범부로 들어가려 한다.”

“바르면 곧 고요하고 고요하면 곧 밝으며 밝으면 곧 텅 비니 텅 비지 않으면 아무것도 하지 못한다[正卽靜 靜卽明 明卽虛 虛卽無爲而無 不爲也].”

“학문하는 자는 마음을 바르게 하고 몸을 닦는 것이 제일 우선인 데, 그 요점은 의관을 바르게 하고(正衣冠), 안색을 반듯하게 하는(尊 瞻視) 것보다 절실한 것이 없다.”

이런 생각을 해 봅니다.

길에 쓰레기를 함부로 버리지 않는 사람과 함부로 버리는 사람은 그 인격의 차이가 얼마나 클까.

자연을 아끼고 보호해야 한다고 여기는 사람과 자연을 함부로 훼손하는 사람은 그 인격의 차이가 얼마나 클까.

독서나 명상 등을 통해 자신을 되돌아보면서 반성하는 사람과 독서 등과는 담을 쌓고 지내면서 자신이 대단한 사람인 양 천박하게 행동하는 사람은 그 인격의 차이가 얼마나 클까.

죽음까지 알아야 진짜 인생이다

성현의 말씀을 따르면서 가능한 한 죄짓지 않고 세상을 살아가려 하는 사람과 세상을 보는 안목과 기준이 오직 돈 하나뿐인 사람은 그 인격의 차이가 얼마나 클까.

어려운 사람을 보면 도와주고 싶다는 생각이 드는 사람과 전혀 그렇지 않은 사람은 그 인격의 차이가 얼마나 클까.

인과응보를 진실하게 믿기에 될 수 있는 한 나쁜 인(因)을 짓지 않으려 노력하는 사람과 인과응보는 다 거짓이라면서 제멋대로 인생을 사는 사람은 그 인격의 차이가 얼마나 클까.

감사하는 마음으로 이 세상을 살면서 남을 공경할 줄 아는 사람과 늘 불평불만을 갖고 살면서 목과 어깨에 잔뜩 힘을 주고 남을 깔보는 사람은 그 인격의 차이가 얼마나 클까.

욕심을 자제할 줄 알고 화를 잘 내지 않으며 예의를 지키는 사람과 탐욕스럽기 짝이 없고 툭하면 화를 내며 남에 대한 배려나 예의가 도대체 없는 사람은 그 인격의 차이가 얼마나 클까.

사실, 한 사람의 인격이나 좋은 습관은 하루 이틀 사이에 형성된 것이 아닙니다. 수없이 많은 윤회를 거듭해 오면서 조금씩 형성된 것입니다. 그러므로 만약 어떤 사람이 천박한 됨됨이·이기적인 성격·교만한 심리·강한 탐욕 등을 가지고 있다면, 그 사람은 전생에도 그러했을 것이며 내생(來生)에도 역시 그런 성격을 가질 것이 분명합니다.

이기적이고 탐욕스러우며 늘 남을 깔보기를 좋아하는 사람들은 그 업력(業力)이 갈수록 나빠져서 내생에는 질병이 많거나 몸에 흠이 많거나 척박한 기후를 가진 땅에 태어나거나 늘 불안한 나라에 태어나거나 가난한 집안에 태어나거나 고달픈 인생을 살거나 자기를 도와주는 사람이 하나도 없는 곳에 태어나 고통스럽고 힘든 윤회의 삶을 이어갈 것입니다.

지금부터는 제가 책이나 여러 경험 등을 통해 얻은 삶의 귀한 가르침들을 여러분들에게 열어 보이고자 합니다. 인생의 귀한 길잡이로 활용하시기 바랍니다.

1) 다른 사람들을 위해 착한 일을 늘 하려고 애쓰되, 그 대가를 바라거나 자랑하거나 후회하거나 하지 않는다.
2) 궂은일은 내가 가장 먼저 하되 칭찬이나 보상은 가장 늦게 받는다.
3) 그 어떠한 사람도 차별하거나 무시하거나 하지 않고 평등하게 대한다.
4) 남이 잘되기를 늘 빌며 남이 좋은 일을 하면 진정으로 기뻐해 준다.
5) 남이 잘되거나 이익을 얻으면 질투하지 않으며 자신의 신세를 한탄하지 않는다.
6) 늘 자신의 허물만을 볼뿐 남의 허물이나 단점은 보지 않고 말하지 않는다.
7) 입을 열기 전에 한 번 더 생각한다.
8) 나쁜 사람, 죄를 짓는 사람을 가엾게 여길지언정 그들을 비난하지 않는다.

죽음까지 알아야 진짜 인생이다 _____

9) 재산이 많아도 일을 손에서 놓지 않는다. 일을 놓는 순간 사람은 타락한다.

10) 표정이 갑자기 바뀌는 것을 경계한다.

11) 화를 내더라도 조금만 늦추었다가 화를 낸다.

12) 지금 내가 누리는 복락(福樂)은 훗날 재앙의 씨앗임을 기억한다.

13) 이 세상에는 나보다 더 힘든 처지에서 사는 사람이 압도적으로 더 많다.

14) 옷을 단정하게 입는 것, 미소가 있는 표정, 예의 바른 행동, 조심스러운 언행, 남의 말을 잘 들어주는 것 등도 덕(德)을 쌓는 일이다.

15) 남의 업적이나 공(功)을 절대 깎아내리지 않는다.

16) 홀로 있을 때 말과 행동을 삼가고 조심한다.

17) 하찮은 일에 매우 놀라거나 흥분하거나 화내지 않는다.

18) 말은 신중하게, 몸가짐은 무겁게 한다.

19) 새 일을 맡았을 때 전임자(前任者)에게 책임을 전가하지 않는다.

20) 하찮은 생명이라도 절대 해치지 않는다.

21) 강간·간통·성희롱·음담패설·음란물 유통은 하늘이 가장 미워하는 죄다.

22) 남의 인생이나 인격을 함부로 평가하거나 규정하지 않는다.

23) 어려운 처지에 있을 때 선(善)을 쌓으면 그 공덕이 평상시에 쌓는 것보다 훨씬 더 크다.

24) 30년간 절에 다녔어도 남을 미워하는 마음, 남을 업신여기는 마음이 있다면 공덕이 하나도 없다.

25) 나쁜 일인 줄 알면서 하는 것도 자신을 속이는 행위지만 선한 일인 줄 알면서 하지 않는 것도 자신을 속이는 것이다.

26) 말을 뱉을 때 그 후의 결과를 미리 생각한 후 내뱉는다.

27) 세수, 양치질, 목욕, 식사, 하품, 대소변 등을 할 때는 가급적 소리를 내지 않는 것이 예의다.

28) 하늘의 도움을 받으려면 반드시 내가 먼저 남을 도와야 한다. 하늘의 도움을 받고자 한다면 반드시 자기가 먼저 옳은 사람이 되어야 한다.

29) 용이 얕은 물에서 놀면 새우한테도 조롱을 당하고, 호랑이가 평지로 몰리면 개한테도 업신여김을 당한다.

30) 인생에서 가장 큰 실패는 교만한 마음을 내는 것이고, 인생에서 가장 큰 용기는 자신의 잘못을 인정하는 것이며, 인생에서 가장 큰 마음은 감사하게 여기는 마음이다.

31) 나이를 많이 먹었음에도 성숙함과 감사함은 찾아볼 수 없고, 늘 무례한 데다 조급해한다면 더 살아 뭐하겠는가.

32) 젊어서 얻은 지식은 늙어서 지혜가 된다.

33) 유교에서 말하는 '예(禮)'는 불교의 계율을 말하는 것으로, 그 정신은 결국 나를 낮추고 남을 높이는 것이다.

34) 자기를 (제대로) 아는 사람은 남을 원망하는 일이 없고, 운명을 (진실로) 아는 사람은 하늘을 원망하는 일이 없다.

35) 재물이 내 앞에 왔을 때 옳지 않은 방법으로 차지하려고 하지 않고, 위난(危難)이 닥쳤을 때 구차하게 피하려고 하지 않으며, 사소한 문제를 놓고 다툴 때 이기려고 하지 않고, 재물을 나눌

죽음까지 알아야 진짜 인생이다

때 많이 차지하려고 하지 않는다.

36) 진정한 자유를 찾고 있는가. 진정한 자유란 자기가 하고 싶은 대로 하는 것이 아니라 자기 자신을 완전히 아는 것을 말한다.

37) 사람의 됨됨이는 어려울 때, 권세를 잡았을 때, 큰 재산을 모았을 때 알아볼 수 있다.

38) 자신이 몹시 초라한 존재, 별 볼 일 없는 존재, 부족한 존재임을 알아차리는 것, 이것이 겸손이다.

39) 오직 본능대로만 사는 사람을 동물 인간이라 한다면, 자기 발전을 스스로 멈춘 사람을 식물 인간이라 부른다. 동물 인간은 먹고 싸고 자는 일에 지극히 충실하다. 식물 인간은 교육이나 독서·사유(思惟)·창작 활동·봉사 등과는 담을 쌓았다.

40) 높은 지위에 있으면 교만하려 하지 않아도 저절로 교만해지고, 권세가 있으면 공감하는 능력이 현저히 떨어지게 된다.

41) 가난한 사람이나 고통을 겪는 사람을 보면 '이 사람을 어떻게 도울 수 있을까'를 생각하고, 지혜로운 사람을 보면 '이 사람에게서 무엇을 배울 수 있을까'를 생각하라.

42) 말을 적게 하면 길(吉)하고, 음식을 적게 먹으면 복(福)되며, 성인께서 남긴 책을 소리 내어 읽으면 총명하고, 수신(修身)과 계신(戒身)에 힘쓰면 번뇌에서 벗어나며, 선행을 적극적으로 행하면 하늘이 반드시 보답한다.

43) 가난을 이겨내는 사람은 많으나, 돈을 이겨내는 사람은 극소수다.

44) 입으로 말을 한다고 하지만 실은 내 입이 말하는 것이 아니라 내 안에 있는 인격이 말하는 것이다.

45) 과거의 나보다 나아지는 것을 '성공'이라 말한다.

46) 자기 자신을 위해 가장 적게 남겨두는 사람은 훗날 가장 큰 보상을 받는다.

47) 적게 먹고 적게 말하면 삶에 아무 문제가 없다.

48) 죽음이 임박했을 때 쓸모가 있는 일을 하라.

49) 가난한 자는 복이 많고 병든 자는 지혜롭다.

50) 수없이 많은 다른 '나'가 고통 속에 빠져 있는데, 나만 안락하게 살면 그만인가.

51) 얼마나 나이 먹었는지가 아니라 어떻게 나이 들었는지가 중요하다.

52) "역경과 고난을 만나지 않게 하소서."라는 기도보다는 "내 아이들이 장차 역경과 고난을 만났을 때 주저앉지 않고 스스로 지혜롭게 헤쳐나갈 수 있게 하소서."라고 기도하는 부모가 되어야 한다.

53) 당신이 이 우주와 이 세상에 대해 아는 것이 '1'이라면, 모르는 것은 '10의 300승(乘)'이다.

54) 내가 만약 남자라면 밤중에 아무 데서나 소변을 보는 일에 익숙했을 것이고, 내가 만약 여자라면 수다를 떨면서 시간을 보내는 일에 능숙했을 것이다.

55) 부자는 도심(道心)을 내기가 어렵고, 빈자는 보시(布施)하려는 마음을 내기 어렵다. 고로 부자는 다음 생에 비천한 지위로 떨어지고, 빈자는 다음 생에도 가난하다.

56) 부유한 집안에서 태어나 머리도 총명하고 하는 일마다 성공을 거두며 늘 남에게서 존경과 부러움을 받는다면, 이 사람의 다

죽음까지 알아야 진짜 인생이다

음 생은 몹시도 불행할 것이다.

57) 사람이 좋은 일을 하면 허물도 덩달아 온다. 남이 알아주었으면 하는 마음, 남이 몰라주면 어쩌나 하는 마음, 내가 도와주었으니 나에게 고마워해야 한다고 여기는 마음이 남기 때문이다.

58) 전생에 구업(口業)을 많이 지었던 사람이나 금생에 독한 말을 많이 뱉은 사람은 치아가 성치 않다.

59) 남을 돕는 일보다 자신이 올바른 사람이 되는 일이 더 큰 공덕이며, 하느님이나 부처님을 섬기고 경배하는 일보다 어려운 사람 하나를 도와주는 일이 더 큰 공덕이 된다.

60) 공직자가 되어 공(功)은 없이 녹(祿)만 받는다면 국고(國庫)를 훔치는 꼴이고, 스승이 되어 제자에게 지식만 가르치고 올바른 길로 인도하지 못한다면 훗날 반드시 앙화(殃禍)가 닥칠 것이다.

61) 한 손으로 할 수 있는 일은 많지 않지만, 두 손으로는 박수도 칠 수 있고 합장(合掌)도 할 수 있으며 하트 모양도 그릴 수 있다.

62) 선(善)을 행하더라도 반드시 조심해서 해야 한다. 선을 행하면 이름이 알려지게 되고 뒤이어 이익이 뒤따르기 때문이다.

63) 주자(朱子)는 "하루의 반은 정좌를 하고 하루의 반은 독서를 한다[半日靜坐 半日讀書]."란 말을 사랑한다고 하였고, 불경에는 "어떤 사람이 잠깐 동안만 고요히 앉아 있어도 갠지스강의 모래알과 같이 많은 칠보탑을 쌓는 것보다 낫다[若人靜坐一須臾 勝造恒沙七寶塔]."라는 말씀이 있다.

64) 시(時)에는 가득 찰 때와 텅 빌 때가 있고, 일에는 이로울 때와 해로울 때가 있으며, 만물에는 태어남과 죽음이 있다.

65) 당신의 현재 상태를 보면 당신의 전생을 어렴풋이나마 알 수 있다.

66) 많이 가진 자들, 많이 배운 자들, 나이가 많은 자들한테서 배울 점이 없다는 것이 한국 사회의 비극이다.

67) 성공하면 행복을 얻고 실패하면 지혜를 얻는다.

68) 지식이 많으면 말이 많아지지만, 지혜가 많으면 말이 적어진다.

69) 나는 녹슬어 없어지기보다는 닳아 없어지기를 원한다.

70) 인간의 의지와 선행은 타고난 사주(四柱)보다 힘이 세다.

71) 높은 자리에 오르면 가만히 있어도 온갖 비방이 생기고, 나이를 먹으면 이유 없이 죄인이 된다.

72) 자기 동네에 장애인 학교가 들어서는 것을 결사반대하는 사람들, 대학교 안에 기숙사를 건립하는 일을 극구 반대하는 학교 앞 원룸 임대업자들, 임대 아파트 주민들을 무시하고 차별하는 일반 분양 아파트 주민들, 화장터나 쓰레기 처리장 시설이 다른 동네에 들어서는 것은 괜찮되 자기 동네에 들어서는 것은 절대 안 된다는 주민들, 다른 여자를 강간한 자기 아들을 두둔하는 엄마들…. 당신도 혹시 이런 부류의 사람들인가.

73) 세상 사람들이 자기를 칭찬해 주거나 인정해 주기를 바라는 마음 하나만 버린다면 그 사람은 거의 다 된 것이다.

74) 이름을 훔치는 것은 물건을 훔치는 것보다 더 나쁘다. 이루어 놓은 것도 없이 명예를 얻는 것이 이름을 훔치는 것이다.

75) 천국은 누구에게나 활짝 열려 있어도 가는 이가 없고, 지옥문은 굳게 닫혀 있건만 두드리는 사람이 있다.

죽음까지 알아야 진짜 인생이다

76) 절제와 삼감. 이 두 말보다 더 아름다운 말을 나는 들어본 적이 없다.

77) 부모가 음덕을 쌓지 않으면 그 자식들 중에 출세하는 자가 나오는 일이 드물다.

78) 정성을 다하면 반드시 응답이 있다. 음덕을 쌓으면 반드시 응답이 있다. 노력하면 반드시 응답이 있다. 이 세 가지만 알면 다 된 것이다.

79) 일제 때 시아버지가 고문을 당해 하반신이 마비되자 홀로 된 젊은 며느리가 시아버지의 대소변을 직접 받아냈다. 그 모습을 보고 아들들이 자라났다. 훗날 그 아들들은 어머니께 효를 다하였고 다들 높은 자리에 올랐다.

80) 스승이 하루도 거르지 않고 매일 참회의 108배를 올리자 제자가 여쭈었다.

"스승님은 무슨 큰 죄를 지으셨기에 그렇게 평생토록 참회의 절을 하십니까?"

"내가 지은 죄만 참회하면 수행자라 하겠느냐? 남이 지은 죄도 참회해야 진짜 수행자다."

81) 미안한 얘기지만, 당신이 겪는 고통은 당신이 머나먼 전생 또는 젊었을 적에 지은 죄악의 과보이니 당연히 감내해야 한다.

82) 신(神)을 믿는 사람은 구원해 주어야 하지만 믿지 않는 사람은 더더욱 구원해 주어야 한다. 자기를 믿지 않는다고 하여 벌을 내리거나 내팽개치는 것은 신(神)의 도리가 아니다. 세상의 부모도 자식이 자기를 따르지 않는다고 하여 죽이거나 벌을 주는 일

이 거의 없는데 하물며 신(神)이 그러하겠는가.

83) 3,000억 원의 현금을 가진 86세의 노인이 40살 된 당신에게 이런 제안을 한다.

"내 모든 재산을 다 줄 터이니 당신 몸과 내 몸을 맞바꿉시다."

막강한 권세를 가진 어느 독재자가 당신에게 은밀히 제안한다.

"내 권세를 다 넘겨줄 테니 당신의 팔 하나를 떼어 주시오."

두 다리를 영구적으로 못 쓰게 된 어느 재벌 회장이 당신에게 제안한다.

"1조 원을 줄 테니 당신의 두 다리를 잘라서 내게 이식해 주시오."

당신은 위 제안들을 수락하시겠는가.

84) 회사를 그만둘 때 악담을 내뱉지 않는 일, 사람과 이별할 때 좋은 인상을 남기는 일은 몹시도 어렵다.

85) 한여름에 얼음을 밖에 두면 빠른 속도로 녹는다. 당신이 정성과 공경을 다해 참회하면서 절을 올리면 당신이 전생에 지은 죄악들이 얼음이 녹는 속도보다 천 배는 빠르게 녹는다. 이것을 화면으로 보여줄 수 없으니 정말 안타깝도다.

86) 당신은 늘 부유한 사람들을 부러워한다. 부유한 사람들은 정말 바쁘다. 너무 바빠서 선(善)을 행하지도 못하고 자신에 대해 알 시간도 갖지 못한다. 부유한 사람들은 우울해하거나 권태로움을 잘 느낀다. 부유한 사람들은 대개가 교만하고 탐욕스럽다. 부유한 사람들은 삶에 대한 집착이 강하고 육신을 쓰는 노동을 천시한다. 부유한 사람들은 가난한 사람들보다 질병이 많고 투병 시간도 길다. 부유한 사람들은 고급 브랜드의 옷을 걸치고

죽음까지 알아야 진짜 인생이다

화려한 저택에서 살며 비싼 음식을 매일 먹지만 행복해하지 않는다. 그래도 부유한 사람들이 부러운가.

87) 당신은 지식이 많은 사람을 늘 부러워한다. 지식이 많은 사람일수록 번뇌가 많고 의심이 많고 아상(我相)이 높은데도 말이다.

88) 누군가가 당신을 가리켜 장애인 또는 노예라고 한다면 당신은 화를 낼 것이다. 하지만 생각해 보아라. 당신의 머릿속은 비뚤어진 생각과 나쁜 생각, 원망, 교만으로 가득하니 장애인이고, 당신은 욕망만을 쫓고 감정에 휘둘리며 당신의 마음 하나도 통제하지 못하니 노예나 다름없지 않은가.

89) 자식을 진정 사랑한다면 어려서부터 자식을 고생시키고 엄히 가르치고 자식 앞에서 모범을 보여야 한다. 자식은 오직 부모의 행동만을 본받는다.

90) 마음을 여는 것, 남을 용서하는 것, 올바르게 사는 것. 이 세 가지는 아무나 할 수 있는 일이 아니다.

91) 임종 직전에는 힘이 세진다. 임종 직전에 염불을 하거나 선한 생각을 하거나 참회하는 마음을 내면 평상시보다 몇백 배의 위력을 갖는다. 같은 이치로 임종 직전에 악한 생각, 집착과 분노, 두려움 등을 품으면 죽은 후 좋은 곳에 가기 힘들다.

92) 착하게만 살아온 사람에게 임종 시에 고통이 찾아오는 것은 그 작은 고통이 다음 생의 큰 고통을 대신하기 때문이다.

93) 세상 사람들은 본인이 혼인이나 생일일 때, 부모님 생신이나 환갑 때 고급 식당에서 잔치를 벌이거나 호사스러운 곳으로 여행을 간다. 지혜로운 자들은 이러한 좋은 날에 기부를 하거나 방

생을 하거나 절에 삼천배를 하러 가거나 성현의 책을 찍어내 교도소나 학교·군부대 등지에 기증한다.

94) 부모님이 돌아가셔서 빈소에 들어온 조의금으로 자녀들이 부동산을 사서 부자가 되기를 꿈꾼다면 이는 곧 불행이 들이닥칠 전조(前兆)이다.

95) 모처럼 시간이 나면 목욕을 한 후 고요하게 앉아 지나온 날들을 반성한다.

96) 담배를 30년간 피워 오면서 길가에 담배꽁초를 함부로 버렸다. 그 작은 허물들이 쌓여 그 사람의 인생을 자꾸 어긋나게 한다. 하지만 그 사람은 그것을 전혀 모른다.

97) 당신이 탄 비행기가 고장이 나서 바다로 추락하는 중이라면, 당신은 무슨 생각이 날까. 그 짧은 시간에도 희망은 많다.

98) 가난한 것은 부끄러운 일이 아니다. 가난함에도 노력하지 않고 세상 탓만 하는 것이 부끄러운 일이다.

99) 어느 일용직 노동자가 몸이 갑자기 아픈 바람에 오후 5시가 다 되어서야 작업장에 나타났다. 오후 6시가 되어 일이 끝났는데, 다른 노동자들은 일당 12만 원을 받았고 늦게 온 이 노동자에게도 12만 원이 지급되었다. 불만이 터져 나오고 늦게 온 노동자의 얼굴에도 당혹감이 일었다. 사장이 다른 노동자들에게 말했다.

"늦게 온 사람이 2만 원만 들고 집에 돌아간다면 남편과 아버지에게 생계를 의지하고 사는 그 식구들은 어떡하오?"

100) 편의점을 운영하는 어느 사장은 아르바이트를 하는 직원들에

죽음까지 알아야 진짜 인생이다 _____

게 늘 이렇게 말한다.

"수고 많지요?"

"수고했어요."

"덕분에 제가 돈을 법니다."

그는 지금 편의점을 다섯 개나 운영하고 있다.

101) 지혜로운 노인은 보기 어렵지 않으나 예의를 갖춘 노인은 보기 어렵다.

102) 훌륭한 인격을 가진 사람은 태양이나 달을 향해 손가락질하지 않으며, 태양이나 달 쪽을 보고 소변을 보지 않으며, 태양이나 달을 뚫어지게 바라보지 않는다.

103) 의롭지 못한 일로 세상 사람들로부터 손가락질받으면 곧 재앙이 닥친다. 그런데도 사람들은 이 이치를 모른다.

104) 알면서도 말하지 않고 기쁘면서도 티를 내지 않고 비난을 받으면서도 화를 내는 기색이 없는 것. 이 세 가지는 아무나 할 수 있는 일이 아니다.

105) 얼굴은 숨길 수 없는 그 사람의 이력서다. 얼굴에는 그 사람만의 철학과 연륜과 지혜가 묻어나야 한다. 얼굴에 조급함·천박함·속물근성 등이 묻어 있으면 곤란하다. 나이가 들었음에도 남에게 각박하고 빈틈이 없고 아량이 없다면 인생을 잘못 산 것이다.

106) 일하지 않으면서 매일 먹고 마시고 놀러 다니는 사람들은 거지보다 못한 사람들이다.

107) 북유럽에선 명품을 자랑하면 모자란 사람 취급을 받는다고 한

다. 자존감 부족이란 이유에서다. 그 탓인지 북유럽에서는 명품으로 치장하고 다니는 사람을 거의 볼 수 없다.

108) 못된 인간, 무례한 인간, 이기적인 인간 뒤에는 여지없이 못난 부모가 있다.

109) 억울한 일을 당했을 때 변명하지 않고 참아내면 그 공덕이 정말로 크다.

110) 우리나라 노인들이 하지 않는 것이 셋 있다. 공부, 자원봉사, 노동이다.

111) 당신이 정직하고 착한 사람이라면 나쁜 귀신도 당신을 어쩌지 못한다.

112) 다들 일하지 않고 편하게 인생을 살아가려 한다. 복을 쌓는 일에는 무관심하고 오로지 타고난 복을 소비하고 있다. 몸에서 향기를 뿜는 사람은 드물고 다들 천박함과 무식함만 풍긴다.

113) 요즘 사람들은 노력하려고 하지도 않고 고통을 겪으려고 하지도 않는다. 의지도 박약하고 모험이나 도전을 싫어한다. 그러면서 다들 위로받고 싶어 하고 인정받고 싶어 한다.

114) 당신이 죽어 저승에 가면 저승의 왕이 이렇게 물을 것이다.
"너는 살면서 세상을 얼마나 이롭게 하였느냐?"

115) 몸에 병이 났을 때는 우선 음식을 삼가야 한다. 또 부끄러운 짓을 했거나 죄를 지었거든 맛난 음식, 비싼 음식을 먹으려 해서는 안 된다.

116) 저승에서는 곧 사람 몸을 받을 자를 지극히 공경한다. 또 자살한 영혼들은 살아 있는 사람들을 가장 부러워한다. 이래도 자

죽음까지 알아야 진짜 인생이다

살을 생각할 것인가.

117) 가난과 고통을 실컷 겪어 본 뒤에야 좋은 시(詩)가 나오고 훌륭한 문장이 나오며 뛰어난 배우(俳優)가 되고 훌륭한 인물이 된다.

118) 오늘날 부유한 집안의 부모들은 그들의 자식에게서 실패할 기회, 좌절할 권리, 성취감 등을 원천 봉쇄해 버렸다.

119) 파리 한 마리를 잡은 후 바닥에 던지면 파리는 아파서 신음하는데, 수행의 경지가 높은 사람은 그 신음이 너무 커서 잠을 이루지 못할 정도다.

120) 아침에는 화를 내는 일을 경계하고, 저녁에는 음식을 배불리 먹는 것을 경계해야 한다.

121) 그대는 큰 뜻을 품었는가. 그대는 장차 큰 인물이 되고자 하는가. 그렇다면 다음 말씀을 새겨들으시게.

"일체의 시비(是非)를 돌보지 말고 일체의 훼예(毁譽)에 반응치 말고 일체의 희비(喜悲)에 동요치 말고 일체의 즐거움에 빠지지 말고 일체의 고통에 좌절하지 말라."

모든 일은 결국 지나가기 마련이고, 지나고 보면 모두 보잘것없는 일이며, 꿈속의 일처럼 의미 없고, 남의 돈을 세는 일처럼 부질없다.

122) 여럿이 같이 있을 때는 내 입을 단속하고, 나 홀로 있을 때는 미쳐 날뛰는 내 마음을 단속한다.

당신은 유죄입니다

1) 공부하지 않고 나이만 먹은 당신은 유죄입니다.

2) 열심히 일만 하고 살아온 당신은 유죄입니다.

3) 죽음을 진지하게 생각하지 않고 살아온 당신은 유죄입니다.

4) 내려놓을 줄 모르고 집착만 하면서 살아온 당신은 유죄입니다.

5) 자신이 누구인지 고민하지 않고 살아온 당신은 유죄입니다.

6) 가족에게는 함부로 하면서 남들에게만 '좋은 사람'이라는 소리를 듣는 당신은 유죄입니다.

7) 인생의 큰 풍파를 겪어보지 않고 살아온 당신은 유죄입니다.

8) 많은 재산을 가족에게만 나누어준 채 임종을 앞둔 당신은 유죄입니다.

9) 사후세계 같은 것은 없다고 여기며 살아온 당신은 유죄입니다.

10) 자신의 나쁜 심리 상태나 단점 등을 끊임없이 고쳐나가지 않고, 대신 신(神)에게 기도하고 헌금을 내고 예배드리고 하면서 복을 갈구(渴求)한 당신은 유죄입니다.

11) 자녀들에게 좋은 모습을 보여 주지 못한 당신은 유죄입니다.

12) 작은 일에도 화를 잘 내고, 거만한 표정과 말투로 사람을 대하며, 이기적이고 무례한 태도와 마음가짐으로 인생을 살아온 당

죽음까지 알아야 진짜 인생이다

신은 유죄입니다.

13) 아나운서가 전달하는 뉴스는 의심 없이 믿으면서, 성현의 말씀은 온통 의심만 하면서 믿지 않는 당신은 유죄입니다.

14) 지혜로운 자, 어진 자를 시기하고 헐뜯은 당신은 유죄입니다.

15) 부끄러운 짓을 하고도 부끄러운 줄 모르는 당신은 유죄입니다.

16) 성찰하지 않고 인생을 살아온 당신은 유죄입니다.

17) 평생을 남 탓, 하늘 탓만 하면서 살아온 당신은 유죄입니다.

18) 자신과 다른 종교를 믿는 이들을 욕하고 비방한 당신은 유죄입니다.

19) 게으르게 살면서 인생을 허비한 당신은 유죄입니다.

20) 늙었음에도 일만 하는 당신은 유죄입니다.

잘못된 견(見)들

'견(見)'이란 견해(見解)로서 이른바 사상(思想)이나 주장을 말합니다. 다음에 나오는 견(見)들은 오래전부터 인류의 정신을 지배해 왔습니다. 인류가 만들어낸 수많은 주의(主義)와 사상, 관념(觀念)들은 모두 결함을 지니고 있습니다.

민주주의(民主主義)만 해도 그렇습니다. 민주주의의 결함은 중우정치(衆愚政治)·포퓰리즘·소수를 무시하는 다수의 횡포·1인에게로의 권력 집중·이익 집단의 발호(跋扈) 등입니다.

우리는 그간 공산주의(共産主義)나 인종주의(人種主義)·국수주의(國粹主義)의 폐해를 수도 없이 목격해 왔습니다. 또 기독교라는 한 종교를 믿고 따랐던 국가나 집단이 인류사에 저지른 해악(害惡) ─종교 전쟁·집단 학살·마녀사냥·강제 선교 등─ 을 우리는 똑똑히 보았습니다.

조선 시대의 노론(老論)이 견지(堅持)한 주자(朱子)의 교조화(敎條化)·신격화(神格化)는 조선 사회를 얼마나 경직(硬直)시켰습니까. 사상이나 관념은 이토록 무서운 것입니다. 이런 나쁜 견해들이 인류에 끼친 피해는 실로 막대합니다. 아래의 견해들을 사견(邪見: 삐뚤어진 견해)이라 부르는데, 이러한 사견(邪見)들을 믿는 것만으로도 큰 허물이 되며 더 나아가 남에게 가르치거나 널리 퍼뜨리는 것만으로도 큰 죄가 됨을

죽음까지 알아야 진짜 인생이다 _____

알아야 합니다.

1) 육도 윤회를 부정하는 견해

2) 공(空)을 얻으면 인과(因果)도 없어진다고 하는 견해

3) 일체무상(一切無常: 모든 것은 변한다)을 부정하는 견해

4) 나와 이 우주는 영원불멸하여 항상 그대로 있다고 보는 견해

5) 인과응보(因果應報)와 같은 것은 거짓이고 억지로 꾸며낸 것이라는 견해

6) 죽음 후에는 모든 것이 '완전한 무(無)'로 돌아가 아무것도 남지 않는다고 보는 견해

7) 사람이 죽으면 다시 사람으로 태어나고, 동물이 죽으면 다시 동물로 태어나는데, 이것이 영원토록 반복된다고 하는 견해

8) 우주에는 절대적인 어떤 존재가 있는데, 그가 이 우주를 창조하였고 사람이나 동물, 식물 등 삼라만상(森羅萬象)도 그가 지었다고 보는 견해

9) 사후 세계나 영혼의 존재는 없으며 현세도 없고 후세도 없다고 보는 견해

10) 인간은 태어날 때 운명을 갖고 태어나는데, 이 운명에서 한 발짝도 벗어날 수 없어서 평생 운명의 지배를 받으며 살아야 한다고 보는 견해

11) 혹독한 고행(苦行)을 통해서만 해탈(解脫)을 얻을 수 있다고 보는 견해

12) 인간은 우연히 이 세상에 태어났다고 보는 견해. 이에 의하면,

인간의 길흉화복은 인과(因果)나 운명이 아니라 단순히 우연(偶然)에 의해서 좌우된다고 본다.

13) 자기가 믿는 종교 외의 가르침으로는 해탈을 절대 얻을 수 없다고 보는 견해

14) 현세의 삶이 최초이자 최후이므로 인간은 그저 즐기면서 사는 것이 마땅하다고 보는 견해

15) 신(神)이 모든 것을 주관하고 인간은 이에 무조건 복종해야 한다고 보는 견해

16) 신(神)은 영원불멸한 존재이지만 인간은 그렇지 않다는 견해

17) 이 세상은 꿈도 아니고 마음이 만들어낸 것도 아니며 그 자체가 실상(實相)이라고 보는 견해

18) 일체가 공(空)하다고 보는 견해. 이 견해에 의하면 부처도 공(空)이요, 신(神)도 공(空)이요, 선(善)도 공(空)이요, 살인(殺人)도 공(空)이요, 인과(因果)도 공(空)이라고 본다.

19) 육식(肉食)을 끊지 않으면 해탈(解脫)이 절대 불가능하다고 보는 견해

20) 신(神)에게 빌면 복을 받고 빌지 않으면 복을 받지 못한다는 견해

21) 무아(無我)나 무상(無想), 공(空)의 경지가 최고의 경지라고 믿는 견해

22) 일체가 공(空)이기 때문에 참회나, 선행, 인과(因果) 등은 다 허무(虛無)하다고 믿는 견해

23) 내 몸이 죽음과 동시에 '나(我)'도 영원히 소멸한다는 견해

죽음까지 알아야 진짜 인생이다

24) 내 몸은 이 세상에서 죽으면 소멸하지 않지만, 천상에서 죽으면 영원히 소멸한다는 견해

25) 사람은 한 번 죽으면 다시는 다른 몸으로 태어나지 않는다는 견해

26) 자기가 믿는 신(神)을 위해 순교(殉教)하면 죽어 불멸(不滅)의 몸을 얻는다고 보는 견해

27) 다른 종교를 믿는 사람들을 많이 죽이면 죽일수록 천국에 태어난다고 보는 견해

28) 이 우주엔 신(神)도 없고 부처처럼 큰 깨달음을 얻은 존재도 없다고 보는 견해

29) 정해진 기간에만 윤회를 하고 그 이후에는 윤회하지 않는다고 보는 견해

30) 모든 것은 공(空)이므로, 도덕이니 선(善)이니 인과응보니 지옥이니 천국이니 하는 것들도 모두 공(空)이라고 보는 견해

31) 사람은 딱 한 번 태어나 딱 한 번 죽는다고 보는 견해

32) 신(神)이 사람을 상대로 '주사위 놀음'을 한다고 보는 견해. 이 견해에 의하면 신(神)은 사람을 장난삼아 창조하기도 하고, 사람을 모조리 죽였다가 다시 살려내기도 하고, 자기에 대한 믿음을 시험해 보기도 한다.

33) 귀한 신분이나 가문에서만 태어나야만 해탈을 얻을 수 있다고 보는 견해

34) 사람이 죽으면 그 영혼이 땅속에 잠들어 있다가 어느 때가 되면 깨어난다고 하는 견해

35) 천상에 태어나면 그 수명이 영원하다는 견해

36) 범부는 부처나 성인과 같은 존재가 도저히 될 수 없다고 여기는 견해

37) 무상(無想: 생각이 없는 경지)을 얻으면 완전한 도를 얻는다고 보는 견해

38) 이 세상은 더러운 곳이므로 세속을 떠나 산속 등지에서 홀로 도를 닦아야 한다고 보는 견해

그렇다면 도대체 정견(正見)은 무엇일까요?

우선 육도 윤회와 인과응보를 진리로 받아들입니다. 그리고 우주의 일체 삼라만상은 무상(無常)하여 시시각각으로 변해가지만, 그 본체는 변하지 않으며 모든 존재는 인연으로 생겨나고 그 인연은 연기(緣起) 한다는 것을 받아들입니다. 그리고 진공(眞空)에서 묘유(妙有)가 나오고 묘유에서 진공이 나온다는 것을 믿습니다. 일체 모든 존재는 주재자(主宰者)가 따로 없고 오직 '나'가 주재자임을 믿는 것이 정견입니다.

모든 존재는 자성(自性)이 공하며 자성은 본래부터 청정합니다.

우리는 느끼지 못하지만, 이 지구에는 인력(引力)이라고 하는 큰 힘이 작용하고 있습니다. 그 결과 바닷물이나 강물이 우주 공간으로 떨어지지 않는 것이고, 사람을 비롯한 모든 존재가 땅에 발을 붙이고 살 수 있는 것입니다.

또 우리는 전혀 느끼지 못하지만, 이 지구는 엄청난 파(波)와 자장(磁場)으로 뒤덮여 있습니다. 인공위성에서 지상으로 쏘는 전파, 군용 무

죽음까지 알아야 진짜 인생이다

기나 기상 레이더에서 쏘는 전파, 방송국에서 쏘는 전파, 핸드폰 기지국에서 쏘는 전파는 물론이고 우주에서 방사(放射)되는 알 수 없는 전파 등이 이 지구를 휘감고 있습니다.

또 우리 지구와 이 우주는 보복과 감응(感應)의 기운으로 가득합니다. 따라서 우리가 정성과 공경으로 하늘을 감동하게 하면 하늘은 그에 반드시 감응합니다. 상서로운 기운은 상서로운 기운끼리 끌어당기고, 나쁜 기운은 나쁜 기운끼리 뭉치려 하는 특징이 있습니다. 따라서 남을 해치게 되면 반드시 훗날 내가 보복을 당합니다.

마찬가지로 이 지구는 인과(因果)로 촘촘히 엮여 있습니다. 좋은 일을 하게 되면 이 우주는 스스로 우리를 돕게 되고, 우리가 나쁜 생각을 하거나 나쁜 행위를 하게 되면 이 우주는 스스로 우리를 향해 나쁜 기운을 방출하게 됩니다.

우주의 주재자(主宰者), 주관자(主管者)는 하느님도 아니고 부처님도 아니며 오직 나 자신입니다. 이때의 '나'는 내 몸뚱이를 가리키는 것이 아니라 내가 지닌 불성(佛性), 신성(神性), 자성(自性)을 가리킵니다. 그리고 모든 일은 인과(因果)와 인연(因緣)에 의해 일어나지만, 그 본체는 공(空)합니다. 이 공(空)이 바로 유(有)이며 공(空)에서 온갖 유(有)가 생겨납니다. 그 본체를 '하느님'이라 불러도 좋고 '여래(如來)'라 불러도 좋으며 '도(道)'라고 불러도 상관없습니다.

이 도(道)를 알아내면 지금 당장 죽어도 좋습니다. 그래서 공자는 "아침에 도를 들으면 저녁에 죽어도 좋다."라는 말씀을 하셨던 것입니다. 이 도를 알아내면 우주의 주인이 되며 이 도를 알아내면 비로소 해탈합니다.

자녀와
어서 화해하십시오

이 세상의 많은 아버지들이 나이 들어 자식들이나 배우자로부터 버림받거나 소외당하고 있습니다. 황혼(黃昏) 이혼이나 고독사(孤獨死)는 이런 일들의 결과입니다.

허다한 부모들이 그들의 자녀들에게 큰 상처와 원한을 심어 주고 있습니다. 부모에 대한 자녀들의 증오심은 상상 이상입니다. 자녀를 부모의 소유물로 여기고 무조건 지시하고 명령만 합니다. 자녀들에게 툭하면 화를 냅니다.

어른으로서 자제하는 모습, 양보하는 모습, 책임지는 모습, 예의 바른 모습, 배려하는 모습, 법과 질서를 잘 지키는 모습 등 어른다운 모습은 찾아보기 어렵습니다.

엄마를 마구 때리는 아빠, 자녀들에게 막말과 욕설을 잘 퍼붓는 아빠, 이기적이고 교활한 엄마, 손해를 조금도 보지 않으려 하는 엄마, 남편에 대한 원망만 늘어놓는 엄마, 권리는 잘 챙기면서 의무는 내팽개치는 부모, 쓰레기를 함부로 버리는 아빠, 툭하면 남과 비교하는 엄마, 남에게 조금도 지지 않으려 하는 엄마, 매일 술을 마시고 술주정하는 아빠, 천박하고 몰상식한 엄마, 자녀들이 싫어하는 행위를 고치려 하지 않는 아빠…. 이러한 부모의 행태들을 자녀들은 보고 자랍니다. 이렇게 자라난 자녀는 무례하고 이기적이며 천박한 성인이 되어 남에게 피해를 주거나 아니면 우울하고 어두운 인생을 살아가는 한 인간을 만들어냅니다.

한국의 많은 아버지가 가정에서 황제로 군림하려 합니다. 바깥에서는 소심하고 착실하게 행동하는 사람도 집에 들어오면 나쁜 독재자로 바뀝니다. 아내한테 명령하고 무시하고 화를 잘 내며 아내가 싫어하는 행동을 멈추려 하지 않습니다. 남들 앞에서 아내를 깎아내리고 아내와 자녀들 앞에서 무례한 행동이나 추태를 부리면서도 부끄러워할 줄을 모릅니다. 그들의 이러한 버릇은 끝내 이혼이나 별거 또는 소외로 이어집니다.

아래에서 한국의 아이들이 부모에게 가장 바라는 것을 골라 보십시오.

1) 공부를 잘하라고 독촉하지 않는 것
2) 자녀를 믿어주는 것
3) 부모와 함께하는 시간이 많은 것
4) 용돈을 많이 주는 것
5) 간섭하지 않는 것

놀랍게도 한국의 아이들이 1위로 꼽은 것은 위 다섯 가지 중의 하나가 아니었습니다. '부모가 행복한 모습을 자녀에게 보여 주는 것'을 1위로 꼽았습니다. 그렇습니다. 우리 아이들은 부모님이 서로 행복하게 사는 모습을 보는 것이 가장 행복하다고 말합니다. 집에 들어가면 서로 얼굴을 붉히고 서로를 무시하며 욕하면서 싸우는 부모의 모습을 가장 싫어한다는 겁니다.

한국의 부모들은 정말 반성하고 참회해야 합니다. 많은 부모가 부모로서의 역할을 제대로 하지 못하고 있습니다. 서로 존중하는 부부를 찾아보기가 힘듭니다. 게다가 한국의 많은 부부가 '무늬만 부부'일 뿐, 사실상 해체된 상태입니다. 부부간의 성관계도 거의 행해지지 않으며, 서로를 따뜻하게 챙겨주고 보살피는 관계는 찾아보기 힘듭니다. 자녀들은 아버지를 존경하지 않으며, 아버지를 '돈 버는 기계', '거추장스러운 존재' 또는 '차라리 없어져 주었으면 하는 존재'로 여기고 있습니다. 그러면서도 한국의 남자들은 알량한 자존심 하나만은 절대 버리지 못합니다. 자신이 무슨 잘못을 했는지조차 모르고 있고, 그 고집스러운 성격과 게으름 그리고 명령과 지시에 익숙한 태도를 죽을 때까지 버리지 못합니다.

진심을 다해 배우자와 자녀들에게 용서를 구하십시오. 오직 "내가 잘못했다. 미안하다. 용서해다오." 이 세 마디면 됩니다. 배우자와 각 자녀한테 직접 쓴 사과의 편지를 전해준다면 더 좋겠지요.

사과는 직접 얼굴을 보면서 해야 효과가 있고, 빨리할수록 좋습니다. 사과를 하는 자리에서는 그 어떠한 변명도 하지 마십시오.

죽기 전에, 병들어 말조차 못 할 지경이 되기 전에, 치매에 걸리기 전에 서둘러 배우자나 자녀들에게 "내가 잘못했다."고 말하십시오. 이 말 한마디가 놀라운 일을 불러올 겁니다. 허다한 아버지들이 이 말을 하지 못하여 가족들로부터 외면당하고 냉대를 받으며 외롭게 죽어갔음을 알아야 합니다.

세상의 이치

　오래 살아도 세상의 이치를 알지 못합니다. 지혜가 없기 때문입니다. 왜 이 세상에 태어난 것인지, 죽으면 어떻게 되는 것인지에 대해 조금도 알지 못한 채 세상을 살아갑니다. 다들 무책임합니다. 몸은 그렇게 열심히 가꾸면서도 마음은 닦으려 하지 않습니다. 마음에 때가 잔뜩 끼었는데도 그대로 둡니다. 독서를 하면서 마음 수양을 조금이라도 하면 좋으련만 여간해서는 하지 않습니다. 게으르고 귀찮기 때문입니다. 대신 틈만 나면 음식을 먹으러 돌아다니거나 TV를 보거나 수다를 떨거나 아니면 술판을 벌입니다.

　우리에겐 공부하지 않고 살아온 원죄(原罪)가 있습니다. 우리는 고등학교나 대학교를 졸업하는 그 순간부터 공부와 담을 쌓습니다. 우리만 공부를 안 하는 것이 아니라 성직자들도 공부를 안 합니다. 얼마전 기독교 신자인 이느 노(老)철학자께서 목회자들도 『논어(論語)』를 공부해야 한다고 말한 적이 있습니다. 유교 경전은 사람 노릇, 인간 됨됨이에 치중되어 있기 때문에 사람이라면 반드시 공부해야 합니다. 그럼에도 우리나라 성직자들은 유교 경전을 공부하지 않습니다. 사실 불교의 역대 고승들을 보면 유교 경전에 통달하신 분들이 대부분이었습니다. 유교 경전에만 통달하신 것이 아니라 시(詩)와 문장에도 일가

죽음까지 알아야 진짜 인생이다 _____

(一家)를 이루었습니다. 공부란 지식이 아닌 지혜를 터득하는 것을 말합니다. 지식을 얻는 일은 부차적인 것입니다. 사람을 철들게 하고 성숙시켜 주는 것이 공부입니다. 공부를 해야 사람 노릇을 잘하게 되고 예의를 알며 어떻게 살아가야 하는지를 알게 됩니다. 대표적인 공부가 독서입니다. 우리에겐 독서를 게을리한 죄가 있습니다.

어느 현자께서 말씀하셨습니다.

"어릴 때 학문을 좋아하는 것은 아침 해가 떠오르는 것 같고, 장년에 학문을 좋아하는 것은 한낮의 태양과 같고, 노년에 학문을 좋아하는 것은 깜깜한 밤에 등불을 밝히는 것과 같다[少而好學 如日出之陽 壯而好學 如日中之光 老而好學 如炳燭之]."

사람이 많이 배우면 좋은 점이 몇 가지 있습니다.

첫째, 많이 알수록 남을 많이 도울 수 있습니다. 지식이나 재능이 많으면 그에 비례하여 남을 도울 수 있는 방편도 늘어납니다.

둘째, 많이 알수록 다른 사람의 고통을 많이 알게 됩니다. 그 결과 자기중심적인 생각이나 교만한 마음이 많이 줄어들게 됩니다. 그리고 공감(共感) 능력이 향상됩니다.

중국 진(秦)나라가 망하자 한(漢)과 초(楚)가 다투었는데, 결국 유방(劉邦)이 천하를 얻었습니다.

육가(陸賈)가 한(漢) 고조(高祖)에게 말했습니다.

"이제 학문을 익히셔야 합니다."

고조(高祖) 유방은 그 말대로 책을 읽었는데, 전쟁터를 달리던 그에게는 쉬운 일이 아니었습니다. 한 달쯤 따라가던 한 고조는 책을 탁하고 덮었습니다.

"나는 글을 모르고도 세 척 칼을 들고 말 위에서 천하를 얻었는데 이까짓 학문이 무슨 소용인가."

"말 위에서 천하를 얻을 수는 있으나, 말 위에서 천하는 다스릴 수는 없습니다[可馬上取天下 不可馬上治天下]."

이 글은 사마천이 지은 『사기』에 나오는 이야기입니다.

고조 유방이 말했습니다.

"내가 난세를 만나 진(秦)나라가 학문을 금하자 스스로 기뻐하여 책을 읽는 것이 유익할 것이 없다고 생각했다. 임금이 되고 난 뒤로부터 비로소 때때로 책을 살펴보았는데 글 쓴 사람의 의도를 알 수 있었다. 이에 비추어 내가 옛날에 행동하였던 것을 생각해 보니 옳지 않은 일이 많았다."

사람의 정서나 주관은 세월이 흐르면서 바뀌기 마련입니다. 어제 내가 읽고서 감동받았던 책의 어느 구절은 오늘 다시 보면 평범하기 그지없는 문장입니다. 어제 내가 쓴 명문(名文)은 오늘 반드시 비문(非文)이 되고, 어제의 미인은 오늘 더 이상 미인이 아니며, 어제 내가 행한 선(善)이 오늘은 불선(不善)이 됩니다. 그러하기에 지금 나의 주장이나 판단도 얼마 못 가 바뀔 가능성이 대단히 높습니다. 그러니 자신의 고집을 강하게 내세우는 일이 얼마나 잘못된 일인지 알 수 있습니다.

우리가 사는 이 세상은 이해가 되지 않는 일들로 가득합니다.

옛날의 과거 시험이나 현대의 대학 시험에서 수석을 차지한 사람치고 나라에 크게 기여하는 사람이 드물고, 권세가 있는 가문에서 태어

죽음까지 알아야 진짜 인생이다 _____

난 자식들 가운데 머리가 아둔한 자가 상당히 많은 것은 인생의 아이러니입니다.

후대에 큰 업적을 남긴 자는 생전에 고통이 많았고, 생전에 온갖 복을 누린 자는 후대에 남길 만한 공을 쌓지 못했습니다.

아기는 종일 울어대도 목이 쉬지 않으며, 주먹을 늘 쥐고 있는데도 항상 엄지손가락이 손바닥 안으로 들어가 있습니다. 게다가 아기는 벌과 전갈과 독사가 물지 않고 사나운 짐승도 덤벼들지 않고 하늘을 나는 새도 아기는 낚아채 가지 않습니다.

머리가 뛰어난 자는 집안이 빈궁하고, 재주가 뛰어난 자는 풍파를 많이 겪습니다. 얼굴이 예쁜 여자는 요절하기 십상이고 문장력이 특출한 자는 몸이 허약하며, 충신은 모함을 받거나 유배를 가거나 아니면 임금의 미움을 받아 결국 비참한 최후를 맞이합니다.

신생아가 가장 많이 태어나는 시기는 전쟁 중 또는 큰 전염병이 유행하고 있을 때이며, 비범한 인재나 현자가 가장 많이 등장하는 때는 나라가 극심한 혼란이나 갈등에 빠져 있을 때입니다.

난세에 영웅이 나고 인간은 죽음의 위기에 처했을 때 성욕이 왕성하게 발동합니다. 식물은 위기에 빠져 있을 때 수확량이 늘어나며 뿔은 초식동물에게만 있습니다.

열대 기후나 건조 기후 등 더운 기후를 가진 나라는 가난한 데다 인재가 드물며, 추운 기후를 가진 나라는 인재가 많고 부유합니다.

재물 복이 많은 사람은 가방끈이 짧아 학식(學識)이 보잘것없고, 가방끈이 길어 학벌이 출중한 사람은 대부분 가난한 집 출신입니다.

사람이 죽기 전에는 대개 한두 달 전 또는 며칠 전부터 몸에서 시체

냄새가 나고, 저승사자가 그 사람의 주위를 따라다니며 머리 위에는 검은 빛이 감돕니다.

죄를 많이 지은 사람은 그 영혼이 이미 지옥이나 축생계에 가 있는 경우가 있는데, 정작 본인은 전혀 알지 못합니다.

젊은 남녀가 성관계를 하면 그 주변엔 수천의 영혼이 여자의 태(胎)에 들어갈 기회를 엿보고 있습니다.

천재 음악가나 불세출의 예술가 또는 위대한 문장가 등은 영안(靈眼)이 열려 있거나 하늘의 신(神)들이 도와주기 때문에 뛰어난 작품을 만들어 낼 수 있는 것입니다.

위대한 수학 공식이나 탁월한 과학 법칙은 하늘이 도와주지 않는 한 인간의 노력으로는 발견해 내지 못합니다.

치매환자는 암이나 당뇨병 등에 잘 안 걸리고, 암이나 당뇨병 환자들은 치매에 잘 걸리지 않습니다.

청정한 수행자 옆에 가면 그가 내뿜는 맑은 기운에 의해 우리의 영혼이 정화되고, 청정한 수행자의 옷을 만지거나 손을 잡는 것만으로도 질병이 낫는 경우가 많습니다.

좋은 일을 많이 한 사람, 세상을 위해 기도를 많이 한 사람, 채식을 오래 한 사람, 늘 손해만 보는 사람, 행동이 예의 바르고 남을 배려할 줄 아는 사람, 행동이 차분하고 욕심이 적으며 절제하는 사람에게는 상서로운 기운이 모여듭니다.

자식이 어려서 죽으면 부모가 전생에 죄를 많이 지은 경우가 많습니다. 고로 부모는 참회해야 합니다.

조상이 음덕을 많이 쌓으면 후손 중에서 반드시 출세하거나 훌륭한 인물이 나옵니다.

우리가 사는 이 세상은 지옥에서 막 올라온 사람, 동물이었다가 사람으로 태어난 사람, 천상계에 있다가 인간계로 떨어진 사람, 사람을 교화하기 위해 이 땅에 오신 성현들로 뒤범벅되어 있습니다.

큰 깨달음을 얻은 사람이 파계(破戒)를 하거나 병에 걸려 죽는 모습을 보이거나 사람들로부터 손가락질 받는 행위를 하는 것도 범부로서는 이해하기 힘듭니다. 그런데 사실은 그것들을 통하여 사람들에게 말없이 설법(說法)을 하는 것입니다. 즉, 교화(敎化)를 위해서 일부러 그렇게 하는 것이지요. 사실 겉으로는 계율을 범하고 파괴하는 것 같지만, 내심으로는 계율을 지키는 일반 사람보다 더 엄하게 계율을 지킵니다. 병자의 모습을 하고는 있지만, 사실은 병든 모습을 보여줌으로써 무상(無常)을 설합니다. 겉으로는 화를 내고 남을 꾸짖지만, 속으로는 자비의 눈물을 흘립니다. 겉으로는 육식을 하고 술을 마시지만, 속으로는 육식이나 술에 완전히 무심(無心)합니다.

얼굴은 추하고 장애가 있는 신체의 모습을 보이지만 그를 보는 사람마다 그를 존경하지 않는 사람이 없고 좋아하지 않는 사람이 없습니다. 한없이 교만한 모습을 보이지만 사실은 한없이 겸손하고 자비롭습니다. 이것을 불교에서는 '비도(非道)'를 행함으로써 중생을 교화한다고 말합니다. 성인은 순도(順道)를 통하여 중생을 교화하기도 하지만, 때로는 비도(非道)나 역도(逆道)를 통하여 교화하기도 하는 것입니다.

인생의 이치는 이처럼 대단히 묘한 데가 있습니다. 다음 사례들을 잘 읽어보십시오. 단, 아래의 사례들은 모든 경우에 적용되는 것이 아님을 유념하시기 바랍니다.

1

절에 뛰어난 근기(根器)를 지닌 제자가 들어오면 스승은 단박에 알아봅니다. 하지만 스승은 일부러 엄하게 가르칩니다. 제자는 공부는커녕 수년간 절의 허드렛일을 도맡아 해야 합니다. 조금이라도 흐트러진 모습을 보이거나 게으른 행위를 할라치면 스승은 호되게 야단을 치거나 절에서 쫓아냅니다.

수 년 넘게 혹독한 잡일을 해내면 그제야 공부를 시킵니다. 스승이 이렇게 하는 이유는 제자의 두터운 업장을 녹여 주기 위해서입니다. 제자의 그릇이 아무리 뛰어나도 전생에 지은 두터운 악업이 가로막고 있으면 수행이 진보하지 못하기에, 스승은 일부러 고된 일을 시킴으로써 그의 악업이 빨리 녹도록 도와주는 것입니다.

옛날 티베트에 밀라레파라는 고승이 계셨는데 젊었을 적엔 무척이나 가난했습니다. 그가 훌륭한 스승을 찾아가 제자로 삼아달라고 했지만, 스승은 그를 상대조차 해 주지 않았습니다. 수차례 스승을 찾아가 제자로 받아들여 줄 것을 간청하자, 스승은 마지못해 그를 제자로 삼았지만 그를 끊임없이 괴롭혔습니다.

스승은 먼저 제자에게 집을 지을 것을 명했습니다. 몇 년간 하루 한 끼만 먹고 천장도 없는 집에서 기거하면서 흙과 돌로 벽돌을 만들고 먼 곳에 가서 나무를 져다 날라서 마침내 집을 지으니, 스승께서는 "너는 왜 이것을 지었느냐?"라고 하면서 집을 당장 허물라고 했습니다. 제자는 아무런 원망도 하지 않고 즉시 집을 철거했습니다. 스승이 다시 말했습니다. "저쪽 뒤에 땅이 있으니 나를 위해 집을 지어라."

제자는 다시 집을 짓기 시작했습니다. 얼마나 고되고 힘들었는지 나중에 등이 문드러져 뼈가 드러났습니다. 그런데도 스승에게 갖은 욕을 들어야 했습니다.

스승의 아들이 이를 보다 못해 제자의 일을 돕다가 스승에게 걸렸습니다. 스승이 제자에게 말했습니다.

"너는 뭐 하는 놈이냐! 내 아들이 얼마나 귀한 몸인데 내 아들에게 도와달라고 한단 말이냐!"

"스승님, 제가 시킨 게 아니라 사형(師兄)이 스스로 와서 도와준 것입니다."

그러자 스승은 제자를 욕하면서 매질을 가했습니다. 그러고는 짓고 있던 집을 헐고 다시 지으라고 했습니다. 제자는 원망하는 말 한 마디도 없이 다시 집을 짓기 시작했습니다. 그러면서 스승은 남몰래 눈물을 흘리고 있었습니다. 제자의 업(業)이 무거운 것을 알았기에 일부러 그렇게 함으로써 제자의 업을 녹여 주고자 했던 것입니다. 깨달음을 얻은 스승한테서 야단을 맞거나 학대를 당하는 등의 고통을 당하면 제자의 업장이 빠르게 녹을 뿐만 아니라, 죽어서 삼악도(三惡道)에 떨어지는 과보를 면할 수 있습니다. 특히 그 스승이 대지혜를 갖추었거나 과위(果位)를 증득한 성인일 경우에는 더 이상 말할 필요가 없습니다. 과연 그 제자는 훗날 티베트의 위대한 성자(聖者)가 되었습니다.

어떤 사람이 새 직장에 들어가 보니 많은 직원들이 고용주로부터 불합리하고 가혹한 대우를 받고 있었습니다. 지나치게 적은 월급, 불량하고 위험하기 짝이 없는 근무 환경, 고용주의 지나친 욕설과 폭력 등을 당해가며 일을 하고 있었습니다. 이를 보다 못한 새 직원이 노동청에 신고하여 그들을 구제해 주고자 하였습니다. 이를 전해 들은 그의 아버지께서 그에게 말했습니다.

"그냥 내버려 두어라."

"내버려 두라니요? 그게 무슨 말씀이세요?"

"그냥 내버려 두는 게 그 직원들을 위하는 거야."

"내버려 두는 게 어찌 직원들을 위하는 거란 말입니까?"

"그 직원들은 그런 부당한 대우를 받음으로써 전생에 지은 악업을 갚아가고 있는 것이다. 만약 네가 그들을 구해주면 그들의 채무가 더 쌓이게 돼. 그러니 내버려 두라는 거야. 그리고 고용주는 그렇게 함으로써 전생에 못 받은 채무를 받아내는 거란다."

#3

어떤 사람이 유력한 정치인과 인맥이 닿아 돈으로 그를 많이 도와주었습니다. 몇 년 후 그 정치인은 높은 자리에 오르게 되었는데, 자기를 도와준 그 사람에게 보상을 해 주고 싶었습니다. 마침 정부 투자 기관인 ○○○○ 공사(公社) 사장 자리가 공석이 되었고, 그 사람이 물망에 올랐습니다. 그 사람도 그 자리를 마다할 이유가 없었습니다. 그 사람과 인연이 있는 어느 사주 명리학자가 어느 날 그에게 말했습니다.

"그 자리가 탐나십니까?"

"당연하지요."

"그 조직을 이끌 능력이 있으십니까?"

"능력은 없지만, 워낙 좋은 자리이다 보니 탐이 납니다."

"나중에 사장 자리에서 물러나면 무엇을 하시렵니까?"

"그 경력을 기반으로 국회의원 공천을 따내 국회의원에 출마해야지요."

"그 사장 자리에 가지 않는 게 좋습니다. 국회의원에도 출마하지 마시고요."

"왜 그렇습니까?"

"선생님은 그런 높은 자리에 오를 만한 복도 없고, 금생에 그럴 만한 공덕도 세우신 게 없으니 드리는 말씀입니다. 이를 무시하고 그 자리에 오르시면 분명 탈이 납니다. 자중하십시오. 선생님은 지금 가지신 재산만으로도 이미 큰 복을 누리고 계시는데, 이에 더하여 명예까지 거머쥐게 되면 분명 큰 재앙이 따를 겁니다."

그 사람은 결국 그 사장 자리에 올랐습니다. 그러나 그로부터 1년 후 업무상 배임(背任)과 직원 부정 채용이 적발되어 해임된 후 기소(起訴)되어 징역 2년을 선고받았고, 큰아들은 큰 사고를 당해 장애자가 되었으며, 그의 아버지는 중풍에 걸렸습니다. 그뿐만 아니라 본인도 담낭암 말기 진단을 받아 1년 3개월간 투병하다가 결국 사망했습니다.

#4

어느 영능력자(靈能力者)가 들려준 얘기입니다.

"50대 남자분을 뵌 적이 있습니다. 몸에 선한 기운이 흐르고 있었고, 교양과 예절 그리고 품격까지 겸비하고 계신 분이셨습니다. 요즘 세상에 참으로 보기 드문 분이셨지요. 하지만 그분의 인생은 늘 불우하고 가난했습니다. 본인 몸은 건강했지만, 자녀들은 다들 약골(弱骨)이어서 잔병치레가 많았고, 아내는 남편과는 달리 못된 성격의 소유자였습니다. 집안은 늘 궁핍하였으며 하고자 하는 일마다 모조리 실패했습니다. 많은 고생, 숱한 실패, 화목하지 못한 가정, 병을 달고 사는 자녀들…. 이것이 그의 인생이었습니다.

그런데, 제가 보니 그분의 암울한 인생은 거의 끝나가고 있었습니다. 조금만 있으면 좋은 일들이 일어날 조짐이 보였습니다. 전생의 업을 많이 녹여내느라 지금까지 호된 고통을 당한 것입니다. 다행히 그분의 마음가짐이 선했습니다. 어려운 사람들을 보면 기꺼이 도와주었던 것이 특효약이었습니다. 이제 그분의 가정과 자녀들은 다 잘되는 일만 남았습니다. 잘 참으신 겁니다. 만약 고통을 참지 못하고 자살하였거나, 아내와 이혼하였거나 아니면 가정을 버리고 혼자서 먼 곳으로 도망갔더라면 그분의 고통은 다음 생에서도 계속되었을 것입니다. 잘 참고 버티셨으니 좋은 일이 생길 겁니다."

죽음까지 알아야 진짜 인생이다 _____

어떤 여자가 있습니다. 마음 씀씀이가 옹졸하고 자존심이 강하며 몹시 이기적이었습니다. 젊어서 작은 사업을 시작했는데, 사업이 의외로 잘되어 많은 돈을 벌게 되었습니다. 그러자 못된 성격은 걷잡을 수 없이 커졌습니다. 툭하면 남을 무시하고 오직 돈으로만 세상을 바라보는 비루(鄙陋)한 사람으로 변해 갔습니다.

훗날 돈 많고 성격까지 좋은 남편을 만나 그의 인생은 더욱 꽃피었습니다. 아들만 둘을 낳았는데, 얼굴도 잘생긴 데다가 공부까지 잘해서 둘 다 명문대학교에 들어가게 되니 그녀의 자존심과 콧대는 하늘을 찌를 정도였습니다. 돈복, 남편 복, 자식 복을 다 움켜쥔 그녀의 인생은 왕조시대의 황후(皇后)에 버금갈 정도였습니다.

직원들에게는 함부로, 아파트 경비원들에게는 야박하게, 가난하고 어려운 사람들에게는 인격 모독을 가했습니다. 이런 모습을 소상히 아는 어떤 사람이 이런 사실을 어느 스님에게 털어놓으면서 인생이 이럴 수도 있는 것인지 물었습니다. 그 스님이 물었습니다.

"요즘도 그분이 하는 일이 잘됩니까?"

"그렇다마다요. 요즘엔 고급 한정식집을 분당·강남·용산 세 곳에 내었는데, 손님들이 미어터지고 있답니다."

"노자(老子)께서 그러셨지요. '장차 약하게 하고자 하면 반드시 잠시 그것을 강하게 한다. 장차 없애고자 하면 반드시 잠시 그것을 흥하게 한다. 장차 뺏고자 하면 반드시 잠시 그것을 준다.'고요. 꽃은 가장 예쁠 때 시들기 시작하고, 사람의 권세는 가장 강할 때부터 쇠퇴의 조짐을 보입니다. 동트기 전이 가장 어두운 법이고, 사람이 성공하기 직전이 가장 고통스러운 법입니다. 하는 일마다 성공을 거두고 뜻대로 된다면 사실 가장 불행한 경우입니다. 세상의 일들은 반드시 흥망성쇠(興亡盛衰)가 있습니다. 계속 흥(興)하기만 하는 일은 절대 없거니와, 계속 망(亡)하기만 하는 일도 절대 있을 수 없습니다. 복을 짓는 일도 없으면서 계속 흥하기만 한다면 필시 곧 불행이 닥칠 조짐인 겁니다."

#6

소위 잘나가는 한 연예인이 있었습니다. 뛰어난 화술과 부지런한 성격 그리고 엄격한 몸 관리 덕분에 젊었을 때부터 뛰어난 MC(프로그램 등의 사회자)로 많은 인기를 누렸습니다. 그런데 그의 나이 70대에 들어서면서부터 인기가 시들해지기 시작했고, 많이 모아두었던 재산도 슬슬 줄어들었습니다. 게다가 그가 진행하는 프로그램이 잘나가다가 중도에 폐지되는 경우도 연이어 생겨났습니다. 그렇게 건강하던 몸도 급격히 쇠락의 길을 걷기 시작했는데, 3년 전 간암에 걸리더니 얼마 전부터는 알 수 없는 불안감에 시달리고 있고, 불면증까지 찾아와 밤에 잠을 거의 못 자고 있다는 소식이 들려왔습니다.

그런데 그의 식습관 중에 놀라운 습관이 하나 있었습니다. 그것은 바로 거북이나 자라 요리를 즐긴다는 것입니다. 알다시피 거북이나 자라는 살아 있는 상태에서 등껍질을 칼로 찢은 다음 손으로 뜯어내는 잔혹한 요리 과정을 거칩니다. 그다음엔 내장을 손으로 긁어버린 후 목을 쳐냅니다. 그리고는 뜨거운 물에 던져집니다. 뜨거운 물에 던

죽음까지 알아야 진짜 인생이다 _____

져질 때까지 거북이는 살아 있습니다. 그는 이러한 거북이·자라 요리를 수십 년간 보양식으로 즐겨 먹어 왔습니다. 특히 오래 산 거북이는 영물로 취급받고 있는데, 그렇게 하고도 하늘의 벌을 피해갈 수 있을까요?

아마 그 연예인에게는 곧 비참한 일들이 연이어 발생할 것입니다. 그리고 죽을 때도 많은 고통을 당하면서 숨을 거둘 것입니다. 하늘은 엉성하고 무심한 것 같지만, 인간의 선악을 정확히 기록하고 있습니다.

악(惡)은 홀로 있을 때 말이나 생각을 함부로 해서 생깁니다. 악은 담박(淡泊)함을 견디지 못해서 생깁니다. 악은 고요함과 친하지 못해서 생깁니다.

사람은 저마다 사회에서 살아가면서 자신의 명성이 좋아지고 성취가 높기를 바라며 모든 일이 순풍에 돛을 단 것처럼 순조롭기를 생각하지만, 그것은 불가능한 일입니다. 진정으로 도(道)가 있는 사람은 이 사회에서 지내면서 항상 많은 억울함과 모욕과 고통이 있으며 상대에게 고통을 하소연할 방법이 없어 오직 자신이 짊어질 뿐입니다.

"열 가지 일 중에서 아홉 가지가 깨지는 것이 세상사요, 백 사람 중에서 뜻에 맞는 사람은 한 사람도 없다."고 했습니다. 인생의 경계는 열 번 중 아홉 번은 깨지는 것이요, 만족하는 일은 극히 드뭅니다. 결혼 상대를 찾거나 친구 할 상대를 찾을 때 진정으로 우리들을 만족시킬 만한 대상은 찾을 수 없습니다.

인생은 억울함과 고통의 연속입니다. 그러니 묵묵히 감내하고 받아들여야 합니다. 이 세상은 공정하지도 않고 평화롭지도 않습니다. 사람은 다들 이기적인데 이는 당연한 겁니다. 우리 자신은 대단한 존재가 결코 아닙니다.

선인께서 말했습니다.

"사람의 가장 큰 불행은 교만한 마음에 잘난 체하는 것이고, 사람의 가장 큰 허황됨은 자신을 대단하게 여기는 것이다[人之禍莫大乎驕矜 人之妄莫甚於多上]."

우리는 어떻습니까?

자기보다 지위가 낮으면 여지없이 갑질을 합니다. 아래 직원들을 함부로 대합니다. 인격과 매너 그리고 교양을 갖추지 못했으면서도 독서는 죽어도 하지 않습니다. 그렇게 비싼 아파트에 살면서 아파트 경비실에 에어컨을 설치하자는 주장은 단칼에 묵살해 버립니다. 자기가 사는 동네에 핵폐기물 처리장은 들어와도 장애인 시설이나 요양 병원은 들어오지 못하게 막습니다.

일반 아파트에 사는 사람들은 임대 아파트에 사는 사람들을 대놓고 무시합니다. 대다수의 한국인이 다문화 가정의 자녀들을 무시하고 자기 자녀들이 그들과 섞여 놀지 못하게 합니다. 커피 전문점에 갔는데 장애인 직원이 건네주는 커피에 기분 나빠 합니다.

식당에 가서 작은 불편함이나 불친절을 당하면 그것을 한껏 왜곡하고 과장하여 인터넷 카페에 올립니다. 물질적 풍요로움을 맘껏 누리면서 남의 고통은 철저히 외면하고, 공익(公益)이나 공의(公義)에는 처음부터 관심이 없습니다.

인생의 운명은 모두 자신의 손에 달려 있습니다. 어떤 외부의 힘도

죽음까지 알아야 진짜 인생이다 _____

의지할 만한 것이 못됩니다. 수시로 자신을 반성하여 언제 어디서든 자기가 잘못한 것, 자신의 허물을 발견해 내야 합니다.

그래야 희망이 있습니다. 고귀하게 이 세상에 태어난 우리는 적어도 이 세상에 나쁜 흔적은 남기지 말고 떠나야 합니다.

어떻게 살아야 하는가

누가 말했습니다.

"사람들은 모두 잘 살 생각은 하지 않고 오래 살 궁리만 한다. 잘 사는 것은 누구나 할 수 있지만, 오래 사는 것은 아무나 마음대로 할 수 없는데도 말이다."

옛날 어떤 나라 사람들이 제발 죽지 않고 영원히 살게 해 달라고 신(神)에게 간절하게 빌었습니다. 그들의 간절한 기도에 신도 더 이상 모른 척할 수 없었습니다. 어느 날 그들 앞에 나타나 신이 나타나 그들의 소원을 들어주겠다고 말했습니다. 그러자 그들은 눈물을 흘리며 기뻐하면서 신에게 경배하고 신의 자비로움을 찬양했습니다. 그들의 소원대로 그들은 오랜 세월이 지나도 죽지 않았습니다. 다만 늙어갈 뿐이었습니다. 하지만 육신이 늙어가면서 많은 문제가 생기기 시작했습니다. 몸이 안 아픈 데가 없고 몸이 낡아 마음대로 움직일 수가 없었습니다. 제대로 걷지도, 먹지도, 말하지도 못했습니다. 기억력은 형편없이 감퇴했고 판단력은 급격히 흐려졌으며 불면증은 깊어 가고 우울증이 덩달아 찾아왔습니다. 죽지는 않았지만 죽는 것보다 더 비참한 삶을 살아가야 했습니다. 그래서 그들은 다시 신에게 제발 죽게 해 달라고 기도했다는 이야기가 있습니다.

죽음까지 알아야 진짜 인생이다 _____

어찌 보면 죽음은 커다란 축복일 수도 있습니다. 죽음 이후에 더 안락하고 더 행복한 삶이 기다리고 있을지도 모르기 때문입니다.

"가장 좋은 죽음은 잘 사는 것이다."라는 말이 있습니다. 마치 "공격이 최선의 방어이다."라는 말과 통합니다. 그렇습니다! 잘 사는 것이 곧 잘 죽는 것입니다. 30점짜리 인생을 산다면 30점짜리 죽음을 맞이하게 될 것이고, 95점짜리 인생을 산다면 95점짜리 죽음을 맞이하게 될 겁니다. 그렇다면 '잘 사는 것'이란 어떤 삶을 말하는 것일까요?

'좋은 삶'이란 다음의 세 가지를 말합니다.

1) 자기를 이롭게 하는 삶(自利)
2) 남을 이롭게 하는 삶(利他)
3) 자기도 이롭게 하고 남도 이롭게 하는 삶(自利利他)

여기서 '자기를 이롭게 하는 삶'이란 올바른 사람이 되는 것, 좋은 인간이 되는 것, 사람 노릇을 제대로 하는 것, 늘 자신을 성찰하고 단속하는 것 등을 말하는 것이지, 자기 혼자만 잘 먹고 잘사는 소위 이기적인 삶을 말하는 것이 결코 아닙니다. 가장 이상적인 삶은 세 번째 삶이겠지만, 이것은 오직 성인(聖人)만 가능한 것이겠지요. 그렇다면 첫 번째 삶과 두 번째 삶 중 어떤 것이 더 바람직한 삶일까요?

우리는 흔히 두 번째 삶이 더 가치 있고 더 훌륭한 삶이라고 생각합니다. 하지만 저는 감히 첫 번째 삶이 더 가치 있고 훌륭한 삶이라고 말합니다. 지금부터는 그 근거를 자세히 말씀드리고자 합니다.

성인께서 말하셨습니다.

"수행하는 자는 먼저 자신을 제도한 후에 남을 제도해야 한다. 만약 자기를 제도하지 못하고서 남을 제도하려는 자는 마치 헤엄칠 줄 모르는 사람이 물에 빠진 사람을 구하려다가 함께 빠져 죽는 것과 같다[行者先求自度 然後度人 若未能自度而欲度人者 如不知浮人 欲救於溺 相與俱沒]."

공자께서 말씀하셨습니다.

"자신을 바르게 하지 못한다면 어떻게 남을 바르게 할 수 있겠는가[不能正其身 如正人何]."

"먼저 자신이 일어선 다음에 남이 일어설 수 있도록 도와준다[先存諸己而後存諸人]."

"자신을 닦은 후 남을 편안하게 한다[修己安人]."

장자(莊子)께서 말씀하셨습니다.

"자신을 먼저 바르게 할 수 있어야 다른 사람을 바르게 할 수 있다[幸能正生 而正衆生]."

맹자께서 말씀하셨습니다.

"구부러진 자가 다른 사람을 바로잡는 일은 없다[枉己者 未有能直人者也]."

불경에서는 말합니다.

"자기를 먼저 제도하고 나서 남을 제도한다[自度度人]."

『춘추좌전』에 "천도는 멀고 인도는 가깝다[天道遠 人道邇]."라는 말씀이 있습니다. 이는 사람으로서 해야 할 도리를 먼저 잘하고, 그다음에 비로소 더 나아가 형이상(形而上)의 학문이나 도(道)를 닦으라는 겁니다.

죽음까지 알아야 진짜 인생이다 _____

성인께서 말씀하셨습니다.

"먼저 자기를 이롭게 한 다음에 남을 이롭게 해야 합니다. 자기를 이롭게 하는 것부터 출발하는 것입니다. 먼저 사람의 도리부터 제대로 배우고 실천하십시오. 부처님을 배우거나 학문을 하는 일은 그다음에 하는 것입니다."

중국 명나라의 고승인 감산(憨山) 대사께서 말씀하셨습니다.

"남을 교화하는 것은 공덕이 없으나, 자기 자신을 교화하는 것은 공덕이 있다. 자기 자신이 교화되면 남을 교화하지 않아도 그들이 스스로 교화된다[化人無功 化己有功 己果化 而人不化自化矣]."

중국 송나라 때의 명신(名臣) 왕안석(王安石)이 말했습니다.

"자신을 위하는 것은 학자의 본(本)이고, 타인을 위하는 것은 학자의 말(末)이다. 학자의 일은 먼저 자신을 위하고, 자신을 위하고도 남음이 있을 때 남을 위해야 한다. 또 남을 위하지 않을 수는 없다."

노르웨이의 극작가이자 시인인 입센(Ibsen)은 친구에게 이렇게 말했습니다.

"자네에게 가장 바라는 것은 오직 한마디뿐이야. 순수하고 진정한 이기주의를 행하게. 가끔 세상에서 중요한 것은 오로지 나 자신이라고 자부하고 타인은 생각하지 않아도 돼. 사회에 기여하는 가장 좋은 방법은 바로 자네 스스로 훌륭한 사람이 되는 것이라네."

『여씨춘추(呂氏春秋)』에서는 이렇게 말했습니다.

"남을 이기려는 사람은 반드시 먼저 자신부터 이겨야 하고, 남을 논하려는 자는 반드시 자신부터 논해야 한다[欲勝人者 必先自勝 欲論人者 必先自論]."

황석공(黄石公)은 『소서(素書)』에서 말했습니다.

"자기는 마음대로 행동하면서 남을 가르치려 드는 자는 하늘을 거스르는 것이요, 자기를 바로 한 뒤 남을 교화하는 것은 하늘을 따르는 것이다[釋己而教人者逆 正己而化人者順]."

역시 황석공이 지은 『삼략(三略)』에서는 이렇게 말합니다.

"나를 내버려 두고 남을 가르치려 드는 것은 도리를 거스르는 것이고, 나를 바르게 하여 남을 감화시키는 것은 도리를 따르는 것이다. 거스르는 것은 혼란을 불러오고 도리를 따르는 것은 다스림의 요체이다[舍己而教人者逆 正己而化人者順 逆者亂之招 順者治之要]."

옛사람이 말했습니다.

"사람들은 밭에 거름 주는 것은 알지만 마음에 거름 주는 일은 모른다."

『논어』에는 다음과 같은 말씀이 실려 있습니다.

"古之學者爲己 今之學者爲人."

이 글의 해석을 보통 "옛날 사람들은 자기를 위해 공부를 하였으나, 지금 사람들은 남에게 보이기 위해서 공부를 한다."로 하지만, "옛날 사람들은 (먼저) 자기의 인격 수양을 위해 공부를 하였으나, 지금 사람들은 자기는 제쳐 두고 (먼저) 남을 위하겠다며 공부를 한다."로 해석하기도 합니다.

유교에서는 '自立而後立人'을 말합니다. 자기가 먼저 선 후에 남을 서게 해 준다는 뜻입니다. "남을 구하는 것은 자기를 구하는 것만 못하다[求人不如求己]."라는 말씀도 마찬가지입니다.

죽음까지 알아야 진짜 인생이다 _____

다산 정약용 선생은 유교의 정신은 한마디로 '수기치인(修己治人)'이라고 하였는데, 먼저 나 자신을 바로잡은 후에 남을 교화하고 다스려야 한다는 것입니다. 그리고 수기(修己)의 방법으로 '효제(孝悌)'를 꼽았습니다. 효는 부모를 잘 섬기는 것이요, 제(悌)는 부모 이외의 어른들을 공경하는 것입니다.

이 말씀들을 통해 우리는 무엇보다 사람 노릇을 잘하는 일이 가장 우선이고 또 가장 중요하다는 것을 알 수 있습니다. 즉, 수신(修身)이 있고난 후 제가(齊家)가 있고, 제가를 한 후에 치국(治國)이 있는 것입니다. 남을 돕거나 이 사회를 이롭게 하는 일은 수신(修身) 이후의 일입니다. 꼭 기억하시기 바랍니다.

불교에서 수행(修行)이란 몸과 말과 심리를 바로잡는 것을 말합니다. 그중에서도 중점은 심리 행위를 바로잡아 정화하는 데 있습니다. 왜냐하면 언어 행위와 신체 행위는 모두 심리 행위에서 비롯되기 때문입니다.

한적한 곳에 앉아 명상하거나 정좌(靜坐)한 채로 성현의 말씀을 되새기거나 절을 올리거나 기도를 하거나 경전을 읽거나 하는 것은 진정한 수행이 아닙니다. 이런 것은 어디까지나 보조적인 수행에 불과합니다.

수행은 자기의 지혜·학문·수양으로 탐욕·성냄·어리석음·교만·의심·삿된 견해를 바르게 고치는 것입니다. 이것이 최고의 수행입니다. 부처님이나 하느님이나 귀신에게 도움을 구하는 것이 아닙니다. 수행은 자기의 심리 상태부터 닦기 시작해야 하고, 자기의 생각을 바르게 고쳐야 합니다. 자기의 행위를 고치지 않는다면 그런 수행은 쓸모가 없습니다.

남을 평생 도와주는 선행을 쌓는 것보다 더 값지고 더 중요한 일은 자신의 나쁜 버릇이나 성격과 단점을 매일 고쳐나가는 것입니다. 신(神)께 기도를 올리고 헌금하고 명상하는 것보다 자신의 성냄·질투·인색·교만·의심·이기심·어리석음 등을 제거해 나가는 것이 훨씬 더 큰 공덕이 된다는 것을 아셔야 합니다.

그렇다면 우리의 모습은 어떠합니까?

명상을 하여 마음이 고요해져도 누가 당신을 조금이라도 화나게 하면 즉시 화가 치솟습니다. 경전을 읽고 마음이 정화되어도 누가 당신에게 조금이라도 모욕을 가하면 당신은 조금도 참아내지 못합니다. 죄를 참회하면서 십자가 앞 또는 불상 앞에서 한바탕 크게 울어도 누가 당신의 어깨를 툭 치고 가면 고약한 성깔이 단번에 드러납니다.

이처럼 수행이란 것은 쉽지도 않거니와 단시일 내에 이루어지지도 않습니다. 우리가 수천억 년을 윤회해 오면서 나쁜 습관이 몸에 배었기 때문입니다.

그래서 우리는 늘 자신을 참회하고 뉘우쳐야 합니다. 특히 하느님이나 부처님을 입으로 찬탄하고 꽃이나 향(香) 등으로 공양하고 경전을 읽고 명상을 하고 절을 올리는 것보다, 가난한 사람·병든 사람·어려움에 처해 있는 사람을 보살펴 주거나 도와주는 일이 더 큰 공덕이 된다는 것도 아셔야 합니다. 많은 사람이 자기가 믿는 신께만 정성을 다하고 기도를 하는데, 이것은 종교가 아닙니다. 사이비 신앙입니다. 내 주

죽음까지 알아야 진짜 인생이다 _____

변의 사람이나 생명에게 정성을 다하고 존중하는 것이 진정한 종교입니다.

어떤 사람도 깔보지 않아야 비로소 부처님을 믿는 것입니다. 나 이외의 모든 사람을 내 부모처럼 여기는 것이 부처님을 믿는 것입니다.

우리는 얼마나 부족하고 못났을까요?

1) 좋은 일을 한 후에 남이 알아주지 못할까 봐 노심초사(勞心焦思)하고, 나쁜 일을 저질러놓고 남이 알까봐 전전긍긍(戰戰兢兢)합니다.

2) 일이 잘 풀리면 자기가 잘나서 그런 줄 알고 교만을 떨면서 남을 깔보고, 일이 잘 안 풀리면 반성은커녕 부모나 하늘을 원망하고 세상을 탓합니다.

3) 의사나 아나운서가 전하는 말은 철석같이 믿으면서 성현의 말씀은 털끝만큼도 믿지 않습니다.

4) 남이 베푼 은혜는 기억하지 않고, 남이 준 사소한 원한은 죽어도 잊지 않습니다.

5) 누구나 언젠가 죽을 거로 생각하지만, '나 하나만큼은 병에 걸리지 않고 오래 살 것이다'라는 헛된 생각을 하고 살아갑니다.

6) 노력은 안 하면서 뜻밖의 행운이 나를 찾아오길 기대하고, 나쁜 짓만 골라 하면서 머지않아 자기 일이 잘 풀릴 거라는 믿음을 갖고 살아갑니다.

7) 자기보다 착한 사람을 보면 존경하고 칭찬하기보다는 '저렇게 착

해 빠져서는 세상을 제대로 살 수 없다'고 생각하고, 궂은 일·힘든 일을 하는 노동자를 보고는 자녀에게 "학교 다닐 때 공부 안 하면 저런 일이나 하면서 사는 거야."라고 말하며, 길거리에서 노인들을 보면 "나이 들면 집에나 있지, 노인들이 뭐 하러 밖에 나오는지 모르겠어."라고 말합니다.

8) 살아 있을 때 죽음을 두려워하고 죽을 때는 두렵지 않아야 하는데, 우리는 거꾸로 살아 있을 때는 죽음에 대해 두려워하지 않다가 죽을 때가 되면 두 손을 부여잡고 벌벌 떨면서 후회합니다.

우리는 남의 선행을 들으면 의심부터 하고 남의 악행을 들으면 바로 믿어버리는 고질병이 있습니다. 의사나 아나운서가 하는 말은 다 믿으면서, 경전에 쓰인 성현의 말씀은 의심부터 합니다. 학문이 높고 덕이 있는 사람도 남의 공로(功勞)는 쉬이 인정하지 않으려 하고, 학문이 없고 인품이 초라한 사람도 남의 잘못은 귀신같이 찾아냅니다.

공을 세우거나 선을 행한 후 이를 후회하거나 남에게 자랑하여 복을 깎아 먹고, 악행을 한 후 이를 덮거나 변명하거나 남에게 떠넘기거나 축소하여 그 죄를 키웁니다.

입을 열면 남을 비웃고 남을 욕하고 남을 원망하고, 입을 닫으면 어떻게 하면 남을 속이고 남을 괴롭히고 남을 이용하고 남에게 대우를 받고 남에게 상처를 줄까 하는 일에만 골몰합니다. 그러면서 자신을 반성하거나 독서하는 일에는 일말의 관심조차 없습니다.

사람이 살면서 당하는 불행과 고통은 많은 생을 거쳐 오면서 누적된 탐욕과 성냄과 어리석음이 초래한 것입니다. 그리고 참회란 이전에

죽음까지 알아야 진짜 인생이다

지었던 잘못을 다시는 범하지 않고 앞으로는 악한 행위는 하지 않으며 오직 선한 행위만 하는 것을 말합니다. 교회 예배당이나 법당에 가서 한바탕 우는 것은 참회가 절대 아닙니다. 찬송가를 들으면서 눈물을 흘리는 것은 하느님의 은혜를 받아서가 절대 아닙니다. 목회자의 설교를 들으면서 눈물을 떨어뜨리는 것도 마찬가지입니다.

기도하였다고 하여, 헌금하였다고 하여, 절을 올렸다고 하여 참회가 되는 건 아닙니다. 같은 잘못을 다시 범하지 않아야 비로소 참회가 되는 것입니다.

"너의 한 손은 너를 돕기 위한 손이고, 다른 한 손은 남을 돕기 위한 손이다."라는 말이 있습니다. 자신을 늘 단속하고 성찰하고 단점 등을 고쳐 나가면서 한편으로는 남을 이롭게 해야 합니다. 하루에 적어도 한 가지 선행은 꼭 해야 합니다.

옷을 단정하게 입는 것도 선행이요, 온화한 표정을 짓는 것도 선행이며, 따뜻한 말투를 쓰는 것도 선행이고, 친절한 응대를 하는 것도 선행입니다. 왜냐하면 이렇게 하면 상대방은 두려움을 품지 않기 때문입니다.

서양의 마녀사냥 그리고 우리나라의 동학농민운동과 천주교 탄압 사건의 이면(裏面)을 들여다보면 이웃의 무고(誣告)로 수많은 사람이 억울하게 희생되었음을 알 수 있습니다.

어떤 사람이 선친(先親)에게 난리를 피할 수 있는 방법을 여쭈었는데, 선친께서 이렇게 말씀하셨습니다.

"이웃에게 원한을 사지 않으면 난리를 피할 수 있다."

지극한 이치를 담고 있는 이 한 문장을 꼭 기억하십시오.

"사후(死後) 세계를 생각하지 않는다면 하지 못할 악행이 없다."라는 말씀이 있습니다. 사후 세계는 엄연히 존재합니다. 착한 사람은 종교를 갖고 있지 않았어도 좋은 곳으로 가고, 악하게 산 사람은 신앙생활을 하고 있었어도 비참한 곳으로 갑니다.

늘 남이 잘못되기를 빌고 남이 불행에 빠지면 엄청나게 행복해하며 남이 도움을 요청하면 매정하게 거부하는 사람은 영원히 구제 불능입니다.

지금 당장 죽는다고 해도 아무런 미련이나 두려움이 없는 사람이 일등 인간입니다. 죽어 갈 때 남에게 피해를 주지 않고 조용히 떠나는 사람도 일등 인간입니다. 내생(來生)을 생각하지 않고 이번 생만 생각하면서 산다면 다음 생은 비참한 곳에 태어나게 됩니다. 내일과 내생 중에서 어느 것이 먼저 올지 모릅니다. 내일을 생각하는 것보다는 내생을 생각하는 것이 훨씬 더 중요합니다.

중국 고사에 이런 말씀이 있습니다.

"한평생 마음에 거리끼는 일을 하지 않으면, 밤중에 귀신이 문을 두드려도 놀라지 않는다."

귀신이 아니라 경찰관이 한밤중에 우리 집 문을 두드리면 대부분 가슴이 철렁 내려앉을 겁니다. 경찰관도 이럴진대 귀신은 어떻겠습니까. 귀신도 이러할진대 저승사자가 문밖에서 서성인다면 어떻겠습니까. 그러니 우리는 착하게 살아야 합니다. 죄짓지 말고 살아야 합니다. 남의 눈에 피눈물 나게 하지 말아야 합니다. 잘못을 저지른 사람이 나

죽음까지 알아야 진짜 인생이다

에게 용서를 빈다면 가능한 한 용서해 주어야 합니다. 때로는 남의 허물을 보고도 모른 척해 줘야 합니다. 남의 잘못을 너무 크게 따지고 들지 말아야 합니다. 남에게 원한 살 일은 절대 하지 말아야 합니다. 아랫사람들에게 모욕을 주지 말아야 합니다. 죄를 지었다면 하루라도 빨리 참회해야 합니다. 죄는 빨리 참회할수록 허물이 적습니다.

『탈무드』에는 "다른 사람보다 훌륭한 사람은 진짜로 훌륭한 사람이 아니다. 이전의 자기보다 훌륭한 사람이야말로 진짜 훌륭한 사람이다."라는 말씀이 있습니다.

그런가 하면, 호주의 원주민인 참사람 부족은 나이 한 살을 더 먹는다고 해서 생일을 축하하거나 축하받지 않는다고 합니다. 나이를 먹는 것은 저절로 되는 것이므로 그걸 매년 축하하는 게 이상하다는 것이지요. 그들은 대신 '나아지는 것'을 축하합니다. 작년보다 올해 더 성숙하고 지혜로운 사람이 되었다면 그걸 축하하는 것입니다. 자신이 작년보다 더 나아졌는지 아닌지는 자신만이 알 수 있습니다. 따라서 생일 파티를 열어야 할 때가 언제인지 판단하고 말할 수 있는 사람도 오직 자기 자신뿐입니다. 스스로 내적 성장을 이루었다고 생각하는 그때가 바로 생일인 것입니다.

늘 공부하고 늘 성찰해야 합니다.

기도

1) 저의 작은 잘못에도 큰 두려움을 품게 하소서.

2) 집착은 내려놓고 인연은 받아들이게 하소서.

3) 늙으면 추한 사람이 되지 않게 하소서.

4) 남에게서 인정받고자 하는 마음을 내려놓게 하소서.

5) 주제넘게 남을 가르치려고 하는 마음을 갖지 않게 하소서.

6) 저 자신을 대단한 사람으로 여기지 않게 하소서.

7) 눈치 빠르고 영악한 사람이 되지 않게 하소서.

8) 남의 허물을 지적해 내려는 마음 대신 자신의 허물을 보려는 마음을 갖게 하소서.

9) 수많은 생을 살아오면서 저와 인연을 맺었던 모든 분에게 용서를 구합니다.

10) 제가 알게 모르게 남에게 고통을 주고 해를 끼친 일을 낱낱이 기억하게 하소서.

11) 상대가 100% 잘못을 했어도 궁지로 몰아넣거나 가혹하게 대하지 않게 하소서.

12) 제가 죽을 때 다른 사람들의 아픔과 질병을 저세상으로 안고 가게 하소서.

죽음까지 알아야 진짜 인생이다 _____

13) 강자에겐 강하고 약자에겐 한없이 약한 사람이 되게 하소서.

14) 말을 하면 반드시 남에게 이익을 주는 사람이 되게 하소서.

15) 남이 내 말에 무조건 따르기를 바라지 않게 하소서.

16) 남의 곤란한 처지를 이용하여 이익을 취하지 않게 하소서.

17) 남은 배고파하는데 혼자만 배불리 먹지 않겠습니다.

18) 남의 인생을 함부로 평가하거나 규정하지 않게 하소서.

19) 남의 고통을 보고 기뻐하거나 무심(無心)한 사람이 되지 않겠습니다.

20) 누구를 만나든, 무슨 일을 하든, 예의 바르고 친절한 사람이 되겠습니다.

21) 모든 생명을 낳고 길러주고 보듬어준 대자연을 늘 경외(敬畏)하겠습니다.

22) 희로애락(喜怒哀樂) 앞에서 갑자기 저의 얼굴색이 바뀌지 않게 하소서.

23) 악한 짓을 하면 훗날 반드시 벌을 받는다는 사실을 늘 기억하게 하소서.

24) 궂은일, 남이 기피하는 일에 종사하는 분들을 마음 깊이 공경하겠습니다.

25) 남이 나를 괴롭게 하여도 복수하거나 비난하지 않게 하소서.

26) 제가 노인이 되면 탐욕을 부리거나 참을성이 없는 사람이 되지 않게 하소서.

27) 힘든 일이 있거나 기쁜 일이 있어도 마음이 들뜨지 않게 하소서.

28) 남이 나를 비난하거나 칭찬하여도 마음이 흔들리지 않게 하소서.

29) 남의 허물이나 실수를 너그럽게 받아들이겠습니다.

30) 내가 알지 못하는 것들에 대해서는 입을 열지 않게 하소서.

31) 다른 이가 말할 때 중간에 말을 끊거나 자르지 않겠습니다.

32) 충동적으로 또는 흥분한 상태에서는 대답하거나 말하지 않겠습니다.

33) 고통이 오면 기꺼이 맞이하여 내 업을 녹이는 계기로 삼겠습니다.

34) 무의식적으로 지은 죄와 죄가 아니라고 생각하며 지은 수많은 죄를 참회합니다.

35) 매사에 일이 완전하게 이루어지기를 바라지 않겠습니다.

36) 똑같은 것을 보고도 사람마다 생각이 다를 수 있음을 이해하겠습니다.

37) 혼자 있을 때도 앞에 신(神)이 계신 것처럼 행동하겠습니다.

38) 약자(弱者)들을 함부로 대하지 않겠습니다.

39) 나쁜 사람들을 보면 '나도 한때는 저런 사람이었지'라고 생각하겠습니다.

40) 모든 생명이 고통에서 벗어나고 고통의 원인을 만들지 않기를 바라옵니다.

41) 악한 사람을 보면 증오심 대신 불쌍한 마음, 자비로운 마음을 품게 하소서.

미국의 언더우드(Horace Grant Underwood)는 이렇게 노래했습니다.

제가 걸을 수만 있다면, 더 큰 복은 바라지 않겠습니다.

누군가는 지금 그렇게 기도를 합니다.

제가 설 수만 있다면, 더 큰 복은 바라지 않겠습니다.

누군가는 지금 그렇게 기도를 합니다.

제가 들을 수만 있다면, 더 큰 복은 바라지 않겠습니다.

누군가는 지금 그렇게 기도를 합니다.

제가 말할 수만 있다면, 더 큰 복은 바라지 않겠습니다.

누군가는 지금 그렇게 기도를 합니다.

제가 볼 수만 있다면, 더 큰 복은 바라지 않겠습니다.

누군가는 지금 그렇게 기도를 합니다.

제가 살 수만 있다면, 더 큰 복은 바라지 않겠습니다.

누군가는 지금 그렇게 기도를 합니다.

누군가의 간절한 소원을 당신은 다 가지고 있습니다. 누군가가 간절히 기다리는 기적이 당신에게는 날마다 일어나고 있습니다. 몇 년 전 중환자실에서 만난 어느 환자는 침대에서 일어나서 한 번 걸어보는 것이 소원이라고 말했습니다.

그런가 하면 췌장암에 걸린 어느 분은 하루 24시간 중에서 단 1시간 만이라도 통증이 없었으면 좋겠다고 누차 말했습니다. 하반신이 마비된 어느 환자는 자신의 대소변을 다른 사람이 치워 주고 게다가 자신의 치부를 어쩔 수 없이 보여야 하는 부끄러움 때문에 죽을 날만 손꼽아 기다린다고 하소연했습니다.

세월호 침몰 사건으로 자식을 잃은 어느 어머니는 내 아들이 식물

인간의 몸으로나마 살아만 있다면 여한이 없겠다고 했습니다. 자식을 잃은 그 슬픔은 내 목이 칼에 잘리고 내 허리가 톱에 절단되는 고통보다 백배는 크다고 했습니다.

고려 때의 문신인 이곡(李穀)이 말했습니다.

"무릇 어떤 일을 행하든 간에 만물에 이롭고 사람에게 편리하도록 도모해야 마땅하니, 자기만을 위해서 복을 구하는 것은 하찮은 일이라고 할 것이다."

내가 편안하면 그 누군가는 불편함을 견디고 있다는 뜻이며, 내가 불편하면 그 누군가는 편안함을 누리게 됩니다. 한 조직이나 사회가 평온한 이유는 구성원들이 모두 도덕적이고 규범을 잘 지켜서가 아니라, 소수의 무례한 행위를 다수가 묵인하거나 용인(容認)해 주기 때문입니다.

내가 하루하루를 잘 먹고 잘 자고 잘 살아가는 이유는 다른 이들의 도움이 있기 때문입니다. 내 옆에 있는 수많은 사람들, 내가 매일 만나는 많은 사람들이 실은 나를 도와주는 존재들입니다. 그러니 그들의 깊은 은혜에 고마워해야 합니다.

내가 한 사람을 위하여 기도하면 한 사람이 나를 돕습니다. 내가 열 사람을 위해서 기도하면 열 사람이 나를 돕습니다. 그러나 내가 모든 존재들을 위하여 기도하면 모든 존재들이 나를 돕습니다. 자기의 출세와 성공을 위해 또는 자기 자식의 성공을 위해 또는 자기 집안을 위해 기도하는 것은 정말 못난 기도입니다. 이런 기도는 감응(感應)이 절대 없습니다.

죽음까지 알아야 진짜 인생이다 _____

어느 영혼의 호소

어느 영혼이 호소합니다.

"내 자식들이 진귀한 음식과 풍족한 부의(賻儀: 상갓집에 보내는 돈이나 물품)로 내 장례를 치러주면서 구슬피 우는 것이 하나도 기쁘지 않다. 자식들이 우리를 기억해 주고 우리의 노고에 고마워하는 것은 좋은 일이나, 우리를 위해 자식들이 음덕(陰德)을 쌓아 주는 것만 못하다. 우리를 위해 음덕을 쌓아 주면 우리는 자식들 덕분에 천상에 태어날 수 있고, 개로 태어난 부모는 죽은 후 인간의 몸을 받게 된다. 돌아가신 부모를 위해 음덕을 쌓으면서 청정한 마음으로 기도해 주거나 염불을 해 주거나 경전을 읽어 준다면 망자에게 가장 큰 도움이 된다. 청정한 스님이나 수행자를 초빙하여 우리를 위해 독경을 해 주거나 염불을 해 주면 더할 나위 없이 좋다. 또 우리를 위해 자식들이 죽을 위기에 처한 동물들을 살려주면 이 역시 우리에게 큰 복이 된다는 것을 알아야 한다.

죽은 자의 분묘(墳墓)를 호화롭게 조성하고 조문객(弔問客)을 많이 불러오고 고기와 술을 잔뜩 마련하여 사람들에게 먹이는 일은 제발 하지 마라. 명부(冥府)에 와서 보니 저승에서 가장 공경받는 사람은 살아생전에 음덕을 많이 쌓은 이들이다. 반대로 저승에서 가장 큰 벌을 당하는 사람들은 살아생전에 거짓을 일삼고 탐욕스럽고 남의 가슴에 못질을 하고 생명을 마구 죽인 사람들이다. 이들이 지옥에서 당하는 그 고통은 살아 있는 너희들이 감히 상상할 수 있는 수준이 아니다. 또 여기에 있는 수많은 영혼이 이승에 있는 자식들 때문에 통곡하는데, 그 소리가 우주를 진동시키고도 남을 정도이다. 이승의 자식들이 죽은 부모를 위해 복을 지어 줄 생각은 하지 않고, 오히려 부모를 욕되게 하고 벌을 가중시키고 있다. 어떤 사람은 살아생전에 많은 공덕을 지어 다시 사람의 몸을 받을 운명이었으나, 자식들이 부모를 위한답시고 장례식 날 살아있는 소와 돼지를 잡아 조문객들에게 대접한 죄가 더해져 인간의 몸을 받지 못하고 축생으로 떨어지는 것을 내 눈으로 생생히 보았다. 또 어떤 사람은 살아생전에 착한 일을 많이 하여 천상에 태어날 운명이었으나, 자식들 중 한 명이 음란물을 제작하여 널리 유통한 까닭에 벌을 받아 그만 비참한 운명으로 살아야 하는 인간 세계에 떨어지고 말았다. 산 자들이여, 부디 돌아가신 부모와 조상님들을 욕되게 하지 마라."

선망 조상들이 살아생전에 선(善)을 닦지 않아 죽은 후 저승에서 고통을 받고 있으니, 자손들이 복을 지어 그 공덕으로 인해 죄를 가볍게 하기를 애타게 바라고 있습니다. 후손 한 명이 큰 덕을 쌓게 되면 그의 조상 수백 명이 그 덕에 천상에 올라갈 수 있습니다.

어느 스님이 말했습니다.

"스승께서 천도재를 집전하실 때 '나무아미타불' 염불을 하면 영가 (靈駕)들이 좋아서 뛰는데, 머리가 (천장의) 대들보에 닿을 정도로 기뻐

죽음까지 알아야 진짜 인생이다

하시면서 된다는 말씀을 하신 적이 있습니다."

　부모님이 돌아가신 후 아들이 부모를 위해 불경을 사찰·교도소·군부대·요양원·병원 법당 등에 보시하고자 출판사에 전화를 걸어 불경을 주문하는 순간, 그 부모님은 자식이 지은 공덕의 일부를 돌려받게 됩니다. 공덕의 일부를 돌려받게 되면 지옥에 빠진 부모는 지옥을 나오게 되고, 사람으로 환생한 부모는 좋은 운명·존경받는 운명·순탄한 운명으로 즉시 바뀌게 되며, 축생으로 태어난 부모는 즉시 죽고 그 후 사람이나 천상에 태어나는 과보를 받게 됩니다. 이러한 일들은 불가사의한 일들인데 범부들은 믿지 않습니다.

　반대로 후손 한 명이 큰 죄를 짓게 되면, 수많은 조상님들이 생전에 쌓아놓은 공덕이 깎이게 됩니다. 특히, 후손들 중에 음란물을 제조·유통하는 후손이 나오거나, 친일파 이완용(李完用)과 같이 만대(萬代)에 걸쳐 사람들로부터 손가락질을 받는 후손이 나오거나, 조선 인조(仁祖) 때의 간신(奸臣) 김자점(金自點) 같은 후손이 나오면 그 조상들은 생전에 쌓아놓은 공덕이 대폭 깎이게 됩니다.

　또, 훌륭한 사람을 모함하여 죽음에 이르게 하거나, 한 여인의 정절(貞節)을 더럽히거나, 국고(國庫)를 빼돌리거나, 공직에 있는 자가 뇌물을 받거나, 한 집안의 후사를 끊어놓거나, 사람을 죽이거나, 축생과 같은 생명을 수없이 죽이거나, 불륜(不倫: 간통)을 저지르거나, 나쁜 글이나 성현을 비방하는 책을 써서 세상에 유포하는 것 등은 정말로 해서는 안 됩니다.

　누구나 사마천(司馬遷)이나 이백(李白)·소동파(蘇東坡)는 알고 있지만, 범립본(范立本)이나 주백려(朱柏廬), 홍자성(洪自誠) 등은 잘 알지 못합니다.

범립본은 『명심보감』의 저자로 알려진 인물이고, 주백려는 『치가격언(治家格言)』의 저자이며, 홍자성은 『채근담(菜根談)』의 저자입니다. 이들이 동양의 정신과 문화에 끼친 영향과 공덕은 이백이나 소동파 등의 이름난 문인들을 앞지르고도 남습니다. 즉, 우리는 왕희지(王羲之)나 이백, 소동파와 같은 불세출(不世出)의 문인(文人)들을 따라가기보다는 범립본이나 홍자성과 같은 인물을 따라가야 합니다.

예부터 삼불후(三不朽: 영원히 썩지 않는 세 가지)라는 말이 전해져 오고 있습니다. 입덕(立德: 덕행을 쌓는 것), 입공(立功: 세상이나 나라를 위해 공을 세우는 것), 입언(立言: 이치나 진리를 전하는 가르침을 남기는 것)이 바로 그것입니다.

범립본이나 주백려, 홍자성 등은 입언(立言)을 행한 대표적인 성현들이라 할 수 있고, 고려의 서희(徐熙)·조선의 이순신·의병(義兵)·의사(義士)·독립운동가 등과 같이 누란(累卵)의 위기에 처한 나라를 구하거나, 과학·기술의 연구·개발로 이 세상을 편리하게 한 사람들은 입공(立功)을 행한 사람들이며, 남몰래 의(義)를 행하거나 수많은 목숨을 구하거나 재물이나 재능을 기부하여 학교·도서관·병원 등을 세우거나 훌륭한 인재를 발굴하여 길러내거나 마이크로 크레딧(Micro Credit)과 같은 은행을 만들어 영세민이나 빈민들에게 무이자로 대출해 주는 은행을 만들거나 좋은 법이나 제도를 만들거나 악법을 없애 세상 사람들을 고통의 늪에서 구해준 사람들은 입덕(立德)을 행한 예입니다.

앞의 책들 외에도 저자를 알 수 없는 『석시현문(昔時賢文)』, 『태상

324 　　　　　　　　　　죽음까지 알아야 진짜 인생이다

감응편(太上感應篇)』, 『공과격(功過格)』 등의 서적들은 소동파나 이백, 한유(韓愈) 등이 쓴 글보다 이 세상을 훨씬 더 이롭게 하였으니, 그 공덕(功德)은 만대를 지나도 다하지 않을 것입니다. 이는 마치 "봉황과 기린은 세상을 빛나게 하는 것이지만 어찌 소와 말만큼 백성에게 이롭겠으며, 화려한 비단은 몸을 치장하는 것이지만 어찌 무명만큼 사람에게 편안함을 주었겠는가[鳳麟所以輝世 而利於民也 豈若牛馬 文繡所以侈躬 而便於人也 豈若布帛]."라는 옛 선인의 말씀과 같습니다.

유언과 연명 치료
그리고 호스피스

#1 유언

불교에서는 인간 생명의 시작을 '정자와 난자가 수정하는 순간'으로 보고 있습니다. 그렇다면 법적으로 사람의 출생은 언제일까요?

    1) 임신부가 진통을 느끼기 시작하는 때(분만 개시)

    2) 태아가 모체(母體)에서 일부라도 밖으로 나온 때(일부 노출)

    3) 태아가 모체에서 완전히 나온 때(완전 노출)

    4) 태아가 모체에서 완전히 나와 혼자서 호흡을 시작한 때(독립 호흡)

우리나라 민법에서는 3)번을 법적인 출생으로 보고 있습니다. 즉, 태아가 엄마 몸 밖으로 완전히 나온 이후부터 사람으로 보고 있습니다.

하지만 우리나라 형법에서는 1)번을 출생으로 보고 있습니다. 따라서 분만이 개시된 후 태아를 살해하면 낙태죄가 아닌 살인죄가 성립됩니다.

태아는 아직 사람은 아니지만, 다음의 경우에는 사람으로 간주하여

죽음까지 알아야 진짜 인생이다 _____

여러 권리를 법적으로 보장해 주고 있습니다.

　1) 타인의 불법 행위로 인한 손해배상청구권(위자료청구권도 인정됨)

　2) 상속권(대습상속도 인정)

　3) 유류분(遺留分)

　4) 유증(遺贈: 유언을 통해 본인이 가진 재산을 타인에게 증여하는 것)

　5) 연금(年金) 수급권(공무원 연금, 군인 연금, 사학 연금 등)

　6) 각종 보상금 수급권[선원, 소방 공무원, 의사상자(義死傷者), 범죄 피해
　　자 유족 구조금 등]

　이 내용에서 보듯 태아도 엄연히 상속권이 있음을 유념해야 합니다. 상속은 대부분 유언을 통해 이루어지는데, 내 재산이라 하더라도 내 마음대로 재산을 물려줄 수 없다는 것을 알아야 합니다. 즉, 우리 민법은 내가 예뻐하는 자식에게만 전 재산을 물려주지 못하도록 해 놓았고, 또 내가 미워한다고 하여 그 자식의 상속권을 부모가 박탈시키지 못하도록 해 놓았습니다.

　다만, 다음의 경우에는 상속권이 완전히 박탈됩니다. 따라서 상속인은 한 푼도 상속받지 못합니다.

　1) 고의로 직계 존속(부모, 조부모, 증조부모, 고조부모 등을 말함), 피상속
　　인(재산을 남기고 사망한 사람), 그 배우자 또는 상속의 선순위나 동
　　순위에 있는 자를 살해하거나 살해하려 한 자.

　2) 고의로 직계 존속, 피상속인과 그 배우자에게 상해를 가하여 사

망에 이르게 한 자

3) 사기 또는 강박으로 피상속인의 상속에 관한 유언 또는 유언의
   철회를 방해한 자

4) 사기 또는 강박으로 피상속인의 상속에 관한 유언을 하게 한 자

5) 피상속인의 상속에 관한 유언서를 위조·변조·파기 또는 은닉한 자

권리와 의무에 대한 법률관계를 정하는 생전의 마지막 의사 표시를 '유언'이라 합니다. 유언은 만 17세 이상 된 사람들 중에서 의사 능력이 있는 사람만 할 수 있습니다. 따라서 중증 치매 상태에 있는 사람이나 정신 능력이 쇠퇴하여 사리 판단이 불가능한 사람, 혼수상태에 빠진 사람 등은 유언을 할 수 없습니다. 흔히 유언은 간단하고 쉬운 것으로 생각하는 분들이 의외로 많이 계시는데, 그렇지 않습니다. 유언은 5가지 종류에 한하며 엄격하고 까다롭습니다. 유언자의 진정한 의사 표시가 있더라도 형식적 요건을 조금이라도 갖추지 못하면 완전 무효입니다. 여기서는 가장 많이 행해지는 자필 증서 유언과 공정 증서 유언을 보도록 하겠습니다. 현재 우리나라에서는 자필 증서 유언이 50%, 공정 증서 유언이 40%, 나머지 유언 방식이 10%를 차지하고 있습니다.

자필 증서 유언

상속 재산이 현금·예금·자동차·보석·그림·도자기 등 이른바 동산(動産)인 경우에는 자필 증서가 유리하고, 상속 재산이 건물 토지 등 이른바 부동산(不動産)인 경우에는 나중에 등기(登記)를 해야 하는 번잡

죽음까지 알아야 진짜 인생이다 _____

한 절차가 수반되기 때문에 공정 증서 유언이 유리하다는 것을 먼저 말씀드립니다.

또 상속 재산이 소액인 경우에는 자필 증서 유언이 유리하고, 상속 재산이 거액인 경우에는 공정 증서 유언이 유리합니다.

자필 증서 유언은 유언자가 직접 유언 내용, 연월일, 주소, 성명을 자기 손으로 직접 쓰고 날인(捺印)하는 유언을 말합니다. 즉, 유언자가 직접 자기 손으로 종이 위에 써야 합니다. 몸이 힘들다고 다른 사람에게 대신 받아 적게 하는 것은 효력이 없습니다. 그리고 컴퓨터나 타자기 등으로 쓰면 효력이 없으며 복사본도 효력이 없습니다. 한글이 아닌 외국어로 작성해도 무방합니다.

유언장에 주민등록번호는 쓰지 않아도 되지만, 본인임을 확실히 하기 위해서 쓰는 분들이 많습니다.

날인(捺印)이란 도장을 찍는 것을 말하는데, 도장(막도장도 가능)이 아닌 지장(손도장)도 가능합니다. 단, 사인(signature: 서명)은 허용되지 않습니다.

현재 피상속인이 저지르는 가장 흔한 실수는 주소를 제대로 쓰지 않아서 생기고 있습니다. 주소는 실제 거주지를 쓰되 전부 써야 합니다. 아파트의 경우 동(棟)은 물론 호수까지 다 써야 합니다. 예를 들어, '서울시 강동구 천호동 삼성 래미안 아파트 101동 304호'라고 썼다면, 이는 효력이 없습니다. 지번(地番: 예를 들어, 216-5번지)이 빠졌기 때문입니다.

유언으로 후견인(後見人) 지정도 가능하고, 재산 분할 방식 지정도 가능하며, 재산 처리 방식 지정도 가능합니다.

예컨대, "내 토지를 절반만 처분하고 나머지 절반은 둘째 딸에게 증여한다.", "내 재산을 5년 동안 처분하지 마라."와 같은 유언도 가능합니다.

망자가 남긴 유언은 법적 효력이 있기 때문에 유언 집행자는 반드시 지켜야 합니다. 따라서 유언 내용을 따르지 않고 재산을 임의로 처분한 경우에는 그 처분은 효력이 없어 무효입니다.

다만, "내 시신을 고향 땅에 묻어 달라.", "내 시신을 화장(火葬)하지 말고 매장해 달라."라는 유언 등은 법적 효력이 없는 유언이어서 유언 집행자나 가족들이 꼭 지켜야 할 의무는 없습니다.

유언장을 여러 개 작성한 경우에는 맨 나중에 작성한 것만 유언으로 인정됩니다. 예를 들어, 아들의 강압에 의해 어쩔 수 없이 유언장을 써 주었다 하더라도 나중에 다시 유언장을 작성해서 딸에게 주었다면, 딸에게 써 준 유언장만 효력이 있고 아들에게 써 준 유언장은 무효가 됩니다.

주소는 법정 주소(주민등록증에 나와 있는 주소, 주민등록등본상의 주소)가 아니라 실제 주소를 써야 합니다.

자필 증서에 의한 유언을 집행하기 위해서는 반드시 가정법원에 의해 검인(檢認)을 받게 되어 있습니다. 자필 증서에서 문자를 삽입하거나 유언장을 삭제 또는 변경하는 경우에는 유언자가 이를 직접 쓴 다음 고친 부분에 도장이나 지장을 찍어야 합니다.

유언장을 쓴 사람만 유언을 철회할 수 있습니다. 유언자가 사망하면 유언장을 보관하고 있거나 발견한 사람은 지체 없이 법원에 유언장을 제출하여 검인을 받아야 합니다. 법원은 유언장을 받은 후 모든 상속

죽음까지 알아야 진짜 인생이다

인에게 법원으로 나올 것을 통지합니다. 검인 지정 날짜가 되면 모든 상속인이 출석을 하든, 안 하든 유언장을 개봉합니다.

자필 유언장을 들고 상속 등기를 하러 등기소에 가면 등기소에서는 자필 유언장 외에도 다른 서류가 더 필요하다고 합니다. 자필 유언장 만으로는 상속받은 부동산에 대한 등기가 불가능하고, 다른 상속인들이 그 자필 유언에 대해서 이의(異議)가 없다는 내용의 가정법원 검인 조서나 자필 유언이 유효하다는 법원 판결문을 가져오라고 요구합니다. 이러한 서류들이 있어야만 등기가 가능하기 때문입니다.

자필 유언 증서가 형식상 문제가 없다는 검인 조서를 받은 상속인은 상속인 중 과반수에 해당하는 상속인들의 동의를 받아야만 등기 신청을 할 수가 있습니다.

만일 상속인들의 과반수에 해당하는 동의를 받지 못할 경우 등기를 할 수가 없고, 다시 상속인들을 상대로 법정 상속 지분대로 유언 받은 상속인에게 지분 이전 등기를 하라는 소유권이전등기청구소송을 해야 합니다.

자필 증서에 아무런 문제가 없다면 유언을 받은 상속인에게 승소 판결이 내려지고 그 판결로 소유권이전등기신청을 할 수 있습니다.

만약 상속인들 중 한 명이라도 자필 유언 검인 절차에서 자필(自筆)이라는 걸 뻔히 알면서도 부모님 자필이 아니라고 하거나 유언의 내용에 동의하지 않는다고 말하면 등기소에서 요구하는 이의가 없다는 내용의 가정법원 검인 조서는 못 받게 되는데 현실에서는 이런 일이 자주 일어납니다. 부모님의 자필이라는 걸 알면서도 다른 형제가 나보다 많이 받는 게 싫어서 일부러 훼방을 놓는 사람도 있습니다. 이렇게 되면 자필 유언의 내용대로 상속 등기를 하려는 상속인은 유언이 유효하다는 것을 확인하는 별도의 소송을 해서 승소해야만 그 판결문을 받을 수 있습니다. 결과적으로 시간이 몇 년 더 걸리고 소송 비용도 꽤 들게 됩니다. 유언 공증을 하면 이런 번거로운 절차 없이 공증한 유언장만 가지고 상속 등기를 할 수 있습니다.

유언장을 작성한 자가 유언장을 작성할 때 치매를 앓고 있었다 할지라도 유언의 내용을 이해할 수 있는 상태였다면 유언장의 법적 효력이 발생합니다.

연월일은 모두 써야 합니다. 다만, 반드시 연월일을 명시하지 않더라도 음력이나, 제 몇 회 생일, 혼인 기념일 등 정확하게 연월일을 알 수만 있으면 됩니다.

유언자가 통상 사용하는 아호·예명·별명 등을 써도 무방합니다.

증서의 기재 자체로 보아 명백한 오기(誤記)를 정정하는 것에 지나지 않는 경우에는 그 정정 부분에 날인을 하지 않았다고 하더라도 그 효력에는 영향이 없습니다.

실제 있었던 사례를 소개합니다.

한 사회 사업가가 모 대학에 123억 원을 기부한다는 유서를 남기고 사망했는데 유서에 날인(捺印)이 빠져 있었습니다. 유족이 "이 유언장에는 민법이 유서의 요건으로 규정한 도장이 찍혀 있지 않다."며 소송을 제기해 결국 승소했습니다. 돌아가신 아버지의 숭고한 유언이 도장을 찍지 않은 사소한 실수로 인해 이루어지지 못했습니다.

죽음까지 알아야 진짜 인생이다 _____

망자(亡者)에겐 아내 외에 아들 2명, 딸 1명이 있었습니다. 자신의 전 재산인 현금 9억 원을 오직 딸에게만 주겠다는 자필 증서 유언장을 남긴 채 사망했습니다. 유언장을 보니 형식적 요건이 제대로 갖춰져 있었습니다. 이럴 경우, 아내와 아들들은 배신감을 느낄 수 있는데, 이들은 상속 재산을 한 푼도 받지 못하는 것일까요? 그렇지 않습니다. 일정한 분량의 상속 재산은 반드시 받을 수 있도록 법이 규정해 놓았는데, 이를 '유류분(遺留分)'이라 합니다.

유류분을 받을 수 있는 사람은 직계 비속·배우자·직계 존속·형제자매에 한합니다. 그리고 그 순위는 상속 순위에 따릅니다. 따라서 유류분권을 행사할 수 있는 자는 상속 순위상 상속권이 있는 자에 한합니다. 유류분의 비율은 ① 망자의 직계 비속은 그 법정 상속분의 1/2, ② 망자의 배우자는 그 법정 상속분의 1/2, ③ 망자의 직계 존속은 그 법정 상속분의 1/3, ④ 망자의 형제자매는 그 법정 상속분의 1/3입니다. 참고로, 태아도 유류분을 갖습니다.

앞의 사례에서 남자가 사망하면서 현금 9억 원을 딸에게만 주겠다고 유언을 남겼어도 아내와 아들 2명은 유류분을 요구할 수 있는데, 아내는 법정 상속분이 3억 원인데 유류분은 그 반액이므로 1억 5천만 원을 받고, 아들 2명은 모두 법정 상속분이 똑같이 2억 원인데 유류분은 그 반액이므로 각각 1억 원씩만 받게 됩니다. 나머지 5억 5천만 원은 전부 딸에게 귀속됩니다. 만약 아내와 아들들이 유류분을 주장하지 않으면 재산은 전부 딸에게 돌아갑니다.

유언에 의한 재산 분할 지정이 없거나 유언이 무효인 경우 공동 상속인들이 협의로 상속 재산을 분할합니다. 이때는 공동 상속인 전원이 참석해야 하고 일부 상속인이 협의하지 않았다면 상속 재산의 협의 분할은 무효입니다. 공동 상속인 간에 협의에 의한 상속 재산 분할이 안 될 경우에는 법원에 상속 재산 분할을 신청할 수 있습니다.

망자(亡者)가 갑자기 사망하거나 상속인들과 동거하고 있지 않은 경우 어떠한 재산을 유산으로 남겼는지 상속인들이 알지 못하는 경우도 있습니다. 이러한 경우 망자의 금융 재산 내역은 금융감독원 소비자 보호센터를 방문하여 금융 거래 조회 신청을 하면 되고, 망자의 부동산 보유 내역은 국토교통부의 국토공간정보센터나 시·군·구청의 지적(地籍) 부서를 직접 방문하여 신청하면 알 수 있습니다.

상속 관련 분쟁이나 상속세 등은 전문적인 분야이므로 이 분야에 밝은 전문 변호사를 찾아가 법정 상담료를 내고 상담을 한 후 처리하는 것이 가장 안전하고 깨끗한 방법입니다.

공정 증서 유언

공정 증서에 의한 유언은 유언자가 2명의 증인이 참석한 상태에서 공증 변호사 앞에서 유언 취지를 말로 전달하고, 공증인이 그 취지에 해당하는 내용을 필기한 후 낭독하여 그 내용이 정확하다는 것을 증인과 유언자가 승인하고 서명이나 기명한 후 날인하는 것을 말합니다. 증인은 반드시 2인이어야 하고, 유언자가 구술을 시작할 때부터 증서 작성이 완료될 때까지 참여하여야 하며, 공정 증서는 한국어로 작성되어야 합니다. 대법원 판례를 분석해보면, 자필 증서에 의한 유언에 대해서는 반드시 자필로 쓴 후 날인이 있어야 유효하다고 하여 요건

죽음까지 알아야 진짜 인생이다 _____

을 엄격하게 보는 반면, 공정 증서 유언의 경우에는 요건을 너그럽게 보는 경향이 있습니다.

다만, 유언에 의하여 이익을 받을 사람(유언자의 상속인으로 될 자, 유증을 받게 될 자), 그의 배우자와 직계혈족, 시각장애인, 문자를 해득하지 못하는 사람, 서명할 수 없는 사람 등은 증인이 되지 못합니다.

공증인은 공증에 대한 직무를 수행할 수 있다는 인증을 법무부 장관으로부터 받은 사람이나 법무법인을 말합니다.

상속 재산 가액이 1억 원인 경우 비용은 17만 원이며, 상속 재산이 아무리 거액이어도 300만 원을 넘지 않습니다.

#2 연명(延命) 의료와 존엄사

'연명(延命)'이란 생명을 연장시키는 치료를 말합니다. 한편 존엄사(尊嚴死)란 회생 가능성이 없는 환자에게 의사가 심폐소생술이나 항암제 투여 등의 무의미한 연명 의료를 중단하여 사망에 이르게 하는 것을 말합니다(소극적). 이에 반하여 안락사(安樂死)란 의사가 약물 투여 등의 방법을 써서 의도적으로 환자를 죽음에 이르게 하는 것을 말합니다(적극적). 안락사는 '조력(助力) 자살'이라고도 합니다.

존엄사는 '나는 품위 있게 생을 마감하고 싶다'는 것이며, 안락사는 '나는 고통 없이 죽고 싶다'는 것입니다.

존엄사는 대부분의 국가에서 일정한 경우에 한하여 허용되지만, 안락사는 대부분의 나라에서 금지되어 있습니다.

한편 중환자실에서 환자들은 어떤 공포를 느낄까요?

다음은 중환자실에서 환자로 있었던 한 분의 얘기입니다.

지난 2월 급성 패혈증으로 경기도의 한 종합병원 중환자실에서 기도삽관 치료를 받고 상태가 호전돼 지난달 일반 병동으로 옮긴 홍모(65) 씨는 중환자실을 '지옥'이라 표현한다. 줄로 침대에 묶여 있는 환자, 정신은 있지만 움직일 수 없어 침대에 누워서 변을 봐야 하는 환자, 의식 없이 기계로 연명하는 환자, 통증을 못 이겨 고래고래 소리치는 환자…. 끔찍한 장면을 보며 사투를 벌이다 일반 병동으로 내려온 홍 씨는 악몽이나 환각에 시달리는 '섬망' 증세와 전신 근육이 약해진 '중환자실 획득 쇠약' 증세를 동시에 겪고 있다. 홍 씨는 21일 "간호사가 '돌볼 환자가 너무 많아 환자분 변까지 봐 드릴 수 없으니 그냥 누운 채 해결하세요. 여기 있는 사람들 다 그냥 누워서 일을 봐요.'라고 하던 말을 잊을 수 없다."고 말했다. 그는 자녀들에게 "상태가 더 나빠져도 중환자실에 보내지 말고 그냥 죽게 해 달라."고 애원한다.

다음은 대학병원 중환자실의 모습을 목격한 어느 분의 얘기입니다.

내가 중환자실에서 본 삶의 마지막 모습은 처참했다. 환자들은 모두 병상 위에 누워 있거나 묶여 있었다. 의식이 없거나 말을 하지 못했다. 자신이 죽어가고 있다는 걸 알지 못했다. 무엇보다, 고통스러워했다. 말기 암으로 인한 고통이 큰지, 연명 치료로 인한 고통이 큰

죽음까지 알아야 진짜 인생이다

지 가늠하기 어려웠다.

　말기 환자는 장기간의 치료로 피부부터 뼛속까지 바스러질 듯 약해져 있다. 돌려 눕히고 일으켜 세우는 작은 힘에도 피부가 벗겨지고 뼈가 부러진다.

　그런 사람을 상대로 의료진이 온몸의 힘을 실어 심폐소생술을 실시하는 장면을 수없이 경험했다. 2시간 넘게 씨름한 경우도 있다.

　지켜보는 가족들도 피가 말랐다. 가족은 조금 더 잘해 드리고 싶어서 혹은 잘 모르고 환자를 중환자실에 모신다. 연명 치료 과정에서 가족들이 느낀 아픔은 평생의 트라우마가 된다.

　많은 암 환자가 항암 치료를 받으면서 "이게 사는 거냐?"고 말한다고 합니다. 말기 암 환자의 90% 이상이 인간의 자율성·존엄성 상실이 가장 괴롭다고 말했습니다.

　환자를 돈벌이 수단으로만 보는 병원과 의사들, 생명에 대한 경외심이 없는 의료진, 죽음에 대해 진지하게 고민해 본 적이 없는 의사들, 항암 치료를 중단한 환자들에게 호스피스 병원을 알려주지도 않는 의사들, 환자들과 깊이 있는 대화를 나누지 못하는 의사들의 무능과 짧은 학식, 종교에 대해 전혀 아는 바가 없는 의사들, 귀한 집에서 애지중지 자란 의사들, 제약사로부터 리베이트를 받고 간호사들한테는 갑질을 하고 수술할 때 자격도 없는 후배 의사나 간호사에게 집도(執刀)를 맡기고 환자에게는 고가의 수술이나 치료를 강요하는 의사들….

　이런 의사들에게 우리는 우리의 목숨을 맡겨야 하는 날이 올 겁니다. 게다가 대부분의 병원에서 중환자실은 기피의 대상이 되어 가고 있습니다. 돈이 안 되기 때문입니다. 일반 병실은 간호사 1명당 환자 2.5명을 돌보는데, 중환자실은 그보다 적은 1.2명을 돌봅니다. 그만큼 인력이 많이 필요하고 인건비가 많이 듭니다. 면적도 일반실보다 1.5배 넓어야 하고, 중앙 공급식 의료가스와 음압 격리실 등 비싼 시설도 설치해야 합니다. 현재 우리나라 중환자실은 거의 꽉 차 있습니다. 당신이 만약 중환자가 되어 병원으로 실려 가도 중환자실에 들어가기 힘들다는 뜻입니다.

「호스피스·완화의료 및 임종과정에 있는 환자의 연명의료결정에 관한 법률」(약칭: 「연명의료결정법」)상 요건을 충족하는 사람은 **사전연명의료의향서** 또는 **연명의료계획서**를 통해 연명 의료에 관한 본인의 의사를 밝힐 수 있습니다.

사전연명의료의향서는 <u>19세 이상 된 성인이라면 누구나</u>(건강한 사람이라도) 상담사의 설명을 듣고 <u>혼자서 작성</u>하고, **연명의료계획서**는 환자의 의사(意思)에 따라 의사(醫師)가 작성합니다. 비용은 무료입니다.

연명의료계획서는 사전연명의료의향서를 작성하지 못한 환자가 작성하는 문서로, 말기 환자(적극적인 치료에도 불구하고 근원적인 회복의 가능성이 없고 점차 증상이 악화되어 수개월 이내에 사망할 것으로 예상되는 환자) 또는 임종 과정에 있는 환자(회생의 가능성이 없고 치료에도 불구하고 회복되지 아니하며, 급속도로 증상이 악화되어 사망이 임박한 상태에 있는 환자)가 의사의 설명을 듣고 연명 치료를 거부하겠다고 작성하는 문서를 말합니다. 해당 환자가 미성년자인 경우는 환자 및 그 법정 대리인이 함께 설명을 들어야 합니다.

　　　　　　죽음까지 알아야 진짜 인생이다

연명 치료를 받지 않겠다는 환자의 의사(意思)를 추정할 수 <u>있는</u> 경우에는, 환자가 평소에 연명 치료를 원치 않았다는 가족 2명 이상의 일치된 진술과 의사 2명의 확인이 필요합니다.

연명 치료를 받지 않겠다는 환자의 의사(意思)를 추정할 수 없는 경우에는 다음 세 가지 중 하나만으로 가능합니다.

1) 가족 전원(배우자+부모+자녀들)의 합의와 의사 2명의 확인
2) 적법한 대리인(환자가 미성년자인 경우는 친권자)의 결정과 의사 2명의 확인
3) 대리인이 없을 경우 해당 병원의 윤리위원회의 만장일치 결정

환자에게 배우자도 없고 부모도 없으며 자녀도 없는 경우에는, 환자의 형제자매가 합의를 하게 됩니다. 만일 가족이 전혀 없는 환자(무연고자, 독거노인, 월남한 북한 사람 등)가 의사 표현을 할 수 없는 의학적 상태에 있다면 어떠한 경우에도 연명 치료를 중단할 수 없습니다.

만약 환자가 병원이 아닌 집에서 임종을 맞이하는 경우에는 어떠한 문서도 작성할 필요가 없으며, 그 환자의 의사 표시 또는 가족의 의사에 따라 처리하시면 됩니다. 단, 국법을 어기면 안 됩니다(살인, 살인 방조, 유기 등은 처벌 대상).

사전연명의료의향서 작성 기관은 전국에 많이 분포되어 있는데, 서울대학교병원·삼성서울병원·서울아산병원·신촌연세의료원·국립암센터병원 등이 대표적입니다. 이들 등록 기관에 본인이 신분증을 들고 직접 가서 충분한 설명을 듣고 작성합니다.

연명의료계획서 작성 기관은 강남세브란스병원·강동경희대병원·강북삼성병원·건국대학교병원·경희의료원·국립중앙의료원·서울성심병원·서울아산병원·중앙대학교병원·한양대학교병원·분당서울대학교병원 등 전국에 널리 분포되어 있습니다.

사전연명의료의향서든 연명의료계획서든 일단 작성하면 그 문서는 연명 의료 정보처리 시스템에 공식적으로 등록되며, 그 후 의사나 가족들이 그 문서의 조회를 요청할 수 있게 됩니다.

현행 「연명의료결정법」에 따르면, '윤리위원회'를 설치한 의료 기관에 한해서만 연명 의료 중단을 결정할 수 있습니다. 따라서 중소 병원이나 요양 병원에 있는 대부분의 환자가 연명 의료를 받지 않으려면 윤리위원회가 있는 병원으로 옮겨야 합니다.

현행법상 연명 의료를 중단할 수 있는 '임종기' 환자와 그렇지 않은 '말기' 환자를 구분하는 게 까다롭다는 지적이 많습니다.

중단할 수 있는 연명 치료는 '심폐소생술, 인공호흡기 착용, 혈액 투석 및 항암제 투여의 의학적 시술'입니다. 연명 의료를 중단하더라도 통증 완화를 위한 의료 행위나 영양분 공급, 물 공급, 산소의 단순 공급은 중단할 수 없습니다. 항생제를 끊는 것도 안 됩니다.

'임종 과정에 있는 환자'란 회생 가능성이 없고, 치료에도 회복되지 않으며, 급속히 증상이 악화돼 사망이 임박한 상태에 있다는 의학적 판단을 받은 환자입니다.

죽음까지 알아야 진짜 인생이다 _____

#3 요양 병원과 요양원

요양 병원과 요양원은 어떤 차이가 있을까요?

요양 병원은 「의료법」에 의거하여 건강보험의 적용을 받으면서 의사·간호사·간호조무사·사회복지사·물리치료사가 치료를 해 주는 곳인 데 반하여(의사가 반드시 있어야 함), 요양원은 65세 이상의 노인 또는 65세 미만이지만 노인성 질환을 앓고 있는 사람이 「노인복지법」에 의거하여(주로 치매, 중풍 등의 질병) 노인 장기 요양 보험의 적용을 받으면서 요양보호사·물리치료사·간호사·사회복지사가 치료를 해 주는 곳(의사가 없어도 가능)입니다. 요양 병원이 '치료' 중심이라면, 요양원은 '돌봄' 중심입니다.

치료비는 요양 병원이 요양원보다 두 배 정도 비싸고, 숫자는 요양원이 네 배 정도 많습니다. 요양원은 1~3등급의 장기 요양 등급을 받은 환자만 가능하지만, 요양 병원은 이러한 등급이 필요하지 않습니다.

현재, 요양 병원이나 요양원 모두 비용에 있어 본인 부담은 20%이고 정부 지원이 80%이며, 다만 **간병비의 경우 요양 병원은 100% 본인 부담이지만, 요양원은 반대로 100% 정부에서 지원**합니다. 요양원은 식사비·간식비·1~3인실 침실 비용은 전액 본인 부담입니다. 요양 병원은 식사비의 경우 50%는 국가에서 지원합니다.

요양원은 개인이나 법인 누구나 운영할 수 있지만, 요양 병원은 의사나 한의사 등 의료 자격이 있는 사람만 운영이 가능합니다. 요양원에는 의사가 상주(常住)해야 할 의무가 없지만, 요양 병원은 병원이기에 의사가 항상 상주해야 합니다.

어느 시설이 적합한지 판단하기 어려울 경우엔 국민건강보험공단 (전화번호: 1577-1000. 평일 오전 8시 30분부터 오후 6시까지 문의 가능)에 문의하면 됩니다. 공단에서 노인 장기 요양 등급 심사를 받을 수도 있습니다. 요양 등급이 1~2등급이면 요양원에 입소해 간병인 지원을 받을 수 있고, 3~5등급이면 재가 요양(在家療養)을 이용할 수 있습니다.

재가 요양은 말 그대로 집에서 돌봄을 받는 것인데, 전문 요양 보호사가 직접 가정을 방문하여 환자에게 목욕·세수·식사·말벗·청소·옷 갈아입히기·은행일 보기 등의 서비스를 해 주는 것을 말합니다. 하루 4시간씩 한 달 22일간 재가 요양을 받는다고 가정할 경우, 비용은 한 달에 17만 원가량 됩니다(15%만 본인 부담). 기초생활수급대상자는 17만 원마저도 내지 않습니다.

#4 호스피스(hospice)

호스피스란 임종이 임박한 환자들이 편안하고도 인간답게 죽음을 맞을 수 있도록 심적 위안과 영적 돌봄 등을 베푸는 봉사 활동 또는 그런 일을 하는 사람을 지칭합니다.

호스피스 병원은 말기 암 환자(회복 가능성이 없고 증상이 악화돼 몇 개월 내 사망할 것으로 의사가 판정해야 함)가 가능한 한 느끼지 않고 임종을 편안하게 맞도록 도움을 주는 데 목적을 두고 있습니다. 호스피스 병원은 치료가 아니라(따라서 항생제·항암제 투여, CT, 수술 등은 하지 않음) 의사·간호사·사회복지사·성직자·자원봉사자 등이 환자의 신체적·심리적

죽음까지 알아야 진짜 인생이다 _____

고통을 적극적으로 완화하는 데 초점을 맞춥니다.

호스피스 병원은 말기 암 환자에게 마약성 진통제 등을 투여하여 통증을 낮춰 주고, 증상(매스꺼움, 구토, 수면 장애, 식욕 부진, 호흡 곤란, 변비 등)을 조절해 주며, 상담이나 종교 등을 통해 정신적·종교적 돌봄 서비스를 제공합니다.

말기 암 환자가 호스피스를 이용하려면 호스피스 완화 의료 전문 기관을 선택한 후 이용 동의서를 작성하면 됩니다. 2017년 7월을 기준으로 호스피스를 제공하는 국내 의료 기관은 총 79곳입니다.

호스피스 병원을 이용하는 환자들에겐 의료보험 혜택이 주어지는데, 한 달에 22일을 이용했을 경우 본인 부담은 50만 원을 넘지 않습니다(본인 부담 5%. 단 식대는 50% 본인 부담). 즉, 하루에 2만 원꼴입니다.

한편 호스피스 서비스는 집에서도 받을 수 있습니다. 이를 '가정 호스피스'라 합니다(현재 전국 17개 병·의원 제공). 비용은 건강보험 적용에 의해 1회 방문당 5,000원(간호사 단독 방문)~13,000원(의사, 간호사, 사회복지사 모두 방문) 정도입니다. 지금은 말기 암 환자만 가능하지만, 곧 만성 간경화·만성 폐쇄성 폐 질환·에이즈 환자도 이 서비스를 받을 수 있게 될 예정입니다.

#5 자필 증서 유언장 예시

유언장

1. 유언자: 홍·길동(491207-1344830)

2. 주소: 경기도 ○○시 ○○구 ○동 68-1번지 ○○아파트 101동 101호

3. 유언 내용

1) 서울시 중구 남대문로 170에 있는 10층짜리 동성 빌딩의 소유권은 장남 홍명식이 상속한다.

2) 경기도 고양시 일산동구 장항동 880번지에 있는 토지(12,050㎡)는 장녀 홍영희가 상속한다.

3) 신한은행에 있는 예금 5억 원과 LG전자 주식(총 2,000주) 그리고 이 아파트는 내 배우자인 박경숙이 모두 상속한다.

4) 내가 죽은 이후로 5년 이내에는 내가 지금 사는 아파트를 처분하지 마라.

5) 내가 죽으면 내 시신을 화장(火葬)한 후 유해를 강원도 양양에 있는 낙산사(洛山寺)에 모셔주길 바란다.

6) 내 물건과 책들은 장남이 갖되, 원치 않으면 수원 시립 도서관에 기증하거나 아니면 처분하길 바란다.

7) 홍성진(100802-3188904)에 대하여 친생 부인(親生否認)의 소(訴)를 6개월 이내에 제기해 줄 것을 유언한다. 홍성진은 내 핏줄이 아니다. 고로 홍성진과 나는 혈연으로 맺어진 부자(父子) 관계가 아니다. 유언 집행자는 내가 사망한 후 내 배우자인 박경숙(550421-2533710) 또는 혼외자(婚外子)인 홍성진을 상대로 소(訴)를 제기해서 가족관계를 바로 잡아 주길 바란다.

8) 유언 집행자로 김기식 변호사(서울 서초구 서초동 34-5번지 한성 빌딩 3층, 02-345-5774)를 지정한다. 총 보수는 이천만 원(20,000,000원)으로 한다.

- 이 상 -

작성 일자 2019년 3월 18일
유언자 홍 길 동 (인)

죽음까지 알아야 진짜 인생이다

존엄하고 귀한 생명

슈바이처(Schweitzer) 박사가 말했습니다.

"나는 나무에서 잎사귀 하나라도 이유 없이는 뜯지 않습니다. 한 포기의 들꽃도 꺾지 않습니다. 벌레도 밟지 않도록 조심합니다. 여름밤 램프 밑에서 일할 때 많은 벌레의 날개가 타서 책상 위에 떨어지는 것을 보는 것보다는 차라리 창문을 닫고 무더운 공기를 들이마십니다."

그는 또 "한 마리의 곤충을 괴로움으로부터 구해줌으로써 나는 인간이 생물에 대해서 줄곧 범하는 죄의 얼마간이라도 줄이려 합니다. 어느 종교나 철학도 생명에 대한 외경에 바탕을 두지 않는다면 그것은 진정한 종교도 아니고 진정한 철학도 아닙니다."라고 말했습니다.

중국의 어느 고승께서 말씀하셨습니다.

"근래에 세상 사람들이 재난을 당하는데 살생의 업이 무거워서 모두 이런 과보를 만나는 것이오. 저는 늘 세상 사람들에게 살생을 금하고 방생(放生)을 할 것을 권한다오."

당나라의 시인 백거이(白居易)는 말했습니다.

"누가 어린 새들의 생명이 보잘것없다 하는가. 다른 모든 생명체와 같이 피와 살이 있는 귀중한 생명이다. 권하건대 나무에 앉은 작은 새들이라도 함부로 죽이지 마라. 어린 새들도 자기의 어미가 돌아오기만을 기다리고 있다네."

성인께서 말씀하셨습니다.

"고기를 먹느냐, 채소를 먹느냐 하는 문제는 우리들이 지금보다 더 나은 몸을 내생에 받느냐 아니면 축생의 몸이나 지옥으로 떨어지느냐 하는 큰 갈림길이며, 천하가 혼란해지느냐 평화로워지느냐 하는 큰 근본이 되므로 중대사이지 사소한 일이 아니오. 그 자신의 몸을 아끼고 모든 사람을 널리 아끼며 장수하고 안락하여 그대가 즐겁고 편안하게 오래 살고 불의의 재앙이나 화를 입지 않으려거든, 마땅히 살생을 금하고 채식을 하여야 하오. 이것만이 천재지변과 사람으로부터 입는 화(禍)를 당하지 않는 제일 좋은 묘법이오."

맹자께서 말씀하셨습니다.

"군자는 짐승이 산 것은 보지만 차마 그 죽는 것은 보지 못하며, 죽으면서 애처롭게 울부짖는 소리를 듣고는 차마 그 고기를 먹지 못하는 것입니다. 이 때문에 '군자는 푸줏간을 멀리한다.'고 말합니다."

인생에서 가장 가혹하고 가장 참을 수 없는 일은 다른 생명을 죽이는 것입니다. 또 이 세상엔 수많은 죄가 있지만 한 생명을 죽이는 것보다 더 큰 죄는 없습니다. 생명은 모든 살아 있는 존재가 아끼고 탐내는 것입니다. 그러니 생명을 함부로 해쳐서는 안 됩니다.

개미도 살고 싶어 하고 벌레도 살고 싶어 합니다. 이들은 절대로 죽고 싶어 하지 않습니다. 벌레도 사람이 손가락을 가까이 대면 죽을까 봐 피합니다. 오리들한테 아이가 다가가면 죽을까 봐 도망갑니다. 천하의 미인이라 해도 동물한테 다가가면 동물은 공포심을 느끼고 달아나기에 바쁠 것입니다. 사람 손에 맞은 파리 한 마리가 밤새도록 내지

죽음까지 알아야 진짜 인생이다

르는 고통의 신음을 깨달은 사람은 명료하게 들을 수 있습니다.

인간만 존엄한 것이 아니라 꿈틀대는 그 모든 생명은 똑같이 존엄하고 거룩한 것입니다. 금생엔 우리가 다행히 인간의 몸을 받았지만, 다음 생에는 축생의 몸을 받을 가능성이 매우 큽니다. 우리에겐 탐욕과 성냄과 어리석음이 많기 때문입니다.

자식을 가진 부모라면 누구나 자식을 사랑하고 자식이 잘되기를 바랍니다. 누구나 자기 자식이 건강하고 행복하게 살기를 원합니다. 더나아가 자식이 출세하고 돈도 잘 벌기를 소망합니다. 그래서 자식에게많은 투자를 합니다. 비싼 돈을 들여 학원에도 보내고 유학도 시키고기죽지 말라며 차도 사 주고 집도 장만해 줍니다. 교회나 절에 가서자식들을 위해 헌금(시주)도 내고 기도도 합니다. 이렇게 자식에 대한부모의 헌신적인 사랑은 눈물겹기까지 합니다.

그런데 자식을 위해 큰 노력과 헌신을 아끼지 않는 부모들도 육식이나 사냥, 낚시는 아무 죄책감 없이 즐깁니다. 생명을 함부로 죽이는 것도 모자라 남에게 살생을 권하고, 남이 죽이는 것을 보고 기뻐하기까지 합니다. 생명을 함부로 죽이는 당사자는 말할 것도 없고, 과연 그자녀들에게는 부모의 살생이 아무런 영향도 끼치지 않는 걸까요.

우리는 부모가 좋은 일을 많이 하면, 그 공덕이 자식들한테도 간다고 생각합니다. 즉, 선대(先代)에 공덕을 쌓으면 후대(後代)에 가서 발복(發福)을 한다고 믿습니다. 이치가 이렇다면, 반대로 부모가 악행을 많이 저지르면 어떠하겠습니까. 당연히 자식들한테 부정적인 영향을 주겠지요. 육식이나 사냥·낚시는 악한 일이 아니고, 살인이나 사기·절도·강간 등만 악한 일이라고 강변하시렵니까.

부처님의 제자가 부처님께 물었습니다.

"무슨 이유로 고기를 먹어서는 안 됩니까?"

부처님께서 답하셨습니다.

"육식하는 사람들은 그들 안에 있는 위대한 자비심의 종자(種子)를 끊어버리는 것이다. 육식하는 생명들은 서로 죽이고 서로 잡아먹는다. 이번 생에서는 내가 너를 먹고, 다음 생에는 네가 나를 먹고… 항상 이런 식으로 계속된다. 그러니 그들이 어떻게 윤회에서 벗어날 수 있겠는가."

아래는 중국의 고서(古書)에 실려 있는 이야기입니다.

"외삼촌은 자신의 전생의 일을 기억하고 있는데, 그는 돼지에서 인간으로 환생했으며 또 한 생만 돼지로 환생한 것이 아니었다. 그는 돼지가 도살당할 때의 고통은 말로 이루 다 표현할 수 없다고 말했다.

돼지는 도살당할 당시의 고통에만 그치는 것이 아니라 죽은 후에도 육신 자체에 예민한 감각이 남아 있다고 한다. 돼지고기를 시장에서 사 온 뒤 만두 속을 만들려고 칼질을 하거나 완전히 삶아질 때까지 끓이는데, 그 시간이 길면 길수록 돼지의 몸은 더욱 고통받는다. 더욱이 소시지가 되면 소금에 절여지고 뜨거운 햇빛에 말려지는데 전 과정의 고통을 모두 겪어야 한다. 그 고통이야말로 사람들이 이해할 수 있을 정도가 아니며 이러한 고통은 반드시 사람들이 이 소시지를 완전히 다 먹어 버려야만 끝난다고 한다. 다시 말해서 돼지 한 마리가 죽는다고 고통이 끝나는 것이 아니라 반드시 사람들

죽음까지 알아야 진짜 인생이다

이 그 돼지고기를 몽땅 먹어 버려 없어질 때만 비로소 고통이 끝난다는 것이다!"

육식을 가능한 한 금하는 것이 제일 좋겠지만, 그것은 대단히 어려운 일입니다. 따라서 덜 먹고 적게 먹고 자제하는 것이 최선입니다. 육식을 하더라도 다음처럼 하시면 어떨까요?

1) 죽은 소리를 듣고는 그 고기를 먹지 않는다.
2) 죽이는 모습을 보고는 그 고기를 먹지 않는다.
3) 집에서 기른 것은 잡아먹지 않는다.
4) 나를 대접하기 위하여 일부러 잡은 것은 먹지 않는다.

옛날에 개미가 물에 빠진 것을 구해 주고 높은 벼슬에 오른 사람이 있고, 죽어가는 사슴 새끼를 도와주고 재상(宰相)의 벼슬에 오르고, 새를 구하여 주고 삼공(三公)이 되고, 거북이를 놓아주고 제후(諸侯)가 된 예가 있습니다. 이들은 무슨 일에나 자비심을 실행한 까닭에 천지의 거룩한 마음과 일치하여 입신출세하게 된 것입니다. 말하자면 잔인한 마음으로 생명을 죽이는 것은 물론 비록 죽이지 않아도 그 괴로워하는 것을 보고 즐기는 것은 참으로 큰 살생입니다.

어진 사람은 죽은 사람의 해골까지 땅에 묻어 주고, 막 자라나는 풀과 나뭇가지는 꺾지 않습니다. 땅 위를 기어 다니는 벌레나 곤충을 피해 걸어가고, 목숨을 해치는 사냥이나 낚시는 절대 하지 않습니다.

다른 생명을 죽여 그 고기를 먹으면 티끌처럼 무한한 영겁의 세월

토록 서로 죽이고 잡아먹기를 반복하는데, 마치 수레바퀴가 굴러가며 위아래가 끊임없이 뒤바뀌듯 보복이 계속됩니다.

지금 요리되기를 기다리며 도마 위에 올라가 있는 생선과, 도살업자의 손아귀에 잡혀 곧 도살될 운명인 동물과, 도살업자의 손에 질질 끌려가는 개와 소와 돼지와, 강이나 바다에서 낚시꾼에 의해 낚인 물고기와, 덫이나 올무, 통발 등 밀렵업자들에 의해 포획된 뱀이나 노루 등의 야생 동물 등을 당신이 구해준다면, 당신이 훗날 그 대가로 받을 복은 하늘을 가득 채우고도 남습니다. 한 생명을 살리는 일은 이토록 거룩하고 위대한 일입니다.

홍수와 가뭄, 전염병, 지진, 화산 폭발 등의 천재지변은 인간의 살생 때문에 생기는 인과응보라고 성인께서는 말씀하셨습니다.

누군가는 이렇게 항변하실지도 모르겠습니다.

"나는 직접 동물을 죽인 적은 없다."

"내가 먹은 고기는 이미 죽어 있던 고기다."

"동물들을 잡아먹지 않으면 그들의 개체 수가 급격히 늘어나 생태계가 무너질 것이다."

이런 말들은 언뜻 보면 일리가 있어 보이지만, 사실 그렇지 않습니다.

이른바 간접 살생도 엄연한 살생입니다. 간접 살생이 직접 살생에 비하여 죄가 가볍다거나 덜하다는 말씀은 경전 어디에도 나오지 않습니다. 오히려 『능가경』이라는 불경에 "고기를 먹는 것과 직접 죽이는 것은 그 죄가 같다[食肉與殺同罪]."라는 말씀이 있습니다.

죽음까지 알아야 진짜 인생이다 _____

중국의 어느 고승께서 말씀하셨습니다.

"근래에 세상 사람들이 재난을 당하는데, 살생의 업이 무거워서 모두 이런 과보를 만나는 것입니다. 저는 늘 세상 사람들에게 살생을 금하고 방생을 할 것을 권합니다. 채식을 하면서 염불을 하라는 이유는 여러분들이 인과 윤회의 과보를 만나지 않기 위함입니다. 여러분들은 이 가르침을 마땅히 믿고 행하여 선인(善因)을 심으시길 바랍니다."

고기를 먹을수록 우리의 몸과 영혼은 더러워지고 타락합니다.

고기를 먹을수록 우리의 업장은 무겁고 두터워집니다.

고기를 먹을수록 우리는 삼악도에 태어날 가능성이 커집니다.

고기를 먹을수록 우리의 복은 깎입니다.

고기를 먹을수록 우리가 임종 때 당하는 고통이 늘어납니다.

소나 돼지나 닭들이 일생동안 자라나는 사육 환경을 우리가 직접 목격한다면, 우리는 한없이 눈물을 흘리지 않을 수가 없습니다. 인간과 똑같은 감정을 가진 그 동물들이 비참한 환경에서 고통과 분노로 일생을 살다가 잔인하게 도살당하는 장면은 크나큰 충격입니다. 그들이 죽어갈 때 순간적으로 내뿜는 호르몬에는 온갖 독소와 분노, 원한과 스트레스가 가득 담겨 있습니다. 그것을 우리는 먹는 것이지요.

예전에 풀만 먹이며 키우던 소는 5년 정도 키워야 도축할 수 있는 상태가 되었지만, 풀이 아닌 곡물(옥수수 등)과 항생제로 키우면 2년 6개월 만에 도축할 수 있을 정도로 성장합니다. 인간의 탐욕은 여기에 그치지 않고 소에게 유전자를 조작한 박테리아에서 대량 생산하는 성장 호르몬과 고기 사료를 투여합니다. 게다가 전염병을 막는다는 구실로 수시로 살충제를 투여합니다.

곡물과 항생제, 성장 호르몬, 고기 사료로 키운 소는 14개월이면 도축할 수 있습니다. 14개월 만에 60개월 정도 자라야 할 만큼 크기가 커진 소는 사실 극심한 비만 상태로 당뇨병, 관절염, 신부전증, 심장 질환, 혈관 질환, 암 등 각종 질병에 걸려 있어 사람이 먹어서는 안 될 위험한 음식입니다. 이렇게 사육된 소는 14개월 이내에 도축되는데 그 이상 키우면 대부분의 소가 질병으로 급사하기 때문이랍니다.

예전에는 2년 키워야 하던 돼지도 현재는 집중 가축 시설에서 성장 호르몬, 항생제로 사육해 9개월이면 도축할 만큼 성장합니다. 돼지는 그 9개월간 하루도 흙을 밟지 못한 채 시멘트 바닥에서 일생을 지냅니다. 돼지는 흙을 입으로 파헤치며 흙과 벌레 등을 먹는 습성이 있습니다. 하지만 돼지들은 시멘트 바닥에서 평생 흙과 풀을 접하지 못한 채 '락토파민(ractopamine)'이라는 항생제를 투여받으며 자랍니다. 락토파민은 원래 폐 질환 치료제인데 그 부작용으로 비만 증상이 나타나는 현상에 착안하여 이를 성장 호르몬으로 투여하는 것입니다. 이 락토파민은 비만 이외에도 신장 결석과 각종 암을 유발하는 것으로 밝혀진 위험한 약입니다.

그 외에 돼지에게는 유전자 조작 성장 호르몬인 레포신(LEFOCIN)도 투여됩니다. 복제도 서슴없이 행해집니다. 이렇게 비만을 유발하는 항생제와 성장 호르몬, 복제로 사육된 고기를 먹는 인간에게는 그대로 비만과 관절염, 신장 결석, 심장 질환, 뇌졸중, 각종 암 등이 전이됩니다. 그리고 암퇘지에게는 다국적 거대 화학 기업인 셸(Shell)에서 생산

죽음까지 알아야 진짜 인생이다 _____

하는, 자동차 엔진 오일 이름 같은 XLP-30이라는 합성 호르몬을 투여해 한 번에 낳는 새끼 돼지의 수를 늘립니다. 자연 상태에서는 보통 6마리 정도를 출산하지만, 합성 호르몬을 투여받으면 10마리 이상을 낳게 됩니다.

팔려나가는 닭의 90%가 백혈병이나 암 등 각종 질병을 앓고 있다는 결과는 이미 밝혀진 지 오래되었습니다. 좁디좁은 공간에서 다양한 항생제와 많은 성장 촉진제를 먹고 빨리 자란 닭들은 성장 속도를 견디지 못하고 일부는 심장마비로 죽습니다. 닭들을 도살하는 방법도 점점 진화하고 있는데 방식은 이렇습니다. 기계가 닭의 머리를 있는 대로 쭉 잡아당겨 숨을 끊어 버립니다. 이렇게 하면 머리가 딸려 나갈 때 안의 식도와 내장까지 같이 끌려 나오기 때문입니다. 이것이 세 사람 정도의 인력을 절약할 수 있는 기술이랍니다.

2019년 2월에 나온 신문에 개구리 즙이 건강에 좋다는 소문이 퍼지면서 일찍 깨어나는 산개구리들이 수난을 당하고 있다는 기사가 실렸습니다. 건강원 등에서 운동선수나 청소년들에게 개구리 즙이 좋다고 홍보하면서 개구리 즙을 비닐 팩에 담아 판다는 겁니다. 경악을 금치 못할 일입니다. 자녀들의 건강을 위해 부모들이 앞다투어 개구리 즙을 찾는다는 것입니다.

중국인도 그러하지만, 한국인의 잔인한 식습관은 세계적으로도 유명합니다. 산 낙지를 입으로 씹어 먹는 것이나, 개를 잔인하게 도살하여 만든 보신탕이나, 게나 오징어 등을 끓는 물에 던지는 것이나, 개구리를 산 채로 구운 다음 껍질을 벗겨서 먹는 것이나, 살아 있는 생선을 칼로 떠서 먹는 생선회나, 뱀을 구워 먹는 것이나, 살아 있는 은어를 초장에 찍어 먹는 것이나, 살아 있는 장어의 대가리를 못으로 박은 후 껍질을 쭉 벗긴 후 구워서 먹는 것 등이 그 예입니다.

이렇게 잔인한 음식을 무슨 식도락이니, 미식가(美食家) 등으로 부르면서 먹으러 다니는 사람들은 훗날 그에 상응하는 응보(應報)를 반드시 받습니다.

한국인이 다른 나라 사람들에 비해, 암·당뇨병·뇌졸중·직장암·치매·돌연사 환자들이 왜 많은지를 곰곰이 생각해 보십시오. 그 이유는 흡연도 아니고 운동 부족도 아니라 육식을 즐기는 식습관 때문입니다.

'암(癌)'이라는 한자를 보면, 병(病)을 의미하는 '疒' 안에 '입 구(口)' 자가 세 개나 들어가 있고, 그 밑에 '산(山)' 자가 있습니다. 음식을 많이 먹으면 암에 걸린다는 의미가 내포되어 있습니다.

일본의 최고 관상(觀相) 권위자인 미즈노 남보쿠(水野南北)는 이렇게 말했습니다.

"인간의 길흉(吉凶)은 오직 그 사람이 먹는 음식에 달려있다. 무서워해야 할 것은 음식이다. 조심할 것도 음식이다."

화(禍)도 입에서 시작되고 병(病)도 입에서 시작되니, 입이야말로 가장 치명적인 무기입니다.

죽음까지 알아야 진짜 인생이다 _____

성인(聖人)의
이름을 부르는 일

지금부터는 산 사람들이 죽은 사람들을 위해 할 수 있는 일을 말씀드리고자 합니다. 이제부터 나오는 내용들은 굉장히 중요합니다. 그리고 한 가지가 꼭 필요합니다. 그것은 바로 '열린 마음'입니다. 부디 열린 마음으로 읽어주시길 바랍니다.

임종을 목전에 두고 있는 환자가 할 수 있는 일은 사실 거의 없습니다. 사지(四肢)를 움직일 수 없는 환자나 식물인간 상태에 놓여 있는 환자가 무엇을 할 수 있겠습니까. 하지만 식물인간이나 뇌사 또는 중풍에 걸린 환자들은 신체를 움직일 수 없을 뿐, 의식은 또렷하거나 명료하게 살아 있다는 것을 알아야 합니다. 그래서 이들은 가족들이 하는 얘기를 다 알아들으며 후회나 기쁨, 슬픔 등의 감정을 똑같이 느낍니다.

그렇다면 가족이 식물인간 상태에 있거나 중풍, 치매 등에 걸린 사람 또는 이미 죽어버린 사람을 위해 할 수 있는 일이 있을까요? 많은 기독교 신자들은 산 사람이 죽은 사람을 위해 할 수 있는 일이란 아무것도 없다고 말합니다. 더구나 죽은 자가 예수님을 믿지 않은 사람인 경우에는 더 말할 필요도 없다고 합니다. 하지만 불교에서는 그렇지 않다고 말합니다. 산 사람이 죽은 사람을 위해 공덕을 지어 주면, 죽은 자는 그 공덕의 7분의 1을 가져가고, 나머지 7분의 6은 산 사람이 가져간다고 경전에서는 분명히 말하고 있습니다.

그러면 산 사람들이 죽은 사람을 위해서 무엇을 어떻게 해야 할까요? 저는 세 가지를 제시하고자 합니다.

1) 음덕(陰德)을 쌓아주는 것
2) 독경(讀經)을 해 주는 것
3) 성인의 이름을 불러 주는 것

먼저 죽은 자를 위해 음덕(陰德)을 쌓는 일입니다. 음덕이란 오직 하늘만 아는 선행을 말합니다. 자신에게 돈이 딱 10,000원이 있는데, 곤경에 처한 누군가에게 10,000원을 아무 조건 없이 보시하는 것이 음덕입니다. 누군가를 도와주고 나서 아무런 미련을 갖지 않는 것도 음덕입니다. 그렇다면 어떤 음덕을 쌓을까요? 저는 방생을 적극적으로 추천합니다. 방생이란 죽을 위험에 처한 동물이나 사람 등을 살려주는 것을 말합니다. 방생은 가장 효과가 빠르고 공덕이 크다고 성인들께서 누차 말씀하셨습니다.

예를 들어, 계곡 등지에서 물고기를 많이 잡은 사람을 보았을 경우, 이 물고기들을 돈을 주고 사서 다시 살려주는 것입니다. 자살을 마음먹고 있는 사람을 잘 설득하고 달래서 자살할 결심을 하지 않도록 하는 것도 방생입니다.

죽음까지 알아야 진짜 인생이다

생명을 살려 주는 사람은 마음속으로 이렇게 기도합니다.

"하느님(부처님), 저의 이 공덕을 돌아가신 제 어머니께로 돌립니다."

"하느님(부처님), 돌아가신 ○○○ 님 이름으로 이 공덕을 짓습니다."

이렇게 하면 망자(亡者)에게 큰 복이 됩니다. 물론 산 사람에게도 큰 복이 됩니다. 방생은 마음만 먹으면 쉽게 할 수 있습니다. 어시장에 가서 물고기(특히, 알을 밴 암컷)를 산다든지 유기견(遺棄犬) 보호소에 가서 곧 안락사(安樂死)에 처할 개를 입양하여 직접 키운다든지 아니면 다른 누군가에게 입양시키면 됩니다.

건강원에 있는 뱀들을 사서 야산에 풀어준다든지, 겨울에 잡힌 개구리를 사서 물가에 풀어준다든지, 잡힌 새들을 사서 하늘로 날려준다든지 하면 됩니다.

방생이야말로 망자에게 더없이 좋은 선행입니다. 꼭 기억하십시오.

돈이 없어 수술을 받지 못하는 사람에게 돈을 기부하거나, 고아들을 키우는 곳에 가서 빨래나 청소 등을 하는 것도 좋은 선행입니다.

남에게 자신이 가진 지식이나 재능으로 좋은 기술이나 지식을 무료로 전해 주는 것도 선행이고, 지역 사회에서 남들이 꺼리는 일을 나서서 하는 것도 선행입니다.

자살 상담 센터에서 무료로 상담을 해 주어 사람들을 위로하고 격려해 주는 것도 선행이고, 아침마다 초등학교 주변에서 교통 봉사를 하는 것도 선행입니다.

위험에 처한 사람을 주저 없이 도와주는 것도 선행이고, 남이 좋은 일을 했을 때 이를 기뻐하는 것도 선행이며, 남에게 용기를 주는 말·두려움을 없애 주는 말·희망을 주는 말 등을 해 주는 것도 선행입니다.

자신의 잘못이나 죄를 남에게 공개적으로 인정하고 뉘우치는 것도 선행이고, 자신의 나쁜 성격·나쁜 심리·단점 등을 늘 살피고 매일 고쳐 나가는 것도 선행입니다.

인과응보의 도리를 진심으로 믿고 받아들이는 것도 큰 선행이고, 남에게 착한 일을 권장하는 것도 선행입니다.

두 번째는 독경입니다. 기독교를 믿는 사람은 성서를, 부처님을 믿는 사람은 불경을, 유교를 믿는 사람은 유교 경전을 읽어드리면 됩니다. 성서의 경우 산상수훈(山上垂訓)이나 주기도문(主祈禱文), 시편(詩篇) 등이 좋고, 망자가 생전에 좋아했던 구절을 반복해서 읽어드리는 것도 좋습니다.

방법은 이렇습니다. 불경을 예로 들겠습니다.

『반야심경』이나 『금강경』 또는 『법화경』을 돌아가신 분을 위해 규칙적으로 읽습니다. 읽는 기간에는 육식이나 성행위를 삼가고 무엇보다 악업을 짓지 않는 것이 중요합니다. 고요한 마음으로 주위를 조용히 한 상태에서 마음을 경전에만 집중한 채 또박또박 읽습니다. 성인께서 설하신 경전은 정신을 집중하여 읽는 것만으로도 엄청난 공덕이 됩니다. 깨끗한 마음으로 정신을 집중해서 읽으면 하늘의 신(神)들도 따라다니면서 듣습니다.

다 읽고 나서는 반드시 이렇게 말합니다.

"부처님(하느님), 경전을 읽은 저의 공덕을 돌아가신 ○○○ 님께 돌립니다."

죽음까지 알아야 진짜 인생이다 _____

지금부터는 성인의 이름을 부르는 것에 관하여 말씀드립니다.

먼저, 성인(聖人)이란 어떤 존재를 말하는 것인지 알아보도록 하겠습니다.

"멀리서 바라보면 근엄하셨고 가까이서 뵈면 온화하셨으며 말씀을 들으면 바르고 엄숙하셨다[望之望之儼然 即之也溫 聽其言也厲儼然 即之也溫 聽其言也厲]."

이 글은 『논어』에 나오는 말씀으로, 자하(子夏)가 스승인 공자를 표현한 말입니다. 성인의 풍모를 여기서 엿볼 수 있습니다. 참고로 붓다는 32상(相) 80종호(種好)의 덕상(德相)을 지녔습니다.

공자는 나이 일흔 살이 되자 "마음이 하자는 대로 하였지만, 법도를 넘지 않았다."고 술회한 적이 있습니다. 이를 통해 공자의 수행 정도를 엿볼 수 있는데, 대성(大聖) 수준의 경계까지는 이르지 못했습니다.

유교에서 성인(聖人)이란 재(才)·덕(德)·학(學)이 정점(頂點)에 이른 자를 말합니다. 공자는 『논어』에서 자신이 배우기를 싫어하지 않고 남을 가르치는 데 게을리하지 않는다고 말했습니다. 『장자』에서는 만물과 서로 교류하여 마음이 언제나 봄과 같고, 우주의 생명인 영기(靈氣)와 교접하여 생생불이(生生不已: 낳고 또 낳고 영원히 쉬지 않는다는 뜻)인 경지에 이른 것을 재능이 온전하다고 표현했습니다.

장자(莊子)는 "진인(眞人: 성인)은 적은 것을 거스르지 않고 공(功)을 자랑하지 않으며 일을 꾀하지 않는다[不逆寡 不雄成 不謀事]."고 말했는데, '적은 것을 거스르지 않는다'는 것은 천명(天命)에 따르고 자연스러움에 따르고 욕심이나 집착을 구하지 않는다는 뜻이며, '공(功)을 자랑하지 않는다'는 것은 자기를 내세우지 않고 자기가 한 일을 자랑하지 않으며 자기를 칭찬하면서 남을 깎아내리지 않는다는 뜻이고, '일을 꾀하지 않는다'는 것은 공리(功利)나 이해(利害)를 따지지 않고 비교하지 않으며 일체의 시비(是非)나 선악(善惡)을 논하지 않는다는 뜻입니다.

유교에서의 성인은 『대학』에서 말하는 '밝은 덕을 밝히고(생명의 근원을 알아냄), 백성과 친하며(백성을 구제함), 지극한 선에 도달한(비로소 성인의 경지에 오름)(在明明德 在親民 在止於至善)' 존재를 말하기도 합니다.

유교의 성인은 천하를 고루 사랑하되 사사로움이 없고(無私), 나를 내세우는 일이 없으며(毋我), 때를 잘 아는 존재(聖之時者)여서 때가 아니면 나서지 않되 때가 되면 국가와 백성을 위해 일합니다. 성인은 누구보다 진퇴존망(進退存亡)의 때를 잘 아는 존재입니다.

유교에서 요(堯)·순(舜)·우(禹) 임금과 공자·맹자는 성인(聖人)의 반열이고, 자사(子思)나 증자(曾子)와 같은 공자의 제자들과 순자(荀子)나 제갈량, 주자(朱子)를 비롯한 송(宋)의 이학가(理學家)들, 왕양명(王陽明), 나근계(羅近溪)와 같은 사람들은 현자(賢者)들로서 학문과 덕이 높았습니다.

성인은 고난이 가장 심한 곳에 가려고 하며, 가장 더러운 곳에 처하려고 합니다. 안 되는 줄 알면서도 세상을 구제하려 하고, 세상이 자기를 알아주어도 기뻐하지 않고 세상이 자기를 버려도 성내거나 근심하지 않습니다. 하늘도 성인을 어쩌지 못하고 생사(生死)도 성인을 어쩌지 못합니다. 이미 그것을 벗어나 대자재(大自在)를 얻었기 때문입니다.

성인이 병에 걸리거나 나쁜 짓을 하는 것은 그렇게 함으로써 중생

죽음까지 알아야 진짜 인생이다

을 교화하기 위함입니다. 때로는 순도(順道)로써, 때로는 역도(逆道)나 비도(非道)로써 중생을 교화합니다.

불교에서 성인이란 번뇌를 끊은 존재를 말합니다. 번뇌는 고통이 아닙니다. 고통은 없애기 쉽지만 번뇌는 없애기가 거의 불가능합니다. 번뇌는 나를 성가시게 하고 미혹케 하는 모든 것을 말합니다. 인간의 정서인 희로애락은 물론 욕구·욕심·갈등·의심·미움·망상·후회·교만·착한 마음·악한 마음·들뜬 마음·수면·산란함·혼침·게으름·흥분·질투·분별심·집착·답답함·우울함·행복감·고독·인색함·호기심·불안감·모멸감·만족감·원망·우월감·열등감·아첨·어리석음·이기심·죄책감·생로병사 등등이 바로 번뇌입니다. 이러한 번뇌를 완전히 끊은 존재는 우주에서 붓다가 유일합니다. 붓다와 보살을 합쳐 성인이라 칭합니다. 붓다는 무상정등정각(無上正等正覺)을 성취한 존재이고, 보살은 정각(正覺)을 성취한 존재입니다. 성인은 우주와 인생 그리고 생명의 근원을 완벽하게 깨달은 존재입니다. 불교에서는 또 법신(法身)·보신(報身)·화신(化身)의 삼신(三身)을 얻은 자를 성인이라 칭합니다.

법신은 본체이고 보신은 모습이며 화신은 작용입니다. 태양 아래에 사람이 서 있으면 그림자가 생기게 마련인데, 이런 경우, 사람이 법신이고 그림자는 보신이며 사람을 늘 좇고 사람이 하는 동작을 그대로 따라 하는가 하면 물에도 젖지 않고 무거운 물건에도 눌리지 않으며 잡을 수도, 만질 수도 없는 등 많은 움직임이 있는데 이러한 것들이 바로 화신입니다. 화신은 하늘에 달이 하나 떠 있는데, 이 달이 강에도 비치고 술잔에도 비치며 수많은 사람의 눈동자에 동시에 비치는 것과 같습니다.

또 비유하자면, 허공 중에 가득한 에너지가 법신(法身)이고, 그 에너지를 이용하여 만든 발전소나 전기난로나 수소 자동차나 가전제품 등이 보신(報身)이며, 우주에 가득한 에너지를 어떤 때는 전기로, 어떤 때는 열로, 어떤 때는 빛으로, 어떤 때는 핵(核)융합이나 분열로, 어떤 때는 바람으로 변환할 수 있는데 이러한 변환이 화신(化身)입니다. 화신을 얻게 되면 분신(分身) 능력이 있어 수많은 곳에 자신을 다른 모습으로 나타낼 수 있습니다. 때로는 새로, 때로는 짐승으로, 때로는 물고기로, 때로는 천인(天人)으로, 때로는 신선의 모습으로, 때로는 제왕의 모습으로, 때로는 거지의 모습으로, 때로는 범죄자의 모습으로 변할 수 있습니다. 이것들을 동시에 하는 것도 물론 가능합니다. 범부(凡夫)도 삼신(三身)을 가지고 있긴 하나 성인의 그것에 비하면 보잘것없습니다. 성인께서 얻으신 법신(法身)은 지극히 청정(淸淨, 번뇌가 없다는 뜻)하고, 보신은 원만(圓滿, 새거나 불완전하지 않다는 뜻)하며, 화신(化身)은 무수히 많은 분신(分身) 작용을 할 수 있습니다.

또한, 대지혜(반야지혜)를 얻은 자를 성인이라 칭합니다. 여기서 말하는 지혜는 우리가 흔히 말하는 그런 지혜나 총명을 말하는 게 아니라 제법실상(諸法實相)의 도리를 완전하게 깨달은 중도(中道)의 지혜를 말합니다.

또 견혹(見惑)과 사혹(思惑)은 물론 무명(無明)마저 없앤 자가 성인입니다. 붓다를 달리 부르는 칭호들 중에 '정변지(正遍知)'라는 덕호(德號)가 있습니다. '모르는 것이 없다'는 뜻입니다. 이른바 일체지(一切智)를 얻었다는 뜻입니다.

죽음까지 알아야 진짜 인생이다 _____

붓다는 천상과 인간의 스승이기도 합니다. 그래서 붓다를 달리 '천인사(天人師)'라고도 부릅니다.

성인은 삶을 기뻐하지도 않고 죽음을 싫어하지도 않으며 늘 맑고 밝게 깨어 있으면서 사물 밖으로 초연(超然)한 존재입니다. 성인은 잠을 자도 꿈을 꾸지 않고, 깨어 있어도 근심이 없습니다. 성인은 아는 것이 하나도 없으면서(지극히 평범하다는 뜻) 알지 못하는 것이 하나도 없는 [一無所知而無所不知] 존재입니다.

성인에도 등급이 있는데, 이른바 작은 성인(小聖)은 이제 막 성인의 흐름에 들어온 존재들로서 불교로 보면 아라한(阿羅漢)이 이에 해당합니다. 탐욕을 완전히 끊으면 아라한의 경계에 오릅니다. 또 견혹(見惑)과 사혹(思惑)을 완전히 끊으면 역시 아라한의 경계에 오릅니다. 아라한이 되면 수많은 신통력을 얻게 되는데, 오백생(五百生)의 전생을 훤히 볼 수 있는 것이 그 하나입니다. 아라한과(阿羅漢果)를 얻게 되면 다시는 윤회하지 않습니다. 즉, 삼계(三界)를 완전히 벗어나게 됩니다.

하지만 소성(小聖)은 중생 구제에는 관심이 없고 홀로 도를 닦는 것에만 관심이 있는 성자들입니다. 이들은 번뇌를 아직 다 끊지 못했습니다. 그러나 이런 지위에 오르는 일도 지극히 어렵습니다.

고급 성인(高聖)은 이른바 대승 불교에서 말하는 '보살(菩薩)'을 지칭합니다. 보살에도 물론 등급이 있습니다. 아무튼 이들 고성(高聖)은 중생 구제에 관심이 많고 한없이 자비스럽고 셀 수 없이 많은 공덕을 쌓은 존재들로서 이들은 최후 단계인 부처가 되기 위해 끊임없이 육바라밀(六波羅蜜)을 닦습니다. 이들은 대지혜와 삼신(三身)을 얻었지만, 아직 무명(無明) 하나만큼은 완전히 없애지 못했습니다. 공자나 노자 그리고 예수가 이 단계에 올랐습니다.

남회근 국사께서 말씀하셨습니다.

"예수는 신통력을 써서 죽음을 피할 수 있었습니다. 하지만 그렇게 하지 않고 인류의 죄에 대해 속죄(贖罪)하며 죽었습니다. 죽을 때도 붉은 피를 흘리며 인간과 다르지 않음을 보여 주었습니다. 그러면서 예수는 최후까지도 아무런 원망을 하지 않았습니다. 이런 사실을 볼 때 예수는 분명 성인의 범주에 들어갑니다."

예수님은 분명 성인입니다. 신통력을 이용하여 죽지 않을 수도 있었고, 붉은 피가 아닌 흰 피를 흘림으로써 자기가 성인임을 드러낼 수도 있었습니다. 하지만 그는 생사불이(生死不二)의 도리를 알았기 때문에 죽음을 두려워하거나 피하지 않았습니다. 자기가 죽음으로써 많은 인류를 고통에서 구제할 수 있었기 때문입니다. 고로 성인이신 예수님의 가르침을 비방하는 것은 큰 죄를 짓는 행위입니다. 다만 그분의 가르침이 후대에 와서 많이 산실(散失)되고 또 왜곡되어 버렸습니다.

우리나라에서는 원효 대사나 보조 지눌 선사·진묵 대사·서산 대사 등이 이 과위(果位)에 올랐습니다. 중국이나 인도, 한국 등에 태어난 수많은 역대의 고승들이나 번역승들은 사실 고성(高聖)들의 화신들임을 알아야 합니다.

성인의 최고 등급은 대성인(大聖)입니다. 성인 중의 성인입니다. 인류의 역사가 시작된 이래로 대성(大聖)의 칭호를 들을 만한 분은 석가모니 부처 한 분밖에 없습니다. 이것은 허튼소리도 아니요, 억지도 아니며, 거짓말은 더더욱 아닙니다. 붓다의 가르침이 오롯이 담긴 불경을 보면 여실(如實)히 알 수 있습니다.

『반야심경』을 비롯하여 『화엄경』이나 『원각경』, 『유마경』, 『금강경』 등 위대한 대승 경전들은 불과(佛果)를 얻은 존재가 아니라면 절대로 설(說)할 수 없습니다.

불경에 이런 말씀이 있습니다.

"성인(聖人)은 모든 것이 덧없는 줄 알지만, 선행을 쌓는 일에 싫증을 내지 않는다. 모든 것이 괴로움인 줄 알지만, 기꺼이 생사(生死)의 윤회 가운데로 들어간다."

공자는 이 세상이 바뀌지 않는다는 것을 알면서도 천하를 고생스럽게 돌아다니며 교화를 하였습니다. 이것을 볼 때 공자는 분명 성인입니다.

『장자(莊子)』라는 책을 보면, 장자가 겉으로 공자를 깎아내리고 무시하는 것처럼 보이지만 실은 공자를 대단히 떠받들고 있습니다. 장자는 공자를 대단히 존숭하고 있습니다. 송나라의 이학가(理學家)들은 이것을 알아차렸습니다.

맹자는 공자를 이렇게 극찬했습니다.

"사람이 생긴 이래로 공자 같은 분은 계시지 않다[自有生民以來 未有孔子也]."

주자(朱子)는 공자를 이렇게 평한 바 있습니다.

"하늘이 공자를 내지 않았다면, 만고(萬古)의 세월이 기나긴 밤 같았을 것이다[天不生仲尼 萬古長如夜]."

『사기(史記)』를 지은 사마천은 이렇게 말했습니다.

"천자 왕후로부터 나라 안의 육예(六藝)를 담론하는 모든 사람에 이르기까지 공자의 말씀을 판단 기준으로 삼으니, 그는 최고의 성인 (至聖)이라고 말할 수 있겠다[自天子王侯 中國言六藝者 折中于夫子 可謂至聖矣].”

칭나라의 강희제(康熙帝)는 공자에 대하여 '만세사표(萬世師表)'라는 극존칭을 올렸고, 원나라 무종(武宗)이 공자를 칭송하면서 쓴 글은 다음과 같습니다.

“들으니, 공자보다 앞선 성인께서 쓰신 글은 공자가 아니었으면 그 뜻을 밝히지 못했을 것이고, 공자보다 나중에 나온 성인은 공자가 아니었으면 본받을 수 없었다고 한다. 이른바 요순(堯舜)의 도를 이어받아 서술하고 문왕과 무왕의 법도를 밝히시어 백왕의 모범과 만세의 사표가 되셨다[蓋聞 先孔子而聖者 非孔子無以明 後孔子而聖者 非孔子無以法 所謂祖述堯舜 憲章文武 儀範百王 萬世師表者也].”

공자의 진면목은 『춘추』와 『주역계사전』을 보면 알 수 있습니다.

『주역』을 풀이한 책인 『주역계사전』은 성인이 아니면 쓸 수 없는 책입니다. 『주역』은 동양에서 가장 난해한 경전인 동시에 유교 경전의 최고봉입니다.

『도덕경』이라는 책도 마찬가지입니다. 『장자(莊子)』라는 도가(道家)의 경전 역시 큰 깨달음을 얻은 사람이 아니면 쓸 수도, 풀이할 수도 없는 책입니다. 장자도 큰 깨달음을 얻은 사람이지만 노자에는 미치지 못했습니다.

성인의 특징은 이러합니다.

성인은 모든 존재에 대해 반드시 자비롭습니다.

죽음까지 알아야 진짜 인생이다 _____

성인은 무애변재(無碍辯才)가 있기에 어떠한 질문에도 명쾌하게 답변할 수 있습니다.

성인은 모든 존재를 아끼고 사랑하며 어떠한 경우에도 싫증을 내지 않습니다.

성인은 어떻게 하면 모든 존재를 이롭게 할까를 고민하고 생각합니다.

성인은 아무리 나쁜 사람이라 하더라도 미워하거나 내치지 않습니다.

성인은 도박을 좋아하는 사람이 있으면 그와 도박을 하면서 서서히 그를 교화합니다.

성인은 악행을 절대 짓지 않습니다. 악행을 짓고자 하여도 하늘이 도와주지 않습니다.

성인은 범부(凡夫)가 얼굴만 뵈어도 환희심이 솟고 저절로 굴복하고 싶은 생각이 드는 존재입니다.

노자가 말씀하셨습니다.

"성인은 자신을 위해 쌓아 두지 않고, 남을 위함으로 더욱더 넉넉해지고, 남에게 다 주니 더욱 늘어난다. 하늘의 도는 만물을 이롭게 하지만 해치지 않으며, 성인의 도(道)는 행하지만 다투지는 않는다[聖人不積 旣以爲人 己愈有 旣以與人 己愈多 天之道 利而不害 聖人之道 爲而不爭]."

노자(老子)는 또 말씀하셨습니다.

"성인은 무위(無爲)의 일에 처하고, 말로 하지 않는 가르침을 행하며, 만물을 만들어 내고도 말하지 않는다. 생기게 하고도 소유하지 않고, 행하고도 자랑하지 않으며, 공(功)이 이루어져도 머무르지 않는다[是以聖人處無爲之事 行不言之敎 萬物作焉而不辭 生而不有 爲而不恃 功成而弗居]."

장자가 말했습니다.

"지극한 경지에 이른 사람은 자기를 내세우지 아니하고, 신의 경지에 이른 사람은 공을 내세우지 아니하며, 성인은 이름을 얻고자 하는 생각이 없다[至人無己 神人無功 聖人無名]."

장자는 또 말했습니다.

"어쩔 수 없는 것임을 알고 천명처럼 편안히 여기는 것은 덕이 지극한 것이다[知其不可奈何而安之若命 德之至也]."

현자(賢者)인 제갈량(諸葛亮)은 이렇게 말했습니다.

"성인(聖人)은 하늘을 모범으로 삼고, 현자(賢者)는 땅을 모범으로 삼으며, 지자(智者)는 옛것을 모범으로 삼는다[聖人則天 賢者法地 智者則古]."

이런 위대한 성인들을 지극한 마음으로 공경하거나, 그들의 가르침을 배우거나, 그들을 찬탄하거나, 성인을 그린 그림이나 조각상을 향해 절을 올리면 많은 공덕이 생깁니다.

성인을 숭모(崇慕)하고 공경하는 것은 하늘의 뜻에 합치되기 때문입니다.

또 성인의 이름을 일심(一心)으로 생각하거나 입으로 부르거나 손으로 쓰거나 하면 많은 공덕이 생깁니다. 성인이 지닌 자비심과 공덕과 지혜는 우리 범부가 감히 추측하거나 헤아릴 수 있는 경계가 아닙니다. 성인의 지혜는 불가사의하고 성인의 자비심 역시 불가사의하며 성인께서 쌓으신 공덕 역시 불가사의합니다. 성인은 참기 어려운 일을 참으시고 하기 어려운 일을 해내시며 짓기 어려운 공덕을 지으셔서 성인이 되신 것입니다. 그러면서도 모든 중생을 한없이 사랑하시고 불

죽음까지 알아야 진짜 인생이다 _____

쌓히 여기십니다. 늘 중생을 교화하시고 중생을 위해 눈물을 흘리십니다. 그러하기에 성인을 우러러보고 공경하며 찬탄하는 것입니다. 그런 성인의 이름에는 불가사의한 공덕이 담겨 있다는 것을 꼭 기억하십시오.

성인의 이름을 부르는 일은 비단 불교에만 국한된 것이 아닙니다. 기독교의 경전인 성서에도 기독교의 창조신인 여호와나 그의 아들이신 예수님의 이름을 부르라는 대목이 곳곳에서 보입니다.

"누구든지 여호와의 이름을 부르는 자는 구원을 얻으리니(요엘 2:32).",

"누구든지 주의 이름을 부르는 자는 구원을 받으리라(사도행전 2:21)."

"누구든지 주의 이름을 부르는 자는 구원을 받으리라(로마서 10:13)."

"환난 날에 나를 부르라 내가 너를 건지리니 네가 나를 영화롭게 하리로다(시편 50:15)."

"다른 이로써는 구원을 받을 수 없나니 천하 사람들 중에 구원을 받을 만한 다른 이름을 우리에게 주신 일이 없음이라 하였더라(행 4:12)."

이 외에도 이사야(12:4), 디모데후서(2:22), 고린도전서(1:2), 열왕기상 (18:24), 사도행전(4:7) 등에서 여호와나 예수님의 이름을 부르기를 권합니다.

그런데 우리나라 기독교계에서 여호와나 예수님의 이름을 부르는 수행은 활성화되어 있지 않습니다. 하느님을 찬송·찬양하거나 기도를 드리거나 목회자의 설교를 듣거나 성서의 말씀을 묵상하는 것은 보편화되어 있는데, 여호와나 예수님의 이름을 부르는 수행은 거의 행해지고 있지 않습니다.

예언자 무함미드의 말씀과 관습을 기록한 이슬람교의 성전인 『하디스』는 말합니다.

"마음을 다해 알라의 이름을 부른 사람은 낙원에 들어갈 것이다."

그래서 무슬림들은 다음과 같은 주문을 늘 외웁니다.

"알라후 아크바르(알라는 가장 위대하십니다)."

불교에서 부처님의 명호를 부르는 염불 수행은 오래전부터 행해져왔고, 불자가 아니어도 누구나 '나무아미타불' 또는 '나무관세음보살' 등을 잘 알고 있습니다.

'나무(南無)'는 고대 인도어인 산스크리트어(범어)를 한자음으로 음역(音譯)한 것으로, '목숨 바쳐 믿고 따른다'는 의미입니다. 부처님의 명호를 집중하여 간절하게 부르면 불가사의한 공덕이 있고, 죽어서는 반드시 극락에 태어난다는 말씀이 수많은 경전에 설해져 있습니다. 그래서 불자들은 늘 이렇게 외웁니다.

"나무아미타불(아미타불께 귀의합니다)."

"나무관세음보살(관세음보살께 귀의합니다)."

일념으로 부처님의 명호를 부르면 다겁(多劫) 동안 살아오면서 지은 중죄(重罪)들을 소멸시킬 수 있다고 경전에서는 말합니다. 그뿐만 아니라 죽은 후 극락에 태어난다고 말합니다.

여기서 문제가 제기됩니다. 단순히 부처님의 명호를 부르거나 생각

죽음까지 알아야 진짜 인생이다 _____

한다고 하여 나 같은 죄인이 극락에 태어날 수 있을까 하는 점이 그것입니다.

마찬가지로, 여호와나 예수님의 이름을 간절히 부른다고 하여 과연 구원받을 수 있을지에 대해 많은 기독교인도 의심할 것입니다.

기독교에서는 원죄(原罪)를 갖고 태어난 인간이 하느님의 나라에 태어나기란 불가능했습니다. 그런데 마침내 하느님의 독생자이신 예수께서 보혈(寶血)로 인간의 죄를 대속(代贖)하셨기 때문에 인간은 비로소 구원받을 수 있는 길이 열렸습니다. 고로 예수님을 믿지 않으면 그 누구도 천국에 들어갈 수 없다고 기독교는 말합니다. 반면에 하늘과 인간의 중개자(仲介者)이신 예수님을 구주로 믿고 받아들이면 누구라도 천국에 들어갈 수 있습니다.

예수께서 이 세상에 오시기 전에는 율법(律法)이 가장 중요했습니다. 율법을 지키면 누구나 천국에 태어날 수 있었지만, 예수께서 이 땅에 구주(救主)로 오신 이후에는 율법이 아니라 예수를 믿으면 누구나 천국에 갈 수 있는 것입니다.

불교에서는 누구나 부처가 될 수 있다고 말합니다. 왜냐하면 중생은 누구나 불성(佛性)을 갖고 있기 때문입니다. 다만 탐진치(貪瞋痴)와 번뇌 망상 때문에 불성이 더럽혀져서 부처가 되지 못하는 것뿐입니다.

그렇다면 이 탐진치와 번뇌 망상을 어떻게 없앨 것인가. 성인의 이름을 간절히 부르면 됩니다. 특히 불교에서는 부처님의 이름을 애타게 생각하거나 간절하게 부르는 것을 염불이라 합니다.

'부처님의 명호를 부르는 일이 뭐 그리 대단할까' 하실 겁니다. 부처님의 이름은 그냥 아무 의미 없이 지은 것이 결코 아닙니다. 그 이름

안에는 부처님의 불가사의한 공덕(功德)과 위없는 반야지혜(般若智慧)와 거룩한 발원(發願)이 모조리 들어가 있기 때문에 더없이 거룩한 것이며, 따라서 부처님의 이름을 집중하여 간절히 부르게 되면 부처님의 공덕과 지혜와 발원의 일부를 나누어 갖게 되는 것입니다.

성인의 말씀을 보겠습니다.

"만일 때가 되어 숨이 끊어지려 할 때 (아미타불을 떠올리는) 한 생각이면 서방 극락세계 아미타불 국토에 왕생할 수 있습니다. 소리를 내지 않고 부처님을 그저 기억하고 생각하기만 해도 충분합니다."

"심지어 오역죄(五逆罪: 아버지를 죽이고, 어머니를 죽이고, 성현을 죽이고, 부처님 몸에 피를 내고, 승단의 화합을 무너뜨리는 다섯 가지 큰 죄)를 지은 죄인이라도 임종 순간에 지옥의 모습이 보일 때 정신을 놓지 말고 주위 사람이 염불을 가르쳐 주거든 큰 두려움과 부끄러움으로 살아온 날들을 깊이 참회하면서 간절하게 염불하십시오. 그러면 몇 번의 염불 소리와 함께 목숨이 끊어질지라도 부처님의 자비로운 가피력으로 극락에 왕생할 수 있습니다."

"부처님께서 한평생 설하신 팔만대장경 말씀 전부가 부처님의 명호를 부르는 것에 대해 주석(註釋)을 단 것뿐이다."

"부처님의 이름은 그 자체가 불가사의하다."

죽음까지 알아야 진짜 인생이다

"'아미타불'이라는 명호 하나에 팔만대장경의 가르침이 모두 들어가 있다."

"산란(散亂)한 마음으로 '나무아미타불'이라고 한 번 염불하거나, 극락세계가 있음을 믿고 그곳에 태어나기를 원하는 깊은 마음 하나만을 갖추면 임종 시에 반드시 왕생할 수 있다."

원효 대사는 다음과 같이 말했습니다.
"아미타불이라는 명호가 지닌 공덕은 만겁(萬劫)이 지나도 없어지지 않는다."
이번엔 불경에 실린 두 말씀을 보겠습니다.

미란타왕이 나가세나 존자에게 물었습니다.
"나가세나 존자(尊者)여. 그대 수행자들은 백 년 동안 악행을 저질렀을지라도 죽는 순간에 염불을 하면 극락에 태어날 수 있다고 합니다. 그러나 나는 그 말을 믿을 수 없습니다. 또 그대들은 단 한 번 살생한 과보로 지옥에 떨어지기까지 한다고도 합니다. 그 말 또한 믿을 수 없습니다."
"대왕이여. 그대는 어떻게 생각합니까? 조그마한 돌이 물에 뜰 수 있습니까?"
"존자여. 뜰 수 없습니다."
"대왕이시여. 백 개의 수레에 실을 만한 바위라도 배에 싣는다면 물에 뜰 수 있습니까?"

"그야 뜰 수 있지요."

"대왕이시여. 부처님의 이름을 부르는 것은 곧 배와 같은 것입니다."

"잘 알았습니다. 나가세나 존자여."

- 『나선비구경(那先比丘經)』

"가령 한 달간 의복과 음식으로 모든 중생을 공양하고 공경하더라도 어떤 사람이 한 찰나 동안 염불하여 얻는 공덕의 16분의 1만도 못하다[假使一月 常以衣食供養恭敬一切衆生 不如有人一念念佛所得功德十六分之一]."

- 『대반열반경(大般涅槃經)』

이 말씀들을 믿고 안 믿고는 오직 당신의 자유입니다. 모든 것을 철저하게 검증해 보고 연구해 보고 진위(眞僞)를 판단해 본 이후에 믿으시겠다면 그것도 당신의 자유이고, '성서나 불경에서 예수님이나 부처님의 이름을 간절히 부르라고 하셨으니, 거짓말은 아닐 것이다'라고 생각하면서 바로 믿음의 바다로 들어간다면, 그 역시 당신의 자유입니다.

사실, 경전에 실린 말씀들을 의심 없이 받아들이는 분들은 과거 생에서 많은 선근(善根)과 복덕(福德)을 헤아릴 수 없이 쌓은 분들임을 솔직히 말씀드립니다. 그런 선근과 복덕이 있었기에 금생에 경전의 말씀을 의심하지 않는 선보(善報)를 받으신 겁니다.

경전의 말씀들을 쉽게 믿지 않거나 더 나아가 비방하는 분들은 과거 생에 심은 선근과 복덕이 초라한 분들입니다. 이런 분들의 내생(來

죽음까지 알아야 진짜 인생이다 _____

生)은 지금 생에 비해 나아질 게 없고 오히려 퇴보할 것입니다. 왜냐하면 모든 것을 의심하기 때문입니다. 이들은 자기의 총명함과 재주를 굳게 믿습니다. 자기의 이성(理性)에 대한 믿음이 무척 강합니다.

이들은 이렇게 말합니다. "세상을 다 속여도 나는 못 속인다!"

저는 이분들에게 이렇게 묻고 싶습니다.

"당신이 그렇게 대단하고 잘났다면, 당신은 당신이 죽을 날짜를 정확히 알고 계십니까?"

"당신은 죽음이 임박해서 고통 없이 편안하게 이 세상을 떠날 자신이 있습니까?"

죽음이라는 일대 사건은 장난이 아닙니다. 절대로 가볍게 대할 사건이 아닙니다. 죽음은 당신의 내세가 결정되는 중차대한 분기점입니다.

당신은 당신이 생각하는 것만큼 지혜롭지 않습니다. 당신은 죽음 앞에서 한낱 어린아이에 불과한 존재입니다. 자신이 없다면 죽음 앞에 겸허해지십시오. 못난 치기(稚氣)와 객기(客氣)로 귀한 순간을 헛되이 보내지 마십시오.

왜 성인의 이름을
부르라 하는가

누구에게나 이름이 있습니다. 사람뿐만 아니라 동식물이나 사물에도 이름이 있습니다. 누군가가 자신의 이름을 기억하거나 불러 주면 기분이 좋아집니다. 그리고 그 사람에 대해 호감을 느끼게 됩니다. 누군가가 나에게 "당신은 누구입니까?"라고 물었을 때, 가장 먼저 튀어나오는 말도 다름 아닌 자신의 이름입니다.

교육 현장에서 많이 느낀 것이지만, 교사가 아이들과 가장 빠르게 친해지는 비결은 아이들의 이름을 자주 불러 주는 것입니다. 그렇다면 사람에게 있어 이름은 어떤 의미를 지니고 있는 걸까요.

과거 우리나라의 선비들은 부모님이 지어 주신 이름을 신성하게 여겼습니다. 그래서 이름을 직접 부르는 일을 삼갔습니다. 이러했기에 선비의 이름을 직접 부르는 사람은 부모와 스승에 국한되었으며, 설사 군주라 할지라도 신하의 이름을 부르기보다는 벼슬 이름으로 —예컨대, "영상!" 또는 "호조판서!" 등— 대신 부르는 경우가 많았습니다.

선비의 이름은 과거 시험지나 재판 문서, 국가 행정 문서, 외교 문서, 묘지명(墓誌銘), 행장(行狀) 등 제한적인 곳에만 쓰였습니다.

죽음까지 알아야 진짜 인생이다 _____

역사에는 황제가 공적이 뚜렷한 신하에게 명예로운 존칭을 하사하여 그 호칭으로만 신하를 부른 예가 보입니다.

중국 상(商)나라 왕은 신하 이윤(伊尹)을 아형(阿衡)이라 불렀고, 주(周)나라 성왕은 숙부를 주공(周公)이라 불렀습니다. 제(濟)나라 환공(桓公)은 관중(管仲)을 중보(仲父)라 불렀으며, 당나라 측천무후는 적인걸(狄仁傑)을 국로(國老)로 불렀고, 당나라 덕종(德宗)은 곽자의(郭子儀)를 상보(尙父)라 불렀으며, 송나라의 가사도(賈似道)는 사상(師相)으로 불렀고, 명나라의 장거정(張居正)은 원보(元輔)로 불렀습니다.

고려 태조는 신라의 마지막 왕인 경순왕 김부(金傅)를 상보(尙父)로 불렀고, 조선의 정조(正祖)는 우암 송시열(宋時烈)에게 대로(大老)라는 극존칭을 하사했습니다.

부모가 지어 주신 이름을 거룩하게 여기는 풍토는 자연스럽게 자(字)나 호(號)와 같은 '제2의 이름'이 광범위하게 만들어지는 풍토를 낳았습니다.

조선 시대의 유학자인 이황(李滉)의 이름은 황(滉)이고, 자(字)는 경호(景浩)이며, 호는 퇴계(退溪), 시호(諡號: 왕이나 신하들이 죽은 후에 국가에서 그들의 공로를 기리기 위해 부여하는 명예로운 호)는 문순(文純)입니다. 후에 죽어서 이자[李子: 성(姓) 뒤에 '子' 자를 붙이는 것은 극존칭입니다. 중국 송나라의 주희(朱熹)가 죽은 후에 주자(朱子)로 불린 것이 대표적인 예입니다], 이부자(李夫子: 夫子 역시 극존칭에 해당합니다)로 불리기도 했으며 국가에서는 그를 정일품 영의정으로 추증(追贈: 사후에 국가에서 내린 벼슬)하였고, '동국 18현(東國 十八賢)'에 뽑혀 그 위패가 문묘(文廟: 공자를 모신 사당)에 배향(配享: 위패를 모심)되었습니다.

옛말에 "정승 열 명이 죽은 대제학(大提學) 한 명에 미치지 못하고, 대제학 열 명이 문묘에 종사(從祀)된 현인(賢人) 한 명에 미치지 못한다."는 말이 있을 정도로 문묘 종사는 선비가 누릴 수 있는 최고의 영예(榮譽)로 쳤습니다.

참고로 율곡 이이(李珥)는 이황에 대해 이런 평을 내렸습니다.

"이황은 당세 유가(儒家)의 종주(宗主)로서 조광조(趙光祖) 뒤로는 그에 비할 사람이 없었다. 이황의 재주와 국량(局量)은 조광조를 따르지 못하나, 의리(義理: 주자학의 뜻과 이치)를 깊이 연구하여 지극히 정미(精微)한 점에서는 또한 조광조가 그를 따르지 못한다."

다만, 이황은 주자학 이외의 학문은 이단(異端)으로 여겼기에 이후 조선 학계에서 양명학(陽明學)이나 노장(老莊)사상 등이 배척되는 안타까운 결과를 낳았습니다.

조선의 신숙주(申叔舟)는 이름이 숙주(叔舟), 자(字)는 범옹(泛翁), 호(號)는 보한재(保閑齋), 시호는 문충(文忠)이며 군호(君號: 왕자나 공신이나 왕비의 부모에게 국가가 내려준 호)는 고령군(高靈君)입니다. 그 역시 사후에 그 공로가 인정되어 그 위패가 종묘(宗廟)에 배향되었습니다.

옛날에 과거 시험에 합격한 관리가 관청에 새로 부임하면 고참(古參)들이 신참(新參)에게 갖은 학대를 가한 끝에 주연(酒宴)을 강요하는 악습이 있었습니다. 이를 면신례(免新禮) 또는 신래침학(新來侵虐)이라 했는데, 미친 계집의 오줌을 얼굴에 칠하기도 하고 성기(性器)를 노출시켜 먹칠을 하는 등 그 괴롭힘이 컸습니다. 학대 가운데서도 가장 참을 수 없는 것은 아버지나 선조(先祖)의 이름 또는 본인의 이름을 쓴 종이를

죽음까지 알아야 진짜 인생이다 _____

태워 그 재를 물에 타서 먹이는 일이라고 했습니다. 팽형(烹刑)이라는 형벌도 원래는 산 사람을 큰 솥에 넣고 끓여 죽이는 극형이었는데, 이 것이 나중에는 죄인의 이름을 적은 나무 팻말을 솥에 넣고 끓이는 것 으로 바뀌었습니다. 우리가 볼 때는 형벌이 아닌 것처럼 보이지만 조선 시대에는 자기의 이름이 솥에서 끓여지는 것이 매우 큰 형벌이었습니 다. 그 후에 그 죄인은 형식적으로 장례를 치러야 했으며 모든 권리를 박탈당한 채 죽은 사람으로 살아야 했습니다(그 사람에게 말을 걸어서도 안 되었습니다). 조선 시대 향약(鄕約: 고을 양반들이 자율적으로 만든 고을 자 치 법규)에서 잘못을 저지르면 상벌(上罰), 중벌(中罰), 하벌(下罰)로 차등 을 두어 제재를 가했는데, 선비의 경우 하벌은 매를 치는 태형(笞刑)이 요, 중벌은 많은 사람 앞에서 책망을 듣는 만좌면책(滿坐面責)이요, 가 장 중한 상벌이 이름을 적어 번화한 거리에 내거는 괘명(掛名)이었습니 다. 지금 생각으로는 오히려 괘명이 하벌이요, 태형이 상벌일 것 같은 데, 이름을 내거는 불명예가 상벌이 된 것은 부모님이 지어 주신 귀한 이름을 더럽혔다는 죄책감이 가장 크다고 여겼기 때문입니다.

추사(秋史) 김정희의 경우, 호(號)만 해도 200개가 넘었고(이름과 호를 무려 343개나 만들어 썼다는 사실이 확인되었음), 다산(茶山) 정약용은 열 개 정도의 호(號)를 만들어 썼습니다.

이렇게 이름 외에 자(字)나 호(號)를 굳이 여러 개씩 만들어 썼던 가 장 큰 이유는 이름을 되도록 쓰지 않기 위해서였습니다. 선비들도 이 럴진대, 한 나라의 왕은 어떠했겠습니까. 왕의 이름은 족보 등 특수한 경우를 제외하고는 절대 쓰지 않았습니다.

고려 시대에 『자치통감(資治通鑑)』은 『자리통감(資理通鑑)』으로 고쳐 썼는데, 이것은 고려 성종(成宗)의 이름에 들어가 있는 '치(治)'를 피하기 위해서였습니다.

조선 시대 경상도 대구의 한자 이름은 원래 '大丘'였으나 공자의 이름인 '구(丘)'를 피하고자 정조 때 '大邱'로 바뀌었고, 흥선대원군이 경복궁을 복원할 때 청나라 건륭제의 이름인 '홍력(弘曆)'을 피휘(避諱)하여 홍례문(弘禮門)의 이름을 흥례문(興禮門)이라고 바꾼 일이 있었습니다. 이외에도 이러한 사례는 부지기수입니다.

그래서 왕조 시대의 왕들의 이름은 한 글자인 외자가 대부분이었고(조선 16대 임금인 '인조'도 왕이 되기 전엔 이름이 두 글자였지만, 왕이 된 후 외자로 바꿨음), 언어생활에서 사용되지 않는 특이한 글자를 쓰거나 아니면 아예 새로운 글자를 만들어 썼습니다. 백성의 언어생활에 막대한 지장을 주지 않기 위해서였습니다.

이성계(李成桂)가 조선의 왕으로 등극하자 이름을 이성계에서 이단(李旦)으로 바꾼 이유도 바로 여기에 있습니다.

흉악한 사람, 매국노, 간신의 이름을 피하는 것도 피휘(避諱)의 일종입니다. 중국인들은 이름에 '회(檜)' 자를 쓰지 않는데, 오늘날 중국의 대표적인 매국노 가운데 하나로 지탄받는 남송(南宋) 시대의 간신 '진회(秦檜)'의 이름을 피하기 위해서입니다. 이는 마치 우리나라의 이(李)씨들이 자녀의 이름을 매국노의 간판인 이완용의 '완용'으로 짓지 않는 것과 같은 이치입니다.

중국 당나라 때는 관세음(觀世音)보살을 관음(觀音)보살로 줄여서 불렀는데, 이는 당나라의 제2대 황제인 당태종 '이세민(李世民)'의 이름에 들어가 있는 '세(世)' 자를 기휘(忌諱)하기 위해서였습니다.

그런가 하면 당나라의 장수였던 이세적(李世勣)은 그의 이름에 '세(世)' 자가 들어가 있었는데, 당태종이 황제가 된 후에 '세(世)' 자를 피하기 위해 이적(李勣)으로 개명을 한 일까지 있습니다.

진시황의 이름은 '정(政)'인데, '政' 자의 일부인 '正'을 피하려고 정월(正月)을 단월(端月)로 바꾸었는가 하면, 청나라 때는 강희제(康熙帝)의 이름인 '현엽(玄燁)'을 피휘(避諱)하고자 북경 자금성(紫禁城)의 북문(北門)인 현무문(玄武門)을 신무문(神武門)으로 바꾼 적도 있습니다. 1777년에 청나라에서 왕석후(王錫侯)라는 학자가 건륭제의 이름을 책에 쓴 죄로 본인을 포함하여 수십 명이 처형된 사건도 있었습니다.

이렇게 왕의 이름을 부른다거나 글로 쓰는 것은 철저한 금기(禁忌)였습니다. 과거 시험 답안지에서 왕의 이름자가 발견되면 무조건 낙방으로 처리되는 것은 물론이거니와 추가로 곤장 100대를 맞아야 했고, 상소문에 왕의 이름자가 들어가면 왕명 출납(出納) 기관인 승정원(承政院)에 접수조차 되지 않았습니다.

왕의 이름은 사용하지 말아야 할 금기의 글자였습니다. 그래서 선비들은 역대 왕의 이름이나 중국 황제의 이름, 자기 조상의 이름을 모두 외우고 있어야 했습니다. 그래야 상소문을 쓰든지 과거 시험을 보든지 아니면 문장을 지을 때 그 글자를 피할 수 있기 때문입니다.

북한에서는 독재자 김일성, 김정일, 김정은, 리설주의 이름을 신성시하여 그들의 이름과 같은 이름을 쓰지 못하게 하고 있고, 이미 같은 이름을 가진 사람들에게는 개명을 강요한 바 있습니다.

"내가 그의 이름을 불러 주기 전에는 그는 다만 하나의 몸짓에 지나지 않았다. 내가 그의 이름을 불러 주었을 때 그는 나에게로 와서 꽃이 되었다."

김춘수 시인의 〈꽃〉이라는 시의 일부입니다. 어떤 사물에 이름을 부여함으로써 그 사물은 비로소 의미 있는 존재, 본질적인 존재가 됩니다. 이렇게 이름을 부여하는 행위, 이름을 지어 주는 행위, 이름을 불러 주는 행위 등은 큰 의미를 가진 성스러운 행위인 것입니다.

장난감을 많이 가진 어떤 아이가 우연히 한 장난감에만 이름을 지어 주었습니다. 나중에 장난감을 다 버려야 하는 날, 유독 자기가 이름을 지어준 그 장난감만큼은 버리지 않더라는 얘기를 들은 기억이 납니다.

우리가 우연히 상대방의 이름을 알게 되거나 그 자녀의 이름을 알게 되면 그를 대하는 방식들이 달라지기 시작합니다. 이름은 이렇게 중요한 겁니다.

질풍노도(疾風怒濤)의 한가운데에 있는 중학교 2학년 학생들에게 특강을 하기로 한 어느 강사는 벌써 걱정이 앞섰습니다. '거칠고 무례한 데다 반항심으로 가득한 아이들을 어떻게 하면 집중하게 할 것인가?' 많은 고민을 한 끝에 강사는 강의에 앞서 아이들과 눈을 마주치고 일일이 악수를 청했다고 합니다. 그랬더니 놀랍게도 아이들이 강의 내내 집중하더랍니다.

인간은 누구나 자기를 존중해 주는 사람을 좋아합니다. 자기를 존중

죽음까지 알아야 진짜 인생이다 _____

해 주는 첫걸음은 이름을 기억해 주고 이름을 불러 주는 일입니다.

　감옥에 갇힌 죄수들에게는 이름 대신 숫자로 된 번호를 부여합니다. 이름이 아닌 번호로만 불리는 수감자들은 자존감에 큰 상처를 입게 됩니다. 그리고 자기를 낳아주신 조상님과 부모님께 큰 죄책감을 느낍니다. 그럼으로써 감옥이라는 곳이 다시 와서는 안 될 곳임을 깨닫습니다.

　일제 치하 36년은 한국과 한국인에게 정말로 많은 상처를 남겼습니다. 한글을 사용하지 못하게 하였고, 조선의 문화재를 파괴하거나 강탈해 갔으며, 민족의 정기가 서린 곳에 쇠말뚝을 박았는가 하면, 조선의 여인들을 군대의 위안부로 삼아 인간의 존엄을 말살시켰고, 한국의 역사를 왜곡하였습니다. 그중에서도 수천 년 동안 내려온 개인의 성과 이름을 창씨개명(創氏改名)시킨 일은 다른 어느 나라에서도 찾아볼 수 없는 악행이었습니다.

　사람의 이름은 숭고합니다. 사람의 이름은 주체적이고 독립적인 존재가 있음을 선언하는 행위이며 나를 타인과 구분 짓게 만드는 그만의 자존감이자 성스러운 신성(神性)이기도 합니다.

　번호나 별명이나 기호 등이 아닌 이름으로 호명되는 순간, 그들 속에 잠들어 있던 존엄성이 깨어납니다. 사람이 사람의 이름을 부르는 일은 상대방의 존재와 가치를 인정한다는 뜻입니다. 사람은 다른 사람의 이름을 부름으로써 그 사람과 사회적인 관계를 비로소 맺기 시작합니다.

　힘깨나 쓴다고 으스대는 사람들은 자기와 급이 다른 사람들의 이름을 부르지 않습니다. 이름을 부르는 순간 그는 자기와 동급의 존재가 되기 때문입니다. 마음을 다해 이름을 부르는 것, 그것이 바로 존엄과 평화의 시작입니다.

옛날에 기술이나 육체노동을 하는 회사에 사원이 새로 들어 오면 막내 사원은 이름 대신 "어이!", "야!", "막내야!", "미스 박!" 등으로 불렸습니다. 그 시절은 다들 그랬습니다. 특히나 그 사원이 여성이거나 고졸 출신이면 대우는 더욱더 형편없었습니다. 하지만 그 막내 사원에게 특별한 재능이 있음이 드러나거나, 성실한 근무 자세를 보이면 그제야 비로소 이름을 불러 주었습니다.

다음은 중앙일보에 나온 기사입니다.

"광주 여상(女商)을 졸업하고 삼성전자 반도체 기술 개발 부서에 연구원 보조로 취업했습니다. 주산·부기(簿記)·타자밖에 모르는 나는 그저 커피 타고 책상 닦고 복사하는 '미스 양'일 뿐이었죠. 연구원이 되고 싶었지만, 방법이 없었습니다. 그때 제가 늘 복사해서 연구원 책상 위에 올려놓던 서류가 일본어로 된 반도체 기술 논문들이었습니다. 연구원들도 일본어를 몰라 해석에 애를 먹고 있었습니다. 3개월간 독하게 일본어를 공부해 복사한 자료 밑에 0.5㎜짜리 볼펜으로 깨알같이 해석을 달아 나눠줬습니다. 그날 처음으로 미스 양(梁)이 아니라 '양향자(梁香子)' 씨라고 불렸습니다."

당신이 훌륭한 인물이 되면 후세 사람들이 당신의 초상화나 사진을

죽음까지 알아야 진짜 인생이다 _____

집에 걸어놓고 당신을 기리거나 당신을 위해 기도하거나 당신을 행위를 본받으려 할 겁니다. 이렇게 되면 당신의 공덕은 죽은 후에도 말할 수 없이 커지게 됩니다. 당신이 죽은 후에 세상 사람들은 당신을 조각한 동상(銅像)이나 흉상(胸像) 또는 당신의 이름을 딴 도로나 학교, 건물, 장학금, 기금 등을 지어 당신을 향해 존숭(尊崇)과 사모(思慕)의 마음을 보낼 것이며, 당신의 이름을 자기 자식들에게도 똑같이 지어줄 것입니다. 조선 시대 같으면 서원(書院)을 지어 당신을 추모할 겁니다.

중국 한(漢)나라의 가표(賈彪)라는 사람이 수령이 되었을 때, 가난한 백성들이 자식을 낳아 놓고 내버리는 것을 엄하게 금하였더니, 이후 아이들이 크게 늘었다고 합니다. 그 후 가표를 가부(賈父)라 불러 존경의 뜻을 표했고, 자녀가 아들이면 가자(賈子), 딸이면 가녀(賈女)라고 불렀다고 합니다. 가표 덕분에 목숨을 건진 아이들이란 뜻입니다.

제2차 세계대전 때 어느 유대인이 아우슈비츠 수용소로 이송되었습니다. 어느 날 유대인 선별 작업이 이루어졌습니다. 유대인들이 한 줄로 길게 줄을 섰습니다. 저 앞을 보니 한 줄로 섰던 유대인들이 두 줄로 나누어지는 것이 보였습니다. 나중에 안 사실이지만 왼편은 가스실로 향하는 줄이었고, 오른편은 강제 수용소로 보내지는 줄이었습니다. 앞의 줄이 점점 줄어들면서 "왼쪽으로!", "오른쪽으로!"라고 지시하는 한 독일 장교의 목소리가 들렸습니다. 마침내 장교 앞에 선 그 유대인은 그 장교의 가슴에 있는 명찰을 보고는 자신도 모르게 "좋은 아침입니다. 뮐러 씨."라고 인사를 건넸습니다. 장교가 그를 흠칫 보고는 "오른편으로."라고 말했습니다. 깡마르고 병약해서 가스실로 보내질 예정이던 그 유대인은 수용소로 보내졌고, 결국 살아남았습니다.

영어에서도 이름을 불러 주는 것과 그렇지 않은 것과는 큰 차이가 있습니다.

예를 들어, "Are you all right(괜찮아요)?"이라는 말과 "Are you all right, Sarah(사라, 괜찮아요)?"라는 말은 크게 다릅니다. 후자가 훨씬 다정하게 들립니다. 이름을 넣어주었기 때문입니다.

마찬가지로 "Nice to meet you(만나서 반가워요)."라는 말보다는 "Nice to meet you, Jessica(제시카, 만나서 반가워요)."라는 말이 훨씬 듣기 좋습니다.

아기가 이 세상에 태어나서 제일 먼저 배우는 말이 '엄마'라는 단어입니다. 아기가 '엄마' 하고 부르는 일만큼 기쁜 일이 어디에 있을까요. 아기가 엄마를 부르면 엄마는 곧바로 아기한테 시선을 돌리거나 달려갑니다. 아기가 엄마를 부르더라도 엄마는 기쁜 마음으로 아기를 쳐다보고 달려가는데, 하물며 대자비심을 갖고 계시는 성인은 말할 나위가 있겠습니까.

기독교 경전인 성서에도 기독교의 창조신인 여호와나 그의 독생자이신 예수의 이름을 부르라는 대목이 곳곳에서 보이며, 예언자 무함마드의 말씀과 관습을 기록한 이슬람교의 성전인 『하디스』에는 "알라는 100에서 하나 부족한 99개의 이름을 가지고 있느니라. 마음을 다해 알라의 이름을 외운 사람은 낙원에 들어갈 것이니라."라는 구절이 있습니다.

죽음까지 알아야 진짜 인생이다 _____

그래서 무슬림은 99개의 묵주(Tasbih)를 돌리며 알라의 이름을 자주 부릅니다. 그리고 『하디스』는 알라의 이름을 부르는 것이 축복이라고 가르칩니다. 예를 들면, 부부 관계를 가질 때 "오, 알라여! 당신이 우리에게 주시려는 것을 사탄이 빼앗지 못하도록 우리를 지켜 주소서."라고 알라의 이름을 부르면 그때 얻게 될 아이는 사탄이 결코 해치지 못할 것이라고 합니다.

이슬람교의 최고 성전인 코란에는 "일러 가로되, 자비로우신 알라께 구원하라. 너희가 무슨 이름으로 알라를 부르든 알라의 이름은 가장 아름다우니라."라는 말씀이 있습니다. 이런 사실들을 통해서 보면, 위대한 성인들의 이름을 부르는 것은 종교에 상관없는 보편적인 수행법임을 알 수 있습니다.

성인 중의 성인이신 부처님의 이름을 불호(佛號), 명호(名號), 성호(聖號), 덕호(德號), 존호(尊號)라고 부릅니다. 부처님의 이름 속에는 불가사의한 의미가 담겨 있습니다. 보통 사람의 이름에는 공덕이 담겨 있지 않습니다. 공덕이 담겨 있지 않다는 것은 그 이름을 아무리 불러도 나에게 아무런 공덕이 생기지 않는다는 뜻입니다. 하지만 부처님의 이름은 그렇지 않습니다. 부처님의 이름은 그냥 얻어진 것이 아니라, 무량한 세월 동안 헤아리기 어려운 실다운 공덕, 즉 일체의 선법(善法)과 계정혜(戒定慧)와 육바라밀(六波羅蜜) 등을 무수히 쌓아 세워진 것입니다.

그래서 일찍이 어느 현자(賢者)께서는 "부처님의 명호를 부르는 것은 부처님이 갖고 계신 공덕을 자신의 공덕으로 바꾸는 것이다."라고 하였던 것이고, 현대 중국이 낳은 위대한 인물인 고(故) 남회근 국사(國師)는 "일체의 모든 부처님의 이름은 마음대로 지은 것이 아닙니다. 그 이름 가운데는 부처님의 발원과 공덕이 죄다 들어가 있습니다."라고 하였으며, 원효 대사는 "부처님의 이름은 만겁이 지나도 그 공덕이 다 하는 일이 없다."라고 하셨던 것입니다.

그렇습니다. 부처님의 이름을 간절히 부르면 부처님의 공덕이 나에게도 생깁니다. 부처님의 공덕을 내가 가져가는 것입니다. 부처님께서 무량한 세월 동안 쌓으셨던 그 많은 공덕의 일부를 내가 가져가는 것입니다. 그런데도 부처님의 공덕은 하나도 줄어들지 않습니다. 부처님 이름이 지닌 공덕은 무량겁의 세월이 지나도 조금도 줄어들거나 없어지지 않습니다. 인간이 쌓을 수 있는 공덕들 중에서 부처님 이름을 부르는 것보다 더 뛰어난 공덕은 존재하지 않습니다.

그러하니 내 온 정신을 집중하고 간절한 마음으로 부처님의 이름을 부르면 이는 팔만대장경 전부를 한 번 독송한 것과 같은 공덕이 생기는 것입니다.

『화엄경』에서는 이렇게 설합니다.

"늘 부처님의 이름만이라도 들을 수 있다면, 차라리 고통스러운 지옥에 머물지언정 잠시라도 부처님 이름을 듣지 못하는 천상(天上)에는 나지 않겠나이다."

이 세상에 사람으로 태어나 부처님의 이름을 듣거나 부를 수 있는 것은 정말로 희유(稀有)한 대사건입니다. 부디 의심일랑 거두시고 마음을 한곳에 모은 채 부처님의 이름을 간절히 불러보십시오. 불가사의한 공덕과 복보(福報)가 따를 것입니다.

죽음까지 알아야 진짜 인생이다

음덕(陰德)

성서 마태복음에는 다음과 같은 예수님의 귀한 말씀들이 실려서 전해집니다.

"너희는 기도할 때 외식(外飾: 겉을 보기 좋게 거짓으로 꾸미는 일)하는 자와 같이 하지 말라. 그들은 사람에게 보이려고 회당(會堂)과 큰 거리 어귀에 서서 기도하기를 좋아하느니라. 내가 진실로 너희에게 이르노니 그들은 이미 상(賞)을 받았느니라."

"너는 구제할 때 오른손이 하는 것을 왼손이 모르게 하여 네 구제함을 은밀하게 하라. 은밀한 중에 보시는 너의 아버지께서 갚으시리라."

"네가 (남을) 구제할 때는 은밀하게 하라. 은밀한 중에 보시는 너의 아버지께서 갚으시리라."

『자치통감(資治通鑑)』에는 이런 말씀이 실려 있습니다.

"돈을 모아 자손에게 남겨 준다고 하여도 자손이 반드시 다 지킬 수 없으며, 책을 모아서 자손에게 남겨 준다고 하여도 자손이 반드시 다 읽을 수 없다. 그윽한 중에 음덕을 쌓아 자손을 위한 계책(計策)으로 삼느니만 못하다."

음덕이란 아무도 모르게 쌓은 덕을 말합니다. 오직 하늘만 아는 덕입니다. 반면에 내가 베푼 것을 세상이 아는 것을 '양덕(陽德)'이라고 합니다. 음덕과 양덕의 차이는 하늘과 땅 차이입니다.

불교에서는 '무주상(無住相)' 보시를 말합니다. 남에게 베푼 후 베풀었다는 생각조차 없는 보시, 베푼 것을 후회하지 않는 보시, 복을 바라지 않는 무심(無心)한 보시, 베푼 것을 남에게 자랑하지 않는 보시, 남보다 내가 더 잘나고 더 잘사니까 베풀어야겠다고 여기지 않는 보시 등이 바로 무주상 보시입니다. 보시(布施)란 널리 베푸는 것을 말합니다.

보시에는 법(法)보시·무외시(無畏施)보시·재(財)보시의 세 가지가 있습니다.

법보시란 보통 성현의 가르침이나 경전을 책으로 내거나 기증하거나 남에게 가르치는 것을 말합니다. '교육'이야말로 대표적인 법보시입니다. 생계를 유지하기 위해 직업으로 하는 교육은 법보시가 아니지만, 훌륭한 인재를 길러 이 사회에 기여하도록 하겠다는 소망을 품고 학생들을 가르친다면 이것도 법보시입니다. 어려운 사람들, 빈궁한 사람들에게 책을 기증하거나 학교·서원(書院)·학당(學堂) 등 교육 기관을 세워 무상(無償)으로 가르치거나 진리·지혜의 말씀을 널리 전하여 사람들을 일깨워주는 것은 위대한 법보시입니다.

조선 숙종 때의 인물인 윤증(尹拯)은 고향인 충남 논산(論山)에서 '종학당(宗學堂)'이라는 사립학교를 세워 문중 사람들뿐만 아니라 인근의 가난한 아이들도 입학할 수 있게 하여 학문에 대한 갈증 해소는 물론 입신(立身)할 기회까지 제공해 주었습니다. 그 공덕 덕분인지 윤증 선생 이후에도 파평(坡平) 윤씨(尹氏) 가문은 조선 시대에 400여 명의 과거 합격자를 배출하여 전주(全州) 이씨(李氏) 다음으로 가장 많은 과거 합격자를 배출한 성씨 반열에 올랐습니다.

위대한 인물을 배출하거나 훌륭한 인물을 길러내거나 영재를 발굴하는 것도 법보시입니다. 뛰어난 능력을 갖춘 사람을 찾아내어 뜻을 펼칠 수 있도록 이끌어주거나 후원해 주는 일도 훌륭한 법보시입니다.

그러나 가장 위대한 법보시는 따로 있습니다. 그것은 세상을 구제하려고 발심(發心)하고 이를 위해 노력하고 실천하는 것을 말합니다. '어떻게 하면 세상을 이롭게 할까', '어려운 처지에 있는 불쌍한 사람들을 어떻게 하면 고통에서 벗어나게 해 줄까', '이 세상에서 어떻게 하면 전쟁이 일어나지 않게 할까' 하면서 늘 고뇌하고 세상을 이롭게 하며 생명을 가진 모든 존재를 사랑하는 것이 법보시입니다.

우리나라 고조선의 건국 정신인 '홍익인간(弘益人間: 널리 인간을 이롭게 한다는 뜻)'은 대표적인 법보시의 정신입니다.

또한 '자기 자신이 훌륭한 사람이 되는 것'도 위대한 법보시임을 기억해야 합니다. 한 훌륭한 사람이 태어나거나 만들어지면 그 은덕(恩德)을 사해(四海)가 고루 입습니다. 범부(凡夫)들은 이러한 사실을 쉽게 믿지 못합니다.

우리나라가 낳은 가장 위대한 인물인 원효 대사나 중국의 공자(공자도 한민족과 같은 동이족 출신입니다)의 경우를 떠올려 보십시오. 그 은혜가 만대에 걸쳐 찬연히 빛나고 있습니다.

또 근래에 고(故) 조영래(趙英來) 변호사나 고(故) 이태석(李泰錫) 가톨릭 신부, 세계보건기구(WHO) 사무총장을 지내셨던 고(故) 이종욱(李鍾郁) 선생과 같은 분들은 정말로 훌륭한 분들입니다.

무외시보시란 두려움을 없애주는 것을 말합니다. 남에게 친절히 하는 것, 온화한 말을 하는 것, 부드럽고 웃는 표정을 짓는 것, 남을 격려해 주거나 희망을 주는 것, 좋은 말로 두려움이나 공포를 없애주는 것이 무외시보시입니다. 특히, 상담이나 방송·강연 등을 통해 궁지나 위험에 처한 사람들에게 용기와 안심(安心)을 주는 것은 대표적인 무외시보시이며, 처지가 궁박한 채무자들의 채무를 면제해 주거나 빚 문서를 불태워 걱정에서 벗어나게 해 주는 것도 무외시보시입니다.

육식을 줄이고 채식을 하거나 생명을 함부로 해치지 않는 것도 무외시보시입니다. 왜냐하면 다른 생명들이 당신을 보고도 두려움을 느끼지 않기 때문입니다.

미소 한 번, 좋은 말 한마디, 친절한 행동. 이들은 모두가 선연(善緣)을 맺는 무외시보시입니다.

재보시는 글자 그대로 재물을 남에게 베푸는 것을 말합니다. 재물뿐만 아니라 재능을 기부하는 것도 여기에 포함됩니다.

예로부터 지혜로운 부자들은 처지가 어려워 장례를 치를 형편이 안 되거나 자식의 결혼식을 마련해 줄 돈이 없는 사람들에게 남몰래 돈을 주어 장례식이나 결혼식을 치를 수 있게끔 도와주었습니다.

제가 아는 어떤 분은 택시를 타거나 식당에 가면 반드시 팁을 쥐여

죽음까지 알아야 진짜 인생이다

줍니다. 왜 그렇게 하시느냐고 여쭙자, "내가 이렇게 해서라도 복을 쌓아야지."라고 하셨습니다.

지혜로운 사람은 이렇게 틈만 나면 복을 짓습니다. 총명함이나 지혜는 복에서 나오는 겁니다. 책을 많이 읽는다고 지혜가 나오는 것이 아니라 덕을 쌓아야 지혜가 나온다고 성현께서는 말씀하셨습니다.

직장에서 동료들에게 친절하고 따뜻하게 말을 건네고, 온화한 표정을 짓고, 궂은일은 제일 먼저 하고, 대인관계에서 가급적 손해를 보려하고, 자신의 권리를 가능한 한 내세우지 않고, 어려운 동료를 보면 재빨리 도와주고, 동료의 실수를 눈감아주고…. 이러한 일들이 모두 훗날 나에게 복으로 다가옵니다.

예로부터 재보시를 하면 재물을 얻고, 법보시를 하면 총명과 지혜가 따르며, 무외시보시를 하면 건강과 장수를 누린다고 하였습니다.

남을 의식해서 하는 보시, 죽어서 천국에 가려고 베푸는 보시, 생색을 내는 보시 등은 무주상보시가 아닙니다. 무주상보시나 음덕은 그 복이 헤아릴 수 없이 크지만, 그 반대의 보시나 양덕(陽德)은 그 복이 정말 작다는 것을 알아야 합니다.

지극한 마음으로 남에게 널리 베풀면 다음 생을 기다릴 필요도 없이 당대(當代)에 그 과보를 받기도 합니다. 자식을 낳지 못할 운명을 갖고 태어난 사람이 음덕을 쌓아서 당대에 자식을 낳는 경우가 대표적입니다.

반대로 지극히 악독한 짓을 거리낌 없이 지은 사람들은 인과가 바로 들이닥쳐 당대에 천벌을 받기도 합니다.

당신이 음덕을 베풀면 60세에 암에 걸릴 운명이 65세로 늦춰질 수 있습니다.

당신이 음덕을 베풀면 3년 후에 파산할 운명인 당신의 회사가 8년 뒤에 파산하게 될 수 있습니다.

당신이 음덕을 베풀면 교통사고를 당해 갈비뼈와 척추가 크게 부러져 하반신이 마비될 당신의 운명이 한쪽 팔만 골절되는 것으로 끝날 수 있습니다.

당신이 음덕을 베풀면 2년 뒤 사기를 당해 모든 재산을 날릴 당신의 운명이 7천만 원의 피해만 보는 운명으로 바뀔 수 있습니다.

당신이 음덕을 베풀면 당신의 자녀가 무탈하게 인생을 살아갈 수 있습니다.

당신이 음덕을 베풀면 평온한 마음으로 노년을 지낼 수 있습니다.

당신이 음덕을 베풀면 임종을 고통스럽지 않게 맞이할 수 있습니다.

당신이 음덕을 베풀면 죽어서 반드시 좋은 곳에 태어날 겁니다.

옛 선인(先人)께서 말했습니다.

"제일 행복한 사람은 본인이 음덕(陰德)을 많이 베풀었으나 아직 보답을 받지 못한 사람이고, 가장 불행한 사람은 덕을 쌓지도 않았는데 부귀영화를 누리는 사람이다."

"베풀고도 모욕과 불행을 당하는 사람은 행복한 사람이고, 베풀었는데 상을 받거나 칭송을 듣는 사람은 불행한 사람이다."

"덕을 쌓았는데도 말년에 병에 걸리거나 모함을 당하는 사람은 행복한 사람이고, 악행을 쌓았음에도 말년에 무사(無事)한 자는 지극히

죽음까지 알아야 진짜 인생이다

불행한 사람이다."

우리는 세상의 학문이나 기술 등을 부지런히 배워야 합니다. 왜 그럴까요? 모든 중생을 이롭게 하기 위해서입니다. 세상의 학문이나 기술 등을 많이 알수록 세상을 더 많이 이롭게 할 수 있습니다.

행여 당신이 대단한 존재라고 여기지 마십시오. 당신이 스스로를 대단한 존재로 여기는 순간 모든 것은 끝장나 버립니다. 당신은 대단한 사람도 아니요, 훌륭한 사람은 더더욱 아니며, 믿을 만한 사람도 아닙니다. 한없이 어리석고 못난 범부에 지나지 않습니다.

가장 큰 고난이 있는 곳으로 가야 합니다. 궂은일은 자신이 가장 먼저 해야 합니다. 이익은 가장 늦게 취하고 행동은 가장 빠르게 해야 합니다. 다른 사람들의 고통을 혼자 짊어져야 합니다. 자신을 절대 칭찬해서는 안 되며, 남을 깎아내리는 짓은 그 어떠한 경우에도 하지 마십시오. 신분이 천하거나 타고난 성정(性情)이 못났거나 비참한 지경에 처한 사람은 특히 입조심을 하여야 합니다. 크게 성공할 사람은 반드시 말이 적습니다.

『논어』에는 공자의 제자인 자장(子張)이 선인(善人)의 도(道)에 대하여 스승께 질문하는 말씀이 나옵니다. 이에 대한 공자의 답은 이렇습니다.

"선행을 하더라도 흔적을 남기지 마라[不踐迹]."

이는 착한 사람이 되려고 의도적으로 착한 행동을 하지 말고, 남으로부터 착한 사람이라는 소리를 듣기 위해 착한 일을 해서도 안 되며, 남이 묻더라도 착한 일을 말하지 말며 내세우지도 말며 의식하지도 말라는 뜻입니다.

성인께서 말씀하셨습니다.

"하늘의 도움을 받으려면 반드시 내가 먼저 남을 도와야 한다. 이것은 절대로 미신이 아니다. 하늘의 도움을 받고자 한다면 반드시 자기가 먼저 옳은 사람이 되어야 한다."

옛 선인께서 말했습니다.

"조금이라도 남을 싫어하는 마음을 갖는다면 그것이 바로 불경(不敬)이다. 조금만 이런 마음을 갖는다면 남이 먼저 나를 싫어한다."

좋은 일을 하게 되면 많은 변화가 즉시 일어납니다.

우선, 관상(觀相)이 즉시 좋게 변합니다. 우리의 얼굴은 매 순간 변하고 있습니다. 물론 본인은 모릅니다. 자기 얼굴이 찍힌 사진 등을 보았을 때, 평소와는 많이 다른 자신의 모습에 놀랄 때가 있는데, 이것은 우리의 얼굴이 수시로 변하고 있음을 나타냅니다.

둘째, 좋은 일을 하면 우리 몸이 즉시 바뀝니다. 혈액이 맑아지고 심장 박동이 고르게 됩니다. 얼굴의 혈색이 정상으로 되돌아오고 몸이 가벼워지면서 면역력이 높아집니다. 게다가 마음은 말할 수 없이 편안하고 그날은 잠도 특히 잘 오고 유달리 통쾌합니다.

셋째, 좋은 일을 하면 몸에서 빛이 납니다. 보통 사람은 알지 못하지만, 근기가 뛰어나거나 수행을 많이 한 사람들은 바로 알아냅니다. 그 빛은 상당히 밝고 강해서 주변 사람들에게로 퍼지기도 합니다.

넷째, 좋은 일을 하면 선신(善神)들이 따라다니면서 지켜줍니다. 그래서 사고를 당해도 경상만 입거나 사고가 비껴갑니다.

다섯째, 좋은 일을 하면 지혜가 커지고 총명해집니다. 따라서 책을 읽으면 이해력이 좋아지게 되고 글을 지으면 문장력이 늘게 됩니다.

여섯째, 좋은 일을 하면 반드시 복을 받게 됩니다. 그 복은 좋은 일을 한 사람의 심리에 따라 달라집니다. 그 보상은 현세에 받을 수도 있고, 죽은 후에 받을 수도 있으며, 몇 생을 윤회한 후에 받을 수도 있습니다. 그 복의 일부는 후손에게까지 갑니다.

일곱째, 양기(陽氣)가 강해집니다. 양기가 강해지면 악한 귀신들이 접근하지 못하며, 오히려 당신을 두려워합니다. 그리고 외도(外道)의 학문을 항복시킬 수 있고, 온갖 마구니와 원귀(怨鬼)들을 굴복시킬 수 있습니다.

결정적으로 죽을 때 받는 고통이 감경되고 죽으면 좋은 곳으로 갈 확률이 높아집니다. 좋은 일을 한 것의 대가는 이것들 말고도 매우 많습니다. 최고의 투자는 적선(積善)입니다.

현자께서 말씀하셨습니다.

"착하지 않은 일을 하면 길한 것이 변해서 흉한 것이 되고, 착한 일을 하면 재앙이 도리어 복이 된다[作不善即吉變爲凶 作善即災反爲福]."

당신이 욕심을 자제하고 늘 자신을 반성할 줄 안다면 당신은 훌륭한 사람입니다.

당신이 세상 사람들을 따뜻한 눈으로 보고 늘 베푼다면 당신은 훌륭한 사람입니다.

당신이 훌륭한 인물이 되면 가장 먼저 하늘이 복을 내릴 겁니다. 그 시기는 사람마다 달라서 당대에 내릴 수도 있고 죽은 후에 내릴 수도 있으며 몇백 년 후에 내릴 수도 있습니다.

당신이 훌륭한 인물이 되면 역시 훌륭한 사람들이 당신 곁으로 몰려듭니다. 마치 예수님이 탄생했을 때 동방박사가 이를 알고 찾아온 것과 같습니다.

당신이 훌륭한 인물이 되면 당신 주변에 불쌍하고 억울해하는 영혼들이 모여듭니다. 그들을 위해 당신이 하늘에 기도해 주거나 좋은 일을 해 주기를 바라는 것입니다. 그렇게 되면 그들은 당신의 공덕 덕분에 구천을 헤매지 않고 윤회의 태(胎)에 들거나 아니면 더 나은 세상에 태어나기 때문입니다.

당신이 훌륭한 인물이 되면 전생에 당신 때문에 고통을 당해서 복수할 기회만을 노리고 있는 많은 영혼이 당신을 건드릴 기회를 얻지 못할 것입니다.

지금부터는 고서(古書)에 기록된 음덕의 실례를 보도록 하겠습니다.

양영(楊榮: 중국 명나라 때의 재상)은 중국 복건성 건녕(建寧) 사람인데, 대대로 뱃사공을 해서 생계를 유지해 왔다. 한 번은 비가 많이 와서 강물이 불어 넘치고 제방이 무너져 민가가 온통 물에 잠겼다. 물에 빠져 죽은 사람들이 물살을 따라 하류로 내려오자, 다른 뱃사공들은 떠내려오는 재물을 건지느라 정신이 없었다. 오직 양영의 증조할아버지와 할아버지만은 사람을 구하는 데 힘쓰고 재물에는 관심조차 없었다. 동네 사람들이 비웃었다. 그런데 양영의 아버지가 태어날 때가 이르자 집안이 흥하기 시작했다. 어떤 신선이 양영의 아버지에게 일렀다. "그대의 할아버지와 아버지께서 음덕을 많이 쌓아 자손들이 부귀영화를 누릴 것이오. 그러니 내가 말하는 곳에 묘를 쓰는 게 좋을 것이오." 마침내 신선이 가르쳐 준 곳에 묘를 썼다. 후에 양영이 과거에 합격하였는데 그 지위가 삼공(三公)에까지 이르렀고, 아들을 잘 둔 덕분에 그 증조부와 조부 그리고 아버지 3대가 조정으로부터 벼슬을 추증(追贈)받았다. 그리고 그 자손들이 몹시 부귀하고 총명하여 지금까지도 유명한 자가 많다.

중국 춘추시대 사람인 손숙오(孫叔敖)가 어렸을 때, 나가서 놀다가 돌아와서는 걱정에 젖어 밥을 먹지 않았습니다. 어머니가 이유를 묻자 울면서 대답하였습니다.

"오늘 저는 머리가 둘 달린 뱀을 보았습니다. 지금쯤 그 뱀은 아마 죽었을 것입니다."

"지금 뱀은 어디에 있느냐?"

"저는 머리가 둘 달린 뱀을 본 사람은 죽는다는 말을 들었기에, 다른 사람이 또 볼까 봐 걱정되어 이미 그것을 땅에 묻어 버렸어요."

"걱정하지 마라. 너는 죽지 않는다. 내가 듣기론, 음덕을 쌓은 사람은 하늘이 복을 내리신다고 하였다."

과연 손숙오는 훗날 초나라의 재상이 되었고, 초나라가 강대국이 되는 데 크게 기여하였습니다.

어떤 선비가 있었는데 매번 과거에 떨어졌다. 원인을 알 수 없어 도사(道士) 장진인(張眞人)을 찾아가 향을 피우며 엎드려 자신이 과거에 합격할 운명인지를 물었다.

그러자 신명이 나타나 말했다.

"이 선비는 본래 공명(功名)을 누릴 운명이 있었으나 숙모(叔母)를 범한 까닭에 공명을 삭탈당했다."

장진인이 선비에게 알려주자 그는 그 말을 듣고 말했다.

"나는 절대 숙모님을 범하지 않았습니다!"

그래서 글을 써서 신명에게 호소해 억울함을 풀어달라고 했다. 신명이 다시 나타나서 말했다. "네가 비록 숙모를 범하진 않았지만, 숙모를 범할 생각을 품고 있었다!"

그러자 이 사람은 비로소 매우 부끄러워하며 후회막급이었다. 왜냐하면 젊을 때 숙모의 미모를 보고 나쁜 생각을 품은 적이 있었기 때문이다.

왕천여(汪天輿)가 한때 어느 기인을 만난 적이 있다. 기인은 그의 관상을 보고는 "당신의 상은 하도 흉해서 아들도 없고, 오래 살지 못할 것이오."라고 말했다.

왕천여는 그 말을 듣고 더는 재물을 중시하지 않고 보시하며 선행을 했다. 어느 날 그가 청강포(清江浦)에 손님으로 갔는데 젊고 예쁜 주인의 아내가 그의 풍모에 반해 그의 방문 앞에 왔다. 하지만 왕천여는 문을 꼭 닫고 그녀를 들어오지 못하게 했으며 방문을 사이에 두고 말했다. "내 어찌 당신의 정절을 해칠 수 있겠소?" 부인이 이 말을 듣고는 즉시 부끄러워하며 떠났다. 나중에 왕천여가 관상을 봐 주었던 기인을 또 만났는데 그가 말했다. "음덕을 많이 쌓았군! 상이 변했소이다. 내가 보니 귀한 아들을 볼 것이며 80대까지 살겠소."

나중에 왕천여는 과연 그 관상가의 말대로 귀한 아들을 낳고 80대까지 살았다.

비릉(毗陵)에 전(錢) 씨 성을 가진 할아버지가 있었다. 그는 일대에서 가장 부자였고 선을 베풀기를 좋아했지만, 불행히도 아들이 없었다. 한편 그와 같은 고향 사람인 유(喻) 씨는 가난해서 늘 다른 사람에게 돈을 빌렸다. 한때 빚을 갚을 길이 없어 빚쟁이의 핍박을 받게 되자 전옹(錢翁)에게 돈을 빌리러 갔다. 전옹은 그의 처지를 불쌍히 여겨 빚의 액수는 따지지도 않고 그대로 빌려주었으며 차용증도 요구하지 않았다. 일이 해결된 후 유 씨는 전옹의 은덕에 감격해 아내와 딸을 데리고 전가의 집에 와서 감사를 드렸다.

그런데 전옹의 아내는 유 씨의 딸이 용모가 단정한 것을 보았다. 또 자기는 아들을 낳을 수 없어 남편이 고통을 받고 있었으므로 남편에게 미안해하고 있었다. 이에 유 씨 부부와 상의해 남편더러 그들의 딸을 첩으로 삼도록 권했다. 유 씨는 흔쾌히 동의했다. 그러나 전옹이 이 일을 알고는 결단코 반대하며 엄숙히 말했다.

"다른 사람이 곤란할 때 이런 요구를 하는 것은 불인(不仁)이다. 내 본의는 선행인데 만약 이 기회를 빌려 사욕을 채우려 한다면 더욱 불의(不義)한 일이다. 내 차라리 아들이 없을지언정 절대 이렇게 하진 않을 것이다."

유 씨 부부는 이에 전옹의 높은 뜻에 더욱 감격했다. 이날 밤 전옹의 아내가 꿈에 천신(天神)을 만나니 천신이 말했다. "네 남편이 선행을 했으며 또 가난한 사람을 구했고 여인을 취하지 않았으므로 음덕을 깊이 쌓았다. 귀한 아들을 내려주겠다."

일 년 후 과연 아내가 아들을 낳았다. 부부는 의외의 기쁨에 아들을 '천사(天賜: 하늘이 내려 주었다는 뜻)'라고 지었다. 천사는 18세 때 향시(鄕試), 회시(會試)에 연달아 합격했고 나중에 관직이 어사(御使)에 이르렀다.

조선의 허적(許積)은 젊어서 과거에 급제하니 첫 벼슬이 사헌부(司憲府)의 관직이었다. 천민(賤民)들은 무늬가 있는 비단옷을 입지 못하게 되어 있었는데, 갓 결혼한 어느 천민 여자가 화려한 비단옷을 입은 죄로 사헌부에 잡혀 왔다. 허적은 그녀를 혹독하게 벌했는데, 그녀의 남편이 이를 알고는 밖에서 허적의 이름을 함부로 부르면서 욕하였다. 허적은 그 남편을 잡아 와 가혹하게 곤장을 쳐서 죽여 버렸고, 그 여자도 매질을 가해 죽여버렸다.

그날 밤 꿈에 붉은 도포를 입은 사람이 하늘에서 내려와 그에게 말했다.

"아무리 금령(禁令)을 어겼다고 해도 죽일 것까지는 없었다. 젊은 남녀를 곤장으로 때려 죽게 한 것은 사사로운 분노이다. 상제(上帝)께서 너를 미워하시어 너에게 아들 하나를 주어 집안을 몰락시킬 것이다."

얼마 지나지 않아 허견(許堅)이라는 서자(庶子: 첩의 아들)가 태어났다. 허적이 그 어미에게 키우지 말고 죽이라고 했으나 어미가 몰래 숨겼다. 장성한 허견은 재능이 매우 뛰어났는데, 특히 손재주가 좋

죽음까지 알아야 진짜 인생이다 _____

왔다. 허적은 말린 전복을 씹는 것을 즐겼는데, 늙어서 이가 빠진지라 생각만 간절할 뿐이었다. 허견이 이를 알고 전복을 널판에 놓고 두들겨 가루로 만들어 어머니를 통해 공(公)에게 바쳤다. 나중에 이를 알게 된 허적은 결국 그를 아들로 받아들였다. 꿈이란 본시 믿을 것이 못 된다고 여겼고, 아들의 재주가 아깝다고 생각했기 때문이었다.

그 후 허견은 성심을 다해 부친을 모셨으며 허적도 그를 매우 아꼈다. 하지만 숙종 경신년(1680년)에 허견은 역모를 꾀했다는 이유로 능지처사되었고 처자는 노비가 되었으며 재산이 몰수되었다. 허적도 연좌(緣坐)하여 죽여야 한다는 상소가 빗발쳤으나 옛 공로가 커서 처벌을 면하였는데, 결국 다음 해에 사사(賜死)되었다.

북송 시기에 송(宋) 태조 조광윤(趙匡胤)의 수하에 무예는 출중하지만, 성격이 사납고 살생을 좋아하는 조한(曹翰)이란 장군이 있었다. 조한은 태조의 명을 받들어 강주성(江州城)을 함락한 후 포로로 잡힌 장군 호칙(胡則)을 참수하여 대중들에게 수급(首級)을 전시하라고 명령하고 또 부하에게 군대를 이끌고 도성으로 들어가 성 중의 백성 수만 명을 도살하고 재물을 마음대로 약탈하며 호주머니를 채우게 했다.

조한의 잔인한 도살 행위는 하늘을 진노케 하여 몇 년이 지나지 않아 그는 악보(惡報)를 받아 사망하게 되었다. 사후에 그는 수많은 생을 거치면서 축생의 몸인 돼지의 태(胎)에 들었으며 사람들에게 도축당해 잡아먹히는 것으로 업채(業債)를 갚았다. 그뿐만 아니라 그의 죄에 대한 보응은 그의 처자에게까지 미쳤다. 그의 아들은 다 자라

기도 전에 요절했고 아내는 곤궁하게 살다가 마침내는 창기(娼妓)로 전락했다.

청나라 강희제(康熙帝) 말년의 일이다. 하간(河間) 장가교(張歌橋)에 유횡(劉橫)이라는 사람이 강가에 살았다. 그해에 연달아 폭우가 내렸다. 강물이 범람하여 파도가 세게 솟구치고 기세가 매우 흉맹하여 짐을 많이 실은 작은 선박은 광풍의 충격을 견디지 못하고 흔히 뒤집히는 재난을 당했다.

어느 날 유횡은 우연히 격랑 중에 한 여인이 난파된 배의 노를 단단히 끌어안고 필사적으로 거센 물살을 버티며 살려달라고 외치는 것을 보았다. 당시 강변에는 많은 사람이 서서 이 모습을 보고 있었지만, 광풍의 파도 속에 누구도 감히 나서지 못했다.

유횡이 매우 격분하며 말했다.

"당신들이 사내대장부라 할 수 있는가. 대체 죽어가는 사람을 보고도 못 본 체하는 도리가 있는가." 하고는 의연히 홀로 작은 배를 타고 강물을 따라 수백 미터를 저어갔다. 풍랑이 매우 높았기에 몇 차례 배가 뒤집힐 뻔했으나 마침내 이 부녀자를 구하여 언덕으로 끌어 올렸다. 이튿날 그녀는 아들을 낳았다.

한 달쯤 지난 후 유횡이 갑자기 병에 걸렸다. 그는 아내에게 뒷일을 부탁했다. 당시 그는 멀쩡히 걸을 수 있었기 때문에 사람들은 그의 말이 이상하다고 느꼈다. 그러자 유횡이 장탄식을 하며 말했다.

"나는 틀림없이 죽을 것이오. 내가 물에 빠진 여인을 구한 그날 밤 꿈을 꾸었는데 비몽사몽간에 갑자기 어느 관청의 문 앞에 간 것

죽음까지 알아야 진짜 인생이다

같았소. 아전이 나를 데리고 들어가자 한 높은 관리가 문서철을 꺼내더니 나를 가리키며 말했소.

'너는 한평생 각종 악업을 지었으니 본래 모월 모일에 죽어 돼지로 태어나야 했다. 또 이후 5세(世) 동안 도살당하는 형을 받아야 했다. 다행히도 네가 두 명의 목숨을 구했으니 이는 큰 음공(陰功)을 세운 것으로 친다. 저승의 법률에 따르면 네 수명을 24년 연장해야 한다. 하지만 현재 이 기간의 수명은 네가 지난날 지은 악업과 상쇄하겠다. 너는 여전히 원래 정해진 대로 마땅히 죽어야 한다. 대신 돼지로 태어날 5세 동안 돼지가 되어야 할 고생은 면해 준다. 오늘 네가 죽을 날이 되었어도 세상 사람들이 진상을 알지 못하고 네가 이렇게 좋은 일을 했는데도 도리어 일찍 죽게 한다고 의심할까 봐 염려된다. 그 때문에 특별히 너를 불러 이유를 자세히 알려주니 사람들에게 그 사유를 잘 알리거라. 이번 생의 네 인과는 이것으로 종결되었으니 다음 생에는 착하게 살거라.'

그래서 깨어난 후 이 꿈이 재수 없다고 느껴 아무한테도 말하지 않았소. 이제 죽을 기한이 되어 과연 병을 얻으니 어찌 구차하게 살기를 희망하겠소?"

그리고 얼마 후 유횡은 죽었다.

중국 송나라 때 강서 남창에 고효표(高孝標), 고효적(高孝積)이라는 쌍둥이 형제가 살았는데 그 둘은 행동과 말투 및 시문에 대한 재능까지 전부 똑같았다. 16세 때, 그들은 함께 수재 시험에 합격했다. 또 같은 해에 결혼했는데 부모는 며느리들이 남편을 구별하기 위해 쌍둥이가 같은 옷이나 같은 신발도 신지 말라고 했다.

어느 날 그들은 진희이(陳希夷)라는 도사(道士)를 만났는데 도사는 쌍둥이의 관상을 보고 말했다. "당신들 두 사람은 용모가 준수하고 콧날이 곧으며 입가에는 붉은 점이 있고 귀는 희고도 윤곽이 불그스레하며 기운이 맑아서 모두 급제할 것이네. 게다가 현재 안광(眼光)이 빛나니 반드시 이번에 급제할 것이네!"

마을 사람들은 "태어난 생년월일시가 같고 생김새가 같아 운명도 같으니 사주와 관상으로 인생의 운명이 결정된다는 것을 알겠다."고 말했다.

향시(鄕試)를 볼 때가 되자 두 형제는 함께 수도에 가서 친척 집에 머물렀는데 이웃에는 젊고 아름다운 과부가 살고 있었다. 고효표는 한마음으로 공부에 열중하면서 마음을 움직이지 않았지만, 고효적은 참지 못하고 결국 그 과부와 정(情)을 통하고 말았다. 나중에 어떤 사람이 그 사실을 알고 과부의 집안에 알리자 과부는 강에 몸을 던져 자살하고 말았다.

향시가 끝난 후 그들 형제가 도사를 만나러 가자 그는 그들을 본 후 매우 놀라워하며 말했다. "당신들 두 형제의 상(相)은 이미 크게 변했소. 한 사람은 더욱더 좋게 변하고 다른 한 사람은 몹시 나쁘게 변했네. 고효표는 눈썹에 자줏빛 색채가 나타났고 눈에서 문성(文星)이 빛나 반드시 과거에 급제할 것이지만, 효적은 아름다운 눈썹에 변화가 생기고 두 눈동자가 허공에 떠 있으며 콧날이 암홍색을 띠었네. 기운이 약하고 부족하며 또 차갑고 흩어져 있는데 이는 분명 도덕적으로 옳지 못한 일을 했기 때문에 상이 개변한 것이지. 이번 시

죽음까지 알아야 진짜 인생이다 _____

험에 합격하지 못할 뿐만 아니라 요절할 징조도 보이네."

시험 결과 정말 고효적은 낙방했으며 우울해하다가 얼마 후에 죽었다. 그뿐만 아니라 얼마 후 효적의 아들도 물에서 놀다가 빠져 죽고 말았다.

반면, 고효표는 큰 관리가 되어 명성을 크게 날렸으며 자손들도 번창했을 뿐만 아니라 재덕을 겸비했다. 그가 70세 생일이 되자 진희이가 찾아와 축하하면서 말했다.

"일반인의 관상을 보아내는 것은 쉬운 것이네. 그러나 털끝만치도 차이가 나지 않게 운명을 말하기는 어렵지. 원인은 명(命)은 하늘에 있고 상(相)은 사람에게 달려있기 때문이네. 만약 천리에 순응하고 사람의 일에 합당하다면 반드시 대대로 번창할 것이네. 하늘은 공평무사하여 복은 죄악 때문에 사라지고 죄악도 공덕으로 상쇄되지. 마음에서 생긴 것은 얼굴에 나타나며 타인의 눈을 벗어나지 못하는데 이것이 바로 자신이 화복(禍福)을 스스로 불러온다는 것이라네."

두우균(竇禹鈞)은 중국 오대(五代) 후진(後晉) 때 유주(幽州) 지방 사람이다. 유주는 연산(燕山)에 속해 있기 때문에 두우균을 두연산(竇燕山)이라고도 부른다.

그는 어렸을 때 아버지를 잃고 고아가 되어 홀어머니 밑에서 자랐다. 두우균은 어머니에게 효성이 지극했으며 어머니의 말씀을 거역해 본 적이 없었다. 그 당시 젊은이들은 20세 전후에 결혼하는 풍습이 있었고 30세까지 슬하에 자식이 없으면 후대가 끊어질까 크게 걱정했다. 두우균 역시 30세가 될 때까지 슬하에 자식이 없었다. 온

종일 근심과 걱정에 사로잡혀 있었다.

어느 날 두우균은 꿈을 꾸었다. 꿈속에 두우균의 할아버지가 나타나 말했다. "우균아! 너는 전생의 업(業)이 엄중했다. 그래서 현세에 자식이 없으며 수명 또한 단명할 것이다. 네가 지금부터라도 선행을 하고 세상 사람들을 구제하는 일을 많이 할 경우 업력이 변해 운명이 만회될 수도 있다. 선을 쌓아라!" 두우균은 잠에서 깨어난 후 할아버지의 말씀을 똑똑하게 기억할 수 있었다. 그는 이때부터 선을 행하고 사람들을 구제해야겠다고 결심했다.

어느 날 집안에서 일하던 하인이 두우균이 모아놓은 은전(銀錢) 2만 개를 훔쳐 도망갔다. 하인은 대신 다음과 같은 글을 한 장 써서 자기 딸의 팔뚝에 묶어 놓았다. "내 딸을 당신에게 팝니다. 제 채무를 탕감해 주세요!" 하인은 아주 멀리 달아났다. 두우균은 이 같은 사실을 안 후 하인 딸의 팔뚝에 묶인 글을 불살라 버렸다. 그리고 하인의 딸을 곱게 잘 키워서 시집갈 나이가 되자 마음씨 착하고 잘생긴 청년을 물색하여 결혼시켜 주었다.

어느 해 설날, 두우균은 연경사(延慶寺)로 부처님께 공양하러 올라갔다. 그런데 대웅전 불상 앞 방석 위에서 황금 30냥과 은 200냥을 발견했다. 그는 어떤 사람이 공양하러 왔다가 잘못하여 놓고 갔을 것으로 생각했다. 그래서 물건을 잃어버린 주인을 반나절 동안 기다렸다. 이후 어떤 사람이 울면서 대웅전 앞에 도착했다. 두우균은 "어찌하여 당신은 그렇게 슬피 울고 있습니까?"라고 물었다. 그 사람은 "부친이 유괴범들에게 납치됐습니다. 납치범들은 제 아버지를 죽이겠다고 협박하고 있습니다. 그래서 나는 친구들을 통해 여기저기

죽음까지 알아야 진짜 인생이다 _____

긁어모아 황금 30냥과 은 200냥을 마련했습니다. 그런데 얼마 전제 전대를 손으로 더듬어 보니 황금과 은이 온데간데없고 빈 주머니만 갖고 있다는 것을 뒤늦게 알았습니다. 만일 그 돈이 없다면 아버지는 죽음을 면치 못할 것입니다." 두우균은 즉시 그 물건을 주인에게 돌려주고 웃돈까지 더 주었다. 물건의 주인은 감사하다는 말을 여러 번 하며 절을 떠났다.

두우균은 그밖에 일생 동안 좋은 일을 많이 했다. 예를 들면 친구들 중에 돈이 없어 죽은 친척들의 관을 장만할 수 없을 경우 자기 돈으로 관을 사서 장례를 치르라고 했다. 또 어느 집에서 돈이 없어 자녀들을 결혼시킬 수 없을 경우 결혼 비용을 대주었다. 빈곤하여 생활이 어려운 사람들에겐 장사 밑천을 대주면서 장사를 시켜 생활을 안정시켜 주었다.

대신 두우균은 가난한 사람들을 구해주기 위해서 자신은 매우 검소한 생활을 했다. 한 푼도 낭비하는 일이 없었다. 매년 버는 돈 중에서 생활비를 제외하고는 모두 가난한 사람들의 구제에 썼다. 두우균은 또 방이 40개나 되는 학교를 설립해 수천 권의 책을 구입한 후 훌륭한 스승을 모시고 젊은이들을 교육하는 데 힘썼다. 돈이 없는 가난한 집 자식들에게는 학비를 면제해 주고 우수한 인재를 양성했다.

두 선생은 어느 날 꿈을 꾸었다. 꿈속에서 또 할아버지가 나타나서 "너는 지금까지 수년 동안 좋은 일을 많이 했다. 하느님께서 너의 음덕을 귀히 여겨 너에게 3기(1기는 12년)의 수명을 더 늘려주실 것이다. 그뿐만 아니라 네게 5명의 아들을 점지해 주실 것이다. 너의 5명의 아들들은 이후 입신출세할 것이다. 그리고 네가 죽은 후 너는 천당에 가게 될 것이다."라고 말했다.

할아버지는 계속 두우균에게 "우균아! 인과응보의 이치는 절대로 헛된 것이 아니다. 선과 악의 보응은 현세에 나타나지 않으면 내세에라도 분명히 나타난다. 또 자기 자신의 인과응보가 자손들에게까지 미칠 수 있다. 그리고 하늘의 그물은 눈이 굉장히 넓어서 성근 것 같지만 악인은 절대 빠뜨리지 않는다는 노자(老子)의 말을 명심하고 조금도 의심을 품지 말거라."라고 당부했다.

두우균은 꿈속에 나타나서 할아버지가 해 주신 말을 똑똑히 머릿속에 되새기며 덕을 쌓고 몸을 닦았다. 얼마 후에 그는 5명의 아들을 낳았다. 그의 가정교육은 대단히 엄했으며 아이들은 규율을 잘 지키고 효성스러웠으며 온 집안이 화목했다. 다섯 명의 아이들은 자라서 모두 과거 시험에 합격했다. 큰아들 두의는 관직이 상서까지 올랐고 둘째 아들 두엄은 한림학사에 임명됐으며 셋째 아들 두칭은 지정사가 됐고 넷째 아들 두간은 기거랑이 됐으며 다섯째 아들 두희는 좌보궐이 됐다. 여덟 명의 손자들도 모두 입신출세했다.

두우균 자신도 간의대부 관직에 임명됐었고 향년 82세로 세상을 마쳤다. 두우균은 자신의 임종이 가까워져 온 것을 미리 알고 친구들에게 작별 인사를 하고 목욕한 후 의복을 갈아입고 조용히 웃는 얼굴로 세상을 마감했다.

청나라 도광(道光) 연간, 상양(上洋)에 한 소년이 있었는데 어려서부터 독서와 수양에 각고의 노력을 기울였다. 병신년(1836년) 2월 어느 날, 소년이 한 책방에 산책 차 들렀다가 잠시 발걸음을 멈추고 주인

죽음까지 알아야 진짜 인생이다

에게 물어보았다.

"읽으면 기분이 상쾌해지는 책이 있나요?" 그러자 서점 주인이 말했다. "그런 책이라면 풍류(風流) 문학뿐이지." 소년은 물었다. "풍류가 뭔가요?" 그러자 서점 주인은 음란한 내용이 담긴 책 한 권을 꺼내 주었다. 소년은 무슨 내용인지 궁금해서 책을 빌려 집으로 가져왔다.

소년이 집에 돌아와 책을 펼쳐본 후 탄식하며 말했다.

"세상에 이런 나쁜 책들이 있다니, 내 반드시 이것들을 없애버릴 테다."

다음날 다시 서점을 찾아간 소년은 그곳에 있는 풍류 서적을 모두 찾아달라고 했다. 서점 주인이 수십 권을 꺼내오더니 소년에게 말했다. "네가 이 책들을 보고 싶다면 천천히 빌려보려무나."

소년이 말했다. "이 책들을 전부 사겠습니다."

주인은 "이 책을 빌려주고 돈을 받는 것이 훨씬 이익인데 뭐 하러 팔겠느냐?"라고 대답했다. 하지만 소년이 계속 책을 팔라고 조르자 주인이 말했다. "사실 오늘 급히 쓸 데가 있는데 네가 만약 은자 30냥을 구해 온다면 이 책들을 전부 네게 주마."

이 말을 들은 소년은 부리나케 집으로 돌아와 모친을 찾아뵙고 책값을 달라고 청했다. 모친은 아들이 경전이나 역사책이 필요한 것으로 여겨 비녀를 팔아 급히 돈을 만들어 주었다.

결국 소년은 서점에 있던 음란 서적들을 모두 사서 집으로 가져왔다. 그리고는 서재에 들어가 책들을 모두 불태웠다.

한편 집안 하인이 소년이 음란 서적들을 잔뜩 사 왔다는 사실을 알리자 모친은 깜짝 놀랐고 한편으로는 또 화가 났다.

다음날 불에 탄 재를 수습할 때 소년은 뜻밖에도 재 속에서 동전 2개를 찾아내 어머니에게 드렸다. 어머니는 아들의 뜻이 음란 서적을 보는 것이 아니라 해로움을 없애는 데 있다는 것을 알게 된 후 비로소 슬픔이 기쁨으로 바뀌었다.

그런데 며칠이 지나지 않아 소년이 갑자기 중병에 걸렸다. 많은 의사가 치료를 시도했으나 속수무책이었고 오직 죽을 날만 기다릴 뿐이었다. 이때 한 신인(神人)이 나타나 소년의 입을 빌려 다음과 같이 말했다.

"본래 네 운명은 평범하여 과거에 급제할 수 없었다. 하지만 어린 나이임에도 불구하고 음란한 서적을 없애 세상 사람들이 끝없는 천벌에서 벗어나게 했다. 그 때문에 천제(天帝)께서 너를 가상히 여겨 특별히 복을 주니 너는 앞으로 공명이 크게 빛날 것이다."

이 말을 마치자마자 소년의 정신이 돌아왔다. 그런데 그의 모습이 순식간에 완전히 변해 마치 한 층의 허물을 벗은 것 같았다. 아울러 몸에 있던 질병도 모두 사라졌다. 이때 하늘에서 맑은 음악이 들리더니 학의 울음소리가 집안에 울려 퍼졌고 기이한 향이 며칠 동안 흩어지지 않았다고 한다.

송청(宋淸)은 장안성에서 이름난 약장수였다. 그는 사람을 대함에 있어 너그럽고 성실하여 멀리까지 소문이 났다.

송청의 인품이 좋아 가격을 합당하게 쳐주므로 약재를 채집하는 사람들은 앞다투어 그에게 약재를 팔려 했다. 그는 약을 지을 때도 한 점의 틀림도 없었다. 사람들이 모두 그를 신임했기에 그에게 와서 약을 짓는 사람들이 자연히 많아졌다.

환자가 돈이 없을 때 그는 늘 이렇게 말했다.

"병을 치료해 사람을 구하는 일이 급합니다. 돈이 언제라도 생기면 그때 가져오시지요." 어떤 사람은 1년이 넘어도 여전히 약값을 낼 돈이 없었다. 그래도 그는 약값을 받으러 찾아간 적이 없었고 묵은 해가 지나갈 때면 약값을 받지 못할 일부 문서들은 태워버렸다. 어떤 사람은 "송청 이 사람은 아마 머리가 이상한 것 같다. 그렇지 않고서야 어찌 그리 멍청한 짓을 할 수 있겠는가?" 하며 이런 송청의 행위를 이해하지 못했다.

이에 송청은 오히려 이렇게 답했다. "나는 멍청한 것이 아닙니다. 약을 40년간 팔면서 약값을 받지 못할 문서들을 얼마나 태워 버렸는지 모릅니다. 이러한 사람들은 약값을 내기 싫어서가 아닙니다. 그중에서 어떤 사람은 관리로 승급하고 재물도 많아졌지만, 그들은 옛날 일을 잊은 적이 없었습니다. 그들은 이전에 빚진 약값의 배를 나에게 주곤 했습니다. 진정으로 돈을 갚지 못하는 사람은 필경 적었습니다. 그뿐만 아니라 사람들은 나를 믿었기에 찾아온 것으로 이것은 아무리 많은 돈을 주고서도 살 수 없는 것입니다."

한 여자가 남편을 잃고 딸과 함께 살았습니다. 딸이 성년이 되어서도 직장을 구하지 못하고 그녀 자신도 일할 수 없는 상황이어서 두 사람은 소유한 물건들을 하나씩 팔아 생계를 이어 갔습니다. 마침내 집안에서 대대로 전해져 온 사파이어 보석이 박힌 금목걸이마저 팔지 않으면 안 되었습니다.

어머니는 딸에게 이 소중한 목걸이를 주며 보석상에게 가서 팔아 오라고 일렀습니다. 딸이 목걸이를 가져가 보석상에게 보여 주자 보석상은 세밀히 감정한 후, 그것을 팔려는 이유를 물었습니다. 처녀가 어려운 가정 사정을 이야기하자 이런 대답을 해 줬습니다.

"지금은 금값이 많이 내려갔으니 팔지 않는 것이 좋다. 나중에 팔면 더 이익이다." 보석상은 처녀에게 얼마간의 돈을 빌려주며 당분간 그 돈으로 생활하라고 일렀습니다. 그리고 내일부터 보석 가게에 출근해 자기 일을 도와달라고 부탁했습니다.

그래서 처녀는 날마다 보석 가게에서 일하게 되었지요. 그녀에게 맡겨진 임무는 보석 감정을 보조하는 일이었습니다. 처녀는 뜻밖에도 그 일이 자신의 적성에 맞는다는 것을 발견했으며, 빠른 속도로 일을 배워서 얼마 안 가 훌륭한 보석 감정가가 되었습니다. 그녀의 실력과 정직성이 소문나 사람들은 금이나 보석 감정이 필요할 때마다 그녀를 찾았습니다. 그것을 바라보는 보석상의 얼굴에 흐뭇한 미소가 떠나지 않았습니다.

몇 달이 지난 어느 날 보석상이 처녀에게 말했습니다. "네가 알다시피 지금 금값이 많이 올랐으니 어머니에게 말해서 그 금목걸이를 가져 오거라. 지금이 그것을 팔 적기이다." 그녀는 집으로 가 어머니에게 목걸이를 달라고 했습니다. 그리고 보석상에게 가져가기 전에 이번에는 자신이 직접 그것을 감정했습니다.

그런데 그 금목걸이는 금이 아니라 도금한 것에 불과한 가짜였습니다. 가운데에 박힌 사파이어 보석도 미세하게 균열이 간 저급한 것이었지요. 이튿날 보석상이 왜 목걸이를 가져오지 않았느냐고 묻자 처녀는 이렇게 말했습니다. "가져올 필요가 없었어요. 배운 대로 감정해 보니 전혀 값어치 없는 목걸이라는 걸 금방 알 수 있었어요."

그녀는 보석상에게 그 목걸이의 품질을 처음부터 알았을 것이 분명한데 왜 진작 말해 주지 않았느냐고 물었습니다. 보석상이 미소 지으며 말했지요. "만약 내가 그때 말해 줬다면 내 말을 믿었겠느냐? 아마도 너와 네 어머니의 어려운 상황을 이용해 내가 값을 덜 쳐주려 한다고 의심했을 것이다. 아니면 넌 절망해서 살아갈 의지를 잃었을 것이다. 내가 그때 진실을 말해 준다고 해서 우리가 무엇을 얻었겠는가? 아마도 네가 보석 감정가가 되는 것은 불가능했을 것이다. 지금 너는 보석에 대한 지식을 얻었고, 나는 너의 신뢰를 얻었다."

명나라 시대, 양주(楊州: 당시 중국 남부)에서 식품점을 경영하는 한 노인이 있었다. 그의 식품점은 매우 잘되어 노인 일가는 매우 부유한 생활을 하고 있었다.

어느 날 노인은 병이 들어 자리에 드러눕게 되었다. 노인은 죽기 전에 아들에게 저울 하나를 건네주며 말했다. "이 저울을 소중히 여겨라. 이것은 검은 박달나무로 되어 있으며 안은 텅 비어 있는데 수은이 들어 있다. 손님에게 물건을 팔 때 이것을 위에서 아주 조금 누르면 눈금은 실제 무게보다 무거운 쪽으로 기운다. 물건을 살 때 이 저울을 조금 아래로 누르면 눈금은 실제 무게보다 가벼운 쪽으로 기운다. 이 저울을 이용해 나는 부자가 되었다." 아들은 아버지의 이야기를 듣고 큰 충격을 받았다. 부친이 저울 무게를 속여 많은 이익을 얻었기 때문이다. 아들은 마음속으로 안타까웠지만 죽음의 변두리에 있는 아버지를 탓하지 않았다.

아들은 부친이 사망하자 곧바로 그 저울을 불에 태워버리고 곤란한 사람들을 도와주었다. 아들은 많은 선행을 거듭했지만 부족할까 항상 걱정했다. 아들은 3년 동안 집안 재산의 절반을 남을 돕는 데다 써 버렸지만 만족했다. 그는 이것으로 부친의 죄를 갚을 수 있다고 생각했기 때문이다.

그러나 아들에게 생각하지 못한 불행이 닥쳤다. 그의 두 아들이 연속으로 죽었던 것이다. 그는 왜 자신의 선행이 보답받지 못하고 오히려 재난이 됐는지 하늘을 원망하지 않고서는 견딜 수 없었다.

어느 날 아들의 꿈에 하늘나라 궁전의 한 관리가 나타났다. 관리는 말했다. "네 부친은 과거에 쌓은 덕으로 현세에서도 매우 부유하게 살 예정이었다. 비록 그가 그 저울을 사용하지 않았다고 해도 그는 마찬가지로 부자가 될 수 있었다. 그러나 그는 그 저울을 이용해 남을 속이고 욕심을 부렸기 때문에 많은 업을 쌓았다. 따라서 그는 앞으로 고통으로 그 대가를 치를 것이다. 천제(天帝)는 '가난'과 '소비'라는 두 아이를 보내 네 일가의 재산을 탕진시키며 너 역시 오래 살지 못하게 할 예정이었다. 그러나 너는 선량한 마음을 가졌으며 네 행동은 부친의 죄를 씻는 데 충분했다. 따라서 천제는 3년간 너를 관찰했는데 네가 항상 성실하고 정직한 것을 보고 두 아이를 하늘로 귀환시켰던 것이다. 가까운 장래에 너는 매우 총명하고 훌륭한 아이들을 가질 것이며 수명도 길어질 것이다. 앞으로도 마음을 닦고 선행을 쌓으며 원한을 갖지 말라."

죽음까지 알아야 진짜 인생이다

중국 송나라 때 안수(晏殊)라는 인물이 있었다. 그는 어릴 때부터 문장에 뛰어나 장지백(張知白)이라는 유명한 인물에게 추천을 받아 과거 시험을 치를 기회를 얻었다. 시험 당일 안수는 고시 제목을 보고 시험관에게 고백했다.

"저는 10일 전, 이 제목으로 된 시를 지었습니다. 만약 같은 제목의 글을 다시 반복해서 쓴다면 이는 거짓으로 남을 속이는 것이 아니겠습니까? 청컨대 제게 다른 제목의 문제를 내주실 수 있겠는지요?" 시험관이 그의 말을 들어본 후 다른 제목을 내는 것에 동의했다.

안수는 다른 제목을 가져다 반복해서 바라본 후 잠시 생각에 잠겼다. 그리고는 곧 붓을 들어 단번에 답안을 작성했다. 시험관은 그의 구상이 매우 빠른 것에 깜짝 놀라 정말 기재(奇才)라고 여겼다.

자발적으로 고시 제목을 다시 내달라고 요청한 사건으로 안수는 많은 사람의 존중을 받았다. 이는 고시생들 사이에 널리 퍼졌을 뿐만 아니라 황제의 귀에까지 그 소문이 들어갔다. 진종 황제는 곧 안수를 불러 만나본 후 이렇게 칭찬했다. "그대는 진실로 재능과 학식을 겸비했지만 보다 중요한 것은 성실하고 남을 속이지 않는 좋은 품성을 갖춘 것이다!"

안수가 조정에서 시중을 들고 있을 때 국가는 안정되어 있어 대부분의 관리가 유흥에 빠져 있었다. 관리들은 누각이나 술집에 두꺼운 천을 치고 그 속에서 마음껏 유흥을 즐겼다. 한편, 안수는 당시 매우 가난해 형제와 함께 집에서 학문에만 힘썼다. 어느 날 동궁(태자가 거처하는 곳)을 시중드는 관리로 안수가 선택됐다는 소문이 퍼졌다. 대신들도 그 이유를 몰랐다. 다음날 조정에 모인 대신들 앞에서 황제가 설명했다. "최근 많은 관리가 유흥에 빠져 있다는 소식을 들었다. 하지만 안수만이 집에서 공부하고 있었다. 이처럼 신중하고 주의 깊은 사람만이 동궁에 드나들 수 있는 자격이 있다."

정식으로 동궁 관리로 임명된 안수는 어느 날 황제와 만났다. 안수의 승진 이유에 대해 황제가 설명하자 안수는 정직하게 대답했다. "저는 유흥이 싫은 것이 아니라 단지 그것을 누릴 정도의 돈이 없었을 뿐입니다." 황제는 그의 솔직함에 놀라며 더욱 기뻐했다. 그 후 태자였던 인종이 황제가 되면서 성실하고 정직한 안수는 더욱더 중용 받게 됐다.

죽헌(竹軒) 최항경(崔恒慶)의 부인 류(柳) 씨는 엄숙하고 무서운 인물이었다. 어느 날 계집종이 장롱 속의 베와 명주를 훔쳐서 나가다가 마침 최항경의 눈에 띄게 되었다. 계집종이 당황하며 어찌할 바를 모르자, 최항경이 조용히 이르되, "너는 두려워 말고 빨리 가서 집안 사람들이 모르게 하라. 부인이 알게 되면 반드시 중형을 당할 것이다. 하지만 이번에는 다행히 지나갈 수 있어도 다음에는 어떻게 될지 모르니, 이후로는 다시 이런 행동을 하지 마라."라고 타일렀다. 계집종은 감동해서 울면서 갔고, 그 후로는 충성스럽고 착한 사람이 되어 속이거나 숨기는 일이 없었다.

가까운 마을에 신귀(申貴)라는 사람이 노모에게 매우 불효한다는 이야기를 듣고, 하루는 그를 불러 효도의 도리와 중요성을 가르쳐 주었다. 그리고는 "나는 네가 노모를 잘 모신다고 들었는데, 이렇게 특별히 부른 것은 앞으로 더욱 힘쓰게 하도록 하기 위한 것이다."라

죽음까지 알아야 진짜 인생이다 _____

고 말한 뒤 술과 음식을 대접했다. 그러자 그는 음식은 먹지 않고 눈물을 흘리며 "죄를 알겠습니다."라고 했다.

이에 최항경은 "과연 죄가 있고 그 죄를 안다면 크게 다행한 일이다. 음식을 보니 노모가 생각나서 눈물이 나는 모양이구나. 부모에게 마땅히 이같이 하는 것이 효도이니라." 하며 종이를 주어 그 음식을 싸서 모친에게 갖다 드리게 했다. 그 후 신귀는 마침내 마음을 고쳐 효자가 되었다고 한다.

그는 밥 먹을 때 사람이 죽었다는 소문을 들으면 귀천과 친소를 가리지 않고 반드시 먹던 밥도 다 먹지 않고 상을 물렸으며, 또한 술을 마시지 않았다. 그리고 사람과 더불어 말할 때는 다른 사람의 허물을 말하는 자가 있으면 말하기를 "나는 듣지 못한 바이다."라고 하고, 다른 사람의 선함을 말하는 이가 있으면 "나도 또한 들어서 알고 있다."고 했다.

종들을 대함에 있어서도 꾸짖거나 벌하는 일이 없이 부드러운 언행으로 감화시켜 즐겁게 생활하도록 하니, 상하가 모두 기뻐하고 한 사람도 탄식하거나 원망하는 소리가 없었다. 가난하고 곤궁한 것을 보면 구제해 주었고, 멀리 있거나 천한 자라도 빠뜨리지 않았다. 그는 "춥고 따스하고 배고프고 배부른 것은 누구든지 나와 같을 것이다."라고 말했다.

중국 절강성의 은현(鄞縣) 사람인 양자징(楊子懲)은 처음에 현(縣)의 아전이 되었는데, 마음이 어질고 법을 공평하게 집행했다. 당시 현감이 매우 엄했는데, 우연히 한 죄수를 매질하여 피가 땅바닥을 홍

건하게 적시는 데도 현감은 분노를 쉽게 가라앉히지 못했다.

이에 양자징이 무릎을 꿇고 간언(諫言)을 하여, 현감의 마음을 너그럽게 풀어주고자 했다. 그러자 현감이 대뜸 반문했다.

"이놈이 법을 어기고 이치를 어그러뜨렸는데, 내가 어떻게 화가 나지 않겠느냐?" 이에 양자징이 머리를 조아리면서 말했다.

"윗사람이 올바른 도를 잃어 백성들이 먹을 것을 찾아 흩어진 지이미 오래입니다. 따라서 백성이 죄를 범한 사실이 드러나면, 그들을 불쌍히 여기고 행여 기뻐해서는 안 됩니다. 기뻐하는 것도 불가한 일인데, 하물며 화를 내겠습니까?"

현감이 그의 정성과 설득에 감동하여 화를 풀었다.

양자징은 집안이 몹시 가난했지만 남이 선물로 보내는 것조차 하나라도 가지지 않았다. 그런데 죄수가 먹을 양식이 떨어진 것을 보면 늘 여러 방도를 다해 그들을 구제해 주었다(참고로, 지금은 국가에서 죄수들에게 밥을 대주고 있지만, 옛날엔 죄수의 가족이 밥을 대주어야 했다. 가족이 없으면 죄수는 굶을 수밖에 없었다. 조선도 마찬가지였다).

하루는 새로 온 죄수 몇 사람이 밥을 기다리고 있는데, 마침 양자징의 집도 곡식이 떨어졌다. 자기 집안 식구들을 돌보자니 죄수들이 불쌍했다. 그래서 아내와 상의했다. 아내가 물었다.

"그 죄수들은 어디서 왔습니까?"

"항주에서 왔소. 머나먼 길에 못 먹어서 그런지 얼굴들이 다들 몹시 야위었소." 그래서 결국 자기네 곡식을 모두 꺼내 죽을 끓여 죄수들을 먹였다. 그 뒤로 아들 둘을 낳는데, 각각 남경과 북경에서 이부시랑(吏部侍郎, 차관급)의 자리에 올랐고, 그 장손(長孫)은 형부시랑

죽음까지 알아야 진짜 인생이다 _____

(刑部侍郎, 지금의 법무부 차관)이 되었으며, 차손(次孫)은 사천성(四川省)의 염헌(廉憲)이 되었는데 모두 명신(名臣)이었다.

중국 명나라 강소성에 근유(靳瑜)라는 학당 선생이 있었는데 학생들을 열심히 가르쳐 사람들의 존경을 받았다. 그러나 그는 결혼한 지 20년이 넘도록 아이가 생기지 않았다. 그의 나이는 이미 50을 넘기고 있었다.

근유의 아내는 자신 때문에 아이가 생기지 않는다고 생각해 남편에게 항상 미안한 생각이 들었다. 결국 아내는 남편에게 첩을 갖도록 설득했다. 그러자 근유가 말했다. "나에게는 아들이 없으니 교사로서 더욱 열심히 가르쳐 학생들이 국가의 유용한 인물이 되도록 이끌 것이오. 이것도 일종의 자손을 남기는 것이오. 게다가 아들을 내려 주실지 여부는 하늘이 결정하는 것이므로 갖고 싶다고 억지로 얻을 수는 없소이다."

남편이 완고하게 거절하자 아내는 모아둔 저축을 꺼내 인근에 사는 미모가 뛰어나고 총명하지만, 집안이 가난한 한 처녀를 첩으로 데려올 결심을 했다.

어느 날, 아내는 멀리 있던 근유에게 편지를 보내 빨리 집으로 돌아오도록 재촉했다. 근유가 서둘러 집으로 돌아오자 식탁에 화려한 술상이 차려 있었으며 한 처녀가 그 자리에 앉아 있었다. 아내는 재빨리 그 자리를 떠난 후 밖에서 방문을 걸어 잠갔다. 근유는 소녀를 쳐다보았다. 처녀는 얼굴과 귀가 새빨간 상태로 머리를 숙이고 아무 말도 없었다. 그러자 근유는 일어서서 창문을 부수고 방에서 나와 버렸다. 아내는 놀라 남편에게 말했다. "나는 집안 재산의 대부분을 써서 당신을 위해 첩을 마련했는데…."

근유는 대답했다. "당신의 마음은 잘 알고 있소. 하지만 이 처녀는 아직 18살이오. 그녀는 어렸을 때 내가 자주 안아주고 달래주었고 언제나 나를 할아버지라고 불러왔소. 그래서 나는 저 아이가 내 딸처럼 보이오. 나의 소망은 그녀가 좋은 상대와 결혼하는 것이오. 나는 나이가 많고 자주 아파서 그녀에게는 적합하지 않소이다." 남편의 굳은 결의를 보자 아내도 어쩔 수 없이 처녀를 집으로 돌려보냈다.

그 후 근유의 아내는 곧 아이를 임신해 아들을 낳았다. 부부는 대단히 기뻐했다. 하늘이 내려 준 귀한 아들이라고 이름도 귀(貴)라고 지었다. 아들 근귀는 17세가 되어 향시(鄕試)에서 장원급제를 했으며 다음 해에는 회시(會試)에도 합격했다. 아들은 이후 재상의 자리까지 올랐으며 백성을 잘 보살펴 문희공(文僖公)으로 불리며 존경받았다. 사람들은 하늘이 근유의 덕행에 감동해 우수한 자손을 보내주셨다고 전했다.

한 나그네가 석관의 집 대문을 두드렸다. 석관은 길손을 사랑방으로 안내하고 며느리에게 저녁상을 차려 오게 했다. 그런데 과객은 저녁상을 윗목으로 옮겨놓은 채 먹을 생각을 하지 않았다. 왜 식사를 안 하는지 묻자, 과객은 머뭇거리다 대답했다.

"사실은 오늘이 아버님의 제삿날입니다. 먼 곳을 떠돌다 보니 제사를 모실 형편이 못 돼서, 이따가 시간이 되면 이 밥상으로 제사를

죽음까지 알아야 진짜 인생이다 ____

모시고 먹으려 합니다."

"그런 곡절이 있었군요. 국이 식기 전에 어서 식사를 하시오. 제사상은 다시 보아 오도록 하겠소."

과객이 손사래를 치며 사양했으나, 석관은 "제사를 그렇게 허술하게 모셔서야 되겠느냐. 새로 제사상을 마련하도록 할 테니 미안해하지 말고 식사를 빨리 하라."고 권했다.

그러고는 며느리를 불러 사정을 이야기한 뒤 제사상을 따로 마련할 것을 부탁했다. 며느리는 흔쾌히 대답한 뒤 상을 정성껏 마련했고, 석관은 옆에서 제사를 도왔다. 그날 밤 며느리의 꿈속에 백발의 노인이 나타나 "오늘 당신이 차려준 음식을 잘 먹었다."는 말과 함께 흰 구슬 두 개를 주기에 치마폭으로 받았다. 그 후 태기(胎氣)가 있게 되었고 훗날 큰 자리에 오르게 되는 아들을 낳았다.

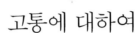

고통에 대하여

어느 제자가 스승에게 물었습니다.

"스승님. 가난한 집 아이와 부잣집 아이 둘이 있습니다. 둘 중 하나만 골라 가르치신다면 어느 아이를 택하시겠습니까?"

스승께서 답하셨습니다.

"부잣집 아이를 가르쳐야지."

"왜 그렇습니까?"

"가난한 집 아이는 가난이 모든 걸 가르쳤을 테니 내가 가르칠 것이 없다."

교통사고를 당해 하반신이 마비된 어느 젊은이가 통곡하면서 말했습니다.

"내가 두 발로 자유롭게 걸어 다닐 수만 있다면 그 어떤 고통도 감수하겠습니다. 교통사고를 만나기 전까지 저는 두 발과 두 손을 자유롭게 움직이는 것이 얼마나 큰 복인지 알지 못했습니다."

또 다른 환자들은 이렇게 말합니다.

"화장실에 다른 사람의 도움 없이 들락거릴 수만 있다면 좋겠습니다."

"재채기를 마음껏 해 봤으면 좋겠습니다."

　　　　　　죽음까지 알아야 진짜 인생이다

"하루 24시간 중 1시간 동안만이라도 통증이 없었으면 소원이 없겠습니다."

누구나 고통을 만납니다. 죽음을 그 누구도 피할 수 없듯이 고통 역시 누구도 피하지 못합니다.

사랑하는 사람과 이별해야 하는 고통, 미운 사람을 만나야 하는 고통, 하기 싫은 일을 해야 하는 고통, 하고 싶은 일을 하지 못하는 고통, 구해도 얻지 못하는 고통, 가진 것을 빼앗기는 고통, 암이나 교통사고 등 육신에 가해지는 고통, 우울증·박탈감·상실감·패배감·열등감·경쟁심·탐욕·질투·상처 등 정신에 가해지는 고통, 매일 정신없이 바쁘고 많은 일을 해내야 하는 고통, 남을 끊임없이 의식하고 타인의 시선을 참아내야 하는 고통, 경제적 채무 때문에 당하는 고통, 짝사랑 때문에 겪는 고통, 울고 싶은데 울지 못하는 고통, 억울한데 참아야 하는 고통, 남이 자신을 알아주지 않는 데서 오는 고통, 아쉬움·안타까움·원한·원망·미움·외로움·좌절·불안감·등에서 오는 고통….

성현께서 말씀하셨습니다.

"병고(病苦)를 양약(良藥)으로 삼아라[以病苦爲良藥]."

"고통을 스승으로 삼아라[以苦爲師]."

제 인생을 되돌아보니 9할이 고통이었고 실패였으며 좌절이었습니다. 원하는 일은 거의 이루어지지 않았고 손을 대는 일마다 실패했습니다. 고등학교를 졸업하면서 제 인생의 앞날에 이렇게 많은 먹구름과 슬픔이 기다리고 있을 줄은 상상도 하지 못했습니다. 하지만 많은 고통들을 겪어 보니 어느덧 철이 들었고 남의 아픔에 공감할 줄 알게 되었으며 남을 함부로 대하지 않는 성숙함이 생겨났습니다.

제가 만약 살아오면서 하는 일마다 성공을 거두고 많은 돈을 벌어들였더라면, 지금쯤 저는 아마 세상을 얕잡아 보고 남을 경멸하고 거들먹거리는 소위 '쓰레기 같은 인간'으로 변해 있을 겁니다. 생각만 해도 끔찍합니다.

인생에서 어떻게 성공하느냐보다 더 중요한 것은 고통에 어떻게 대처하느냐입니다. 고로 우리는 이렇게 기도해야 합니다.

"제가 고통에 빠졌을 때 지혜롭게 이겨내게 하소서."

인간은 늘 병중(病中) 아니면 근심 속에 있습니다. 여기엔 예외가 없습니다. 위대한 작가나 과학자·예술가들은 더욱더 그러합니다. 이처럼 고통은 누구에게나 찾아오기 마련인데, 누구는 고통에 좌절하거나 절망해 버림으로써 다시는 일어서지 못하고 폐인(廢人)으로 전락해 버리는가 하면, 누구는 고통을 피하고자 자살을 감행하거나 술에 의지하거나 산속으로 도피해 버리기도 합니다. 하지만 지혜로운 이는 고통에 정면으로 대응합니다. 고통을 기꺼이 감당합니다. 이 고통이 머지않아 지나갈 거라는 걸 알기 때문입니다. 고통이 자신을 더 단련시켜 주고 더 성숙시켜 준다는 믿음이 있기 때문입니다. 자신보다 더 심한 고통을 겪는 사람들이 이 세상엔 더 많다는 것을 알기 때문입니다. 다들 부유한 집에서 화려하고 비싼 음식을 먹고 매일 여행이나 다니면서 살았으면 합니다. 힘든 일 같은 건 아예 하지 않고 돈을 마음껏 써대며 자주 파티를 즐기고 호텔을 제집처럼 드나들면서 살았으면 합니다. 그러나 알아야 합니다. 이렇게 부유한 환경에서 사는 사람들은 지독한 권태감·고독·정신 장애·불면증·허무주의·우울증·불안감 등이 일반 사람보다 훨씬 심하다는 사실을 말입니다.

한 사람의 진면목은 다음의 두 가지를 당할 때 고스란히 드러납니다.

첫째는 고통을 당할 때입니다. 고통을 당할 때 그것을 어떻게 대하느냐에 따라 그 사람의 인품이나 성격, 능력, 가치관 등을 여실히 알 수 있습니다. 예로부터 고통을 대하는 자세를 보고 그 사람을 평가했습니다. 고통을 당할 때 하늘을 원망하고 세상을 탓하는 사람은 귀하게 쓰임을 받지 못했습니다. 고통을 겪어 본 사람만이 높은 자리에 오를 수 있는 자격이 있습니다. 오늘날 많은 부잣집 아이가 어려서 고통이나 좌절을 맛보지 않고 성인이 되는데, 이것은 크나큰 불행이 아닐 수 없습니다. 부잣집 아이들의 부모들은 그의 자녀들이 실패할 기회를 원천적으로 차단하고 있습니다. 이 부모들은 시련이나 상처를 맛볼 귀한 기회를 자녀에게서 앗아가 버렸습니다. 절제와 부족함 그리고 내핍(耐乏)을 모르고 자란 아이들이 나중에 어른이 되어 남을 거느리는 위치 또는 높은 자리에 오른다고 생각하면 정말이지 끔찍합니다.

게다가 고통이나 상처, 좌절, 실패 등을 겪어 보지 않고 어른이 된 사람들은 4~50대가 되면 방황을 하거나 탈선을 하거나 극심한 우울증을 겪거나 폐인이 될 가능성이 매우 높습니다.

두 번째는 이해(利害)관계에 부딪혔을 때입니다. 범부(凡夫)는 이해(利害)관계에 놓이면 무조건 이익을 취하려 하고 손해는 보려 하지 않습니다. 아무리 친한 사이라 할지라도 이해관계에 부딪히면 양보하려 하지 않습니다. 아무리 친한 사이일지라도 손해를 보거나 이익을 뺏기면 금방 서운한 관계로 변질돼 버립니다. 이익을 다른 사람들에게 양보하고 기꺼이 손해를 택하는 사람이 훌륭한 사람입니다. 이익을 가장 늦게 보고 손해는 가장 먼저 보는 것이 좋습니다. 또 궂은일, 남이 꺼리는 일, 남이 하기 싫어하는 일, 더러운 일을 먼저 하는 사람이 훌륭한 사람입니다.

옛날 선비들은 고통이 찾아오면 『맹자』에 나오는 다음의 말씀을 위안으로 삼았습니다.

"하늘이 장차 그 사람에게 큰일을 맡기려고 하면 반드시 먼저 그 사람의 심지(心志: 마음과 품은 뜻)를 괴롭게 하고 그 사람의 힘줄과 뼈를 수고롭게 하며 그 육신과 피부를 굶주리게 하고 그 몸을 빈궁하게 하여 행하는 일을 어지럽게 하니, 이것은 그의 마음을 흔들어 참을성을 기르게 함으로써 하지 못했던 것을 장차 할 수 있게 해 주려는 것이다[天將降大任於是人也 必先苦其心志 勞其筋骨 餓其體膚 空乏其身 行拂亂其所 所以動心忍性 曾益其所不能]."

『맹자』에 나오는 다음의 말씀도 천고(千古)의 명언입니다.

"처지가 궁하면 홀로 자기 몸을 선(善)하게 하고, 영달하면(뜻을 이루면) 아울러(자기 몸을 닦음과 동시에) 천하를 선하게 한다[窮則獨善其身 達則兼善天下]."

궁하고 막히면 자신을 수양하는 데 주력하고 일이 잘 풀릴 때는 천하에 나가서 좋은 일을 하는 겁니다. 돈이 없다고 해서 자신의 인격을 헐값으로 만들어서는 안 됩니다. 처지가 궁하다고 해서 훗날 후회로 남을 일을 마구 해서도 안 됩니다.

화가 난다고 하여 인터넷에 악성 댓글을 달거나, 사귀었던 애인의 알몸 사진을 인터넷에 유포하거나, 한 친구를 따돌리는 글을 올리거나 몸에 문신을 새기거나 악명을 떨치는 인터넷 사이트에 가입하여 세상을 조롱하고 착한 사람들을 비방하는 일을 하면 훗날 큰 후회로 돌아올 것입니다. 또 불우(不遇)하다고 해서 실력을 키울 생각은 하지 않고 신세를 비관하면서 술에 의지하거나 하늘을 원망해서는 안 됩니다.

맹자께서 말씀하셨습니다.

"근심 속에서는 살아남지만 안락함 속에서는 죽는다[生於憂患而死於安樂也]."

이 말씀은 천고의 명언이자 인생의 귀한 가르침으로 삼을 만한 고귀한 말씀입니다.

어찌 보면 이 세상에서 가장 불행한 사람은 안락함 속에서 살아가는 사람일 겁니다. 이들은 고통이 없기에 정신적인 성숙함이 있을 리만무합니다. 큰 고통을 겪어 보지 않았기 때문에 인생에 대한 진지한 고민이나 반추(反芻)가 없습니다. 고통이 없기에 복을 쌓으려는 그 어떠한 노력도 하지 않습니다. 고통을 당해야 채무가 줄어들 텐데 기쁨만 누리니 채무가 기하급수적으로 늘어납니다. 이 채무는 이르면 금생에, 늦으면 다음 생에 반드시 갚아야 합니다.

현재 영국의 여왕인 엘리자베스 2세처럼 하는 일은 없으면서 극도의 부유함과 사치스러움과 명망(名望) 등을 엄청나게 누리는 사람은 다음 생에 쓸 복이 하나도 남아 있지 않을 겁니다. 그래서 다음 생은 몹시도 불행할 겁니다.

당신이 부귀한 가문에 태어나 몸도 건강하고 하는 일마다 성공을 거두며 거기다가 남들로부터 존경과 인정까지 받는다면 당신은 아마 아무짝에도 쓸모없는 폐인(廢人)으로 전락할 겁니다. 부귀와 성공은 그래서 위험한 겁니다. 사람을 교만하게 만들고 훗날 받게 될 복을 빠르게 소진시키는 독물(毒物)이기 때문입니다.

그래서 옛 고승들 중에는 큰 깨달음을 얻어 높은 경지에 올랐어도 엉뚱한 짓을 하여 남의 비웃음을 일부러 사거나, 아니면 천한 직업이나 힘든 일을 함으로써 자신의 악업을 빠르게 소멸시키려 했던 것입니다.

고통은 참으로 가혹하고 쓰디쓰지만, 더없이 좋은 양약(良藥)입니다. 사람은 고통 없이는 한 치도 자라지 않습니다. 고통을 당한 만큼 성장합니다. 이것은 만고불변의 진리입니다. 불가(佛家)에서는 고통을 당한 만큼 업장(業障)이 녹는다고 가르칩니다.

어떤 노인이 말년에 자식들로부터 학대와 소외를 당했습니다. 자식들이 엄마만 싸고돌고 아버지는 철저히 외면했습니다. 자신은 잘못한 것도 특별히 없는데 자식들이 왜 자신을 미워하는지 도무지 이해가 되지 않았습니다. 처음에는 억울하고 분한 나머지 자식들을 원망하고 급기야는 자식들을 저주하기까지 했습니다. 그렇게 자식들과 데면데면하게 5년을 지냈습니다.

그러던 어느 날, 자신이 왜 그렇게도 자식들로부터 냉대를 당하는지를 곰곰이 생각하게 될 계기가 생겼습니다. 그래서 과거의 자신을 떠올렸습니다.

죽음까지 알아야 진짜 인생이다

그는 젊었을 때 툭하면 아내를 때리고 욕하고 무시했습니다. 화가 나면 밥상을 들어서 엎어버리는 일이 다반사였고 아내와 자식들한테 심한 욕설을 퍼붓는가 하면 물건들을 마구 집어 던졌습니다. 그리고 하루가 멀다 하고 술을 마셨습니다. 술을 마시면 아내를 때리거나 물건을 던지거나 자식들한테 손찌검을 했습니다. 자식들은 그런 아버지의 모습을 보고 처음에는 불안감을 느꼈지만, 나중에는 적대감과 복수심을 키웠습니다. 자식들은 아버지의 이런 짓을 대부분 기억하고 있었습니다. 아버지는 자신이 얼마나 못된 짓을 했는지 그제야 비로소 깨달았습니다. 그래서 며칠 후 자식들을 불러 놓고 자식들 앞에서 사과하면서 용서를 구했습니다. 그러자 자식들은 눈물을 흘리면서 마침내 아버지와 화해했습니다.

　　우리나라에는 이런 못난 아버지들이 정말 많습니다. 그런 환경에서 자란 아이들은 자존감이 낮고 늘 불안·우울해하고 타인에 대해 공격적·적대적인 태도를 보이며 이 세상을 늘 비관적으로 바라봅니다. 그리고 아버지가 했던 행위들을 자기도 모르게 따라 하게 됩니다. 그래서 제2, 제3의 희생자가 생기게 됩니다. 큰 범죄를 저지르는 사람들 중 약 3분의 2가 이런 가정에서 자라났다는 통계는 넘치고 넘칩니다.

　　훌륭한 사람은 대부분 고난 속에서 옵니다. 김정희가 반대 당으로부터 탄압과 유배를 당하지 않았더라면 추사체(秋史體)라는 명품은 탄생하지 않았을 것이고, 정약용도 유배를 가지 않았더라면 『여유당전서(與猶堂全書)』라는 방대한 저서가 나오지 않았을 것입니다. 『반계수록(磻溪隧錄)』이라는 희대(稀代)의 명작(名作)은 유형원(柳馨遠)이 불우하였기 때문에 탄생하였던 것이고, 이익(李瀷)의 『성호사설(星湖僿

說)』은 당쟁의 아픔이 없었더라면 나오지 못했을 역작(力作)입니다.

큰 고통을 겪어 보아야 비로소 사람들 중의 윗사람이 될 수 있습니다. 성공하면 행복을 얻고 실패하면 지혜를 얻습니다.

일찍이 주자(朱子)는 말했습니다.

"사랑하면서 고생을 시키지 않는 것은 짐승의 사랑이다[愛而勿勞 禽犢之愛也]."

그렇다면 여기서 두 개의 의문이 제기됩니다.

이 세상은 전쟁·질병·자연재해·테러·기아·극심한 빈부 격차 등으로 몹시도 어지럽고 비참한데, 하늘에 계신 예수님이나 부처님은 왜 인류를 구제하시지 않는가가 첫 번째 의문이고, 사람에게 고통이 찾아오는 이유는 도대체 무엇인가가 두 번째 의문입니다.

유사(有史) 이래로 인류가 당하는 전쟁·질병·자연재해 등은 인류가 공통적로 당해야 하는 과보(果報)입니다. 지금의 인류는 이 고통들을 반드시 겪어야 하는 숙명을 안고 태어난 겁니다. 이 과보는 하느님이나 부처님도 어찌할 수가 없습니다. 고스란히 당해야만 비로소 끝이 납니다. 이것이 첫 번째 의문에 대한 답변입니다.

두 번째 의문에 대한 답은 우리가 전생에 지은 과보 때문입니다. 우리가 전생에 지은 악업 때문에 고통이 찾아오는 것입니다. 이것은 미신도 아니요, 사견(邪見)도 아니며, 숙명론도 아닙니다. 수많은 생(生)을 윤회해 오면서 당신은 얼마나 않은 악업을 지으셨습니까? 전생은 제쳐놓고 금생(今生)만 보도록 합시다. 이번 생을 살아오시면서 당신은 선업(善業)과 악업(惡業) 중 어느 것을 더 많이 지었습니까? 답은 뻔합니다.

　　　　　　　　죽음까지 알아야 진짜 인생이다

어떤 사람이 방송에 나와 이런 말을 했습니다.

"내 결혼식 때 어떤 사람은 고작 5만 원만 들고 가족을 네 명이나 데리고 왔더군요!"

천박한 사람임을 만천하에 드러내는 이러한 발언은 사적인 자리에서도 피해야 합니다.

생수를 배달하는 사람이 무거운 생수를 들고 계단을 오르고 있는데, 이 모습을 멀리서 지켜본 어느 엄마가 딸에게 이렇게 속삭이는 것을 우연히 들은 적이 있습니다.

"공부를 못하면 저런 일을 하는 거야! 알았어?"

노숙자 무료 급식소인 '민들레 국숫집'을 운영하는 분이 말했습니다.

"믿음이 깊다는 사람, 잘난 사람, 높은 사람, 많이 배웠다는 사람, 능력이 있다는 사람들이 무섭습니다."

이처럼 우리는 알게 모르게 악업을 짓습니다. 이 악업들이 고스란히 우리의 아뢰야식에 저장되어 있고, 이 저장된 것들이 때를 만나면 우리에게 고통으로 들이닥칩니다.

누구는 교통사고를 당해 하반신이 마비되고, 누구는 사업에 실패해 모든 재산을 날리고, 누구는 사기를 당하고, 누구는 악독한 상사를 만나고, 누구는 자식을 잃고, 누구는 원하는 학교에 들어가지 못하고, 누구는 머리가 아둔하고, 누구는 얼굴이 추하고, 누구는 바람기 많은 남편을 만나고, 누구는 암에 걸리고, 누구는 기후가 혹독한 나라에 태어나고, 누구는 북한과 같은 나라에 태어나고, 누구는 한평생 죽도록 고생만 하고….

국회의원에 당선이 되면 엄청난 특권이 뒤따릅니다. 2019년을 기준으로 국회의원 한 명당 1년 연봉은 약 1억 4,000만 원이고, 여기에 각종 지원금을 다 포함하면 국회의원 1인에게 국가가 지급하는 금액은 1년에 약 2억 3,000만 원입니다. 또한, 보좌진을 7명까지 둘 수 있는데 이들 7명의 월급 —4급 보좌관 2명(연봉 각 6,400만 원), 5급 비서관 2명(연봉 각 5,500만 원), 6급 비서 1명(연봉 3,800만 원), 7급 1명(연봉 3,300만 원), 9급 1명(연봉 2,500만 원)— 을 국고에서 전액 지급합니다. 게다가 국회의원이 되면 나랏돈으로 해외 시찰을 하러 가서 여행을 즐기고, 지역구 행사가 있을 때마다 귀빈(VIP)으로 초청되며, 장차관·군 장성·외교관·판검사·검찰총장·국가정보원장·국세청장·경찰청장 등 고위 공무원들로부터 극진한 예우를 받거나 아니면 이들을 공개적으로 야단치거나 아니면 이들 기관에 1급 기밀 자료나 극비 문서 등을 요구·열람할 수 있으니 그 위세가 얼마나 대단합니까. 또 가을이 되면 국정감사가 열리는데, 칼자루를 쥔 국회의원들은 국정감사의 피감(被監) 기관으로부터 최고의 접대를 받습니다. 그리고 어디를 가나 존경과 환영, 부러운 시선을 받습니다. 이렇게 국회의원이 되면 인간으로서 누릴 수 있는 온갖 특혜는 다 누리게 되는데, 이것은 한편으로는 자신의 복을 빠르게 까먹는 일입니다. 국회의원을 지낸 사람들의 말로(末路)가 하나같이 불행한 것은 다 이유가 있습니다.

자기보다 착한 사람을 보면 존경하고 칭찬하기보다는 "저렇게 착해빠져서는 세상을 제대로 살 수 없다."고 말하고, 궂은일, 힘든 일을 하는 노동자를 보고는 자녀에게 "학교 다닐 때 공부 안 하면 저런 일이나 하면서 사는 거야."라고 말하며, 마트의 계산원이 실수라도 하면 핏대를

죽음까지 알아야 진짜 인생이다

올리면서 "평생 이 일이나 하고 살아라."라고 말하고, 길거리에서 노인들을 보면 "나이 들면 집에나 있지, 노인들이 뭐 하러 밖에 나오는지 모르겠어."라고 말하며, 차를 서투르게 운전하고 있는 여자를 보면, "여자들이 집에서 살림이나 할 것이지, 무슨 운전을 한다고!"라고 말합니다.

아는 사람이 부처님 앞에서 열심히 절을 올리고 있으면 "이제 그만하고 빨리 가자."라며 중단을 재촉하고, 자선 단체에 기부하겠다는 남편에게 "남한테 기부하지 말고 나한테 기부하라."고 하면서 선행을 제지하며, 남자한테 맞고 있는 여자를 보고 남편이 제지하려고 하자 그런 괜한 일엔 끼어들지 말라며 얼른 갈 것을 종용합니다.

쓰레기를 함부로 버리고 계곡에서 소리를 지르면서 술을 마시고 공중화장실을 지저분하게 쓰고 식당 등에서 예의 없게 굴고 남의 수고를 당연시하고 늘 원망·불평을 입에 달고 살고 식사 때마다 비싼 음식·화려한 음식·기름진 음식을 잔뜩 먹고 음식을 함부로 버리고 무례한 운전 태도로 남을 짜증 나게 하고 남의 말을 가로채거나 중단시키고…. 자신이 받는 고통은 사실 오랜 기간에 걸쳐 자신의 허물과 죄악이 누적되어 초래된 것입니다.

한 여성 사회복지사에게서 들은 이야기입니다.

그분은 사회복지사라서 관할 내 가정을 방문하는 일이 무척 많은데, 가정을 방문해서 노인들과 얘기하다 보면 귀한 말씀은 물론이고 쉽게 믿지 못하는 이야기도 종종 듣는다고 합니다. 가난하게 혼자 사는 어느 할머니 댁에 자주 방문하다 보니 친해지게 되었습니다. 할머니는 당신이 살아온 이야기를 내비치곤 했습니다. 이야기인즉슨, 젊었을 적에 화류계(花柳界)에 몸을 담았다고 합니다. 10여 년간 몸을 파는 일을 하고 나서는 노래방 도우미를 7년 정도 한 후 그간 모은 돈으로 식당을 차렸는데, 1년도 못 가서 문을 닫았답니다. 망한 것은 그래도 괜찮은데 건강까지 망가져서 불과 65세인 지금은 온몸이 아파서 걸을 수도 없는 지경이랍니다. 그런데 자기와 함께 화류계에 몸담았던 친구들은 지금 모두 비참한 상황에 처해 있다고 합니다. 그중 두 명은 자살했고, 두 명은 치매에 걸렸으며, 한 명은 교통사고로 일찍 죽었고 나머지 세 명은 가까스로 꾸몄던 가정이 박살 난 채 몸에 많은 질병이 찾아와 살지도, 죽지도 못하는 상황이랍니다. 국법으로도 금하고 인륜 질서를 무너뜨리며 사회풍속을 심하게 해치는 매춘(賣春) 또는 사음(邪淫)의 해악이 이렇게 무섭습니다.

옛사람께서 말했습니다.

"과부는 남도 과부가 되기를 바라고, 가난한 사람은 남도 가난해지기를 바란다. 이는 자기 처지를 슬퍼한 나머지 남도 잘못되기를 바라는 것이다. 원망이 가득한 사람이 재앙이 생기는 것을 좋아하고, 굶주린 백성이 난(亂)이 일어나기를 바라는 것도 마찬가지이다."

선인께서 일갈(一喝)하셨습니다.

"사람의 가장 큰 불행은 교만한 마음에 잘난 체하는 것이고, 사람의 가장 큰 허황됨은 자신을 대단하게 여기는 것이다[人之禍莫大乎驕矜 人之妄莫甚於多上]."

"평소 언행을 조심하면 반드시 죽게 될 상황에서 죽음을 면할 수 있고, 언행을 조심하지 않으면 당하지 않아도 될 화에 걸려들게 된다[平素能愼言行 則免於必死之地 反之則罹於不當之禍]."

죽음까지 알아야 진짜 인생이다

"즐겁다고 다 해선 안 되니 즐거움이 다하면 슬픔이 생기는 것이요, 하고 싶다고 멋대로 해선 안 되니 욕망을 따라서 멋대로 하면 재앙이 된다[樂不可極 樂極生哀 欲不可縱 縱欲成災]."

그렇다면 어떻게 해야 할까요?

노자께서 말씀하셨습니다.

"화는 복이 의지하는 곳이고, 복은 재앙이 엎드린 곳이다[禍兮福之所倚 福兮禍之所伏]."

화(禍)는 복(福)에서 생기고 복을 누리게 되면 재앙이 엎드려 있으면서 틈을 노리고 있다는 뜻입니다.

어느 선인(先人)께서 말씀하셨습니다.

"하루라도 선을 행한다면 복은 비록 아직 이르지 않더라도 화는 저절로 멀어지는 것이요, 하루라도 악을 행한다면 화는 비록 아직 이르지 않더라도 복은 저절로 멀어지는 것이다[一日行善 福雖未至 禍自遠矣 一日行惡 禍雖未至 福自遠矣]."

"많은 사람과 함께 있을 때는 말을 삼가도록 하고, 혼자 앉아 있을 때는 사심(邪心)이 일어나지 않도록 한다."

남이 저지른 죄는 하마터면 내가 저지를 뻔한 죄였습니다. 남들이 범한 악행은 나도 전생에 숱하게 저지른 악행이었습니다. 따라서 남이 저지른 악행들을 보고 불쌍히 여겨야 합니다. 우리도 한때는 그런 악행을 저지른 사람과 전혀 다를 바가 없었습니다.

우리가 받은 모든 고통과 악업은 수많은 과거의 생으로부터 우리 스스로 지어온 업의 과보입니다. 고통을 당할 때는 과거에 자신이 저지른 행위의 과보라고 생각하여 남을 원망하지 않아야 합니다.

어느 현자가 말했습니다.

"실패와 역경과 횡액과 비방은 모든 사람에게 항상 있는 일이다. 조용히 이를 진정시키면 저절로 아무 일이 없게 된다. 아무 일이 없을 뿐만 아니라 실패는 다시 일어설 수 있는 계기가 되고 역경은 다시 순조로워질 수 있으며 비방은 도리어 복이 될 것이다. 오직 기운을 가라앉히고 분수를 편안히 여기는 자만이 이렇게 할 수 있다[敗運逆境橫謗 皆人之所常有也 靜以鎭之 自當無事 非有無事 敗可以復興 逆可以復順 而橫謗反爲 之福 惟降氣安分者能之]."

"말을 조심하면 재앙이 없고, 음식을 삼가면 병이 없다."라는 격언이 있습니다. 정말 그렇습니다! 제가 50년을 살아오면서 얻은 귀한 깨달음을 딱 하나 짚어 보자면, 그것은 바로 입을 조심하는 것입니다. 입을 늘 단속하고 살피는 것입니다. 입을 잘못 놀려서 생기는 재앙이 이 세상에 얼마나 많습니까? 저 역시 입을 조심하지 않아 구설수(口舌數)에 자주 오르는가 하면, 난처한 지경에 처하거나 좋았던 관계를 단 한 번에 무너뜨리는 과오를 자주 범했음을 고백합니다.

공자께서 말씀하셨습니다.

"군자가 자기 집에서 한마디 하더라도 그 말이 선하면 천리 밖에서도 호응하는데, 하물며 가까운 곳이겠는가. 집에서 한 말이라도 그 말이 선하지 못하면 천리 밖에서도 비난하는데, 하물며 가까운 곳이겠는가. 말은 입에서 나가 다른 사람에게 영향을 끼치며, 행위는 비근하

죽음까지 알아야 진짜 인생이다

고 사소한 것이라도 오랫동안 영향을 미친다. 언행은 군자에게 가장 중요하다. 명예와 치욕도 언행을 어떻게 하느냐에 달려있다. 군자는 언행으로써 천하를 움직이니 어찌 신중히 하지 않을 수 있겠는가[君子居其室 出其言善 則千里之外應之 況其邇者乎 居其室 出其言不善 則千里之外違之 況其邇者乎 言出乎身加乎民 行發乎邇見乎遠 言行君子之樞機 樞機之發 榮辱之主也 言行君子之所以動天地也 可不愼乎]."

이 말씀을 보면 공자는 성인임을 분명히 알 수 있습니다. 성인이 아니고서야 이와 같은 말씀을 할 수 없습니다. 참고로, 공자와 노자는 불교에서도 중요시되는 성인들입니다.

침묵보다 나은 말이 있을 때만 입을 여는 것을 허락합니다. 가장 풍부한 의미를 담고 있는 말은 침묵입니다. 입을 다무는 법을 배우기 전에는 제대로 말할 줄을 모르는 법입니다. 그래서 현자(賢者)의 침묵은 의미심장한 것입니다.

하고 싶은 말을 마음껏 하는 것은 타고난 복을 빠르게 소진시키는 것임을 알아야 합니다. 종종 유명세를 타는 강사들이 마이크를 잡고 자신의 속내를 정제하지 않고 마구 드러내는데, 이것은 자신의 복을 크게 덜어내는 행위입니다. 모임이나 회의에서 이야기를 독점하는 것도 역시 복을 빠르게 덜어내는 행위임을 알아야 합니다.

『채근담』에서 말했습니다.

"하늘이 나에게 복을 박하게 준다면 나는 내 덕을 많이 베풀어 이에 맞설 것이며, 하늘이 내 몸을 고생스럽게 한다면 나는 내 마음을 쉬게 하여 이를 채울 것이고, 하늘이 나에게 고난을 준다면 나는 도

(道)를 깨쳐 도와 통하게 할 것이니, 이렇게 한다면 하늘이 나를 어떻게 하겠는가."

장자(莊子)는 말합니다.

"하늘은 공평하게 만물을 덮어주고 땅은 공평하게 만물을 실어주니 하늘과 땅이 어찌 나를 가난하게 만들었겠는가."

고통이 일어나는 원인은 모두 '나'에게 있음을 알면 됩니다. 이것이야말로 만고의 진리입니다. 하늘은 무심(無心)해서 나에게 괜히 고통을 주지 않습니다. 오직 '내'가 그렇게 만든 것입니다. 이것을 알고 받아들인다면 당신은 이미 철이 든 것입니다. 인생을 헛되게 살지 않았다는 방증(傍證)이기도 합니다.

"적게 소유하면 적게 지배당하고 많이 소유하면 많이 지배당한다."는 말이 있습니다. 떠날 때 가볍게 떠나시려거든 삶을 늘 가볍게 하십시오. 늘 내려놓고 베풀고 덜어내십시오.

『근사록(近思錄)』에서는 이렇게 말합니다.

"실의(失意)에 처했을 때도 태연하고, 잘나갈 때도 담담해야 한다."

누가 말했습니다.

"입이 무거우면 난세에도 살아갈 수 있고 자신을 단속하면 몸을 보전할 수 있다. 명성이 자자한 자는 자신을 단속해야만 치욕을 멀리할 수 있고, 지나치게 부귀를 누리는 자는 겸손하고 공손해야만 화를 면할 수 있다."

중국 송나라의 소강절(邵康節) 선생이 말했습니다.

"내가 남을 해롭게 한 것이 화요, 남이 나에게 손해를 끼친 것이 복이다."

죽음까지 알아야 진짜 인생이다

성현께서 말씀하셨습니다.

"선한 사람을 만나든 악한 사람을 만나든, 순조로운 환경에 처하든 어려운 상황에 처하든, 이 모든 것이 자신의 업장 소멸을 돕고 복과 지혜의 증장을 돕는 조연(助緣)으로 본다면 어찌 즐겁지 않겠습니까."

많은 엄마들이 자식이 성공하기를 그렇게도 원하면서 시부모한테는 함부로 합니다. 시부모에게 불효하는 여자의 자식이 성공하는 일은 없습니다. 설사 성공한다고 하더라도 그것은 훗날 재앙의 씨앗이 될 뿐이며 나중에 자식한테도 철저하게 버림받습니다.

많은 부모들이 자녀의 성공을 위해 무던히 애를 씁니다. 하지만 직장이나 사업을 하면서 다른 사람들에게 모욕을 주고 하청 업체에는 갑질을 하며 틈만 나면 탈세를 합니다. 실업 급여나 국가 보조금 등 나랏돈을 거짓으로 타내는 일에 능하고 보험 사기에 가담하여 보험금을 타내는 일에 양심의 가책을 느끼지 못합니다. 이런 사람의 자녀가 성공하는 법은 없습니다.

우리는 종종 지나칠 정도로 민감하게 느끼고 사소한 일을 크게 여기며 그러한 일은 자신만 겪고 있다고 생각함으로써 스스로 고통을 키웁니다.

옛날 성인군자들 중에는 박학(博學)하고 지혜로우면서도 때를 만나지 못한 분이 많았습니다. 어찌 나 혼자만 불우한 것이겠습니까.

조선 인조 때의 명신인 이원익(李元翼)은 "뜻과 행(行)은 나보다 나은 사람과 견주고, 분수와 복은 나보다 못한 사람과 비교한다[志行上方 分福下比]."라는 귀한 말씀을 남기셨습니다.

높은 자리에 올라도 얼굴에 득의양양(得意揚揚)·행복·우월감의 표정을 나타내지 말고 자리에서 쫓겨나도 원망·울분·열패감(劣敗感)·억울함의 표정을 짓지 마십시오.

스스로 돕는 것이 곧 하늘이 돕는 것입니다. 스스로 일어나지 못하면서 하느님이나 부처님이 도와주리라고 생각한다면 정말 가련합니다. 이 우주에는 오직 자신 외에 그 누구도 의지할 수 없습니다.

자신을 남과 절대 비교하지 않습니다. 남에게 인정받으려 애쓰지도 않습니다. 모든 사람에게서 칭찬받으려 하지 않습니다. 다른 사람의 단점을 입에 올리지 않습니다. 이렇게 하면 됩니다. 세상일은 꿈이고 허깨비입니다. 현실에서 일어나는 희로애락(喜怒哀樂)과 시비선악(是非善惡)에는 일절 상관하지 마십시오. 누가 나를 비방해도 개의치 말고 누가 나를 칭찬해도 동요하지 마십시오.

옛 선인께서 말씀하셨습니다.

"앞의 10년은 어렸고 뒤의 10년은 노쇠하다네. 중간에 단지 50년이 있는데 절반은 또 밤에 잠자면서 보내버렸네. 계산해 보니 단지 25년을 세상에서 살았는데 동분서주 수고와 번뇌를 셀 수 없이 겪었네[人生七十古稀 我年七十爲奇 前十年幼小 後十年衰老 中間只有五十年 一半又在夜裡過了 算來只有二十五年在世 受盡多少奔波煩惱]."

『장자(莊子)』에서는 이렇게 말합니다.

"만일 사람이 악을 행하여 세상에 이름을 내는 자는 비록 사람이 그를 해치지 않는다고 해도 하늘이 반드시 그를 죽일 것이다[若人作不善 得顯名者 人雖不害 天必戮之]."

죽음까지 알아야 진짜 인생이다 _____

늘 자신을 되돌아봐야

제 나이 어느덧 50세를 눈앞에 두고 있습니다. 지난 세월을 되돌아보니 보람과 만족보다는 후회와 아쉬움만 잔뜩 남습니다. 제가 살아온 지난 세월을 한 단어로 표현한다면, 그건 바로 '미숙함'입니다. 모든 일이 미숙했고 모자랐으며 아쉬웠습니다. 철들지 못한 생각과 이기적인 언행 그리고 고집과 독선에 사로잡혀 남에게 많은 상처를 주었습니다. 부끄러운 옛 기억들을 떠올릴라치면 지금도 얼굴이 화끈거립니다.

하늘에는 많은 사악한 죄를 지었고 땅에는 추한 족적(足跡)들만 잔뜩 남겼습니다. 다른 사람들에게는 많은 상처와 괴롭힘을 안겨 주었고, 저를 낳아주신 부모님과 조상님들께는 한없이 못난 자손이었음을 고백합니다.

『회남자(淮南子)』에 "거백옥은 나이 50세에 지난 49년의 잘못을 깨달았다[蘧伯玉 年五十而知四十九年非]."라는 말씀이 보이고, 『장자』라는 경전에도 "위(衛) 나라의 현자(賢者)인 거백옥(蘧伯玉)은 나이가 60이 될 때까지 60번 변화했다[蘧伯玉 行六十而六十化]."는 기록이 전해집니다. '변화했다'는 것은 그간의 잘못을 비로소 알고 생각이나 가치관·성격·단점 등을 고쳤다는 뜻입니다. 참고로 거백옥은 공자께서 극찬한 인물 가운데 한 분입니다.

이 글을 읽는 당신은 어떠하십니까. 자신이 걸어온 세월에 만족하시는지요. 20년이 흐른 후에 당신은 어떠한 모습일까요. 20년 후에도 지금과 같은 생각, 같은 가치관, 비슷한 습관, 같은 인생관을 갖고 있다면 20년을 제대로 살았다고 볼 수 없습니다.

내 옆에서 나를 바로 잡아주는 어른이 한 분만 계셨더라면 내 인생이 많이 달라지지 않았을까 하는 부질없는 생각을 해 봅니다. 나를 지지해 주고 격려해 주며 늘 따뜻하게 포용해 주는 어른이나 스승 또는 친구가 한 명이라도 있었다면, 내 인생이 뭔가는 달라지지 않았을까 하는 생각 말입니다. 불행하게도 우리에겐 그런 어른도 없었거니와, 나 자신도 남에게 그런 존재가 되어 주지 못했습니다.

우리 사회엔 '진정한 어른'이 별로 없다고 합니다. 소위 '어른 부재(不在)'의 시대입니다. 어른이란 우선 책임감이 강하고 젊은이들에겐 모범이 되며 포용력을 갖춘 사람을 말합니다. 젊은이들이 볼 때 '나도 어른이 되면 저런 사람이 되고 싶다'는 생각이 들게끔 보이는 어른이 별로 없다는 것이 우리 사회의 슬픔입니다.

작은 일에도 벌컥 화를 내는 어른들이 부지기수입니다. 그 작은 화를 다스리지 못하고 철들지 않은 아이들처럼 분노를 표출합니다. 스트레스가 심한 이 세상이 사람을 그렇게 만든다고도 하고, 먹고 사는 게 급해 어쩔 수 없다고도 하지만, 실은 우리 사회 어른들의 수준이 그것밖에 안 된다는 것을 인정해야 합니다.

죽음까지 알아야 진짜 인생이다

철들지 못한 어른, 배울 게 별로 없는 어른, 공부하지 않는 어른, 성장을 멈춘 어른들이 이 세상엔 널려 있습니다. 그러니 젊은이들이 뭘 배우겠습니까.

저는 지금껏 살아오면서 업무상 또는 개인적으로 혹은 다른 분의 소개로 많은 사람을 만났습니다. 그 가운데에는 중소기업의 오너·대학 교수·대기업 임원·의사·변호사·고위 공직자·부자 등도 있었습니다. 그런데 이 많은 사람 중에서 존경할 만한 사람은 드물었습니다.

짧은 안목, 깊지 못한 학식, 사려 깊지 못한 행동, 모난 언행, 교만한 얼굴, 조급한 몸가짐, 천박한 말투, 매너 없는 행위, 포용력 없는 가슴, 공감할 줄 모르는 태도….

어느 교수가 말했습니다.

"우리 사회에는 멀쩡하게 옷을 입고 점잖게 말을 하는데, 들어보면 어린애 같은 수준의 발언을 하는 사람이 많다."

법관 출신인 어느 여성 변호사가 말했습니다.

"법관으로 재직하면서 존경할 만한 선배 법관을 만나지 못했습니다."

전문직뿐만 아니라 성직자나 교직에 있는 사람들도 다르지 않습니다. 어른답게 행동하는 사람을 찾기가 정말 힘듭니다. 이것이 우리 사회의 가장 큰 비극입니다.

닮고 싶은 사람, 존경하는 사람, 모범이 되는 사람, 즉 '롤 모델(role model)'이 부재(不在)한 시대에 우리는 살고 있습니다.

박근혜 전 대통령이 탄핵당하여 대통령직에서 물러났을 때, 집권 여당으로서 책임을 통감하며 국회의원직을 사퇴한 국회의원이 단 한 명도 없었습니다. 이것이 바로 우리 사회에 어른 또는 바람직한 지도

증이 없다는 강력한 증거입니다.

일반 시민의 병역 면제율은 6.4%입니다. 그런데 재벌 기업 총수와 그 아들들의 병역 면제율은 33%이고 국내 최대 재벌인 삼성가(三星家)의 병역 면제율은 73%입니다. 이것이 과연 정상입니까?

일본의 어느 변호사가 쓴 『운을 읽는 변호사』라는 책에는 다음과 같은 이야기가 실려 있습니다. 내용을 약간 수정·축약하여 싣습니다.

"저는 변호사가 되자마자 와지마 변호사의 사무소에 들어갔습니다. 언젠가 과거에 폭력 조직에 몸담았던 남성의 사기 사건을 변호하게 되었습니다. 결과적으로 집행유예를 이끌어내어 약속한 성공보수 100만 엔(약 1,100만 원)을 의뢰인에게 청구했습니다.

그 당시 변호사 사무소엔 그 의뢰인이 법원에 보석금으로 낸 200만 엔이 반환되어 보관돼 있었습니다. 하지만 그 의뢰인은 다른 제안을 했습니다.

'일단 그 돈 전부를 저에게 주시면 안 되겠습니까? 실은 그 돈은 폭력단에서 빌린 겁니다. 이제는 손을 씻고 싶습니다. 그러려면 그 돈을 조직에 돌려줘야 합니다.'

그래서 저는 그 돈 전부를 의뢰인에게 건네주었고, 그는 '정말 감사합니다. 선생님께 드릴 돈은 나중에 꼭 가져오겠습니다.'라고 하면서 눈물을 글썽이며 돌아갔습니다. 그런데 그는 나중에 행방불명이 되었고 저는 한 푼도 받지 못했습니다. 사실 그 돈은 와지마 변호사님이 받아야 하는 돈이었기에 저는 얼굴이 파랗게 질렸습니다. 제

실수로 사무소에 피해를 주고 만 것입니다. 쭈뼛거리며 와지마 변호사님께 보상금을 받지 못한 사실을 이야기하니, 선생님은 뜻밖에 이렇게 말씀하셨습니다.

'잘됐네.'

저는 제 귀를 의심했습니다. 저는 의아한 표정을 지었습니다. 선생님은 그런 저에게 이렇게 말씀하셨습니다.

'자네는 속아서 분했겠지만 좋은 경험을 한 거야. 속으면 어떤 기분이 드는지 잘 알았을 테니까 말이지. 자네는 절대로 남을 속이는 인간은 되지 말게.'

저는 그분의 가르침을 받아 변호사로서의 삶을 시작할 수 있었습니다. 그 은혜를 잊을 수가 없습니다. 지금도 깊이 감사드립니다."

이것이 참다운 어른의 모습입니다. 한 발짝 뒤로 물러서서 멀리 내다볼 줄 알고, 화가 나도 당장은 참을 줄 알며, 너그럽고 자제할 줄도 아는 그런 어른들이 많아졌으면 좋겠습니다. 하지만 우리 사회는 무식해도 잘살고 무식해도 부끄럽지 않은 사회가 되어 버렸습니다.

저는 늘 주장합니다. 70대 이상의 어른들은 이 나라를 이렇게 발전시킨 공(功)은 있지만, 안전·인간 존중·공경·나눔·포용·시민성(市民性)·준법정신·책임 의식·환경 보호·장애인을 비롯한 소수자 보호 등의 덕(德)을 함양하지 못한 존재들이라고 말입니다. 생존에만 급급하여 의식주 등 물질적인 면에서는 크게 성공을 거두었으나, 문화와 정신, 배려, 도덕, 교육, 소통 등 비물질적인 면에는 소홀하여 이 사회에 혐오감이 들도록 만든 책임이 지금의 70대 이상의 노인분들에게 있다 하겠습니다.

그 결과로 우리 사회는 지금도 하루에 평균 40명이 자살하는 비정상적인 사회가 되어 버렸고, 많은 사람이 이 사회를 혐오하여 등을 돌리고 있으며, 극도의 경쟁과 배타(排他) 그리고 물신(物神)에 찌든 황폐한 사회가 되어 버렸습니다.

법보다는 주먹이 앞서고, 떼를 쓰면 통하며, 목소리가 큰 사람이 이기고, 무슨 수를 쓰든 일단 돈만 많으면 된다는 사고방식, 손해를 조금이라도 보면 큰일이라도 난 것처럼 여기는 풍조가 만연해 있습니다.

특히, 파렴치한 범죄를 짓는 사람들의 공통점은 대부분 고학력자에 상류층 사람들이라는 점입니다. 큰 범죄를 지었거나 정도(正道)에 어긋나는 부도덕한 행위를 했음에도 그들은 당당하고 떳떳하기만 합니다.

고위 공직에 있으면서 그 영향력을 이용하여 부당하게 권력을 행사하고 그 영향력으로 돈을 버는 것도 이미 큰 죄인데, 그 과정에서 거액을 탈세하기까지 합니다. 탈세는 국민의 세금을 훔치는 것이기에 그 죄가 어느 죄보다 크다는 것을 알아야 합니다. 탈세는 채권자가 국민이 되기 때문에 훗날 그 많은 채권자에게 진 빚을 다 갚아야 합니다. 게다가 그들은 검찰에 소환되면서 국민들 앞에서 대놓고 "나는 죄가 없다."라느니, "나는 깨끗하다."라느니 하면서 국민을 상대로 거짓말까지 합니다. 이러한 일련의 죄악들이 훗날 얼마나 큰 악보(惡報)로 되돌아올지 그들은 알지 못합니다. 부끄럽고 떳떳하지 못한 짓 때문에 위로는 하늘에 있는 조상님들을 죄인으로 만들고, 조상님들이 살아생전에 지어놓은 공덕을 순식간에 깎아 먹는가 하면 아래로는 후손들의 출셋길을 막아 놓는 우(愚)를 범합니다. 한낱 재물이나 명예 따위에 이

끌려 온갖 추태를 보여 준 그들은 국민에게 수많은 지탄을 받습니다. "많은 사람에게 손가락질을 받으면 병이 없어도 죽는다."라는 옛 잠언을 마음에 새겨야 합니다.

사실, 사회 상류층이나 권세가들의 말로(末路)는 비참한 경우가 허다합니다. 재벌가나 고위 공직을 지낸 사람, 사회적으로 영향력을 크게 행사했던 언론인이나 학자들의 인생의 말로는 참으로 불행합니다. 말로(末路)만 불행한 것이 아니라 그 가정사도 불미스러운 일이나 시련으로 가득합니다. 베일에 가려져 있어 외부로 알려지지 않을 뿐, 그 실상은 충격적입니다.

평생 부귀영화를 누린 사람들은 나이를 먹어 죽을 때가 가까워지면 암이나 당뇨, 고혈압, 혈관성 질환, 치매와 같은 질병에 걸릴 확률이 대단히 높아집니다. 그들은 임종 때가 되면 대학 병원의 중환자실이나 고급 요양 병원에서 첨단 의학 장비의 숲에 갇힌 채 인간으로서의 존엄함은커녕 자녀들의 따뜻한 시선도 받지 못한 채로 숨을 거둡니다.

부귀와 권세를 많이 누린 사람들에게 불행이 많이 닥치는 이유는 뭘까요.

첫 번째 이유는 재산을 모으는 과정에서 온갖 부정과 비리를 저지른 데다 약자들한테 함부로 했기 때문입니다. 두 번째는 모은 재물을 지키거나 쓰는 과정에서 지극히 교만하여 남을 무시하거나 남에게 심한 모욕 또는 씻을 수 없는 상처를 주거나 주변 사람들에게 몹시 인색하게 굴었기 때문입니다. 그러나 가장 큰 이유는 따로 있습니다. 타고난 복을 거의 소진(消盡)했기 때문입니다. 그들은 전생에 지은 공덕의 과보로 금생에 그런 엄청난 복을 누릴 수 있었는데, 지난 시절 그 많은 복을 너무나 빠르게 소진했기 때문에 늙거나 임종 시에는 누릴 만한 복이 거의 없는 것입니다. 그들은 복을 까먹는 데에만 골몰했을 뿐, 복을 쌓는 데는 철저히 등한시했습니다. 복을 빠르게 까먹었기 때문에 더 이상 누릴 복이 없는 그들에게는 고통이 찾아올 날만 남은 것입니다.

평생을 살아오면서 자신 또는 자기 가족의 안위(安危)만 생각했을 뿐, 이웃이나 사회 또는 국가의 이익은 전혀 생각한 적이 없습니다. 돈을 벌기 위해서 또는 명예를 얻기 위해서 온갖 부정을 일삼았고, 뜻대로 되지 않으면 욕설을 퍼부으면서 남의 눈에 피눈물이 나게 했습니다. 그렇게 많은 돈을 벌었으면서도 기부하는 데는 지극히 인색했으며 자녀들이 범죄를 짓거나 사람들로부터 지탄을 받는 것을 방조한 허물이 있습니다.

자식들은 죽어가는 부모가 남긴 재산 때문에 서로 싸우기에 바빠서 부모는 거들떠보지도 않고, 남편은 아내한테 철저하게 버림받아 홀로 죽음을 맞이하며, 평생 풍족함을 누렸던 아내는 암이나 치매 등 고통스러운 병마와 만나게 됩니다. 마음은 하루도 편할 날이 없거니와 의지할 사람도 없습니다. 지난 시절에 너무나 많은 복을 누린 대가는 참으로 무섭고 고통스럽습니다. 고독사(孤獨死) 비율이 가장 높은 곳이 서울 강남이라는 통계가 얼마 전에 발표되었습니다.

정말 조심해야 합니다. 노년 또는 임종 시에 누릴 복까지 다 써서는 안 됩니다. 젊을 때 또는 건강할 때 부지런히 복을 쌓아 두어야 합니다. 그렇지 않으면 말년에 비참한 지경에 처하게 됩니다.

죽음까지 알아야 진짜 인생이다

인간이 인간인 이유는 오직 하나, 바로 '부끄러움' 때문입니다. 부끄러움을 알기에 우리는 인간입니다. 부끄러움을 갖는 것, 바로 이것이 우리를 성숙하게 하고 진보할 수 있게 합니다. 부끄러움을 느낄 줄 아는 것이 인간의 출발이고 자신이 지은 행위에 대한 책임을 질 줄 아는 것이 인간의 마지막입니다.

어느 작가가 말했습니다.

"인생에서 가장 중요한 두 날은 태어난 날과 태어난 이유를 깨달은 날이다."

70년의 세월을 살았어도 철들지 않은 사람들이 부지기수입니다. 심지어 죽음이 임박해도 죽음 이후의 삶에 대해 준비를 하지 않는 사람 역시 부지기수입니다. 다들 무책임합니다. 특히 권세를 누렸거나 부유한 집안에서 풍족하게 살았거나 사회적인 영향력을 크게 행사했던 사람들은 죽음의 목전에서 비참한 모습 또는 혐오스러운 장면을 보입니다. 이들은 죽음을 극도로 무서워하거나 죽음을 도저히 받아들이지 못합니다. 유가족들이나 의료진에게 분노를 표출하기도 하고, 전 재산을 줄 테니 제발 죽지만 않게 해달라고 조르기도 합니다. 이처럼 죽음 직전에 분노, 저주, 원망의 마음을 품고 숨을 거두게 되면 다음 생은 아주 좋지 않습니다. 원귀(寃鬼)가 되어 구천을 떠돌면서 오랜 기간 동안 모진 고통을 받기도 하고 축생으로 태어날 가능성도 커집니다.

한평생을 부유하게 산 대가가 참혹한 결과로 나타나는 것입니다. 그래서 우리는 건강할 때 죽음을 늘 생각해야 합니다. 살아 있을 때 남에게 욕먹는 짓을 하지 말아야 합니다. 인과응보의 엄중함을 알아 나쁜 짓은 가능한 한 하지 말아야 합니다.

자신이 '대단한 일'로 생각하는 것들이 실은 지나치게 과장된 '사소한 일'에 지나지 않는다는 사실을 알고 겸허해야 합니다. '옳다', '그르다'라고 단정 짓는 말은 아주 위험합니다. '내 생각이 옳다'는 관념이, 그리고 '남들의 생각이 그르다'라는 관념이 얼마나 무서운 생각이고 얼마나 어리석은 생각인 줄 잘 알아야 합니다. 옳고 그르다고 판단하지 말고 '하나의 다른 생각'으로 받아들이십시오. 내 생각 또한 '하나의 다른 생각' 중의 하나일 뿐입니다. 내 생각을 주입하는 일은 상대에게 내가 되라고 하는 일입니다. 마지막으로 당신은 다음의 네 가지를 꼭 기억해야 합니다.

　1) 정말 어렵게 인간의 몸을 받았다는 사실
　2) 인생은 무상(無常)하다는 사실
　3) 윤회의 고통이 엄청나다는 사실
　4) 인과(因果)는 엄중하다는 사실

　『채근담』에서는 이렇게 말합니다.
　"자신을 반성하는 자는 부딪치는 일마다 모두 교훈이 되고, 남을 탓하는 사람은 생각하는 것마다 자신을 해치는 무기가 된다[反己者觸事皆成藥石 尤人者動念即是戈矛]."
　『중용』에서는 '신독(愼獨)'을 강조하면서 "군자는 (남이) 보지 않는 곳에서 삼가고 들리지 않는 곳에서 스스로 두려워한다[戒愼乎其所不睹 恐懼乎其所不聞]."고 하였고, 맹자는 "어진 사람은 활을 쏘는 것 같으니 활을 쏘는 사람은 자기의 정신자세를 바로잡은 후에 활을 쏴서 명중

되지 않아도 자기를 이긴 자를 원망하지 않고 돌이켜서 자기에게서 그 원인을 찾을 뿐이다[仁者 如射 射者正己而後發 發而不中 不怨勝己者 反求諸己而已矣].”라고 하였으며, 공자는 “군자는 허물을 자신에게서 구하고, 소인은 허물을 남에게서 구한다[君子求諸己小人求諸人].”라고 하였고, 노자는 “공(功)을 이루었으면 물러나는 것이 하늘의 도다.”라는 명언을 남겼습니다.

어느 선인께서는 “홀로 서 있어도 자기 그림자에 부끄러움이 없어야 하고, 홀로 잘 때도 자기 이불에 부끄러움이 없어야 한다[獨立不愧影 獨寢不愧衾].”라는 명언을 남기셨습니다.

또 어느 선인께서는 “자기를 버리고 다른 사람을 따르지 못하는 것은 배우는 사람의 큰 병이다[不能舍己從人 學者之大病].”라고 일갈하셨고, 어느 현자는 “천하의 이치는 끝이 없는데 어떻게 자기 자신만 옳고 남을 옳지 않다고 할 수 있는가[天下之義理無窮 豈可是己而非人].”라고 하셨습니다.

‘부끄러움을 상실한 시대’에 우리는 살고 있습니다. 오직 돈이 전부일 뿐, 도덕이나 지성(知性)은 거추장스러운 것들이 된 지 이미 오래되었습니다. 친일파의 후손 중 선조의 행적을 뉘우치고 사죄하는 후손하나 없고, 높은 신분에 상응하는 사회적 책임을 가진 상류층을 보기가 정말 드뭅니다.

엄중한 책임감과 사명감이 있는 국회의원은 거의 없고, 다들 거들먹거리면서 자기들을 뽑아준 국민 위에 군림하려 드는 한량들만 넘쳐납니다.

다들 못 배웠고 다들 못났습니다. 자라나는 아이들에게 귀감이 될 만한 어른들은 정말 보기 힘들고, 하나 같이 못난 어른들, 부끄러운 어른들, 무식한 어른들, 탐욕스러운 어른들만 넘쳐납니다.

초등학교 선생님들은 배운 것 없는 무식한 학부모들의 등쌀에 서둘러 교단을 떠나고 있고, 식당이나 호텔 등은 무례한 사람들 때문에 골머리를 앓고 있습니다.

운전을 해보면 우리나라 사람이 얼마나 이기적인지를 단번에 알 수 있으며, 대낮에 유명 식당가나 비싼 커피 전문점에 가보면 일하지 않고 놀기만 하는 사람들이 얼마나 많은지 알 수 있습니다.

다들 반성해야 합니다.

죽음까지 알아야 진짜 인생이다

여적(餘滴)

먼 옛날, 경(經)을 번역한 사람들은 무료함을 달래기 위해서도 아니었고 자기 이름을 널리 알리기 위해서도 아니었습니다. 이유는 오직 하나, 바로 구도심(求道心) 때문이었습니다.

중국 당나라의 구법승(求法僧)이자 역경승(譯經僧)이었던 현장(玄奘) 법사는 우리에게도 친숙한 인물입니다. 그는 25살의 나이에 머나먼 인도로 불경을 구하기 위해 떠났는데, 그가 지은 『대당서역기(大唐西域記)』에는 이런 말씀이 나옵니다.

"사막의 모래는 흘러 날아 모였다 흩어졌다 하는 것이 바람 따라 이루어진다. 사람의 지나간 자취를 찾을 수 없어 길을 잃는 일이 허다하다. 사방이 망망대해 같아서 갈 곳을 찾을 수가 없다. 물이 적고 열풍(熱風)이 많다. 바람이 일어나면 사람과 짐승이 정신이 희미해져 병에 걸린다. 이로써 목숨을 잃게 된다."

당시에는 당나라의 수도였던 장안(長安)을 떠나 돈황(燉煌)을 거쳐 타클라마칸사막을 지나 중앙아시아를 거쳐 험준한 파미르고원을 넘어야 인도에 도착할 수 있었는데, 총 3년이 걸리는 험난한 대장정이었습니다.

인도에 도착한 그는 가장 먼저 범어(梵語: 산스크리트어)와 팔리어를 배웠는데, 이 과정이 끝나고 인도의 논리학인 인명학(因明學)을 배웠습니다. 이어 불교 외의 철학이나 다른 종교 등을 공부했고 인도 문화와 풍습을 공부하기도 했습니다. 이 과정이 다 끝나면 비로소 불경을 공부했는데, 소승 경전과 율장(律藏: 계율)을 먼저 공부한 다음 대승 경전과 논서(論書) 등을 배웠습니다. 공부가 끝나고 나서 마침내 불경을 구하러 돌아다녔고, 구할 수 없을 때는 일일이 필사(筆寫)를 했습니다.

17년간의 갖은 고난 끝에 현장 법사는 600여 권의 불경과 불상 등을 수레에 싣고 중국에 도착하여 황실의 전폭적인 지원하에 일류급 인재 수백 명을 모아 범어로 된 불경을 최고 수준의 한문으로 역출(譯出)했습니다. 당시 역경승들은 불교 외에 유가(儒家)와 도가(道家)의 학문에도 통달해 있었기에 그들의 번역 수준은 대단히 높았고 문장 또한 지극히 우아했습니다. 그리고 그들은 번역 과정에서 글자 하나하나에 온갖 정성과 심혈을 기울였기에 글자 하나라도 함부로 쓰지 않았습니다. 이때 번역된 불경은 이후의 불교는 물론이고 동아시아의 학문과 문예에 엄청난 영향을 끼쳤습니다.

이렇게 해서 탄생한 불경은 진리에 목말라 하는 수많은 구도자(求道者)들의 목을 축여 주었으며 수많은 인재를 출가의 길로 이끌었습니다. 이들은 하나 같이 '나는 누구인가', '나는 어디서 왔는가', '나의 본래 면목(面目)은 무엇인가', '생명의 근원은 무엇인가' 등을 화두(話頭)로 삼아 경전을 읽고 외우고 깊이 사유(思惟)하거나 참선을 하여 마침내 큰 깨달음을 얻었습니다.

만약 불경에 실린 말씀들이 거짓이거나 이치에 맞지 않는 말씀들이라면, 일류급 인재들이 불문(佛門)에 뛰어들 리도 없고, 인생을 바쳐 가

죽음까지 알아야 진짜 인생이다

면서 그 험난한 수행을 견뎌냈을 리도 만무합니다.

　불경에 실린 말씀들은 하나같이 진리이고 진실하며 만대(萬代)가 지나도 찬란하게 빛나는 성언(聖言)들입니다.

　인간 세상에서는 사람을 죽인 죄가 가장 나쁘고 무거운 죄이지만, 성계(聖界)나 영계(靈界)에서는 살인죄보다 백천만 배나 무거운 죄들이 수두룩합니다.

　자신이 성인(聖人)도 아니면서 성인이라고 주장하거나, 자기가 큰 깨달음을 얻었다고 떠벌리거나, 자기가 하늘에서 특별한 사명을 띠고 이 땅에 왔다고 말하거나, 자기는 늘 신(神)과 소통하고 있다고 말하거나, 자기는 큰 깨달음을 얻어서 하늘로부터 공양을 받고 있다고 말하거나, 경전을 거짓으로 만들어 널리 유포시키거나, 경전에 있는 말씀들이 다 거짓이라고 말하거나, 성인들을 욕하고 비방하거나, 경전을 잘못 해석하여 남에게 가르치거나 하는 죄는 가장 무겁고 큰 죄입니다. 이러한 죄는 이 지구상의 모든 사람을 다 죽인 죄보다도 큽니다. 경전을 편찬하거나 번역하거나 출가하여 고된 수행 끝에 큰 깨달음을 얻은 수많은 역대의 고승(高僧)들은 이러한 사실을 너무나 잘 알고 있기 때문에 사람들을 상대로 거짓말을 늘어놓거나 성인의 말씀을 잘못 해석하거나 하는 일이 절대로 없습니다.

　다른 종교를 믿지 않는 것은 죄가 되지 않지만, 성인(聖人)이나 경전을 비방하는 일만큼은 절대 하지 말아야 합니다.

　앞에서도 얘기했지만, 인생이란 빚을 갚는 것에 지나지 않습니다.

누군가가 나를 화나게 했다면 그건 내가 어느 전생에서 그를 어떠한 이유로 괴롭혔기 때문입니다.

누군가가 나를 속여 내 재산을 훔쳐 갔다면 내가 어느 전생에서 그의 재산을 가로챈 일이 분명히 있기 때문입니다.

자식이 부모의 재산을 탕진한 것도 모자라 부모를 잔인하게 학대하는 것은 부모가 전생에서 자식한테 모진 괴로움과 고통을 가한 일이 꼭 있었기 때문입니다.

예전에 전북 익산에서 금은방을 운영하는 사람이 있었습니다. 그런데 그의 금은방에 도둑이 세 번이나 들어와 결국 문을 닫고 말았습니다. 옆의 금은방엔 도둑이 한 번도 들지 않았는데 유독 그 사람의 가게에만 도둑이 들었으니 억울해 할만도 합니다. 그 금은방 주인은 TV 인터뷰에서 이렇게 말했습니다.

"제가 살아오면서 큰 죄를 지었거나 남에게 원한을 살 만한 일을 하지 않았는데, 이런 일이 왜 저에게 일어나는지 모르겠습니다."

현생에는 악업을 쌓지 않았을지 모르지만, 전생에는 아마 남의 물건을 훔치는 악업을 분명히 지었을 겁니다.

이러한 불행들은 전생에 자기가 뿌려놓은 원인이 무르익어 현생에 과보로 나타난 것입니다. 이렇듯 세상 이치는 우연히 오는 일이 없습니다. 고통이 오면 전생의 빚을 갚는다는 마음으로 묵묵히 갚아야 합니다. 그래야 희망이 있습니다. 그렇지 않고 하늘을 원망하고 사람들을 탓하면 오히려 악업이 가중됩니다.

내가 당하는 고통은 전생에 진 채무를 비로소 갚는 것이고, 내가 누리는 복은 내가 전생에 심은 선(善)이 마침내 무르익은 것입니다.

죽음까지 알아야 진짜 인생이다 _____

나에게 찾아오는 고통은 내 죄업을 감소시켜 주는 역할을 합니다. 고통을 당해야 업장이 녹습니다. 고통을 당한 만큼 업장이 소멸됩니다. 그러니 그 고통들에 대해 감사히 여기는 마음을 가져야 합니다. 고통을 당한 만큼 내 죄업이 소멸됩니다. 특히, 남에게서 당하는 모욕을 잘 참게 되면 내 두터운 죄업을 빠르게 없앨 수 있습니다.

나를 괴롭히는 직장 상사, 나에게 피눈물을 흘리게 한 옛 애인, 내 재산을 탕진한 아들, 나한테 사기를 쳐 퇴직금을 다 날리게 만든 사기꾼, 나를 무던히도 고생시킨 시어머니, 노름과 오입질로 나를 미치게 만든 남편, 바람을 피워 집을 나가버린 아내, 남의 음주운전으로 박살 난 내 가정, 사사건건 내 발목을 잡은 직장 동료….

이들은 모두 내가 전생에 진 빚이나 원한을 갚기 위해서 나에게 온 것이며, 또 이들이 있었기에 내 죄업이 속히 소멸하였으므로 이들은 나의 스승이자 은인입니다. 이유 없는 고통은 없고 의미 없는 고통도 없습니다. 고통을 당한 만큼 업장이 녹습니다. 나에게 심한 모욕을 가한 사람은 사실 내 업장을 엄청나게 줄여 준 사람이기도 합니다. 그래서 고통을 '말 없는 스승'이라 하는 것입니다. 하늘은 이유 없이 사람을 죽이지 아니하고, 신(神)은 까닭 없이 사람에게 고통을 주지 않습니다.

사람에게 고통이 없으면 인간의 성숙은 더딜 수밖에 없습니다. 복을 너무 많이 누리면 위험합니다. 하는 일마다 잘 풀리고 원하는 일마다 이루어진다면 남은 것은 재앙밖에 없습니다.

묵은 빚들을 잘 갚아 나가십시오. 제대로 갚지 않으면 다음 생에 원금에 복리(複利)로 불어난 이자까지 갚아야 하니 말입니다.

인생은 흔히 대나무에 비유합니다. 대나무는 가늘고 긴데도 쓰러지지 않습니다. 속이 비어 있고 마디가 있기 때문입니다. 속이 비었다는 것은 욕심을 내려놓았기 때문이고 마디가 있는 것은 근심, 좌절, 실패, 질병 등이 번갈아 가며 찾아왔기 때문입니다. 사람이 하는 일마다 성취하고 성공하면 그 사람의 인생은 참으로 보잘것없는 인생입니다. 아주 위험하고 불길합니다. 받은 복을 있는 대로 다 써버린 경우이기 때문입니다. 그러니 복을 많이 누리는 사람들을 절대 부러워하지 마십시오. 고통을 많이 겪을수록 업장이 빨리 그리고 많이 녹습니다.

"항상 맑으면 사막이 된다. 비도 내리고 바람도 불어야만 비옥한 땅이 된다."라는 스페인 속담이 있는가 하면, "부모는 자식이 없이는 한 치도 성장하지 못한다."라는 말도 있습니다. 고통을 어떻게 대하느냐에 따라 그 사람의 됨됨이를 대번에 알아볼 수 있습니다.

이 세상의 모든 사람에겐 저마다의 시련과 고통이 있습니다. 부유한 집안일수록 고난이 많습니다. 많이 배운 사람일수록 번뇌가 많습니다. 명예가 높은 사람일수록 험담과 비방을 많이 듣습니다.

무사태평하게 보이는 많은 사람도 마음속의 깊은 곳을 두드려보면 어딘가 슬픈 소리가 납니다. 사람은 저마다 깊은 슬픔과 고통을 안고 살아갑니다. 나 혼자만 고통을 겪는 게 아닙니다. 가진 것이 많은 사람일수록, 배운 것이 많은 사람일수록, 누리는 것이 많은 사람일수록 그들이 겪는 고통은 더 농밀(濃密)하고 복잡하다는 것을 알아야 합니다.

티베트 사람들은 고통을 '온갖 부정적인 카르마를 쓸어내는 빗자루'

죽음까지 알아야 진짜 인생이다

라고 말합니다. 고통을 당함으로써 하나의 부정적인 업(業)이 종결되는 것이니 오히려 감사해야 합니다. 고통을 당하게 되면 전생에 지은 악업의 빚이 마침내 깨끗이 청산됩니다. 이치가 이러하니 고통을 당하게 되면 묵묵히 감당하십시오. 피하려 하거나, 하늘을 원망하거나, 자책하거나, 자살하려 하거나, 남을 탓하지 마십시오.

홀연히 떠나야 할 순간이 다가오면 홀가분하게 떠날 수 있도록 그대의 삶을 늘 가볍게 하십시오. 자꾸 버리는 습관을 지니십시오. 어떤 일이든 과도하게 집착하지 마십시오. 지나간 과거에는 얽매이지 마시고 오지도 않은 미래는 걱정하지 마십시오.

우리는 흘러가 버린 과거와 아직 오지도 않은 미래에 너무나 많은 에너지를 쏟아붓고 있습니다.

죽음은 이 몸을 버리고 다른 몸을 받는 것에 불과합니다. 오직 자신이 지은 업(業)에 따라 다른 몸을 받습니다. 죽음을 두려워하는 것이 인지상정(人之常情)이지만, 임종 시 죽음을 두려워하는 마음이 있으면 좋은 곳에 태어나기 힘듭니다. 그러니 우리는 살아 있을 때 늘 죽음을 공부하고 죽음에 대비해야 합니다.

사람을 죽인 죄보다 더 큰 죄는 '인생을 낭비한 죄'라고 합니다. 죽음에 대하여 고민해 본 적도 없고 준비도 안 했다면 이것이 바로 인생을 낭비한 죄에 해당합니다.

세상에서 큰 죄를 지은 죄인이나 큰 빚을 지고 있는 채무자라 할지라도 왕 옆에 있으면 그 누구도 이 사람을 어떻게 하지 못할 것입니다. 세속의 왕은 그런 막강한 힘이 있습니다. 예수님이나 부처님도 이와 마찬가지입니다. 살아생전에 큰 죄를 지은 사람이 예수님이나 부처님 옆에 서 있다면 염라대왕이나 옥황상제 또는 대마왕도 어떻게 해 볼 수가 없습니다. 그러니 의심일랑 거두시고 이러한 성인들을 진정으로 믿고 내생을 의탁해 보시길 바랍니다.

이 책의 원고를 집필하는 기간 동안 적지 않은 일들에 제게 일어났 습니다. 그중 하나는 그렇게 건강하시던 외삼촌이 갑자기 별세하신 일 입니다. 60대 중반도 채우지 못한 채 갑자기 돌아가셨으니 인생이 이 토록 무상(無常)합니다.

그래서 집필에 더욱 박차를 가했습니다. 우리나라처럼 죽음을 멀리 하고 기피하는 나라도 드문지라 죽음의 문턱에서 방황하는 허다한 사 람들에게 제대로 된 가르침을 빨리 전해야 하겠다는 결의가 더 확고 해졌습니다.

지금까지 제가 읽었던 많은 책 중에서 죽음과 직간접적으로 관련된 내용들을 샅샅이 뒤졌고, 인터넷에서 얻은 정보나 미담(美談) 등도 엄 선하여 실었습니다.

무엇보다 제가 쓴 내용에 거짓이 하나라도 없어야 하기에 그릇되거 나 왜곡된 내용은 철저히 배격하였습니다. 대신 성현의 말씀을 풍부 하게 인용해 놓았습니다. 그러하니 이 책을 믿으셔도 좋다는 말씀을 드립니다.

제가 돈을 벌 목적으로 이 책을 출판했거나, 또는 한낱 제 이름 석 자를 빛내기 위하여 이 책의 발간을 서둘렀다면 천벌을 받을 것이 자 명합니다. 그런 일은 이전에도 없었고 앞으로도 없을 것입니다. 설령 이 책을 통해 돈을 벌더라도 그 돈은 이 책의 보급 및 고통에 빠져 있

죽음까지 알아야 진짜 인생이다 _____

거나 소외된 사람들을 위해 전액 사용될 것입니다.

책의 출간을 목전에 둔 지금, 저의 소원은 두 가지입니다.

죽을 때 고통 없이 죽는 일 그리고 죽은 후에 좋은 곳에 태어나는 일이 그것입니다. 좋은 곳이란 물론 극락을 말합니다.

이외 돈을 많이 버는 일이라든지 명예를 얻는 일이라든지 권세를 누리는 일이라든지 남보란 듯이 떵떵거리며 사는 일 등은 저의 관심에서 팔만 사천 리나 떨어져 있습니다.

그래서 착실한 신앙생활 외에 선행을 많이 쌓으려 노력하고 있고, 이 세상의 고통 받는 사람들을 위해 여생을 바칠 각오까지 해 두었습니다. 가장 고난받는 곳에 가서 사람들이 가장 기피하는 일을 묵묵히 하고 싶습니다.

당신은 어떻습니까?

마지막으로 중국의 남회근(南懷瑾)이라는 분과 인광(印光) 대사라는 고승께서 하신 말씀들을 소개합니다. 이 두 분은 가히 성인(聖人)의 반열에 오르신 분들입니다.

이분들의 자세한 이력이나 가르침은 인터넷을 통해 살펴보시길 바랍니다.

"목숨을 마칠 때 부처님의 이름을 생각하거나 부처님의 모습을 떠올리기만 하면 틀림없이 (부처님이) 당신 눈앞에 나타납니다."

"임종 시에 산란한 마음으로라도 '나무아미타불' 하거나, 극락이 있다는 사실을 진실로 믿고 그곳에 태어나고 싶다는 생각을 간절히 바라는 깊은 마음 하나만 있으면 반드시 극락에 태어납니다."

　"부모를 죽이는 것과 같은 대죄(大罪)를 지은 중죄인도 임종 순간에 지옥의 모습이 보일 때 정신을 놓지 말고 누군가가 염불을 가르쳐 주거든 큰 두려움과 부끄러움으로 살아온 날들을 깊이 참회하면서 간절하게 염불하시오. 그러면 고작 몇 번의 염불 소리와 함께 목숨이 끊어질지라도 부처님의 자비로운 가피력으로 반드시 극락에 태어날 수 있소."

　이 말씀들에 확고한 믿음을 가지시길 빕니다. 당신이 만약 이 책을 다 읽으시고 염불에 대해 확고한 믿음을 가지신다면, 장담컨대 당신은 수없이 많은 전생에서 상상할 수도 없는 선근(善根)을 심으신 분이 확실합니다. 정말입니다!

　자식에 대한 부모님의 사랑은 끝이 없습니다. 이 세상의 그 많고 많은 사람 중에서 당신을 대신해서 죽을 수 있는 사람은 누구입니까? 당신의 부모님입니다! 당신을 구하기 위해서라면 부모님은 지옥에라도 달려갈 겁니다. 그 정도로 자식에 대한 부모님의 사랑은 깊고도 큽니다. 그런데 성인(聖人)의 자비심은 부모님의 자비심보다 백천만 배 더 강하고 더 깊다 하였습니다.

　일찍이 조선이 낳은 위대한 고승인 서산 대사는 이렇게 말씀하셨습니다.

　"세상에서 어린아이가 불이나 물난리에 쫓겨 큰 소리로 살려달라고 애절하게 부르짖으면 부모가 이 소리를 듣고 급히 달려가 구해내듯이, 사람들이 임종할 때 큰 소리로 염불하면 부처님은 신통력을 갖고 계시므로 반드시 오셔서 그를 맞이해 갈 것이다. 이 때문에 부처님의 자비는 부모보다 더 지극정성이요, 중생이 나고 태어나면서 겪는 윤회의 고통은 물이나 불의 재앙보다 더 심한 것이다[世間稚兒 迫於水火 高聲大叫則 父母聞之 急走救援 如人臨命終時 高聲念佛則 佛具神通 決定來迎爾 是故大聖慈悲 勝於父母也 衆生生死甚於水火也]."

부모님의 큰 은혜가 아무리 깊다 하여도 언젠가는 갚을 수 있습니다. 허나 성인이 베푸신 큰 은혜는 아무리 오랜 세월이 흘러도 갚지 못한다고 중국의 인광 대사께서 말씀하신 적이 있습니다.

또한 성인의 반열에 오르신 분들은 중생들에게 한 치의 거짓말도 하지 않습니다. 부모도 여간해서는 자식한테 거짓말을 하지 않는데 하물며 세간의 지극한 공경을 받는 성인들이 그러하겠습니까? 그분들이 뭐가 아쉬워서 거짓말을 하시겠습니까? 그렇지 않습니까? 성인들의 말씀은 중생에 대한 지극한 자비심에서 우러나온 진리의 말씀들입니다. 성인들께서는 지극히 올바른 말씀만 하셨지만, 그것을 전달하고 가르치고 해석하는 과정에서 터무니없는 왜곡이 발생했습니다. 이것이 비극입니다. 그 결과 수많은 종교 전쟁이 일어났고 타 종교를 악의 적으로 배척하고 멸시하는 사람들이 생겨났습니다. 우리는 성인께서 하신 말씀을 의심하지 말고 믿으면 됩니다. 단지 믿기만 하여도 헤아릴 수 없는 공덕이 생겨납니다.

저는 한낱 어리석은 범부에 불과하지만, 이 책을 통해 거짓말로 독자 여러분들을 속이는 나쁜 일은 절대 하지 않았음을 고백합니다. 그리고 한낱 돈을 벌기 위해 이 책을 내지 않았음을 거듭 고백합니다.

또한 저는 불교를 믿는 사람이 많아졌으면 하는 생각에서 이 책을 내지 않았음을 고백합니다. 저는 불교를 믿는 사람이 늘어나는 것도 원치 않고 기독교를 믿는 사람의 수가 늘어나기를 바라지도 않습니다. 오직 바라는 것은, 종교를 갖지 않아도 좋으니 제발 선하고 정직하게 사는 사람이 많아지는 것입니다. 종교는 없지만 정직한 사람이 종교를 갖고 있어도 부도덕한 사람보다 많아졌으면 좋겠습니다.

예수님은 이 세상에서 교회의 숫자가 많아지는 것을 바라지 않으실 것이고, 석가모니 부처님은 이 세상에서 절의 규모가 커지는 것을 역시 원치 않으실 겁니다.

예수님이나 부처님을 믿고 따르고 교회나 절에 헌금하고 절을 올리는 일보다, 이 사회의 불쌍한 사람들을 돌보고 도움을 주는 일이 더 큰 공덕이 된다는 사실을 알아야 합니다. 매일 교회나 절에 가는 사람보다는 매일 남을 돕는 사람이 더 큰 복을 받습니다. 교회나 절에 100만 원을 헌금하는 사람보다 어려운 사람에게 10만 원을 보시하는 사람이 훨씬 더 위대한 사람입니다.

잘못된 믿음, 뒤틀린 신앙심, 이기적인 성격, 남을 깔보는 심리, 화를 잘 내는 성격, 질투심, 탐욕심을 조금도 없애지 못한 채 교회나 절에 오래 다녔더라도 공덕이 되는 것은 거의 없고 오히려 훗날 크게 문제가 됩니다.

남회근 선생께서는 이렇게 말씀하신 적이 있습니다.

"많은 사람이 위로 부처님께만 공양할 줄 알지, 사회의 빈궁한 사람들에 대해서는 거들떠보기조차 하지 않는 일이 종종 있는데, 이는 처

죽음까지 알아야 진짜 인생이다

음부터 불법(佛法)이 아닙니다. 당신이 이 세상에서 가장 가난한 사람이나 곤란에 처한 사람에게 공양하거나 보시하는 것은 한 부처님께 공양하는 것보다 낫다는 것을 기억하십시오."

인광 대사께서는 이렇게 말씀하셨습니다.

"출가자나 재가자 구별 없이 위로는 사람들을 공경하고 아래로는 사람들과 화합하며, 다른 사람들이 능히 참지 못하는 것을 참고, 다른 사람들이 능히 하지 못하는 일을 하며, 다른 사람의 수고로움을 대신하는 사람은 아름답소. 고요히 앉아 항상 자기 허물을 생각하고, 한가하게 다른 이의 옳고 그름을 말하지 아니하며, 걷고, 머무르고, 앉고, 눕고, 옷을 입을 때나 밥을 먹을 때나 아침부터 저녁까지, 저녁부터 아침까지 오직 한 구절 부처님 명호를 끊어지지 않게 하고, 혹 작은 소리로, 혹 묵념으로 부처님 명호 외에 다른 생각이 나지 않게 하며, 만약에 혹 다른 생각이 일어나면 바로 다른 이의 중요한 가르침을 취하여 없애버리고, 항상 부끄러운 마음과 참회하는 마음을 내며, 만일 공부한 것이 있다면 정말로 나의 공부가 얕음을 알고 스스로 자랑하지 아니하며, 다만 나의 공부만 생각하고 다른 이의 공부는 관여하지 아니하며, 다른 이의 좋은 면만 보고 나쁜 면은 보지 않아야 하오. 모든 이가 다 부처님이며 오직 나 한 사람만이 못난 범부라고 여기시오."

제가 만약 허튼소리로 독자 여러분들을 속인다면 저는 죽어서 지옥에 태어날 겁니다. 이것은 몹시도 엄중합니다. 이 책을 관통하는 가장 중요한 단어는 '믿음'입니다. 꼭 기억하십시오.

이 책을 읽어주신 당신께 깊은 경의를 표합니다. 더 나아가 이 책의 내용에 대해 깊은 믿음을 내신 분이라면 머리 숙여 절을 올리고 깊이 찬탄합니다.

책의 내용이 마음에 드셨다면 가족들이나 친지·친구·동료·이웃들에게도 이 책을 소개해 주시고, 여유가 되시는 분들께서는 도서관이나 군부대·교도소·요양원·병원 등지에 책을 기증해 주시길 기원합니다. 감사합니다.

죽음까지 알아야 진짜 인생이다 _____